鸣原集

上

陈夔龙 著

清代直隶总督◎文献集

河北出版传媒集团
河北教育出版社

图书在版编目（CIP）数据

清代直隶总督文献集．鸣原集：上、下册／（清）陈夔龙著．-- 石家庄：河北教育出版社，2022.12
ISBN 978-7-5545-7398-3

Ⅰ．①清… Ⅱ．①陈… Ⅲ．①中国历史－史料－清后期 Ⅳ．① K252.06

中国版本图书馆 CIP 数据核字 (2022) 第 237025 号

书　　名　清代直隶总督文献集
　　　　　鸣原集（上下册）
作　　者　（清）陈夔龙
主　　编　刘金柱　张志勇
点校整理　黄如嘉　刘沁淳　周小艳

出 版 人　董素山
策　　划　徐　凡　刘相美
责任编辑　任晓霞　刘　贞　吴文轩
装帧设计　李关栋
出版发行　河北出版传媒集团
　　　　　河北教育出版社　http://www.hbep.com
　　　　　（石家庄市联盟路 705 号，050061）
印　　制　河北锐文印刷有限公司
开　　本　787 mm × 1092 mm　1/16
印　　张　49
字　　数　549 千字
版　　次　2022 年 12 月第 1 版
印　　次　2022 年 12 月第 1 次印刷
书　　号　ISBN 978-7-5545-7398-3
定　　价　135.00 元（上下册）

凡　例

一、清代直隶为京畿重镇，总督之选，均当时名臣。虽其或以政事优长著名，或以德行卓异见称，辞章文笔非其要务，然其文字多关乎时事，诗笔亦可见交游，固有益于论世知人，亦有资于考证研究。惜其多数，世所罕觏，或近湮灭，存亡堪虞。今加点校整理,一则保存文献，庶免散佚，一则以广流传，便于取用。

二、有清一代，任直隶总督之职者共四十人。有文集存世者若干家，本丛书所收录即在此范围之中。若今人已有点校本行世，而流传甚广者，如曾国藩文集，则不再收录。

三、本丛书作品编排均依原集次序，以存旧貌。新辑集外佚文之编排，以诗、文、词为序。诗之次序为古诗、律诗、绝句。文之次序为：赋、制、敕、册文、表、疏、状、奏议、启、判、对策、教、颂、赠序、书、记、论说、杂文、赞、铭、诔、碑、哀册、吊、祭文、题识（序跋）等。(《古文辞类纂》：论辨类，序跋类，奏议类，书说类，赠序类，诏令类，传状类，碑志类，杂记类，箴铭类，颂赞类，辞赋类，哀祭类。)

四、丛书中各文集版本情况不一，凡存世不止一本者，皆尽力搜罗，以求其全。底本选用，以足本、善本为先。若为孤本、残本者，则不在此例。

五、本丛书校勘，凡有二种版本以上者，以对校为主，参以他法。仅有一种版本者，无他本可参，势难对校，则用下列方法校之：若诗文有见于他书称引、有见于碑版法帖者，以他校法校之；若集中有他篇可参证者，以本校法校之；若既不见于他处，亦无佐证于集内，而文字疑有讹误者，则以理校法校之。

六、本丛书出校原则，讹文、脱文、衍文、倒文出校。异文两通者，保留原貌，出校记列出异文。底本疑误而无版本依据，无法断定者，保持原貌，出校记说明。校记以脚注形式列于每页之下。至于习见之通假字、流俗之异体字，皆无关宏旨，不复出校。原稿漫漶不清、实难辨明之处，以等字数之虚缺号“□”替代之，以俟识者。

七、书中之避讳字，保持其书原貌，不作回改。若其征引前代典籍而避当代之讳而改字者，则皆回改。

八、由于作者的历史局限性，观点不当之处，不代表认同，仅为呈现文献原貌和保持完整性，不作修改。

九、本丛书采用新式标点，并参照文意加以分段，以便阅读。

目　录

卷　一

卷　二

卷 三

卷　四

卷　五

卷 六

卷　七

卷　八

附：《五十三参楼吟草》

◎卷一

戊辰

自序

余素不工诗，然辄喜吟事，辛亥以前所作为《松寿堂集》，纪恩也；壬子迄丁卯十六年诗为《花近楼集》，忧时也；客腊哭临先兄杭州之丧，令原急难，殊难为怀，西湖归来，倏忽岁暮，戊辰一年诗编成，爰署之曰《鸣原集》，以志余痛。既念逝者，行自念也。斯文将丧，沪上梓人亦复大半零落，特付书坊排印，藉以质之海内大雅，工拙非所计耳。

己巳正月人日，庸庵老人自序。

元旦即事

柏子香焚可告天，春盘初荐五辛全。诗编旧稿都成束，酒谢新笃不堕涎。栖隐久抛床上笏，寻春先办杖头钱。义熙甲子分明在，七十之年又二年。

仁和许玉年先生与徐比玉夫人合画花卉册页菊生参议索题

玉台韵事擅风流，夫婿东方最上头。瑞芍轩中商画稿，本来福慧是双修。

何年宝剑合延津，曾向京华拂软尘。传语娇孙珍什袭，披图喜共画眉人。卷眉题"孙婿张元济孙女许之宜敬藏"数字。

画室如禅有再传，谢家儿女信多贤。春风不度亭秋馆，丹粉飘零二十年。亡室亭秋为先生犹子，亦工诗善绘，游仙早赋，遗墨犹存，尽箧尘封，不忍启也。

初三日遣兴和尧衢元日试笔韵

白到客中鬓，春来已后期。却从离乱日，追想太平时。郁郁与谁语，茫茫何所之。牢愁浇不尽，空负酒盈卮。

攻守盟难协，贞元理莫论。谋生诚计拙，感逝已声吞。晁士新逝。乱世无佳节，危邦须孙言。仰天天亦醉，初月正临轩。

寿庄得之观察初五日生

鹤曲称觞洽比邻，东风预报草堂春。时未立春。万家顶礼成生佛，一日先期拜玉晨。玉晨君正月初四生。黻佩双修开宝历，画图九老证前身。君家先世有《南华九老图》。承欢况有佳儿妇，喜著莱衣戏彩新。

初六日即事和肖雅

积雨断人行，朝来已放晴。客中惟哭友，江介尚鏖兵。信预东风约，谈无旧雨倾。菜根犹可咬，期不负平生。

人日消寒第五集宽仲观察招饮得句奉简并示坐中诸老

速客传笺忆隔年，先于腊前简约。故人今日正开筵。虚名我愧陈无已，大隐君如孟浩然。剪彩续编荆楚记，题诗遥和草堂篇。登盘不羡侯鲭腆，七种羹调菜味鲜。席间禁用海鲜。

锦里春风得句工，回头四十四年中。乙酉春在蜀，丁文诚公招游草堂寺，与王湘绮各赋《人日诗》。蜀游坦腹曾依武，吴庑齐眉早识鸿。思发花前惊坐客，人逢劫后慰邻翁。与尧衢比邻居，尧衢除夕被劫。临觞忽漫增惆怅，薤露歌残感喟同。冕士新逝。

和云麓太史《人日喜雪》

连翩珠玉吐新词，格调遥追晋义熙。莲炬无忘归院日，索铃如赋聚星时。春前起草依香案，时未立春。醉后寻梅认酒旗。独羡达夫兼二妙，王家晴帖谢家诗。

叠韵简云麓

儒臣修业胜修词，才地光明学缉熙。唐殿早闻呼李白，程门何幸立杨时。预传芳信梅迎雪，遥望晴郊柳拂旗。乱后江南同逆旅，补题人日草堂诗。

祝鳌礼成恭纪三叠前韵

多难兴邦古训词，十朝仁厚卜重熙。漂摇风雨今何世，纠缦星云会有时。周室河山仍带砺，汉家父老望旌旗。合将破斧三年恨，谱入称觥万寿诗。

十四日立春匆匆又上元矣追忆昔游仿香山例以何处生春早为起句得诗十首示同社诸老

何处生春早，春生里闬中。笙歌忠烈庙，祀黑神，为唐南霁云。香火炳灵宫。即东岳庙，香火最盛。远市喧棚马，南城外马棚街，中外百货骈集。长桥踏霁虹。霁虹桥在甲秀楼前，春时游人如蚁。旧游回首忆，白叟昔黄童。

何处生春早，春生入蜀年。蝉貂宾宴盛，甲申入蜀，居丁文诚公甥馆。公以俭约率属，仅于岁首公宴宾僚一次，余日门庭似水。狐貉客衣鲜。苏抚崧振青中丞，为文诚门下士，岁暮远寄轻裘，公特假我备新春贺岁之用。虽长短不适体，然厚意可感也。栏月移花影，所居梅龛便于延月。江风沸管弦。王湘绮丈时主尊经讲席，春日彩舫宴客。锦官城似锦，作婿抵登仙。

何处生春早，春生郭隗台。厂桥评画出，水部看灯回。红软尘争踏，黄封篆又开。京曹官书填委，惟封印期内稍暇，一过燕九，又开印矣。埋头勤案牍，无暇问官梅。

何处生春早，春生清晏园。淮浦节署有清晏园。芳筵荷院集，园内荷芳书院有池沼之胜，高文恪公斌署额。估市草桥喧。浦中乱后始筑城垣，草市街跨桥东西，极繁盛。彩胜翻新样，纹女随任，有巧思，人日剪彩，特出新样。醍醐拜上尊。在浦拜御书“松寿”直幅之赐。回思元夕宴，灯月正当门。

何处生春早，春生古大梁。河流沙岸静，元日诣大王庙拈香，祝河流顺轨。花市土街忙。雪苑宾皆醉，樊楼夜未央。中原今逐鹿，老眼阅沧桑。

何处生春早，春生浒墅关。复园采茶去，拙政园名复园。香海探梅还。邓尉有香雪海。缥缈峰千尺，沧浪水一湾。屐痕犹可认，惜未驻朱颜。

何处生春早，春生昼锦时。元宵过唐肆，戊申春在籍，元夕唐鄂生中丞丈招饮。上日拜丁祠。元旦与鄂丈同拜丁文诚祠下。雪满扶风寺，拜丁祠后，纡道诣扶风山寺看梅。云深洗钵池。试镫日，游黔灵山，于洗钵池访碑。桃园迟上冢，别泪洒花枝。离乡廿四年，始获过家上冢。

何处生春早，春生鹦鹉洲。旌旗移北渚，由蜀移鄂。镫火上南楼。问柳元戎队，己酉人日渡江，登晴川阁赋诗。乘风远客舟。元日美国水师提督过江拜谒。官胡双庙峙，展拜愧前修。元旦朝贺礼成，即诣官文恭、胡文忠两祠行礼。

何处生春早，春生七二沽。星桥开铁锁，津署前双桥垂虹，元夕电镫照耀，如同白昼。夜禁弛金吾。雪地留鸿爪，庚戌元日，偕幕僚登藏海园红楼赏雪。园旧无名，余署曰藏海。曾作《记》，泐石其中。晴天养鹤雏。津关道钱星垞观察赠高丽双鹤，藏之园中，已将雏矣。枕边温昔梦，破费睡工夫。

何处生春早，春生歇浦滨。草间盘马路，镫下看花人。白社诗愁和，黄垆酒罢巡。冕士新逝。行藏吾自决，奚必问严遵。人日诣览世子谈相，殊笑多事。

十六日消寒第六集花近楼宴饮即席得句简坐上诸老

今朝春社集，促席尽良朋。各有丹心在，相怜白发增。甫题人日句，已买上元镫。矧兆丰年雪，冰叉裂瓦棱。

勉强徇人意，何如观我生。歌场偕子野，卜肆问君平。喝雉呼卢兴，藏阄射覆情。新年多乐事，不负岁寒盟。

怀京师白云观旧游七叠前韵

上清宫观白云天，燕九郊游聚福全。是日东北城，士女往游者先于福全馆聚餐，径出西便门，直诣观中游行。宏愿总凭中贵力，羽士结交中官，声势煊赫。清斋时堕老人涎。老人堂道士，有年逾百龄者。台前说法玄生尘，讲经台极巍焕。桥下寻仙笑掷钱。是日，寺中桥下石隙，一道士冥坐。游人争掷金钱，中之大吉。谓遇神仙。香火一龛花四壁，筵占追溯计阶年。丁丑留京会试，曾往祈签卜得失。后官京曹，于岁首，辄续斯游。

二十五日消寒第七集古微侍郎招饮诗以酬之

甫过咬春燕九节，壶觞又集沪江头。大名几辈书麟阁，合席十一人。妙手当年造凤楼。粤海归装惟一舸，彊村词话亦千秋。说诗转契无弦旨，琼报难邀愧李投。

女伶王玉华来谒赋赠

氍毹一片倚妆新，淡比清秋艳比春。肩是削成腰约素，风流不数洛川神。

忍将遗事说开天，子弟梨园尽化烟。忽听后庭花一曲，春风识面过江年。

眉痕宜笑亦宜颦，绝似程门立雪人。地下瘿公惊诧起，玉霜今现女郎身。容貌歌喉，酷似玉霜。

十五盈盈赋远游，儿家生小住幽州。老夫久作江南客，却对朱颜感白头。

贵筑寇子春大令重赋鹿鸣题词

同治六年丁卯榜，海内存者今几人。赵吕柯樊称四皓，商山峻望何嶙峋。上年重赋鹿鸣，邀上赏者：赵尚书尔巽、吕尚书海寰、柯学士劭忞、樊方伯增祥，共四人。吾乡寇君年未冠，手拾秀孝如常珍。秋宴周甲重筵启，佳话传遍竹城闉。君家三世盛科第，祖庭一老人中麟。伯衡先生以甲科出宰。尊公旧是木天客，玉堂清秩二难均。衡先生与弟石筠，先后入翰林。君才素丰啬于遇，青袍屡涴京洛尘。群推造凤好身手，独捧毛檄临八闽。百里非才竟屈统，一年再借争留恂。卢枕易醒粱未熟，秋风劝客思鲈莼。下走离乡廿五载，泷冈墓草几回新。入蜀过家惊岁晚，折角重识林宗巾。丁未入蜀，过家上冢。时值岁莫，与君过从尤数。昔年师友尽凋丧，丹山老凤独精神。之江池馆一尊酒，味较周公瑾尤醇。使车西上忽东指，芳躅辱临汉水滨。余由川移鄂，延君办理文牍。抱琴时诣琴台宿，婆娑风月南楼宾。北门锁钥非吾任，输君归去垂钓纶。避秦宁知有汉魏，我亦长作怀葛民。五千里外不相见，怅望月夕花之辰。朝来朵翰落吾手，尺波春泮六六鳞。琼篇遥和题画什，自谱笙簧话夙因。承和旧《题石谷画轴长古》，并寄示《重宴鹿鸣纪事诗》。我歌鹿鸣后八稔，载赓例须阅五春。余乙亥恩科乡举，鹿鸣重宴应附癸酉正科，先期壬申题奏。私念亦思续盛举，假年所恃天心仁。昨祝螺江无谀语，祝君亦如黄发询。沪江羁旅感萧瑟，安得牂牁接比邻。烦君寄语惠庵叟，天寒善保后凋身。谓牟惠庵太守。

哭沈冕士

忍披三友岁寒图，兼悼冯蒿叟、朱晓南。春到容园景物殊。诗卷会须留白社，酒人从此散黄垆。带缘移孔腰嫌瘦，烛果成灰泪已无。风义平生师友尽，白怜况是病中躯。

五福堂开肯构新，孝廉初试宰官身。范岑啸诺传佳话，群纪交游证夙因。处地脂膏偏不润，一权津关道。及门患难独相亲。捧檠当日知毛遂，碌碌羞为十九人。

衔恤归来尚黑头，布帆无恙快同游。重湖鰕菜西泠渡，两点金焦北固楼。汉柏秦松违泰岳，君官山左时，函约登岱，以病不果往。江枫渔火又苏州。消寒逭暑年年事，处处追寻处处愁。

难遣空梁落月时，果然死别甚生离。纪年周甲夫何憾，入梦长庚未可知。忆弟忍教糊口别，思君怕读断肠词。君肠疾愈后，喜作诗，思如泉涌。齐州烟点汾河水，留得清名万口碑。

二月初六日感事亡室周淑卿夫人忌日

为君曾罢春官试，苠簏尘封未忍看。客里衣裳谁寄远，东风二月剪刀寒。

简江湘岚同年并谢题水流云在图

黄雾弥天日脚低，青云回首共丹梯。劫余诗向泥中赋，酒半襟曾汉上题。汉皋一晤，忽已廿年。歇浦源从章水出，君久宦章江令，予近权上海县事。老人星与少微齐。十联锦字劳持赠，想见生花彩笔携。

二月四日消寒第八集聘三侍郎一山左丞招饮赋谢

客邸春来醉几回，东风送暖乐衔杯。采薇歌罢无功隐，王绩字无功，有《采薇诗》。思绮词成岂续才。章藻功，字岂绩，有《思绮堂集》。仙侣昔曾蓬岛住，芳筵今又草堂开。酒酣笑失尊前箸，门外车声殷若雷。

花朝日饮渭英斋中

姹紫嫣红列绮筵，羡君生在百花前。君二月十日生。三终喜奏清商曲，一掷争投博进钱。罚酒幸非金谷夜，品茶还乞惠山泉。承以惠泉饷客。纵饶楼护鲭筵盛，已损邻翁半日眠。坐有比邻叶作舟观察，喜午眠。

十三日消寒第九集志韶太史招饮诗以酬之

市楼重认酒旗飘，近局翻劳远客招。君远来作客，乃居主席。儤直昔颁归院炬，移家今避隔江潮。才名早已腾三馆，乡梦依然绕六桥。坐上二分春色好，只缘昨日是花朝。

奉化谢孝子传题词

豺狼满地今何世，恶耗纷传罢孔祀。孔门垂训首曰孝，谨信仁爱基于是。一自非孝邪说狂，何怪尼山俎豆亡。蓼莪诗废不可读，瓶罄罍耻庸何伤。我闻四明有孝子，作传乃出旧史氏。郡人高云麓太史为作传，征题。木天清望笔一枝，发潜阐幽式闾里。孝子有母能逮养，母爱子抱神所贶。古今不少无母儿，四顾茫茫但悲怆。

送梦华同年归葬宝应

送汝白田去，春风江上寒。客中无絮酒，只有泪阑干。

二十四日消寒第十集伯雨颂年招饮赋简

十觞一举酒微醒，九九寒消趁午晴。由一集至十集，适符八十一日。江夏逢君萦旧梦，伯雨幼擅无双之誉，昔岁同官鄂省。潭春送我喻深情。颂年久住西湖，余入杭，承赠诗。倾囊买画排牙轴，隔坐闻琴辨指声。酌雅未依金谷数，幸逃薄罚喜诗成。

酬湘岚同年二首仍叠前韵

瞥见宣城首便低，仰跻安得借长梯。韩诗："安得长梯上摘实。"半江水暖鲈乡梦，卌载名高雁塔题。民表才华驰北宋，宋江公望，字民表，举进士第。令和家世冠南齐。南齐江谧，字令和，秉之孙，世有令德。驻颜不用萧公镊，一笑何曾对镜携。君年已七四，尚无须，对之如三河年少。

耽吟不觉玉绳低，百尺难寻上汉梯。太息瞻乌谁屋止，敢将凡鸟到门题？长才我愧何无忌，美政君如宓不齐。传语霓裳诸伴侣，谓散原、倦知。春风社酒好同携。

谢湘岚惠祁门红茶四叠前韵

长眉只合老君低，茶有锡名老君眉者，味较此逊。斗绝祁门不可梯。千片红霞今拜赐，一瓯绿玉旧留题。客冬吴婕卿赠绿茶，有诗。惠泉味洌烹逾好，伍渭英适赠惠泉，即以烹之。洱海香浓价与齐。余幼嗜普洱茶。渴止转嫌诗思涩，锦囊空令小僮携。

有怀戏简湘岚五叠前韵

旗亭传唱小红低，语杂庄谐妙突梯。洛浦明珠宜作佩，玉溪锦瑟本无题。笔端染黛长眉妩，镜里凝妆短发齐。修到梅花原是福，月明林下一锄携。

诒书远寄元日即事诗依韵
和答并简尧衢肖雅湘岚

光近庭燎夜向晨，梦回依旧病中身。谁知枫陛朝元客，已作桃源避世人。驽马卸缰宁是怯？丰貂换酒未为贫。何时水部观镫去，重向东华踏软尘。

谈命简聘三侍郎

莺花时节午初晴，作客江南百感生。差喜闻歌偕子野，早因问卜识君平。观风罗甸空传檄，君开藩吾黔，甫下车，即值国变。话雨巴山未罢兵。蜀乱未已。曾是画眉两京兆，而今白发不胜情。

寿岩价人封翁八十三月初六日生

劫灰历尽说长生，高会蟠桃酌兕觥。千日恰逢春酒熟，众星齐让老人明。趋庭孔鲤传诗礼，近市陶朱识姓名。湖上扁舟劳迓客，白头枨触廿年情。丙午秋，太湖阅武，舟抵洞庭东山，君来请谒。

岩吾馨茂才重游泮水赋赠

周甲匆匆喜复丁，白头重见一衿青。春风吹拂鸾旗影，遥听佳音满洞庭。

高卧东山扫绿苔，阿兄八秩绮筵开。遥知古雪居同住，尚有人呼小秀才。君入庠年最少，群呼为小秀才。

仕宦功名感废兴，逢人怕说旧中丞。傥迟廿载作开府，酌酒簪花我尚能。

在泮吾家老孟公，璇题颁出大明宫。重游泮水，礼部例不题请。客岁丁卯，家少石兄躬际盛典，特颁“泮芹春永”御书扁额，实为异数。殊恩傥许援前例，观听圜桥两地同。

吴东园题水流云在图赋谢即用其见怀诗韵

雪爪鸿泥缔墨缘，村居诗笔突临川。王荆公有《题友人村居水轩诗》。只今名士无虚誉，从古经生享大年。萧瑟江关工作赋，琅嬛福地梦游仙。何当稳泛渔郎棹，一访桃源洞里天。

闰花朝日花近楼宴集湘岚同年即席赋诗依韵奉酬并示坐中诸君子

乍寒乍暖晚晴天，桃李春宵列绮筵。楼上待编花萼集，少石兄在坐。坐中先聚竹林贤。君与紫尘大令同宗。人如贺监狂呼酒，曲顾周郎误拂弦。投辖顿忘银箭永，未妨北斗挂檐边。珠玉诗篇咳唾成，江郎笔彩梦中生。衣冠第宅三朝恨，谈次，各有旧京之感。风雨江湖廿载情。汉上一别，忽已廿载。五木逢场心见猎，作舟诸老作博塞戏，君为壁上观。万花绕壁目通诚。敢追雅集西园盛，酒罢依然夜气清。

题汪允中俞楼寻梦图即用其韵

室迩人遥寄所思，梦中有梦觉嫌迟。重吟春在落花句，补入微之感逝诗。

灵光鲁殿独嶙峋，载酒重来圣水滨。太息瓣香人早逝，桃花片片泣汪沦。

意有未尽复成二截仍叠前韵

右台馆圮费寻思，上冢清明恨我迟。曲园翁墓，在西湖右台山，旧筑右台仙馆，已圮。亡室许夫人墓，即在其右。每岁清明，余入杭上冢，并以斗酒浇先生墓，偿宿诺也。何似水云弹一曲，抱琴来读曲园诗。汪水云善琴高隐，允中似之。

湖楼依旧耸嶙峋，不见仙人返洛滨。惆怅马医科巷路，香车问字更谁伦。亡室曾执贽先生之门。余抚苏州，时往修谒。

寒食前二日高云麓太史寄示游半淞园诗越日余亦出游得诗适如其数

轻车细马踏莎行，一曲淞波管送迎。差喜今朝晴旭好，无风无雨过清明。

剪春楼下草堂开，红板桥头掩绿苔。忙煞寻芳诸士女，苗鞋都为踏青来。

狂花不及美人狂，架上秋千列两行。长似桔槔随俯仰，飞扬翠袖杂明珰。

黄河远上白云中，赌酒旗亭句谢工。坏壁龙蛇诗尚在，不堪重认碧纱笼。

蟹眼须妨火候差，头纲新试雨前茶。数钱甫博当垆醉，又访猜诗迷杜家。

一笑相逢两秃翁，班荆道左太匆匆。年来别恨消除尽，不借江郎彩笔工。园中晤江湘岚同年。

杨柳青旗著色新，珊瑚鞭子拂轻尘。春风一骑桃花马，疑是秦良玉后身。

几处长亭接短亭，风帘不卷隔云屏。到来未觉沧江晚，闲坐窗前数列星。游女影戏场，明星为多。

横塘风定橹声柔，容易心情付白鸥。夹岸桃花如解语，羡他仙侣尽同舟。

罗列儿孙藐众峰，江天一览荡云胸。绿波春水明于镜，白发萧疏揽镜慵。

信步何须策短筇，娇孙扶我过桥东。十年未减看花兴，只惜生涯似转蓬。即日入杭扫墓。

重重花影夕阳移，云路穿云意与迟。十二雕阑凭已遍，飞笺遥和达夫诗。

汪允中索题新安四节图四节均汪氏女，三为其姑，一为其妹，各有节概。详允中所作序及诗。俞曲园先生作传，陆廉夫处士绘画。余为赋诗，以谂来者。

碑碣云埋心誓墓，存祀图一。剪刀风利血凝肤。刲股图二。坠楼果遂从夫愿，坠楼图三。断杼堪为训子模。训子图四。至德无殊忠与孝，芳魂应有侄从姑。率溪六烈刚题遍，又展新安四节图。

奉酬叔迁都护元旦纪恩之作即步其韵并简哲兄梓怡观察

平明金殿上晴曦，青琐朝班近玉墀。柳下拂旌承露早，花间待漏落星迟。北门移病臣怜老，宣室颁春帝受釐。吉日迎祥年在戊，奉颁大吉春条。奉公夙夜本无私。

杭州即事

春兼二月闰，节候暖寒乍。憔悴江南客，又税临安驾。九峰若拱揖，鸳湖解慰藉。迢递送行人，吴山马初下。阿咸甫归来，一笑出门迓。齐州九烟点，犹绕征袍罅。六侄昌毂甫自山左回。信宿宝迂阁，四壁列书画。少石兄有《宝迂阁》。夜兰更剪烛，如共竹林话。

晴湖万山青，烟湖一水白。西子倦凝妆，亦呈可怜色。航受两三人，逸兴托泉石。但闻纵斧声，不见荷樵客。夕阳淡不红，归鸟下云翮。酒家在何许，遥指垂杨陌。旧痕认襟上，新吟寄岩隙。梅落鹤不归，怅望逋仙宅。

虎跑泉芳冽，龙泓水清浅。曲径喜通幽，九溪十八涧。篮舆入理安，松杉绕寺满。云楼万竿竹，地僻心共远。湖上我重来，触景增百感。何处旧楼台，谁家新池馆？人事有兴废，一一挂吾眼。清明上冢迟，园花落片片。惟有玉盘盂，一朵大于碗。

七日无风雨，天心厚旅人。一笻双蜡屐，踏遍湖堤春。阿兄自沪至，握手笑言亲。啖我猫头笋，款我雉尾莼。丧乱三载余，吴越迭主宾。白头老兄弟，乐事叙天伦。骊唱催明发，感兹一叶身。道左千杨柳，遮莫绾征轮。

右台山扫墓

晴湖卓午散轻烟，凭藉东风送纸钱。情网重重牵旧恨，锦弦一一数华年。怜余乱世支离老，输尔深山自在眠。芳信连番春不管，花开花落墓门边。

沿九溪十八涧行遂过许汲侯墓

笋鞋轻便杖扶藜，随意寻幽到九溪。涧水遥通潮上下，人家近隔岭东西。泥融雪迹留鸿爪，在龙井、理安寺均摄影片。车走雷声误马蹄。腹痛最怜许丁卯，客中絮酒不曾携。

灵隐晚归

云林不倩白云封，重访飞来第一峰。入肆便寻茶博士，当垆先问酒家佣。劫余废塔空残照，雾里春山失笑容。楼阁上镫归去晚，南屏又听隔城钟。

云楼饭僧

得遂栖云伴许偕，饭堂来趁老僧斋。为寻高会穿林去，寺藏《青林高会图卷》，中有董文敏、陈眉公、莲池大师。偶访残碑剔藓埋。池里青莲千劫换，门前翠竹一行排。洗心亭下容延伫，日暮何之且住佳。

江　干

回忆题诗到浙东，西台痛哭有谁同。平生意气轻投辖，垂老天涯怅转蓬。茗碗时延今旧雨，蒲帆饱挂去来风。犹怜崔护寻春晚，不见桃花似昔红。

楼外楼感旧

绮貌重逢总不群，杏黄衫子石榴裙。十年春梦空怜我，一舸烟波稳载君。却愧白头输少壮，转劳红粉致殷勤。同为楼外楼中客，情话匆匆袂又分。

湖上遣兴简少石兄

四面青山斗晓妆，西湖不减旧容光。鹤梅仙眷娱逋老，香火丛祠赛岳王。贯柳市开人唤酒，采茶歌起女承筐。平生宦迹周吴楚，只逊东坡未守杭。

风约晴波碧似油，冶春山色艳于秋。断桥弱柳藏烟寺，隔岸新篁起画楼。比岁机云曾共屋，今朝坡颍又同舟。襟痕杭酒难抛却，勉为阿兄一日留。

平湖秋月晚坐敬和纯庙韵

离宫已见黍油油，堤柳依然拂水柔。秋月昵人春更好，茫茫身世感迁流。

湖上归来得金子才大令诗函均集花近楼集中句赋此答之

敝帚逢君未敢狂，新诗翻索旧吟囊。韩潮不废涓流细，丘锦兼收袜线长。鼓吹巴人歌白雪，抹涂嫫母斗红妆。沙中那有黄金屑，转累良工拣取忙。

上巳日和答子才并简尧衢宽仲湘岚肖雅

巳日嬉春不隔晨，感时同是孑遗身。韶华最好惟三月，童冠偕游剩几人。著屐踏青聊作戏，上巳著踏青屐，见《秦中岁时记》。典衣浮白未为贫。回思山寺题诗处，红袖何年更拂尘。丙寅上巳日，游灵隐寺，有诗题壁。

上巳后一日偕张子蔚刘镜清陈小瑀江湾叶园看牡丹

嫩寒敕住牡丹春，况复名园结构新。艳质显区黄白紫，国香斋斗虢韩秦。芊绵草长初盘马，园邻跑马场。富贵花开也媚人。回忆丰台看芍药，应嫌作婢侍清尘。

题王玉华女士钗弁合影图

迷离扑索总倾城，图画天然二美并。左右竹分人两个，雌雄管协凤双声。眼波甫接形怜影，眉语初成我即卿。狡狯神通谁省识？却凭幻象托深情。

对影忽成三李白，随身化作百东坡。诗人故实皆如此，神女阴阳乍若何。细审容光情不隔，偶为游戏睡消磨。玉台倪下温家镜，一笑相逢即是他。

偕诒书赴肖雅之招席间闻呱呱声知又抱第二曾孙矣赋此以要后约

才听啼声便不同，充闾喜集画堂东。得男再索三年内，积善余庆四代中。闽海源流新世泽，何山大小旧家风。华筵弥月开汤饼，毋忘今宵两秃翁。

春夜梦梦华同年欢若平生醒后感怆

破涕强为笑，伤春甚感秋。没于客岁七月。文章千古事，风雨五更头。淮表无宁土，长安忆旧游。故人今入梦，重话黍离忧。

答和诒书吴门即事

俊游犹及暮春时，闰后垂柳发几枝。履道未营居洛宅，往岁同官汴洛，惜未预留一廛。寒江重赋入吴诗。情潭水活人俱远，止宿汪甘卿宅。秀野堂开意共怡。曾游顾氏怡园。多难万方君莫问，长安今日是残棋。

答肖雅次韵

唾壶击碎为敲诗，世外烟云匪我思。换酒有时逢贺监，援琴何处访钟期。娱情得素吾将老，把臂呼咸叔不痴。更欲与君参妙谛，浣花格律玉溪词。昔人谓学杜须从义山入手，君诗力摹少陵，故以此说商之。

蔡北仓相士过谈越日饮于江上酒楼赋赠

北仓，台湾人，曾隶籍日本，近复改归闽籍，善论相。

割台往事吾滋痛，今日逢君倦眼开。越石闻鸡犹起舞，令威化鹤却归来。空群冀北孙阳顾，作赋江南庾信哀。劫火屡经休问卜，异乡喜共酌芳醅。

钱塘孙文壸公诒经书画卷子
哲嗣慕韩中丞属题

同光以来谈朝政，党祸披猖杂流进。先生独为本分官，此言闻之许恭慎。一经教子不忧贫，但求诸己莫羡人。断绢零缣永宝用，七字直可行终身。右题所书“各有因缘莫羡人”联句。

文成德功言不朽，宾坐箴词慎择友。先生理学绍良知，大书特书字如斗。清时峻望何嶙峋，门前不少立雪人。无分登堂称后辈，化石桥头一问津。右题手书《王文成客坐私祝长卷》。

画髓当年仿鹿床，不数秀野旧草堂。完璧公然归赵氏，制铭端合属刘郎。先生妙腕诛茅屋，通德门高书带绿。式微歌罢我无家，移镫拟傍西窗宿。右题手绘《因陋草堂图》。先生画法为戴文节亲授。是卷写赠顾湘波太守，已失去，慕韩中丞于沪上无意中购得之，洵可宝贵。

送沈冕士归葬杭州

长安卷入棋枰里，沪江潮落复潮起。丹旐飘然昼锦行，临歧祖饯君归矣。素车不走山阴道，本籍山阴。为爱杭州风日好。明湖烟雨晋祠云，雪痕历历飞鸿爪。丙舍地接空王宅，孤岭梅花解迎客。隔篱呼起朱公叔，斗酒招邀浮大白。殡宫与晓南相近。域中笳鼓日纷纷，掉头充耳百不闻。九老香山犹剩我，一坏西湖好埋君。

肖雅赠诗并约近局叠前韵

逆旅生涯吟卷里，发函十丈光芒起。为问函中何所有，数首新诗而已矣。我才袜线奚足道，君句一一穿珠好。著力麻姑痒处抓，妙手巧运仙人抓。书堂深柳泉明宅，不特好诗兼好客。筵期速我酒家楼，贺监金龟酬李白。甘陵两部何纷纷，潮长潮消海上闻。风义平生几师友，屋梁落月倍思君。

北望三叠前韵

人柳植根汉宫里，觐光曾见三眠起。今看摇落情何堪，树犹如此人老矣。槐市斜街绿夹道，一株尤爱南洼好。古寺劫烧佛亦愁，盘拿非复旧龙爪。我已浮家无定宅，憔悴久作江南客。十年不到胜棋楼，著子凭谁话黑白。眼前蛮触徒纷纷，遥夜鸡声枕上闻。栗里漉巾非玩世，杜陵饭颗不忘君。

寄樊云门方伯京师四叠前韵有序

夏夜展王玉华女伶书，知回燕奏艺，极荷樊山老人矜赏，并嘱殷勤传语，问讯远人，真不啻空谷足音也。十年离索，未遂题襟，两字平安，有如挟纩。感兹雅谊，答以芜词。仍由玉华寄正。

王城十丈红尘里，中有关西杨伯起。夕阳亭上驻夕阳，八十之年又三矣。忆昔接邻就有道，绿杨两家春色好。双栖玳瑁燕移家，半壁纱笼鸿印爪。君寓沪时，与余比邻。北徙后，宅为余有。沧桑凭吊王侯宅，同是略园旧宾客。撰述公留照汗青，沦飘我亦感头白。查楼丝管正纷纷，日下新声补旧闻。重听后庭商女曲，主持风雅孰如君。

得江湘岚同年婺源书却寄五叠前韵

曲江旧宴如梦里，几辈蛟腾几凤起。甃余重检同年录，公真健者吾衰矣。比岁军书驰十道，羡君归念家山好。锄苓松老作龙鳞，种竹笋香煨虎爪。拿舟拟访罗含宅，君为主人我为客。西窗剪尽烛千条，不知东方之既白。渡河空嗤议论纷，八公草木不堪闻。

醉谴远遭灞陵尉，何如近访春申君。

沪江喜晤周稚香太守即送其归如皋六叠前韵

委怀书卷琴囊里，茶鼎香炉伴卧起。打门忽报故人来，不见于今三年矣。带水盈盈非远道，扁舟携得宁馨好。老马生驹不受勒，寿鹤将雏时露爪。信宿假我道南宅，脱略形骸忘主客。酒酣共对一镫红，饭健宁愁双鬓白。蹈海何人为解纷，长安似弈付传闻。花开花落江南恨，不道逢君又送君。

赠林诒书学使七叠前韵

林侯日在醉乡里，一楼高卧看云起。宦海归来何所有，琴鹤随身而已矣。单车重走江南道，去欲何之住亦好。诗成镫灺剔蚖膏，棋罢茶香烹凤爪。成句："石上生茶如凤爪。"生计曾无三亩宅，廿年前是梁园客。江花不妒镜中缘，一笑相逢各头白。道左班荆絮语纷，鸡鸣风雨夜深闻。幸托茑萝旧婚媾，矧是枌榆贤使君。

四月二十四日肖雅招饮寓斋时哲孙抱子甫弥月也喜赋八叠前韵

百岁光阴斗室里，不向梦中呼起起。素心三五数晨夕，苟如是是亦足矣。造门窃听西邻道，东家抱孙英物好。他年定作出鞲鹰，珍护金眸与玉爪。白杨数株何妥宅，主人置酒延嘉客。我亦来趁汤饼筵，一笑呼枭成五白。时作博塞之戏。矮檐听雨涤尘纷，警夜柝声委巷闻。归去茶香犹在口，令人还忆武夷君。酒罢以武夷茶饷客。

寿吴宽仲观察九叠前韵五月四日生

老人星在少微里，南极高高五云起。襄阳从古多耆旧，君也庶乎其选矣。垫巾早识郭有道，尤爱李白狂名好。新诗绵邈沁入脾，大笔淋漓力透爪。榴筵红照临江宅，今日称觞延寿客。百年伉俪祝刘樊，四海朋交重元白。渚宫夜雨落纷纷，闻武汉苦雨。黄鹤一别断声闻。寄书河北偏愁我，作客江南喜遇君。

时维五月又逢初度逸社诸友以诗酒为寿赋此答之并以自遣十叠前韵

寻常竹里兼花里，爱月迟眠春早起。一病蹉跎十五载，甚矣吾衰也久矣。宦梦休向春婆道，闭门始觉闲居好。翠釜羹调玉化胎，往岁逸社宴客，以竹孙和晚香玉入馔，伯岩锡名玉胎羹。止相、乙奄、涛园、伯岩及余皆有诗。兽炉香袅金涂爪。烟波早泛志和宅，更拟拿云寻谢客。鸥盟鹤梦雨无猜，紫衣换著山人白。广筵丝竹夜纷纷，陶写中年耳际闻。九分人学司马氏，邵康节谓司马君实为九分人。一日长谢孟尝君。

端午杂感

瓜庐卓午醉蒲觞，才过分秧四月忙。恰喜丰年先有兆，适逢夏至是端阳。

细葛香罗出上阑，宫衣换著客衣单。枕前昨夜潇潇雨，草阁临江五月寒。

湘江系粽吊灵均，节物惊心感不禁。何处尚留干净土，容余泽畔一行吟。

胜游却病记登山，万里乡关一梦还。黔俗：午日出游，可疗百病。依旧榴红兼艾绿，只愁白发易朱颜。

武进徐学人先生云溪草堂图卷题词

溪流一曲地三弓，展卷依然鲁殿崇。旧图已佚，此系重摹本。锦里浣花迎杜甫，嵩高缚草羡卢鸿。壁纱王宋余残照，王渔洋、宋牧仲均有题咏。衡宇洪黄拜下风。乾隆朝，洪稚存住溪南，黄仲则住溪北。详载两君诗集。于先生为后进。图画重开孙述祖，裔孙尧卿太守属题。酾年亲舍白云中。

花近楼坐雨有怀友棠学部即次其见寄诗韵

江深草阁夏如秋，垂白心惟恋一丘。不分余生逢板荡，况经沧海是横流。麻鞋行在惭臣甫，团扇吴中画陆游。遥望暮云怀旧雨，万方多难强登楼。

初度后七日逸社诸老江楼公宴即席赋谢

颓龄已分老江东，高会欣乘解愠风。鄙吝每缘三日别，乱离何幸一樽同。多情酌我香浮蚁，远道怀人信渺鸿。琴初天津书不至。超览楼荒诗许续，猪肝今又累群公。往岁生朝，瞿止相、沈乙庵诸老招饮，余赋诗有"猪肝今日累群公"句。今又十年矣。止相宅有超览楼。

接琴初天津书却寄

播越非吾土，扶持仗老成。丹心常悬阙，赤口忽烧城。焦烂思前事，安宁慰友生。津桥风雨疾，不断杜鹃声。

寄怀少石兄杭州

日入万籁寂，翛然夜未央。延凉迟下帘，残月照藜床。念我同怀人，远隔天一方。安得解愠风，吹梦到君旁。阿咸自浙来，近状一一详。腰脚不暇懒，眠食更胜常。曾作西湖游，楼外楼相望。携得小儿女，排日倾壶觞。闻之蹶然起，所恨道阻长。我病沧江晚，坐阅庚蟀忙。看花兴已减，长歌学楚狂。丧乱苦行役，杭州当故乡。会须秋潮生，同话赞公房。八月既望，入杭为母氏诵经。

再简少石兄叠前韵

玉堂赋佳句，莺坐绿中央。庚辰朝考，诗题：芳郊花柳遍。兄以佳句膺上考，遂入馆选。才地我输君，奚止上下床。如何香案吏，谪宦天南方。脚靴与手板，劳形簿领旁。平生宦游迹，语焉吾能详。六计上廉能，三异迈等常。不博上官喜，乃慰下民望。渚宫万口碑，滕阁九日觞。逮开五羊藩，珠海流泽长。我时掌北门，卧病筹笔忙。银印各抛掷，谢彼众稚狂。西湖有敝庐，老此莼鲈乡。忽听杜鹃声，惊心帝在房。

北望三叠前韵

钜丽隋仁寿，嵯峨汉未央。王气一朝歇，狐鼠窜玉床。厄运逢百六，蹙蹙瞻四方。乌啼延秋门，王孙泣路旁。有客日边来，言之语特详。亡命尽褒鄂，崛起皆徐常。特续西山会，每依南斗望。凝碧奏管弦，几辈感临觞。我闻心骨悲，耿耿夏夜长。老渔坐江上，眼睨蚌鹬忙。愿雪鲁连耻，宁为箕子狂。遐想太平民，死徙无出乡。救时宰相业，安得起杜房？

纪梦四叠前韵

一泛西湖棹，宛在水中央。荒鸡催梦醒，息偃仍在床。薄宦饥来驱，糊口之四方。江淮燕楚豫，柳拂官道旁。杭州非旧游，老妻语我详。圣湖好风景，旖旎胜苏常。至今钱王祠，锦树遥相望。为扫娇女墓，右台奠一觞。地接南高峰，途沿苏堤长。生圹于焉营，登登畚筑忙。乱世获苟全，他乡即故乡。庄生喻齐物，达观我非狂。浮生若大梦，凉月照东房。

咏史五叠前韵

鲁连耻帝秦，誓蹈海中央。幼安居辽东，皂帽兼绳床。末世缅规矩，为圆竟毁方。耿耿一寸心，临上质在旁。十七年来事，难托野史详。在德不在众，主善师无常。一夫已不获，万夫何所望。排阊叩彼苍，沉醉帝倾觞。举酒斟酌之，仰视长星长。斗室俯中原，纷纷逐鹿忙。麦秀黍离离，悯彼狡童狂。烈士志千里，匹夫善一乡。报韩博浪椎，贤哉张子房。

蚩尤一首六叠前韵

蚩尤丽中天，白旆何央央。开轩一延伫，有客起自床。维箕张其口，熠熠极南方。嘒彼欃与枪，乃挂北斗旁。史氏志五行，灾异焉能详。天人实感召，事变理则常。太息四维绝，郅隆无复望。不如中山酒，一举醉十觞。银箭不知愁，今宵漏点长。已有晓行人，车挟雷声忙。静躁原殊趣，宁为古之狂。会看万亿劫，悉归何有乡。愿奉君子教，右招我由房。

六月朔日为亡室亭秋生辰感赋七叠前韵

遗挂列四壁，罗帏陈中央。久辍弹指声，素琴犹在床。昔作黔娄妻，佳人来北方。谢家有才妹，睥睨诸兄旁。迟嫁缘将母，萱花小字详。一字仲萱。伴我危城居，济变如处常。悼亡十二载，魂梦徒相望。及兹设帨辰，扶病称一觞。时有薰风至，翻牵旧恨长。凝香怀燕寝，竟夕角诗忙。骖鸾君早赋，余仍故态狂。平生爱西湖，妇乡即婿乡。息壤期在彼，茂悦营山房。右台墓左，有茂悦山庄。

纪梦和琴初韵

华筵丝竹宴方终，残梦惊回午枕中。袖手莫谈观弈事，焦头谁录徙薪功？驽骀十驾鞭须著，鼷鼠千钧弩亦穷。献赋两都词已费，审时宁作信天翁？

重题汴闱春宴图叠前韵

九朝科举甲辰终，剩有衣冠图画中。战马衔枚群入彀，春蚕下笔茧同功。千秋雁塔名难续，百尺龙门路已穷。式宴汴京叨末席，而今鹤发忽成翁。

花近楼与六侄夜话三叠前韵

绿窗夜话彻初终，人在疏镫细雨中。北海交游盛文举，东皋徙倚羡无功。谢庭未许风流歇，阮路休嗟日暮穷。闻说画船湖上宿，三更穿藕唤邻翁。

客来谈北事有感用肖雅韵

三殿尘封日上迟，玉泉水涸阿谁知。飘零庙市看花骑，寂寞天街卖酒旗。沧海生桑人事改，长安似弈客心悲。多情只有卢沟月，不减清辉似昔时。

怀湘岚同年婺源

兰池清气扇薰风，花近楼高倚碧空。卷幔江流天际白，隔窗邻火夜深红。怀人偶弄琴三叠，玩世惟消酒一盅。闻说珂乡山色好，诛茅惜未与君同。来书有招隐之约。

陆放翁先生画像裔孙霭堂属题

暮年审象早钞诗，余有手钞陆诗二册。一瓣心香感系之。当日小朝廷尚在，不堪今世黍离离。

团扇家家岂偶然，吴中近事至今传。画师更仿西川石，想见先生入蜀年。图像由蜀刻石摹出。

侠骨朱颜鬓未皤，只愁心事费描摹。儿孙家祭年时有，不审中原近若何。

樊山寄到和章奉答一首即次其韵

劫后长安岂易居？忍看毁室赋赪鱼。南疆召茇留棠爱，秋圃韩香本菊如。作客每携双屐蜡，怀人时对一镫疏。邮签料被鳞鸿妒，红袖殷勤为寄书。书由玉华女伶寄到。

寿尧衢叠前韵

客邸称觥胜里居，绯衣重检袋金鱼。夙知报政荣三考，惭未登堂颂九如。却喜齐眉仙侣健，转因多病故人疏。介耋不用携羊酒，卌载交凭一纸书。

和答肖雅三叠前韵

无肉吾宁与竹居，味君佳句抵熊鱼。袖中吴郡诗犹在，日下长安弈不如。蝶梦初回惊被重，来函谓，夏眠不可贪凉，以重被为宜。蟾辉新透觉帘疏。清游未减王猷兴，差喜平安有报书。

送诒书庐山避暑即用其见寄浔阳舟中与友人唱和韵

别意江流孰短长，放庵老去更疏狂。匡山又吐初生月，陶径重寻旧种桑。许见云开真面目，不知世阅几洪荒。北窗料作羲皇想，一枕松风午梦凉。

吴柳堂先生罔极篇钱塘姚虞琴属题

事变节斯著，时艰遇尤屯。自来求忠臣，必于孝子门。我读罔极篇，展卷声先吞。匪惟皋鱼痛，中有精卫魂。觥觥吴侍御，直声澈九阍。椒山自有胆，劾奸疏尚存。官以言为责，夺职乃在言。屈作藤花吏，谁与诉烦冤。幸际中兴朝，冲圣正临轩。凭几十三载，前星黯斗垣。无计攀龙髯，鼎湖波腾翻。嗣统争一字，尸谏酬夙恩。风雨蓟门东，诗碣苔可扪。行役瞻庙貌，春秋荐蘋蘩。兹编值宅忧，霜陨北堂萱。附身附棺事，摒挡阅朝昏。一一笔之书，字字血泪痕。况闻木兰狩，蒙尘悲至尊。名王齐偃甲，一炬圆明园。公时甫衔恤，麻鞋谢星奔。国故意如此，家虞复奚论。以上均日记中所述事。我昔习举业，佩公文雄浑。横街接比邻，故宅长兰荪。闻名不相见，瓣香遥为馨。于水经沧海，于山识昆仑。清高肃遗像，貌癯色思温。非孝广忠说，流毒今乾坤。安得再起公，讲学崇本原。姚侯宝此册，价抵千瑶琨。我亦负君亲，掩卷感无垠。

夏夜寄怀琴初天津四叠前韵

移家犹获傍宸居，怅望丁沽尺鲤鱼。乱后莺花皆寂寞，别来眠食近何如？言寻深处交非浅，情到亲时迹转疏。种豆南山吾素志，挑镫夜报会宗书。

委怀一首五叠前韵

看人撞坏好家居，高卧深山喜足鱼。莫向仙源谈历劫，揭来佛地礼真如。折花插发休嫌短，截竹编篱不碍疏。栗里已归陶靖节，委怀镇日乐琴书。

阅常熟翁文恭公日记书后示费梓怡

脱粟加餐布被单，元僚清望绝朝端。继承两府丝纶易，调护一家骨肉难。楚相衣冠门祚薄，崇陵风雨党碑残。卌年笔录千秋鉴，莫作荒亭野史看。

独眠花下影形单，永夜鳏鱼感百端。老泪不因儿女落，见日记末卷临没诗句。孔怀永叹弟兄难。撤莲恩宠惊中贵，煨芋功名识懒残。频向江亭高处立，西山一角卷帘看。

双僮一马客衣单，大事朝廷失吕端。祖帐旁观齐太息，讲筵孰与述艰难。袖中吴郡诗篇富，梦里长安弈局残。怨李恩牛皆寂寞，画图留付后人看。卷首有公照像。

译庭傫直日逢单，译署置班，分单日双日。不解摸棱执两端。醉吐车茵容我肆，折冲尊俎谅公难。清门人往风流在，沧海澜翻日色残。便拟琴河浮片舸，访碑同向鸽峰看。

握权九府议三单，岂料扶桑启衅端。门外谈兵筹笔误，殿前博弈举棋难。忧时每见双眉蹙，失计终悲万骨残。责备春秋贤者事，食同日月任人看。

侍宴叨分御膳单，置身原在五云端。秋风匹马临崖险，春水扁舟下闻难。金石论交怜隙末，监梅和味惜羹残。小车若过琉璃厂，宋椠元镌取次看。

羊鹤氋氃顾影单，宣南巷议太无端。韩王不恼循王恼，强国何难富国难。泉府力缘三海竭，漏声愁共百花残。即论文艺皆经术，未可书生白面看。

杖藜绝似挂僧单，时有烟云绕笔端。地处危疑同志少，老犹孺慕古人难。延英东阁宣麻晚，别友西窗剪烛残。进退如公原绰绰，放归莫作逐臣看。

敬题纯庙赐题邹尚书一桂董相国诰花卉册子诗纪尚书昀奉敕书。

元僚供奉列朝班，神化丹青慰圣颜。遥捧仙毫挥殿上，却随玉碗落人间。承恩定使花迎笑，笃旧应怜鬓已斑。述赐题邹尚书画中诗弁首天语。亦向两家搜粉本，劫灰历尽几时还。前官京邸，藏有两公画册，庚子拳乱失去。

六月十七日梓怡观察招饮玉佛寺游衍竟日归而得句奉简并示顾桂生李季重

碧瓦红墙梵宇排，嘉招来趁饭堂斋。蒲团入定香风过，竹话偷闲旧雨偕。容我逃禅参玉版，有人荐福拔金钗。寺内设坛，诵经士女云集。钟声报后归何晚，潮满官桥月满街。

二十二日纹女忌日叠前韵

老泪如淮任决排，宁知今日为营斋。人间历劫增余痛，地下承颜与母偕。刺绣愁抛长命缕，女长至日生，余名之曰纹字绣君。开箱怕检辟寒钗。最怜生小燕山住，元夜看镫水部街。

越日桂生假坐宴客三叠前韵

长夏初筵逐日排，秋光先喜到茅斋。燠寒气候阴晴幻，醒醉生涯少长偕。珠玉联翩挥彩笔，梓怡、襄孙近集有诗。管弦繁促坠歌钗。归途幸不惊宵柝，镫火新凉满六街。

荷花生日忆淮园旧游四叠前韵

绿荷擎盖露珠排，回忆淮园坐小斋。设帨焚香娇女拜，拿船穿藕老妻偕。冰壶濯魄催银箭，波镜凝妆整玉钗。铃阁深岩官鼓寂，不知喝道已笼街。

得琴初天津书感赋

传说初疑事未真，书来不觉泪沾巾。巨君夺玺谋原狡，校尉摸金祸有因。玉碗人间悲汉武，麦盂泉下泣宣仁。谒陵种树输梁叟，卧病沧江感不辰。

得吴东园寄怀诗依韵酬之

瑶札烦君问起居，埋头依旧注虫鱼。屋缘听雨休嫌漏，帘为看山岂碍疏？北畹幽兰劳赠与，玉华赠画兰便面。东桥修竹近何如？遥知冰簟销长夏，一局楸枰半榻书。

梦亡友冯梦华朱晓南

忧患年来感丧朋，新秋入梦转瞢腾。鳌矶把钓思同伴，雁塔联名许共登。纸上云烟传彩笔，枕前风雨撼疏镫。玉楼翻羡游仙早，不见冬青宋六陵。

玉华女士远寄画兰便面诗以酬之并简程郎玉霜

兰心宛转画初成，九畹香从一握生。绝似玉京描粉箑，夙闻紫稼擅书名。左面玉霜书乐天诗。风前婀娜霜毫染，灯下传观雾眼明。甘向樊山三舍避，樊山有画兰曲。笔花秃尽不胜情。

寿费叔迁都护四十生日

门望清芬故国乔，黑头荣珥汉家貂。芋禅杭郡三天竺，棠阴闽江万寿桥。降岳欣逢皇览日，六月二十八日生。编诗神往义熙朝。飞觞怅隔人千里，缩地还思折简招。

阅肖雅近作书后

考功一集冠新城，不数何郎水部名。世上几人学杜甫，溯源谁是玉溪生？

寿乐母张太夫人八月十六日生

连云楼橹大江横，酌兕怡堂慰所生。筑有养怡堂。绛幔经师韦母训，白云亲会亚夫营。欧门画荻心弥苦，潘县看花眼倍明。目盲而复明。特展中秋开夜宴，老人星朗月初盈。

庭前秋兰为风雨所妒适肖雅以徐园赛兰诗见示感赋一首即次其韵

秋雨秋风不算恩，花开花落我思存。诗清合补无声什，香远还寻入梦痕。曲水流觞名士佩，空山锄月美人魂。天涯尚有王孙草，泣路谁为庇本根？

靖陶惠新安大坑梨赋谢

梨质大如瓜，书来喜拜嘉。倾筐情倍渥，堆案语先哗。孙辈攫取，相为笑乐。剖玉供盘饤，流浆沁齿牙。忘年融许让，莫浪说哀家。

物产离乡贵，灵村妙取材。味逾冰藕脆，留待玉霜来。函述：艳秋即日来申。酒愧琼瑶报，友人适馈津门五加皮酒，即以转赠之。诗烦雪片催。文园正消渴，不必望青梅。

连宵风雨沟浍皆盈门内水亦深尺许沪上夙未见也特纪以诗

雨阵挟潮流，萧萧风满楼。沧溟惊跋浪，陆地快行舟。名副芦花荡，所居地，原名芦花荡。时逢稏秏秋。万方正多难，先为老农愁。

项松茂属题仇十洲汉宫春晓图长卷卷右周公瑕书太白《宫中行乐诗》。

宫柳宫花粉黛新，披图如见汉家春。通天一表他年恨，玉碗匆匆已出尘。兼悼近事。

妆点西厢老画师，休承细字界乌丝。余旧藏十洲所绘《会真记全图》廿页，文休承细书记中原词于各图之右，视此为精美。宫词妙写青莲句，更有周郎笔一枝。

秘阁收藏等吉金，宗风天籁未销沈。箧中书画称双绝，印记终推项墨林。

净慈寺止宿示诒书

钟打南屏晚，来参选佛场。脚根萍絮转，鼻观木樨香。寺中丹桂盛开。定慧依三宝，登临感万方。我心如皓月，长照圣湖光。

赤山埠泛舟至楼外楼小饮和诒书韵

湖楼共樽酒，恰趁午晴初。示我惊人句，知君得意书。不妨身化鹤，岂可食无鱼。一醉归来晚，相随月下车。

寿松堂为先太夫人讽经敬叠前韵

劬劳悲母氏，回忆我生初。衣敝密缝线，镫残严课书。羹遗惭考叔，树静泣皋鱼。断杼风徽渺，传家有纺车。

右台山上冢三叠前韵

却缘埋骨早，还溯定情初。但借潮通信，难凭鸟寄书。琴弦惊断雁，角枕寂鳏鱼。为续他生约，同乘薄笨车。

烟霞洞访岩间旧题句示佛山上人

扪碑重上旧亭台，石磴萦纡锁绿苔。我与山僧有成约，此游不为看潮来。

与诒书登南高峰

烟霞锁不住，联步登南高。和靖身将隐，元龙气尚豪。十方琼岛佛，山寺玉佛数十尊，来自西域。一线浙江涛。重著穿云屐，仆夫敢告劳？

虎跑泉品茶遇柴莲青

何年初地试斑蹄，绝似寻秋到虎溪。活火细评新沦茗，断碑重访昔留题。蒲团入定维僧老，藤杖扶衰短仆携。忽漫班荆逢旧雨，片时情话总凄迷。

刘庄遇问刍同年和诒书韵

回首曲江宴，匆匆四十春。莫谈天宝事，俱是义熙人。洛社衣冠古，平泉花木新。白头始相见，茶熟证兰因。

六和塔访僧遂至江干

一访前朝寺，塔建于五代时。翩然二客从。诒书、季履同游。塔铃初日上，钟杵断云封。僧话巴山雨，寺僧蜀人。吾惭东野龙。酒家在何处，江上数青峰。

寂寞秋江冷，晴空日易斜。客心惊落木，人面感如花。倾盖非今雨，吟笺寄晚霞。越山倪招我，东去欲乘槎。

江干酒楼示诒书季履

一楼临江浒，地接天尺五。万灶上炊烟，我来刚及午。楼西一角酒旗飘，荷锸刘伶许见招。越山黛色落杯底，隔岸遥见浙江潮。江潮如马谢衔勒，策杖纵观携二客。探囊大笑不名钱，贺监金龟酌李白。酒酣四顾乘长风，斜阳正射海门东。江山九姓皆寂寞，去年人面桃花红。

过安巢悼许汲侯

风篁成韵雨梅肥，太息园林景物非。惟有旧巢双燕子，秋来犹傍画帘飞。

和诒书感逝

归去曾无二顷田，馌耕人已委荒阡。多情谁似林和靖？绕墓梅花不计年。

和诒书观潮

湖山无恙此登楼，万顷烟波一桁收。潮落潮生缘底事？遣悲无奈客中秋。

净慈僧舍与诒书夜话

七日湖上宿，尘梦不曾醒。南屏闻晚钟，微风度塔铃。岩隙吐斜月，寺门宵未扃。佛火两三点，灼烁杂流萤。朝来延爽气，松健桂留馨。水天一色白，但觉四山青。把臂得逋叟，重访放鹤亭。卅载托交亲，脱略相忘形。溯洄素心友，寥落如晨星。冯逝沈亦殂，抱霞入青冥。梦华、冕士昔日同游湖上。只余君我在，桐叶秋凋零。君负三山望，我惭黔中灵。有乡不得归，乍合春江萍。同作杭州客，片舸泛西泠。旧痕襟上认，新句枕中聆。愿效元和白，莫学尹避邢。波镜催白发，相对惜惺惺。加餐各努力，余兴寄碧醽。后游与僧约，呼猿同听经。

简少石兄

贝叶莲花寿北堂，南飞差喜雁成行。颍滨镇日频怀颍，却羡东坡稳住杭。

绿酒红镫感白头，尊前弟唱与兄酬。插萸傥续登高会，又泛西湖一叶舟。

赠心融方丈

已分身如不系舟，随缘瓶钵又何求。一声钟杵南屏晚，勉为山僧七日留。

大士阁晚眺有悼朱晓南沈冕士

阁高面面启云窗，近瞰重湖远瞰江。上界钟声穿鹫岭，疏林镫火隔渔矼。松间客梦宜招鹤，月下僧归不吠龙。太息故人皆宿草，昏花老眼泪垂双。两君殡宫在寺左近。

题骊珠梦传奇写定本简看云楼主人并寄示凝绿馆女士

豹房春暖雁门秋，淮浦簪花旧日楼。淮郡簪花楼，为明武宗携李才人南巡驻跸地。谱入四弦新乐府，数钱姹女足风流。

江上红氍唾绿茵，当垆真现女儿身。烦君妙笔调宫羽，不数陈王赋洛神。

九月初三夜镜清席上口号

草阁筠帘坐晚风，金尊泛绿烛摇红。夜吟偷取香山句，露似珍珠月似弓。

肖雅嫁女有诗作此酬之

爱婿情逾半子亲，馆甥贰室迭为宾。谢公老去怜娇女，齐赘迎来是璧人。远嫁宁愁张掖远，清游不累向平身。良辰重九先三日，合卺开尊菊酿新。

重九日倪远甫朱虞生杨韵秋招饮临江五层楼于是登高佳会已四次举行矣即席奉酬并简坐上诸君子兼寄少石兄杭州

九日登临岁纪辰，重斟桑落话兰因。龙山会阅二千载，麟阁名符十一人。宾主适如其数。诗袖新携吴郡本，远甫自苏州来会。壶觞遥醉圣湖春。少石兄函约韬光登高，未能往。五云深处无风雨，万灶炊烟上瓦鳞。

碧槛红栏试一凭，江天秋色露华凝。甫吟弓月初三句，初三夕有诗用白句。更上梯云第五层。旧雨招邀今雨集，虞生甫至沪。中年哀乐暮年增。萧杨宿草悲冯沈，梦华、冕士，均昔年坐上客。酾酒临风唤不膺。

却扫多时早闭门，郇筵今日集朋樽。登盘有蟹监州贱，拄杖抚鸠坐客尊。雪澂齿最长，列首席。滕阁珠帘虚作赋，是日无雨。茂陵玉碗忍重论。近日东陵劫案，迄未办结。云林傥续登高约，湖上还寻白发昆。

楼高不放夕阳斜，俯听雷声走电车。腥市买鱼穿碧柳，地近鱼市，主人烹鲜款客。疏篱隔犬就黄花。漉巾醉起招元亮，落帽年来老孟嘉。坐上旧日宾僚均已白头，余龙钟可想矣。即席诗成还赠别，有人蜡屐又天涯。诒书行将北去，远甫即日回苏。

十三日榕卿寓斋赏菊

为展重阳约，经霜菊未残。十三晴日好，预卜一冬干。

寄朱遯庸孝廉奉贤即次其见怀韵

早识江东有此人，往岁抚吴，奉贤令同乡郭子华明府来谒，谈次即耳君名。论交自首不为新。莫谈天宝开元事，等是庄襟老带身。瑜策同年千里梦，机云比屋一家春。谓哲兄粥叟。飞觞遥共邀天醉，鹑尾宁知剪赐秦。

秋夜观玉霜演梅妃新剧感赋

新词谱出旧寒盟，乐府咸韶有正声。红拂甫成仙眷属，又传哀怨到梅精。先以《红拂传》驰名。

别殿长生凤辇过，楼东人远隔天河。酬恩剩有千行泪，持较珍珠一斛多。

同拚一死报君王，终觉长门胜佛堂。倾国倾城谁咎执？三郎西幸太郎当。

雁柱鹍弦凤尾槽，驰声羞谱郁轮袍。杨花狼藉春无主，始觉官梅品格高。梨园竞演《太真外传》，传唱虽工，不无贞淫静躁之别。

云母何须避尹邢，闻歌差胜雨淋铃。广场未许当仁让，青出于蓝蓝谢青。

开天往事费寻思，弟子梨园溯本师。我爱璧人赓白句，也如喜诵二南诗。夏间远寄词扇，即书白香山句。

红毹一片阅兴亡，话到唐宫总断肠。傥掷黄金工买赋，定先月夜谱霓裳。

流落江南客未归，秋风一曲泪沾衣。怜蘋身世兼怜我，头白泥中感式微。

曹靖陶看云楼觅句图题词

弱冠观书已不群，摩空作赋拟渊云。清门宿望今犹在，文采风流总属君。

年来身世是耶非，苍狗须臾幻白衣。吐纳愁归吟卷里，不教云与意俱违。

百尺楼荒未剪苔，看云杰构倚云开。元龙豪气销除尽，输与陈王八斗才。

九龄老病曲江头，早慧君如李邺侯。合向图中呼小友，神仙骨是几生修。

肖雅以诗见怀依韵奉答

断烂吟篇敝帚珍，怀人雨夕间风晨。棋逢橘叟千场博，笛谱梅妃一曲新。即夕观玉霜度曲。苍狗看云宁是幻，昨题《看云楼觅句图》。金貂换酒未为贫。与君小作三旬别，迹象虽疏意味亲。

月夜对菊有感叠前韵

晚节黄花只自珍，故交落落感星晨。已惭宝祐登科盛，及见熙宁变法新。竹种三竿聊免俗，诗敲一字转愁贫。多情独有西窗月，入我床帏与梦亲。

四忆仍叠前韵

当年待聘忝儒珍，锁院蚕声夜向晨。幸免孙山名弃置，终惭开府句清新。密缝慈母怜衣薄，厚贶良朋识我贫。客路七千初发轫，山程水驿总相亲。

蓬岛无缘愧贡珍，簿书堆里作司晨。初试曹司，以当月值日为职。难逢伯乐青眸顾，已分冯唐白首新。官烛烧残仍向学，朝衣典尽不知贫。上元镫火中秋月，眉案鸿光笑语亲。

落地黄茅岂算珍，庚子之乱，缘误用拳匪。红镫煽祸牝司晨。液池忍见宫花泣，灞岸欣瞻御柳新。甲楯三千人怯敌，金缯百万国忧贫。尹京曾赞和戎策，议贵从严缓议亲。辛丑和约惩办祸首，朝贵多获重咎，端邸以懿亲得从末减。

餐素滋惭却八珍，建牙十载阅宵晨。宦途历历南兼北，党祸纷纷旧间新。日薄桑榆天欲暮，风高薇蕨我忘贫。少陵卧病沧江上，虚负平生稷契亲。

游南市国货展览会七叠前韵

广场栉比列奇珍，夜气金银不隔晨。地少弃材民利用，器非求旧物维新。南船北马咸来集，府海官山岂患贫。群处莫教他族逼，须知为宝在仁亲。

诒书北平书来以诗见怀依韵酬之

逐年诗债赧台高，才愧髯苏勉和陶。拨尽心灰寒料峭，添来鬓雪影刁骚。樽前蚁醉敲如意，铗里龙吟抚孟劳。休道长安是残局，弹棋未改旧时豪。诒书善弈。

再简诒书

天寒落日照金台，三辅岩城画角哀。索靖眠驼空怅望，令威化鹤却归来。推枰慵看残棋局，促席还寻旧酒杯。我是闻歌桓子野，雪天一色快探梅。

花近楼纪恩诗

骈蕃宠锡速星邮，俄顷春生花近楼。何幸玉瑶颁内府，蒙赏御用玉佩四件。敢云冠冕重南州。蒙赏御书“冠冕南极”扁额。眉端喜见尧凝彩，蒙赏御照一幅。扆坐还思旦委裘。己酉入觐，值上冲龄，贤王居摄，仅于养心殿跪安。多难未堪臣已老，赏延惭荷主恩稠。儿子昌豫并拜御照、“福寿”字之赐。

襄孙观察席上获饮醇酒以诗奉酬兼示坐中诸君子

脱却歌场卸舞衫，不教入海便栖岩。宦途燕豫兼吴楚，身世光宣溯道咸。白发已疏头任秃，金丹未换骨终凡。饮君旨蓄生奇想，安得青州酒郡监。

汉文汇存二册少石兄前作令时手写本也六侄昌穀奉以乞题作此勖之并博老兄一粲

花县班春早，蓬山谪宦初。弹琴新治谱，爇烛旧钞书。仙吏依香案，陈编重石渠。传家儿可读，肯构晏楹如。

忆我郎潜日，班曹手写忙。旧钞汉书论赞，及后汉书、新五代史论赞全册，用备省览。庚子拳乱失去。彩毫殊气象，余楷法不及兄工。敝帚漫珍藏。自遘红巾乱，永随金鉴亡。是编幸完好，宝贵抵球琅。

寄杨荟亭甓渔竹林高邮兼以为寿叠前韵

葛巾草履布衣衫，偕隐秦邮抵傅岩。祖帐东门曾识广，竹林南阮又交咸。琴堂治谱犹能述，甓上文章自不凡。花甲已周兼及艾，荟亭年六十一，甓渔年五十，均有自寿诗。飞觞遥醉酒辞监。

忆焦山旧游三叠前韵

早将野服换朝衫，曾访焦先万仞岩。高会东南盛宾主，清音山水入韶咸。何时止宿重温梦，几辈升仙已隔凡。兼味熊鱼无紫蟹，老饕还冀一州监。三次来游，均值春夏交，未及秋风紫蟹也。

喜畹华至沪诗以迓之四叠前韵

乌帽蛮靴窄袖衫，海山历遍蕊珠岩。甫自南海至，以西装来谒。初三月样长眉妩，第一花枝众口咸。风景江南重作客，霓裳天上本超凡。伶官我欲修佳传，红烛摊书佐史监。

江楼约畹华夜饮五叠前韵

碧唾融冰渍紫衫，屏山烛影簇烟岩。喜逢仙尉来梅福，老托知音识阮咸。琵琶别名。隔坐飞花人比艳，到门题凤鸟非凡。樽前合请刘章剑，法制森严酒令监。

与友人茗话六叠前韵

止饮何须面似衫，罢官还筑退思岩。花间选句酬元白，竹下追凉共籍咸。旧雨不来感存殁，彩云易散隔仙凡。地炉活火消寒夜，虔奉茶神代酒监。

观畹华演西施传奇七叠前韵

湘水罗裙雾谷衫，采香端合住灵岩。吴宫吴沼三年赐，君宠君怜一德咸。乐府翻成歌代哭，邻家颦效响皆凡。沪上梨园竞排新剧，不无雅欲之别。衔花剩有苏台鹿，牧圉荒凉孰置监。

忆临安玲珑山旧游简同游陈伯岩汪颂年二老八叠前韵

楝花信里试春衫，丙寅三月同游。同上玲珑九折岩。潭水深情别汪子，家风抗直识陈咸。三休啸侣猿为友，玲珑山有三休亭。一顾空群马不凡。安得西湖浓似酒，醉乡日倩大酋监。

观畹华演太真外传感赋九叠前韵

风袂依然旧舞衫，五云楼阁起仙岩。君王重色萦长恨，姊妹承恩痛不咸。终寄金钗坚信誓，惜留香袜落尘凡。酒边重谱开天曲，太息临觞不待监。

十五夜月下作是日闻晓南杭州营葬

倒影寒云似水流，岑楼又见月当头。年来不少黄垆痛，把酒临风寄一瓯。

得湘岚同年书却寄兼谢惠黄山茶

雪后鸿来带夕晖，开缄喜见笔花飞。汉陵已报完坏土，周粟何能补蕨薇。用函中语。南浦赋成人远别，龙门策献意全违。寄《甲寅上执政书》。拜嘉小啜风炉茗，如到黄山采撷归。

花近楼晓望叠前韵

高楼危倚静朝晖，身似寒云冻不飞。去国忍攀武昌柳，还山预办首阳薇。十年宦海功名薄，一卧沧江志愿违。白首素心今有几？腊梅花发待春归。楼前素心腊梅正著花。

阅亭秋馆诗钞感赋三叠前韵

情网无从罥落晖，相思惟有梦魂飞。回文远寄怜苏蕙，掩卷长离泣采薇。王采薇有《长离阁集》。填海冤禽心不死，买山旧约愿终违。墓梅料得南枝发，惆怅君归我未归。

寄怀琴初天津叠纪恩诗韵

朔雁传书速置邮，最高寒处是琼楼。瞻云我久违双阙，铸铁人争聚六州。雪里寻梅携蜡屐，花间沽酒典貂裘。北门往事成追忆，藏海宾筵列坐稠。

嘉平前二日尧衢以双雉见赠斑斓文采生意盎然越日以龛肩一挺雀舌双罂报之赋诗索和

斑斓采色羽毛丰，一笑山鸡舞镜中。绝似燕雏新易主，也随鹦鹉暂移笼。带禽猎火从吾好，悦性山梁裕圣功。雀舌龛肩非俊物，献芹敢拟报琼同？

再简尧衢叠前韵

少年斗酒醉新丰，老去愁中与病中。旧侣难酬青玉案，好诗应付碧纱笼。已惭介节陈师道，颇忆多闻薛尚功。良会消寒今罢举，一尊慰藉几人同。

闻蜀中近事感赋三叠前韵

汉业南阳继沛丰，西川又见日当中。夙闻滟滪通云栈，曾到离堆访竹笼。都江堰工以竹编笼，置石其中，层累排列江上，年一更易，较石堤稳固。余曾到离堆，亲见之。地险来岑齐授首，时平钟邓漫争功。剪镫重话巴山雨，益部风云有异同。

祭诗和靖陶韵

神与交游梦与亲，耽吟饱历苦和辛。肠枯敢诩千言富，髭断终惭一字贫。此夕祭筵怀岛佛，他年墓碣署诗人。瓣香芳醴花楼醉，松寿长留不老春。辛亥以前诗为《松寿堂集》，壬子后诗为《花近楼集》。

送畹华北归并问讯宣南诸遗老十叠前韵

办严料理客衣衫，归去西山访秘岩。西山有秘魔岩。泥上鸿飞留指爪，门前骊唱抵英咸。临行演试留声机，得唱片极夥。晓风杨柳词难续，晴雪梅花品不凡。闻说液池鸥梦稳，旧京今已罢三监。

寿袁伯夔五十

百龄期上寿，《自寿诗》有“百年过半”句。八代起高文。君雄于文。间气钟湘楚，连交重纪群。汉家同守腊，狄舍近看云。劫后朋樽乐，清谈静夜分。

闭门深巷里，已报隔江春。柳记尊先友，戡歌忆旧人。诗篇白苏集，明袁宗道有《白苏斋集》。姓氏葛怀民。今日跻堂祝，觥称及艾辰。

题莫厘岩均安松岩品茗图

苍虬隔水奏风弦，健翮摩空欲避烟。蟹眼已生茶味熟，竹炉活火试烹泉。

万顷湖光入渺冥，莫厘山色四围青。廿年前阻高人面，忆我扁舟下洞庭。丙午秋曾至太湖阅武，一至莫厘峰。

鹤语寥天定引雏，盘桓三径抚松孤。茗余忽换昆明劫，便拟偕君入画图。

寿刘襄孙观察即和其自寿诗韵

弱冠才名太史迁，万家生佛亦前缘。适逢天宝乱离日，回溯开元全盛年。残局棋枰邀橘叟，期会日，同为博塞之戏。本师衣钵继松禅。觥船愿进生朝酒，一醉长鲸吸百川。

刘镜清五秩双寿诗以祝之

长天鹤笛奏南飞，宝婺星明伴少微。十载论交情不隔，百年偕老敬无违。关雎早献房中曲，大婚礼成，君特输巨款。鸣凤相忘世外机。

岁晚梅花仙眷属，介眉春酒驻朝晖。

闻大兄讣音即日赴杭州哭之

鸣原急难暮天愁，不待闻声已泪流。谁识残年风雪里，匆匆三日住杭州。

右台山冢

哭兄泪犹渍，今为老妻来。松鬣经霜冷，梅花冒雪开。流黄三妇艳，衰白独夫哀。歌舞西湖乐，凄清是此回。

大雪湖上楼外楼放歌

楼外楼看山外山，混茫若有若无间。圣湖卅里波回环，时有渔舟相往还。雪花飞舞何媥㜮，一白无际迷烟鬟，我心早与石俱顽。昨日哭兄泪潸潸，今朝上冢披茅菅。幸与寒梅缘匪悭，墓门梅花盛开。乱山踏遍穷跻攀。升仙无分落尘寰，吠人乃有隔篱猢。酒旗遥指翠微湾，村醪一醉酡衰颜。伊余早岁辞朝班，劫灰历尽身恫瘝。廿年栖遁二毛斑，客中携得白家蛮。云蓝小袖眉月弯，人天谪降证华鬘。姬字鬘云。暖老聊可慰县鳏，无题绮句已全删。风雪残年掩萧关，归去只合调白鹇。此楼此景非等闲，后夜相思入梦艰。

挽吴宽仲观察

岂真消渴了相如，一笑幡然返太虚。楼上怕寻崔颢句，己酉由鄂移直，黄鹤楼公饯，君首赋诗赠别。扇头如见右军书。夏间以扇乞书，近由世兄辈交到，龙跳虎卧，顿惊绝笔。人游匡阜思莲社，家在襄阳剩草庐。五日哭兄兼哭友，九原二老亦欷歔。

东坡生日感悼甲子冬与大兄酬唱事

南飞鹤曲寿人歌，旧句重寻感喟多。也似苏家好兄弟，颍滨今日哭东坡。

令原孔怀曲哭少石大兄

寒雨连江夜不止，朔风倒卷西湖水。锋车诘朝冒雪来，入门一恸君逝矣。劫后余生宁足恋，巫阳下召何速尔。展衾凝睇神形全，我故知君死非死。先公积德获报迟，三索得男卯君始。大椿失荫风不宁，浚泉劳苦悲母氏。十三初采泮宫芹，占籍夜郎充秀士。鹿蒿式宴鸡儿年，恩榜录名惭继美。计车偕上火牌飞，如海藏身万人里。春宫两试同被放，一客齐州一旋里。逾岁君独观国光，我阻北辙困行李。捷书夜到竹王城，木天翔步慈颜喜。春晖莫报哀鲜民，衔恤归来母何恃。蓬莱清浅不可居，百里雷封为贫仕。而我释褐官曹司，南北差池双燕子。三年上最入谒帝，京邸联床两月耳。日斜庚子拳祸炽，翠华西幸长安市。君官江汉戮鲸鲵，我尹京兆调蛇豕。承命忝持袁浦节，淮园信宿狂倒屐。弟兄先后集修门，泝水湘流通素鲤。入蜀过家缘上冢，道出荆南共姜被。西征未赋我东还，君舟移向章江舣。岭峤津沽各一天，魂梦端不隔尺咫。孰令大盗潜移国，逊诏宫中出片纸。同挂衣冠神武前，旋作流人沪之涘。客岁别我居杭州，时复春申访珠履。揭来重听梅花笛，犹醉酒家新绿蚁。匆匆判袂甫匝月，岂料人远室空迩。康强夙具寿者相，月泉诸老言如是。偶撄小极损大年，一榻长眠呼不起。看云时赓忆弟诗，奈何今日弗予视。萼楼花落池草寒，未了之因来生俟。九原婆娑侍二老，为道孤儿亦暮齿。报国莫挽鲁阳戈，白日沈沈入蒙汜。感君赍恨与我同，蒿目忍见王室毁。差幸子贤孙率教，门庭将大亦其理。笔花和泪写哀词，令原急难怀永矢。由少而壮壮而老，离合悲欢尽于此。若论平生仕宦绩，南疆无愧旬宣使。傥编循吏名臣传，大猷秩秩寿青史。

肖雅写示自寿诗依韵酬之

大老巍然隐海滨，同遵汉腊岂知新。融年过二同舟侣，陶径开三送酒人。坛坫君为风月主，画图我证水云身。剪镫重话春明梦，记共天街踏软尘。

依依官柳舍棠甘，回首金阊两不堪。化鹤客归身是幻，剪鹑天赐醉方酣。文名前辈追瓯北，家祭他年感剑南。才退输君三十里，编诗只合署庸庵。

二十五日立春有感

腊残春又到，兄去我何依。远道双鱼断，寥天一雁飞。霜凄邻院笛，作舟昨夕病逝。风卷酒家旗。江上寻梅柳，宁知举目非？

立春后二日渭英大令携酒过舍席间得句奉简时各有兄丧老友叶作舟亦逝百端交集情难为词

劫后残棋局未终，衰颜愁对腊镫红。韶华甫到春三日，老病犹堪酒一盅。复社前盟惟我在，鸣原急难与君同。怆怀更有冥冥友，薄醉花间坐晚风。席次，盆梅盛开。

除夕送九侄昌浠归杭

岁尽赋言归，仓皇揽素衣。花楼余遂老，亲舍尔何依。怕展沧浪卷，旧藏宋牧仲《沧浪亭送侄归里图》，为先兄所赠。长扃栗里扉。临歧无可语，执手泪频挥。

即夕书怀

屠苏强醉盈樽酒，彩胜先迎隔岁春。莲漏三终垂尽夜，莼羹千里未归人。故交大半成黄土，残梦依稀侍紫宸。重检宋家送行卷，白头难遣老绵津。

和答肖雅

疏星明灭暮云寒，花近楼高静倚阑。门有诗投惊韵险，坐无酒罚喜杯宽。书求孤本航头检，棋感枯枰袖手观。除夜哀思除不尽，荆枝禁得几摧残？

◎卷二

己巳

自 序

右己巳年诗三百四十余首，编为鸣原二集。此一年中，春间为先兄少石先生营奠营葬，往来杭州数次，不无劳顿；入夏以来，病魔乘之，偃卧三月余。所作类多哀痛之词及呻吟之语。经秋历冬，始有朋觞燕衎之乐。忽忽已及年终，历境与往岁为异，得诗亦较往岁为多。原拟严加删汰，重检一过，半皆感事怀人之作，心有寄托，未忍割爱，譬之候虫鸣鸟，自适所适，匪与人故异酸咸，亦不暇自问工拙也。爰就书坊排印，以就正于大雅君子。

庚午上巳日，庸庵老人识于海上花近楼，时年七十有四。

元旦即事用尧衢除夕诗韵

卯酒醺然醉一觞，廿年尘梦善刀藏。汉家厄运终须复，陶径归来幸未荒。久处江湖仍恋阙，纵无风雨罢联床。是日晴，适有兄丧。冶春拟撰椒花颂，尺锦才惭不可量。

年年此日晋椒觞，诗本新增袖底藏。励节不防韩圃晚，拜嘉未觉陆庄荒。远道门人有馈岁者。昵人梅柳开三径，伴我琴书共一床。野老只知旧蓂朔，朝元往事细思量。

和肖雅次韵

元辰珍重好韶光，莫负吟身七尺强。已逝年华诚足惜，朅来眠食幸如常。徽之感旧琴俱杳，甫也思君饭不忘。我是逸民怀葛氏，赋诗乐志且酣觞。

和尧衢次韵

著书岁月感蹉跎，劫火重重眼底过。洛社高风犹可续，黄垆旧雨已无多。狂来簪鬓羞花笑，强起临池任墨磨。香篆未消茶鼎熟，浮生只合寄松萝。

和志韶次韵

去国三千里，休官十九年。难为名士饼，久谢有司筵。待旦戈横枕，书春笔愧椽。谈经君夺席，应共戴凭传。夺席乃元日事。

孑遗逢乱世，位置总由天。柏酒今朝醉，镫花昨日妍。斗依时恋阙，风送早归田。衰白无他望，心香祝有年。

和襄孙次韵

名刊元祐籍，诗纪义熙年。说法寻初地，焚香告上天。发经梳后短，颜谢镜中妍。听卜儿时事，年华感逝川。

鹑剪天方醉，忧时阅岁朝。吴师谋破楚，燕将议攻聊。盟誓违清酒，生涯负画桡。祥风迎彩仗，回忆紫宸朝。

新正三日悼沈冕士

春到刚三日，君归已一年。草深书榻侧，梅早墓门边。白社新诗卷，黄垆旧酒筵。平生风义尽，老泪洒重泉。

即夕花近楼公宴寿得之
襄孙伯夔兼悼叶作舟

波泛金卮卷玉绳，春宵良宴酒如渑。群贤少长咸来集，三寿西南喜得朋。洛社耆英叨末坐，余齿最长，缘假坐敝庐，乃居末席。杜陵野老望中兴。独怜叶令仙凫化，醉月飞花唤不应。

人日公奠作舟挽之以诗

作吏如君汉代循，同舟汴洛记前因。客星零落愁迁客，人日荒寒哭故人。大陆龙蛇难起蛰，小园梅柳不成春。草堂诗就凭谁寄？来奠椒浆泪满巾。

十一日沈韫石籁清竹林招饮容园
即席得句奉酬并简尧衢同年

解冻春光满竹林，到来未觉巷深深。重寻槛外玲珑石，已噪花间睍睆禽。洛社衣冠萦旧梦，谢家子弟薄华簪。白头剩有君和我，促席临觞感不禁。

寿尧衢德配左夫人七十晋七之庆即和尧衢韵

眉案如宾老更亲，白头俱是葛怀民。良缘温镜三生缔，彩舞莱衣百戏陈。班列首行兴庆宴，香留晚节岁寒身。西山薇蕨应同采，长伴江湖去国臣。

十三日祝釐礼成恭纪

冠冕承恩玉珮锵，客秋蒙赏御书“冠冕南极”扁额并玉珮四件。紫霞遥晋万年觞。九天阊阖星云烂，一老江湖岁月长。跄济鹓班仍就列，萧疏雁序不成行。少石兄新逝。瞻颜近接尧眉采，蒙赏御容一幅。华祝还期赋大章。

上元日有怀伯岩同年

春来苦忆陈湖海，高卧藜床懒下楼。鄙吝我缘三日别，承明君早一官休。文章有价独千古，儿女多情销百忧。料得买灯开夜宴，花枝笑抵酒觥筹。

即夕率诸孙舞台观剧志感

埋头无地强闻歌，白发桓伊唤奈何。一片红氍场易换，两行绛蜡泪偏多。扶鸠渐觉童孙长，射虎宁愁醉尉诃。隔坐某君为北洋旧人。灯火去年今夜里，埙篪迭奏笑颜酡。

琴初远寄除日散直诗依韵和答

才痛亡琴手罢挥，适有兄丧。怀人远道梦魂飞。乱离杜老趋行在，琐尾黎臣赋式微。宿卫谁为刘左袒，承明未许助东归。朝正待漏当年事，太息河山举目非。

次韵寄琴初天津兼怀宗武南昌

兄弟君家本二难，长才奚必老长干。久居秣陵。南州设榻延高士，东野工诗耐冷官。啄粒聊供鹦鹉饱，鸣原谁念脊令寒。郊祁往岁登科早，记否簪花出上阑？

寄诒书京师即次其与樊山酬唱韵

旧游莫问永丰坊，残梦惊回漏点长。囊有余钱偿酒债，鼎留活火试茶香。西河丧子虚垂泪，樊山有《哭子诗》。南浦思君总断肠。绮障未除吾亦悔，心经拟授雪衣娘。

忆横街旧居叠前韵

卜邻白纸旧闲坊，地接横街尺咫长。龙爪云迷槐树影，蝉声风度枣花香。宅与龙树、枣花二寺相近。廿年早袖观棋手，一夜相思转毂肠。岁晚江南感沦落，也如半老怨徐娘。

阅太真外传三叠前韵

少年走马斗鸡坊，遗事开天话正长。粉黛六宫梅子醋，红尘一骑荔枝香。渔阳鼙鼓惊人胆，蜀道淋铃断客肠。国祚几倾家亦毁，枉将光彩慰爷娘。

北望四叠前韵

第一才名属教坊，宜颦宜笑黛眉长。琴床松下生清籁，书案花间发异香。茗沦甘泉烹蟹眼，诗经险径辟羊肠。佳人北地称难得，不数江南脱十娘。

燕九节怀京师旧游和诒书见寄诗韵

久客江南酒任赊，东坡诗："尚忆江南酒可赊。"又温旧梦到东华。万条长乐宫中柳，千树元都观里花。马策闲经双庙市，东庙隆福寺月逢九十日，西庙护国寺月逢七八日，均有市集。鲭筵饱啖五侯家。春游胜日推燕九，法院谈经坐品茶。

丹徒程厚夫封翁遗照
哲嗣莲士兰墀兄弟乞题

皤然一老涤尘襟，百尺松风万籁沈。晨起持筹宵展卷，始知货殖本儒林。

千金三致岂忧贫，大隐朱公是后身。拥传昔临京口镇，五都市上失斯人。

北固金焦卧榻前，西湖游览记曾编。封翁曾编《西湖游览记》。廿年著遍苏杭屐，惜未相逢载酒船。

后凋晚节比寒松，一笑秦官不受封。遗像清高人独立，补图应有鹤相从。二子均贤。

问子怡疾

只道边生喜昼眠，宁知末疾尚纠缠。豪情谢绝杯中物，苦语吟成厕上篇。等视幸无轻癣疥，疗除差免坐针毡。思君令我增惆怅，一病蹉跎十九年。

书怀和肖雅韵

刘戈犹在枕，陶酒况盈甔。诗涩偏逢敌，书多不讳贪。竹间寻曲径，松下筑行庵。满眼凡桃李，春风一现昙。

肠润茶三碗，卢仝诗："三碗抽枯肠。"炊余黍半甔。生涯怜鹤瘦，世事薄狼贪。病起维摩室，言寻米老庵。昨非今是否？一意学瞿昙。朱子诗："未必瞿昙有二心。"

故物青毡外，寒斋足一甔。篱疏锄笋便，桥远看梅贪。半亩栖禅宅，三间寄老庵。山谷有《寄老庵赋》。西州回首处，挝策泣羊昙。适接蜀中书，因忆丁文诚公经营西藏事。

春日放晴偕徐姬两孙女游姚氏半淞园

十日不出门，岁首寒犹酽。非关游兴阑，春色二分欠。朝来喜放晴，触我寻芳念。姚园枕淞波，半剪江滟滟。驱车卓午至，条风苏宿痁。入门云路深，园内石碣署“云路”二大字。近寺出清梵。岸攲桥屡移，石缺坎疑陷。草堂为谁开，厅事为江上草堂。瓜庐许我占。碧柳甫抽条，红梅正吐焰。小坐湖心亭，明漪揩镜暗。软语闻吴侬，长眉遇越艳。俯仰秋千架，蹀躞锦文韀。沦泉试茶纲，七碗不曾厌。扶筇逾小山，极目长江堑。潮声市南哄，烟点浦东瞰。细数往来船，一一张远帆。腹痛溯前游，买醉酒旗店。老兄嗜鲈脍，诸子割炙啖。岁月感不居，为欢时已暂。揭来姜被冷，鸣原遗永憾。差喜娇孙偕，片舸鸥波泛。更有朝云侍，小袖云蓝蘸。老翁百无能，锉顿丰城剑。愿学行脚僧，自悔少年忏。兹游纪岁时，初春气冲澹。不须乞鉴曲，惜未邀贺监。夕阳送归客，斜光鸦背敛。欲作平泉记，深愧才非赡。新诗补旧题，壁间重点勘。往岁有题壁诗。他日寻爪泥，一笑鸿飞验。

肖雅以诗遣病依韵酬之

兰成感萧瑟，少陵悲乱离。安得一尊酒，为欢及春时。书来述病况，求艾尚非迟。神完形自全，末疾不难治。病源我深悉，迟眠更漏移。为富千秋业，苦求一镫知。愿君事充养，勿扰朋从思。

心定百骸从，除疴先戒诗。

寄湘岚同年婺源即和其元日见怀韵

蓬山君我皆无分，雌命如逢两甲辰。却愧江郎五色笔，勉为温国九分人。青镫听雨遥相慰，白发堆霜老更亲。恋阙情原千里共，汉家腊尽又回春。

尧衢示登韬光诗即次其韵

古寺穿云入，钟声堕瓦檐。近探三竺胜，远认六和塔名尖。涕泪亲朋尽，君此次入杭为营娇女葬，兼吊先兄。生涯吏隐兼。圣湖归眼底，波镜喜开奁。

春夜榕卿澹远斋中观华女士演剧作示坐上诸君子

聚星堂矗镂云台，一片氍毹翠幕开。如遇玉人汾水曲，旋携花鼓凤阳来。拂弦屡得周郎顾，咏絮端资谢女才。陶写中年容我辈，竹豪难遣况丝哀。

花朝前三日襄孙招饮即席赋简叠前韵

夜宴高斋集，镫花落画檐。年华催老大，坐中余龄最长。险韵斗叉尖。风月情应远，熊鱼味得兼。春宵棋一局，黑白子盈奁。

尧衢以挽少石兄诗见示依韵奉答并以志痛

平生妄拟兼夷惠，孤竹风清柳下和。围带瘦怜今日减，鬓丝白较去年多。旧游莫问岐王宅，北伶尚绮霞求谒。安乐还寻邵氏窠。忽听鸣原声断续，残镫挑尽夜如何？

和答肖雅

闲居作赋拟安仁，大药全生养谷神。眠柳已含三起意，寒松长保百年身。次山浪漫称聱叟，凿齿英雄是半人。独惜八闽归计阻，江南为客屡经春。

花　朝

东风昨夜满瑶台，羯鼓朝来著意催。欲寿百花先写韵，一枝木笔上楼来。庭前木笔盛开。

已看春色二分饶，一老花间转寂寥。地下吴刚呼不起，是日宽仲开奠。平生凄断又今朝。

慰樊山丧子

关怀莫道马牛风，蓟北江南两秃翁。荆折我才惊岁晚，客腊余有兄丧。杏殇君已泣天梦。高名湖海轻堂构，再世箕裘绍冶弓。两孙均慧。强作达观慰良友，□花和泪觉词穷。

花近楼晚坐三叠前韵

层楼花近月，移影上重檐。浊酒开缸面，新诗绕笔尖。怀人千里隔，作仆一身兼。笑掷萧公镊，回灯下镜奁。

客腊临孟兄之丧余既以长歌代哭矣今春湖上开奠复作五律四章哭之

杭州未抛得，湖上哭兄来。棠树经风折，桃花带雨开。音容犹仿佛，文酒罢追陪。后死怜余在，星星白发催。

令原逢丧乱，从此雁行分。钵击难为和，工击钵吟。埙吹不再闻。骑驴老居士，射虎故将军。尤善作谜语。愧乏栾城笔，铭幽敢制文？

前尘堪记忆，书案共青镫。陋巷安贫乐，铁局巷故宅陋甚。薰楼买醉凭。巷北来薰楼，为童时买醉之地。联翩登秀孝，摒挡累亲朋。藩翰归来晚，头衔仍署冰。

二月风如剪，割情宁是春？九原应忆弟，万里未归人。成句。燕翼谋诒子，龙年运厄辰。独怜姜被冷，夜雨倍伤神。

湖上感逝

雨丝风片二月天，上冢来在清明先。桃花浅红带残泪，杨柳嫩黄笼野烟。衰翁垂白感羁旅，湖上寻春春可怜。昨过令原悲急难，今诣深山泣杜鹃。无分偕隐举眉案，却于西泠置墓田。闺中宾敬得三友，锦弦一一数华年。红颜早已成黄土，白发何堪送纸钱。承欢幸有两娇女，昕宵相见及重泉。比邻一老曲园叟，问字时复摊吟笺。恳知地下有真乐，惭余乱世图苟全。神武挂冠十八载，沧桑历劫经眼前。淞江半剪作流寓，魂梦时绕圣湖边。上游又报传烽紧，滔滔江汉挥戈铤。南极三湘四五管，断流几辈争投鞭。武林亦非干净土，春花春草空芊绵。玉箫金管皆寂寞，鸥波不泛总宜船。湖上游人甚少。感时抚事意萧瑟，万方多难百忧煎。不如一醉强作达，赤山埠里酒家眠。墓在赤山埠。

次韵答肖雅

性不因人热，何妨与世违。绳床通夜气，瓮牖纳朝晖。陌上春将晚，泥中客未归。万方矧多难，感事发长欷。

砍地高歌起，回天素志违。一丝留汉鼎，万象入清晖。北海夷先隐，东山旦不归。抚今兼吊古，身世几歔欷。

二月二十八日大兄卜葬杭州余往送之抚棺一恸不知涕之从何出也率成七截五首

北高峰下一菟裘，十载经营早代谋。地在留下镇，余十年前所购，即以葬君。小别西湖才九日，匆匆今又发杭州。

酒痕襟上泪痕多，雨夜伤神可若何。幸有青山好埋骨，颍滨今日羡东坡。

遗疏春初已上闻，至尊撤膳廑前勋。封阡满种甘棠树，定有侨民哭使君。兄久官鄂粤，有惠政，凡两省人士侨寓杭州者，均来祭奠。

老眼慵看海变田，蘧然高枕得长眠。湖庄息壤分明在，余曾营生圹于右台山。何日山中拜杜鹃。

江山信美非吾土，猿鹤相招即故乡。百福已全留一憾，鸿妻泉下盼归航。嫂氏樊夫人远葬黔山，未能同穴，亦一憾事。

清明节率孙辈重游半淞园

踊青人在草堂中，节物惊心怅转蓬。画舫平添春水绿，酒旗高挂夕阳红。垂虹桥断云封路，系马椿攲柳受风。胜地良辰两不厌，诸孙扶我当携筇。

重到杭州即事

浃旬仆仆之江道，一笑浮萍两度踪。谢客青山供啸咏，晋公绿野喜追从。此行送大兄葬，借宿留下镇。孙文悫公祠喜晤慕韩中丞。烧残羽士炉中火，一游黄龙洞道院。打罢阇黎饭后钟。灵隐饭僧。独有桃花知我意，春风人面又相逢。

黄龙洞洞在松木场西里许，久废，近始修葺

不把寺门封，探源识道宗。寺中供奉老子像。仙官论玄牝，古洞辟黄龙。喝月一泓水，穿云千仞峰。先皇诗碣在，碧藓护重重。纯庙南

巡时，有诗汾石。

湖上公园看牡丹有悼少石兄

玉作栏杆金作台，名园欣见牡丹开。能留本色方成艳，白牡丹花尤艳。欲赋清平愧不才。午梦乍回黄鸟唤，春心莫使白鸥猜。北邙芳草成新冢，昨岁看花共此来。

上巳日伯夔假坐花近楼雅集即席有诗依韵赋谢

小楼一角剪江滨，曲水流觞及令辰。恰好巳年逢巳日，重烦贤主集贤宾。上月曾假坐觞客。情如访戴移尊便，事本推袁得句新。不用兰亭悲典午，畅怀俱是葛天民。

寿苏戡方伯七十

稀龄锡嘏自天申，览揆良辰及暮春。特展山阴三日禊，勉为涑水九分人。君熟读《资治通鉴》，于傃直内廷排日侍讲。不教白发催年老，已有黄巾拜下尘。通德门中多岁月，绕阶书带绿初匀。

东归花下杜门居，暂别承明旧直庐。臣甫麻鞋感行迈，茂陵玉碗近何如？采薇永矢西山节，临楮长留北海书。今日礼堂赓寿曲，欣看莱彩戏庭除。

上巳后三日尧衢同年招饮即席赋简

壶觞雅集倦知庐，展禊依然三月初。白发几人说开宝，席间晤苏庵，询知行在近事。黄齑一味抵熊鱼。主人以蔬笋款客，极精美。醉醒杂坐风犹古，今旧偕来雨不疏。饭后钟声催客骑，自怜湖海气销除。酒罢，散原诸老尚有诗钟之会，余避席先散。

越日偕镜清小瑀午岑让之游江湾叶园展修禊事率赋长句

尘市苦嚣隘，不若林泉幽。为展重三禊，爰作淞滨游。忘年三五辈，命啸皆夷犹。叶氏拓芳园，经始十载谋。颇兼旷奥胜，更喜花木稠。刘郎前度客，昨岁偕镜清来游。二豪嵇阮俦。让之、午岑。吾宗最年少，小瑀。裙屐各风流。入门快登眺，佳处费寻搜。园官亦解事，导我列前驺。鼠姑初著花，拂槛春风柔。姚黄与魏紫，富贵轻王侯。桥转跨长虹，洞折老潜虬。钟声出近刹，帘影下高楼。年竹休问主，问柳且停舟。旧人多素心，重到感白头。凭栏藉草坐，茗饮倾一瓯。不教春色恼，翻惹暮天愁。昨闻上江兵，西北战未休。皖南十万家，劫火尽虔刘。沪亦非宁土，淫佚冠列州。矧似石壕村，捉人遍道周。世乱图苟全，良为我辈羞。遣怀聊作达，游泳逐江鸥。不见谢安石，老去心一丘。夕阳送归客，临发还句留。咏花乏佳句，碎锦奚囊投？

仁和毛子云广文重游泮水作此赠之

一入东胶岁月长，鲁宫重撷藻芹香。宗风远绍西河老，门榜宜标道古堂。所居宅临赛西湖，为杭大宗先生故宅。

不是闻知是见知，瓣香虔奉曲园师。俞楼近在西湖上，记否停舟问字时？君为曲园先生高足。

武林昔访故家乔，廿载论交托久要。哕哕鸾声重入听，也随父老集圜桥。

临水登山杖策鸠，青衿白发最风流。秀才忧乐关天下，泮饮匆匆六十秋。

丁岁令原韵事多，先少石兄丁卯重游泮水，蒙赏“泮芹春永”扁额。海内遗老均有诗题赠。壬年我亦小登科。余入庠岁在壬申，尚迟三载，古谚谓入泮为小登科。锡龄傥获援公例，百尺龙门许再过。贵阳学院考棚署“龙门”二字，为阳湖洪北江太史书。

闻婺源有警寄怀湘岚同年

闻尔危城住，平安望报书。料仍开蒋径，或已返陶庐。里有孤烟上，情难旧雨疏。劫余修禊事，莫负暮春初。

上巳后三日花近楼雅集襄孙有诗依韵酬之

禊事重修巳后时，春宵觅醉酌芳卮。拂弦莫误周郎曲，刻烛先成谢客诗。投矢壶中争立马，卖鱼江上喜来鲥。撤筵更啜红明茗，徙倚花间月影随。

贺钱铭伯观察哲嗣完娶礼堂一蹶幸未受损作此志幸

衰白逢蹉跌，惊心堕地初。众宾开口笑，一老鞠躬如。正好垂堂戒，都缘举足疏。起居问安否，翻损友朋书。

闻友人谈岩濑之胜怅触旧游再叠前韵

岩濑游踪忆往时，山花盈袖酒盈卮。舟经东渡初回柁，人到西台合赋诗。把钓丝留炎汉鼎，台上书“九鼎一丝”扁额，用山谷诗语。行厨玉剖富春鲥。船女以富春鲥进。补图刻画江天景，旧地重来橐笔随。

得肖雅书并诗知前诣苏戡宅亦成一蹶作此慰问再叠前韵

闻尔当门仆，思余覆辙初。坦途行不得，后鉴竟相如。从此薄冰履，不妨今雨疏。掩关适所适，先草绝交书。

二十日重游叶园应子诚肖瑀之招即席赋简

拂槛东风未敢狂，依然姚魏斗浓妆。牡丹犹盛开。绿尊雅集宾朋盛，红粉叨陪弟子行。残局一枰成急劫，高楼几处入斜阳。飞鸿随地留泥爪，安得温柔老此乡。

二十三日花近楼雅集即席简坐上诸君子三叠前韵

开筵犹及晚春时，沈醉春风进玉卮。同是元都前度客，上月曾宴集一次。续成赤壁后游诗。回镫添酒新浮蚁，举网批鳞甫上鲥。江鲥初上市，以前皆海鲜也。留住千金宵一刻，行厨花下喜相随。

东莞张豫泉太史明千遗民诗咏题词

东汉盛钩党，有明重东林。当时蒙诟病，谁识千载心！

养士三百年，食报艳千古。傥续明史稿，遗逸传须补。

河山守一姓，禾黍秋风早。不见贰臣中，钱吴两大老。

濡染龙门笔，成兹千佛经。譬彼元诗选，衣冠集百灵。

太息前朝事，萧条旧史官。伤今先吊古，泪溅笔花残。

浊世少完人，如公合不朽。他年清史传，不知有我否。

展卷发长啸，毫素生清风。西山在南海，异代采薇翁。

春晚花近楼与雪瀓茗话

蛱蝶穿花迎旧雨，流莺接叶语春风。笠图海外归坡老，扇影吴中画放翁。四纪交亲惟我在，一场宦梦与君同。茶余忽话开天事，法曲霓裳听未终。

初夏四日花近楼雅集宾主计十一人得年七百八十二岁即席赋诗简坐上诸老

七百八十有二岁，我与诸公皆大年。悬知上界天文里，老人星聚少微躔。花近楼中午开宴，宾主美尽东南天。兴公往岁连疆理，袖惹齐州九点烟。余官北洋时，慕韩抚山东。沪东三老共车毂，愧乏蒲轮迓高贤。雪澂、古微、聘三远居沪东，以车迓之。箨庵喜偕迦陵至，伯岩与伯夔同车至。同舟更遇南园钱。铭伯为京鄂同舟，甫自嘉善来。旧交新特秦淮海，高谈无极太极篇。子质喜竹，谈理极精微。萧客病起强过我，尧衢病足甫愈。相对邻翁乐陶然。与得之比邻居。初夏清和好时节，小园花木争鲜妍。雅集适逢新雨后，旧雨今雨来联翩。一角垫巾郭有道，百篇斗酒李谪仙。洛社耆英夙尚齿，香山九老差比肩。感时抚事发深喟，北望津桥怆杜鹃。毅魄沈沈呼不起，琴焦爨下空自怜。得天津书，陈诒重毅新逝，胡琴初嗣瑗亦贫病交迫。沿江烽火驰五管，然箕煮豆急相煎。吴颠越蹶翻覆手，劫灰历历经眼前。吾侪同作春申客，淞波半剪清且涟。传觞促席永今日，廉纤雨脚落宾筵。盘登蔬笋乏兼味，厨荒羞对党家筵。薇蕨漫山有时尽，霄汉捧日心常悬。驻颜合借中山酒，相期寿耇追彭篯。火速诗成质诸老，笔花飞洒云蓝笺。

初四日雅集以珠盘计宾主得七百八十二岁得之误加一子为八百八十二岁余赋诗因之慕韩来诗更正爰复书曰此锡龄吉征也再成一律博诸老一粲

珠盘玉敦会群仙，一子差池已百年。聚铁不妨姑铸错，添筹还拟再开筵。拚将人寿河清俟，况有诗名海内传。洛社耆英今许续，坐中司马感华颠。诸老均健，独余多病。

夏夜宴集迟肖雅不至越日以诗将意依韵答之

四筵皆寂寞，无复辩称雄。我正开轩待，君胡避舍同。尚留陈榻在，莫道阮途穷。预定蒲觞约，来乘解愠风。采函有天中蒲觞之约。

次韵寄怀稚香如皋

五字长城愧筑坛，故人书至勉加餐。情移海上知音少，迹阻天涯入梦难。跌宕酒尊聊尽醉，烧残蜡泪不为欢。苟全乱世君和我，话到兴亡鼻亦酸。

次韵寄诒书北平

五夜怀人梦已残，王城堪隐胜王官。雪泥鸿爪成追忆，风雨鸡鸣发浩叹。教泽永随章贡远，家声忍说弟兄难。吴中近有新诗本，迟尔花间展袖看。

读诒书题春曹话旧图诗枨触触昔年京曹事率成一律即步其韵

检书烧烛五更残，不学荆舒薄小官。典属图麟非始愿，职方似狗发长叹。明末京谚："职方贱如狗，都督满街走。"讥官冗也。余曾官职方，引以自谑。时来滕阁乘风易，世变虞渊挽日难。一枕黄粱催白发，梦回莫作少年看。

简张豫泉提学

同作流人感鬓丝，十年海上识荆迟。一官谪降辞蓬岛，万口讴歌遍晋祠。为客身逢天宝世，编诗神往义熙时。阐幽莫副高贤望，文献乡邦劫火余。

次韵寄答铭伯

当筵未改旧风姿，微觉霜华上鬓丝。主劝宾酬人尽醉，花香鸟语物咸宜。豪情不减还投辖，大局如斯莫举棋。高会喜来今日雨，卅年前已订交期。

一官汉上共襟裾，大隐襄阳意兴舒。客路偶留梁苑雪，宦情不羡武昌鱼。他时封禅无遗稿，此日平安有报书。东阁重申何逊约，蒲觞共醉乐何如！此次宴集，肖雅以病未预，来函有“展期来醉蒲觞”语。

夏夜寄怀叔海北平仍叠丙寅介寿诗韵

谈经夺席景英姿，月落参横又此时。彩笔生花曾入梦，虚心似竹本称师。窗间大有羲皇想，洞里何尝汉魏知。私淑少陵吾岂敢，卌年前拜草堂祠。

南窗晚坐

暮色满林皋，衰翁意郁陶。泉流供茗碗，灯火爇兰膏。孙弄含饴乐，朋招折简劳。南荣小延伫，星斗北楼高。

问琴初疾即次其见寄诗韵

百炼精金不疗贫，袖中书到恰兼旬。夜阑触我觚棱梦，病间怜君药裹亲。薇蕨有灵留正气，河山已破作完人。侧闻痛痒关宸廑，解愠风来夏亦春。

次韵答一山左丞

式微歌罢感黎臣，举目河山泪满巾。易暴只今仍以暴，得仁从古贵求仁。诗篇吴郡寻初本，游躅岩滩托隐沦。闻说天台桃万树，劫余剩有几枝春。

侄孙女南懿偕婿归宁杭州作此送之

送尔归宁去，关雎第二章。画眉夫婿笔，执手女儿箱。引凤爷娘喜，烹羊弟妹忙。西湖今夜月，光彩照东床。

寄怀尧衢同年叠前韵

清卿绝似广文贫，咫尺相违已浃旬。晨爇炉香双袖染，夜寻书味一镫亲。最难病妇能偕老，喜有娇孙是解人。昔岁南衙两年少，匆匆白发换青春。

渭英让之招饮大中华七层楼赋谢

淡交十载原如水，同臭兰言比德馨。蒋径开三陪未席，惠泉第二抵中泠。先期饷惠山泉。碧螺烹就香浮碗，兼赠碧螺春茶。青鸟飞来翠作屏。楼面极宽，以屏隔之。七级楼台鲭宴集，振衣今喜到头厅。右简渭英。

临江楼槛压奔涛，百尺元龙未敢豪。画扇吴中惭寿相，吴门旧友以画扇为寿。酒樽齐国饮醇醪。芳邻玉府看花便，平地丹梯拾级高。一席中人愁破产，愿分口惠恤民劳。右简让之。

襄孙观察招饮赋谢

壶觞共醉乐陶然，矧值清和四月天。久客鲈莼难入梦，故人鸡黍正开筵。廉颇老未三遗矢，刘宠清惟一选钱。酒罢告归深巷寂，未教北斗挂檐边。

初度前三日同人假坐比邻得之观察宅公宴即席赋诗

促坐琴尊始甲寅，回头一十六年春。续真率会称残客，常会中创始人，惟余与得之尚在。移少微躔傍老人。五月江寒鸥梦想，百年松健鹤精神。隔篱喜共邻翁饮，缸面初开绿蚁新。

朱虞生杨韵秋招饮假坐敝庐赋谢

十年萍泊沪江头，式宴俄添海屋筹。早以辞金识杨震，未因和药召朱游。豪情井底纷投辖，老病花间罢举瓯。余因病止饮。不待回灯更添酒，宵深清趣满南楼。

初度日病中和答一山左丞即用其见寄韵

责望难酬宾主臣，十年旄节误儒巾。一肩愧说宾王贵，九合谁知管仲仁。樵洞慵观棋黑白，桐江早理钓丝纶。生朝忽示维摩疾，片片花飞斗室春。

次韵再简一山

药囊亲检识君臣，止酒多时罢漉巾。乱世苟全思葛亮，闲居衰病感安仁。黍离未忍瞻周道，松健深惭拜帝纶。七十生日，蒙赐“松健筠清”扁额。又届榴红蒲绿节，藜床坐阅几冬春。

端午口号示福儿六九两侄

临江草阁午风凉，老病栖迟尚此乡。揽镜衰翁还自笑，蓬头垢面过端阳。

病中简得之

饥肠甫饱病魔攻，水火阴阳杂奏功。儿辈急于亡命鸟，老翁衰似爨余桐。最难入梦频移枕，强起劳筋学挽弓。末疾始知缘口腹，粥斋还守旧儒风。病由饮食不节所致。

病间再简得之叠前韵

衰病难施补合攻，全凭和缓奏奇功。承荐医。何堪摇落婆娑柳，尚有生机拱把桐。邻壁分光劳剪烛，天山筮遁早藏弓。药炉茶鼎销长夏，草阁江深坐晚风。

即事书怀示肖雅三叠前韵

金可披沙玉可攻，藏修奚止十年功。哀蝉响曳窗前柳，么凤花开井上桐。居士疏狂诗一卷，秀才忧乐米双弓。论交老辈皆黄绮，浑噩犹存太古风。

江楼养疴闻友人谈近事四叠前韵

南北甘陵两部攻，东皋徙倚羡无功。炎威不受千竿竹，秋意先知一叶桐。裂帛谁怜蚕共茧，闻弦翻笑鸟惊弓。乘槎毕竟英雄概，十幅蒲帆饱挂风。

襄孙以诗存问赋此答之五叠前韵

长城坚筑敌难攻，五字耽吟将有功。得句晓烟笼芍药，怀人夜雨滴梧桐。深情直可铭心版，嘉树无忘赋角弓。旧是玉皇香案吏，十联曾上御屏风。

读明季南略六叠前韵

丑正盈廷水火攻，督师未竟老臣功。千言报聘空传草，七叶分封负剪桐。几见六宫迎故剑，更无四镇挽强弓。春灯燕子须臾事，青盖匆匆付朔风。

敬阅崇陵图感赋七叠前韵

鼖鼓经营木石攻，孤臣种树敢言功。图为前种树大臣梁鼎芬所赠。千秋洒泪斑留竹，一曲迎神韵谱桐。折角竟投新室玺，攀髯难抱鼎湖弓。展图北望增悲哽，寒甚萧萧易水风。

感事八叠前韵

几人墨守几输攻，焦烂谁知曲徙功。五霸齐桓先挞楚，三年太甲尚居桐。兴亡易代人为鉴，张弛因时道在弓。容裔中流慚击楫，布帆无恙一江风。

遣兴九叠前韵

不闻车马赋同攻，漫诩坊名署大功。大功坊在秣陵。岭外轻装人去越，江干独钓客思桐。愁看著子棋三角，喜拓诛茅地数弓。物自营营心自适，藜床领取北窗风。

长夏即事有悼梦华宽仲十叠前韵

花迟莫倩鼓环攻，却暑都缘种竹功。对镜不妨投短镊，弹琴早已厌凡桐。子由诗："久厌凡桐不复弹。"晨携藜竹云双屐，暮卷晶帘月一弓。忽展扇头惊绝笔，故人何处引清风？案上竹箑二，为梦华、宽仲所书。

叹衰简肖雅伯夔索和

摇落风前蒲柳姿，年来多病觉吾衰。登楼策杖心先怯，攲枕温经字尚疑。强起看花揩雾眼，偶然琢句断霜髭。补天填海平生志，所惜年非少壮时。

肖雅示说梦诗依韵答之

夜气通明夕惕乾，写将残梦入毫颠。繁华易醒今何世，衰病相怜各问年。广乐已终知睡足，劫灰历尽得天全。钵盂大有悠然趣，鱼跃何须咏在渊。

有情难补梦中天，齐物蒙庄论亦偏。渺渺余怀几枨触，茫茫人世任推迁。暂抛逆旅炊粱枕，还读宾筵止酒篇。松下琴床弹一曲，卧闻流水响溅溅。

说易叠前韵

读易窗前卦首乾，多时春去感华颠。识微始悟仪生象，寡过惟祈圣假仄用年。终见贞元成会合，浑然理数本兼全。龙飞龙隐非虚幻，不在于天即在渊。

象彖先天启后天，莫谈谶纬狃于偏。文言易简赅终始，卦气旁通有变迁。梦入三爻殷向学，笔开一画衍成篇。图书千古原难秘，邈听河声洛水溅。

即事二首和肖雅韵

名场春梦醒，努力作诗人。敢诩千言富，终愁一字贫。青毡原故物，明月认前身。江上西风急，休污庾亮尘。

与君一闸隔，不碍往来便。桑海疑无地，桃源别有天。贞元感朝士，长庆富诗篇。水递承良友，茶香品惠泉。渭英大令饷惠山泉水。

寄琴初天津即和其见示诗韵

索米长安岂易居，那堪多病卧相如。君病甫愈。十年去国从亡后，千里怀人入梦初。行在麻鞋迟我著，田家斗酒报君书。何时重剪窗西烛，待子归来左尚虚。

夏夜遣兴叠前韵

诛茅剪水乐闲居，作赋安仁我不如。池沼莲香风定后，栏杆花影月来初。浇愁早谢盈樽酒，引睡端资半榻书。遥夜每依南斗望，碧天无际草窗虚。

西湖净慈寺心融方丈远馈莲粉芽茶赋谢三叠前韵

绿茗红莲慰索居，拜嘉权当礼真如。偶携草笠看山去，遥想蒲团入坐初。煨芋懒残能识客，种蕉怀素早工书。知公行止原无定，可御天风返太虚。

花近楼坐雨四叠前韵

赏雨端宜楼上居，柝更寂寂夜何如？云来压屋移镫晚，风挟奔涛到枕初。坏壁今宵疑泻汞，晴窗明日拟烘书。三更后，雨止见星。入山闲却为霖手，惭对苍生慰望虚。

得之以诗见怀依韵奉酬

芦荡交邻水一涯，江南为客酒同赊。东坡诗："尚忆江南酒可赊。"悠然庄叟濠间意，化作文通笔底花。康药敢尝君所赐，病中承荐医。鲁戈莫挽我增嗟。廿年早冷粱炊梦，枉费诗人赋裂麻。近人诗话载闽中某遗老送同里江侍御春霖，妄劾鄙人，岩谴告归，诗有"裂麻竟不相延龄"句。迄今思之，不值一笑，而江墓草已宿矣，为之怃然。

六月朔日亭秋夫人生辰感赋叠前韵

酌醴生朝恨靡涯，买山偕隐愿徒赊。才如香茗空留草，著有《亭秋馆诗钞》。手植幽兰尚著花。乱世升仙诚是福，衰龄多病但长嗟。平生游脚君休念，所愧青鞋未著麻。

书怀三叠前韵

百岁光阴亦有涯，及时陶写兴犹赊。相逢汉上先寻柳，重到元都又看花。沧海成田三太息，长安似弈几咨嗟。老拳毒手英雄事，一笑当年为沤麻。

丹阳杨蝶庵先生诗笺遗墨题词即步其韵

五世箕裘绍冶弓，百年文采冠江东。诗新句可夺山绿，吟罢笔还摇烛红。遥企大才工倚马，未应小技薄雕虫。零缣断简高曾矩，虹月光芒望远空。

述怀示肖雅即和其说梦诗韵

我生罹忧患，正坐不忘情。真率希惠和，高洁惭夷清。宦海易生波，强台偶挂名。求全适得毁，青蝇集营营。时艰竭报称，责重一身轻。莫副群公望，形隔冀通诚。末世逢揖让，身退匪功成。俯首悲虞渊，日脚何峥嵘。草间觍偷活，等视殇与彭。丧乱获良朋，情话子遗生。松凉清夏气，共此明月明。梦回感遥夜，醒眼对残檠。

次韵和肖雅

魏公香晚节，陶令契无怀。玩世滋余痛，违心与俗谐。园林非旧主，宫观谢官差。何处身堪隐？山巅共水涯。

夏夜听友人话旧叠前韵

删诗存郑卫，韵事托风怀。岂以多愁累？都缘素志谐。斑骓劳伴送，青鸟是情差。一赋离鸾曲，绵绵恨靡涯。

窗下喁喁语，尊前渺渺怀。帘开妆甫罢，箫奏谱能谐。柳想起眠态，花添迎送差。十年狂杜牧，作客又天涯。

忆汴四叠前韵

大梁下车日，适卫更临怀。敢扇官方肃？居然舆论谐。一篇雪苑集，四纪火牌差。昔上公车，均由汴渡黄河，云贵举子官给火牌差送。席帽忽乘传，黄河隔水涯。

感事五叠前韵

梨闻孔生让，橘羡陆郎怀。古谊今谁继？友地孝克谐。犯跸有成济，梃击来张差。太息伦常变，颓波岂有涯？

一山以诗问疾依韵奉酬

不堪七懒似嵇康，绨绤难将盛暑当。有酒惟拚千日醉，无才只合一身藏。忆从荆楚寻黄鹤，岂料中原起白狼。旧梦重重催老病，雨霖莫副万夫望。

再简一山即次其简慕韩诗韵

雨后庭阶长绿苔，北窗高卧好风来。人如野鹤偏慵舞，身似池鱼幸免灾。帝座移躔星拱极，昆明换劫火飞灰。怜君多病兼怜我，郁郁情怀总不开。

小园晚兴叠前韵

松老龙鳞夏健康，池荷花叶两相当。茶因细嚼留香久，诗为多删喜拙藏。推枕梦难招栩蝶，卷帘星未落天狼。扶疏不碍吾庐小，镫火邻家隔树望。

枕上口占次肖雅韵

宅近淞波若有情，及锋快试剪刀并。长安非复通侯第，广武徒成竖子名。半亩园林聊自适，十年征战喜初平。楼台近水潮通枕，残梦惊回变征声。

课诗答肖雅

若翁真健者，甚矣叹吾衰。余有《叹衰诗》。量带围腰损，缘梯举足危。屈骚歌代哭，羊酒信还疑。客有馈药者。纵蜡看山屐，何如日课诗！

感事三叠前韵

太息临江马渡康，小朝廷事果谁当？空闻酒抵黄龙饮，莫道弓因高鸟藏。缚虎谋诚甚蛇蝎，骑驴人不问豺狼。放翁老盼中原定，祭告他年无复望。

慕韩大连书来以诗见怀率赋寄答

花时尊酒共论文，一叶扁舟袂又分。瀛岛客迎旧开府，灞陵尉识故将军。曾至济南。咸推太白诗无敌，自觉君苗砚可焚。遥羡五星聚东井，申江索处怅离群。

寄怀伯行大连叠前韵

江淹赋别情生文，十载交期两地分。曾奉珠檠行万里，早横笔阵扫千军。亦知沧海鱼龙杂，只恐昆冈玉石焚。遥夜思君更怜我，氋氃病鹤忝同群。

散步晚兴简肖雅

四旬不出门，闭置等笼鹤。火云幻奇峰，惮此炎威虐。排闷强为欢，可奈胸中恶。荒园径未扫，信步践丛薄。阶兰正著花，墙竹亦解箨。闭门陈无己，造句枯肠索。清风拂面来，招我试腰脚。车未陶令巾，屐已谢公著。惜无旧雨偕，喜趁夕阳落。草开盘马路，径抵泥城郭。豁然眼界宽，陡觉天地廓。但闻车毂喧，不辨人面各。欲上酒家楼，病后谢斟酌。看花少年场，神往步仍却。广衢初上镫，星火光熠烁。偶乘兴而出，兴尽转落寞。江月随人归，一钩挂帘箔。忧时百感生，抚事今非昨。作诗寄吾友，造庐申后约。初拟造访，以途远日暮不果。

忆黔六叠前韵

占籍知黔俗，乡风系我怀。花裙魔舞戏，芦管土音谐。荒破天愁漏，租完吏免差。盘江何日渡，一水隔归涯。

闻津署被焚感赋七叠前韵

藏海名园起，嫏嬛对骋怀。园旧无名，余署曰：藏海。北为嫏嬛精舍，南为骋怀轩。馨香曾李奉，啸诺范岑偕。清酒交邻誓，银鱼入贡差。劫灰催我老，药裹寄生涯。

书感三叠前韵

战场吊古李华文，瓜豆而今感剖分。阙左孰为刘氏袒？陈前谁识岳家军？时来功许邀天幸，事去兵先虑自焚。虎豹当关愁反噬，莫教等视犬羊群。

自嘲四叠前韵

纵逃腾笑北山文，人望何能到九分！报政敢援齐鲁例？论兵惭对范韩军。烛缘锁院抡才跋，香为迎銮拜表焚。驽马自知凡骨相，孙阳一顾也空群。

花近楼感逝叠前韵

一枕槐南梦稳柯，打门绝少客来过。浇愁早谢花间醉，媚世羞为柳下和。尽有新诗吟竞病，不堪短发叹蹉跎。年年佳会输牛女，预卜秋期待渡河。

晚坐遣兴

门无剥啄可张罗，独倚楼栏意若何？云拥错疑山乱叠，日长转借病消磨。兰移近室香偏远，竹补疏篱暑不多。天纵吾闲兼纵懒，江湖悔未办渔蓑。

次韵答肖雅

偶思访载兴难乘，太息年来老态增。赋别不因鲈入剡，销愁安得酒如渑？推枰敛手融成败，背镜忘形绝爱憎。却知少陵非旷达，缘无一字怨亲朋。

中庭寂寞易黄昏，曳杖东篱自掩门。月影渐随花影上，柝声遥和市声喧。只愁梦境迟寻蝶，忍忆朝班早集鹓。世事而今无可说，与君默契两忘言。

苏台感旧八叠前韵

两载姑苏客，登临惬素怀。霸图齐女恨，软语吴娘谐。易俗知崇俭，看山合借差。每乘按部勘工之便，借以登山临水。洞庭秋阅武，湖水浩无涯。

寄怀琴初天津九叠前韵

中年有哀乐，觞咏叙幽怀。清许宗风绍，和能旧雨谐。出身香案□，入直讲筵差。若问浮家处，丁沽水一涯。

坐夜十叠前韵

尺五高楼倚，开帘月入怀。柝声闻断续，评语杂庄谐。东阁新吟句，闻打门声，乃肖雅邮书至。南衙旧选差。偶忆官京曹时，当月事选差见

《宋史》。藏身忆人海，筏渡识津涯。

次韵答肖雅即仿其体

清晨礼佛慵延客，卓午观书喜课孙。花下晚凉谈故实，开天遗事我能言。

才能济世身偏隐，事不求人梦亦安。一饱何须餍粱肉，黄齑白粥足为欢。

棋受环攻惭手劣，诗缘苦索笑肠枯。精研一艺谈何易，神以交游意以摹。

今月团圞如古月，少年荏苒逼衰年。年年看月人将老，独倚岑楼一悄然。

六月望日雪澂廉访枉过余适因病谢客未能见也作此志歉并以索和

清风吹送故人来，荒径苔深愧未开。宿疾我宜名百药，午阴公自有三槐。灵光鲁殿岿然在，破碎家山劫后哀。黔乱未已。遥夜相思共明月，裁诗报谒莫迟徊。

十六夜花近楼望月有怀尧衢同年

览揆良辰甫隔旬，举头明月证前身。交如北海宾朋盛，宅对南园草木新。近拜天题光庑下，蒙赐御书“倦知庐”扁额。独怜仆病卧淞滨。补松不作蒿庵逝，兄事而今剩几人？

补和尧衢自寿诗即次其韵

偕老他乡意若何？生朝十载客中过。百壶酒洌兼醒醉，七字诗工费琢靡。庑寄皋桥高士隐，云开衡岳寿人多。愆期我似迟来鹤，补奏南飞一曲歌。

十七夜月下作叠前韵

一病支离阅五旬，药炉锻就苦吟身。莫愁天上月华减，差喜袖中诗本新。笳鼓远驰罗甸驿，黔中苦兵事。舭船近隔圣湖滨。西湖开博览会，未能往视。追凉故绕池边树，谡谡松风夏健人。

闻子怡小极

曾闻七日迭为宾，底是忧来抱采薪？楼上独眠花笑客，窗前对语鸟亲人。须知逭暑宜居竹，尚拟凌波唤买莼。六侄昌榖谈西湖近事，令我神往。善保千金好身价，壶中日月夏如春。

月夜即事叠前韵简子怡

厨荒市远愧留宾，珠玉生涯感米薪。举酒且邀今夜月，看花非复去年人。堆盘香荐猫头笋，沸釜羹调雉尾莼。饭罢呼僮茶熟否？一瓯还品碧螺春。

子怡赠芦笋花露以景磁数具碧螺春一瓶报之三叠前韵

祖庭耆硕五侯宾，家学能传火尽薪。顾我已为观弈客，如君不愧读书人。揭来康市寻方药，安得张园访味莼？张园已改造市宅。检点茶瓯惭报李，碧螺细酌洞庭春。

读史有感四叠前韵

好客曾通郑驿宾，穷经惭负买臣薪。难承国士无双誉，始识英雄是半人。乘兴子猷惟看竹，知几张翰偶思莼。西台痛哭谁为继？重拟扁舟入富春。

晨起闻孙辈读书声喜赋次肖雅韵

肩随晓集读书斋，窃喜人言子弟佳。不愿才华似终贾，但求愚鲁学参柴。重闻炳烛衰翁老，列坐春风少者怀。白粥黄齑吾素志，还期汝辈薄珍鲑。每于午餐时，命孙辈侍立背书。

肖雅又抱第三曾孙以诗见示作此贺之叠前韵

昨日琼篇到小斋，充闾喜气一时佳。凤雏再世仍生羽，驷马他年换缚柴。杜诗：“缚柴门窄窄。”此辈绝非池里物，老翁聊慰病中怀。盛筵弥月开汤饼，款客南烹定有鲑。江藻诗：“南烹菜有鲑”。

病后医劝茹素作此遣兴三叠前韵

两餐日作太常斋，淡泊生涯亦自佳。蜡屐踏经三径藓，雀罗挂住半扉柴。竹林感逝非嵇阮，栗里归来契葛怀。还我咬根滋味好，应知蔬笋胜鱼鲑。

六月二十二日纹女忌日感赋

寻常作达非吾意，今日临风泪眼开。二十五弦弹不得，殁已二十五年。月明遥夜盍归来？

夜游黄浦感赋

轻车载我御风行，黄浦滩头夜气清。近水楼台迟月上，遥天星火隔江明。甫闻沽口新移跸，又报牂牁未罢兵。怅触无穷家国恨，虹桥小立不胜情。

尧衢以母忌日书痛诗见示奉答一首四叠前韵

老逢先忌敬营斋，白发儿佳妇亦佳。此日思亲悲墓草，当年望子倚门柴。泷冈远别他乡恨，大孝终身孺慕怀。菽水承欢岂容易，祭筵茹痛菜烹鲑。

肖雅示诒书寄怀诗依韵答之

只有清风是故人，乌纱换著腐儒巾。辋川昔隐王摩诘，鉴曲今无贺季真。但觉南村堪卜宅，宁知东海已扬尘？梦回一枕松阴下，残月穿林与我亲。

病后书怀叠前韵

五旬偃卧病欺人，止酒多时罢漉巾。一局楸枰原是劫，半炊粱梦岂为真。伊谁能令桓温喜？几辈羞污庾亮尘。醒醉浊清吾不预，药炉茶灶日相亲。

读范书党锢传三叠前韵

开篇党锢传中人，垫角群看有道巾。微惜吊张交太广，休疑御李喜非真。独怜张俭穷投止，肯向皋陶下拜尘？太息清流一网尽，夜分展卷短檠亲。

前院夹竹桃盛开诗以张之

万个竹中数花朵，墙西半壁赤如火。典栏清簟坐绿阴，一色桃花容婀娜。此地何年起楼台？此花当日为谁开？应是吕虔手亲植，抑或樊山后补栽。宅为吕文起构造，后归樊云门。廿载因依越寒暑，我亦来作花间主。林贤甫集稽王俦，仙子旋偕阮刘伍。花枝灼灼叶深深，宝相如参紫竹林。夜宴肯教华烛灭，午游不放夕阳沈。层层锦绣重重护，红雨未落风姨妒。料知人面与花同，醉向碧天最高处。万象沈冥早闭关，偶逢佳植便开颜。绿意红情两不负，一日看花十往还。灌园老叟向客说，花不能言寄所托。愿人长寿花长好，年年赏遍竹篱落。百劫难销为有身，感时溅泪一沾巾。审识淇澳风诗意，长作武陵避秦人。

次韵答一山

重光朝日绕龙鳞，九庙灵承系一身。迅烈风雷潜助顺，高寒琼玉静无尘。移巢终见鹍音格，奉驾回看象辇驯。从古殷忧能启圣，须知所宝在仁亲。

六月晦日襄孙枉过余未能见也小诗志歉并以奉怀

竹阴深处客难留，乘兴空回入剡舟。向日君如葵卫足，闻足疾新愈。临风我似柳低头。豪情减尽虚悬榻，衰病侵寻懒下楼。窗外梧桐高百尺，不曾落叶已鸣秋。

榕卿屡次枉过余守医诫未能接见赋此志歉并以奉怀

衰病劳君屡注存，连翩车骑到柴门。域中事事纷棋局，襟上年年验酒痕。七日壶觞留后约，余病后，三八常会暂停，君续成来复会。八音丝竹喜重论。雅歌集每年秋后举行。室名淡远人非远，君有淡远室。镫火新凉笑语温。

七月初一夜即事有怀邻翁得之

萧然丈室起维摩，闲向庭前踏绿莎。桐叶落时秋未到，初四立秋，芦花深处夜如何？数家镫火重帘影，别院笙箫一曲歌。隔断红墙情弗隔，比邻不似阻天河。

感事叠前韵

挟策干时事揣摩，不如闲藉绿厅莎。乱犹未已身安往？醉强为欢日几何？石上生公劳说法，坐中子野怕闻歌。洗兵凭借东流水，秋色长天力挽河。

得诒书北平书却寄即用其见寄韵

宅傍西华近御沟，故宫风景似前不？霸图碣石余残照，旧酒杭州纪胜游。往岁夷门同执辔，何时歇浦更停舟。侨居莫副吴民望，垂老心惟在一丘。

次韵答肖雅

看山游兴已无余，风雨柴门感索居。夜饮尚稽投客辖，午餐差喜课孙书。午饭时，诸孙环立背诵，日以为课。竹间灼灼花齐放，松下深深草不除。让水廉泉聊自适，争墩早已薄荆舒。

襄孙和诗有齐云晚眺忆登楼句意有所指因忆昔年门人王崧生大令庐山避暑事再叠前韵

曾闻灭烛许髡留，俄抱琵琶过别舟。名士青山好埋骨，美人红粉竟缠头。何当酾酒浇黄土，依旧凝妆上翠楼。弹指年华嗟老大，江州泪陨四弦秋。

婺源江湘岚同年辱书问讯并惠皖山佳茗赋此志谢并以寄怀

长夏盛暑弗能耐，炎海隔断凉州界。骄阳肆虐火云蒸，一任天公弄狡狯。我时适有采薪忧，初谓末疾同癣疥。宁知荏苒阅六旬，偃卧胡床百事废。梧桐一叶预鸣秋，镫火新凉病始瘥。清风如挟故人来，雪藕冰桃慰衰迈。朝来忽枉良朋书，打门惊起龙也吠。河梁赋别一载余，发缄宛似亲晤对。锡我佳茗纾渴怀，百叠云情望风拜。筠笼珍弆封题完，采自家山非市卖。色香都在头纲中，投赠乃从千里外。平生雅有卢仝好，远致烦君一而再。品来舌本定回甘，润澈肠轮已除秽。但惭无物可报琼，转恐酬诗又添债。侧闻浑河水浩漫，突过浔阳江九派。春申有若石壕村，垂堂终日千金戒。何如珂乡较安稳，堵宫一亩未湫溢。老翁性弗与俗谐，闭门读书兼读画。何时乘兴作东游，同榜二三人尚在。谓散原倦知。酌君即瀹本山茶，剪烛西窗共情话。

简夏剑丞

都官一集眼先馋，风雅如君信不凡。皋庑寄梁喜偕孟，竹林友籍并知咸。偶携谢客探幽屐，来访焦先退隐岩。老懒未曾三径扫，漫劳投刺署头衔。

再简得之三叠前韵

邻壁分光获渐摩，三弓地隔一庭莎。狂来纵博成追忆，老去逢秋可奈何？栩栩方思寻蝶梦，匆匆又听唱骊歌。佩瑜辞往南昌。卅年同踏卢沟月，近日风波莫渡河。

次韵答子怡

万事知君心不关，但将佳句锦囊颁。系承王谢衣冠后，身际开天治乱间。五色梦中生彩笔，一尊客里驻朱颜。年来互订归田集，酬唱诗多未许删。

立秋后五日寿子怡三叠前韵

浮瓜沈李荐嘉宾，爨下无烦蜡代薪。六字赠言逢织女，一尊留饮寿诗人。园开松径门垂柳，家住鲈乡里有莼。裙屐满堂晴昼永，二分秋色十分春。

寿子质军门同年

欢颜不借酒微酣，交到忘形味自醰。寿宴祥开年七七，巷居慵扫径三三。甘棠茇舍留闽北，细柳军容壮岭南。病未登堂悭一拜，纵非嵇懒已难堪。

章拱北观察索题祁文端公手书哭弟幼章方伯诗卷即步卷中诗韵

效死难为弟，招魂赖有兄。贼氛太猖獗，老泪已纵横。黄阁感存殁，白门关重轻。最怜坡忆颍，未了结来生。

守幕乌翔集，奔流鹢退飞。九原同气尽，一死壮心违。苦语连篇续，哀弦何处挥？鲰生逢丧乱，急难更谁依？年来亦抱令原之戚。

拱北再索题南宋赵千里青绿山水长卷率成四截书于卷端

绝非人境定居仙，神化丹青别有天。吐纳烟云归腕底，白描不羡李龙眠。

结构虚无缥缈间，楼外楼藏山外山。安得诛茅此中住，锄苓采药相往还。

绝徼天门跌荡开，仙山楼阁眼中来。当时似幻原非幻，展卷灯前一溯洄。童年见天门开，仙山楼阁，金碧炫目。是年获登贤书。

鹿游台下鹤当门，古处衣冠今尚存。卷入使君图画里，桃源无此好花村。

七月八日花近楼宴集得句简坐中诸君子

剥啄声中客到门，渴怀差慰笑言温。七旬未预西园集，一夕重开北海尊。投辖已拚今日醉，题襟犹认旧时痕。坐花邀月寻常事，喜有新诗共讨论。

子质诗来索和仍叠前韵答之

骚坛再起兴尤酣，诗味浓逾酒味醰。奚止背城聊借一，已甘避舍不妨三。马逢孙顾群空北，鹤为坡飞曲奏南。蒲柳那能松柏例，秋风摇落更何堪。

和答尧衢初秋游浦西兆丰园

记得春花拂鬓边，春间曾来游。名园秋色愈苍然。闲鸥浣梦三篙水，老鹤将雏二顷田。倚竹随携仙眷属，杖藜恰趁晚晴天。诵君锦什成追忆，风景依稀在眼前。

叠韵三首

廿载衣冠挂国门，京华回首梦重温。屠沽未可轻游侠，肝胆惟应奉至尊。南府旧人逢丧乱，昆池劫火剩烧痕。弈棋从古长安似，袖手旁观莫妄论。北望答诒书。

绝少催租吏打门，不妨志在饱和温。偶寻僧寺参禅版，闲过邻家醉酒尊。楼外夕阳舒柳色，阶前宿雨长苔痕。宵来况有朋簪集，雄辩惊筵喜共论。花近楼晚兴。

不卷重帘自掩门，篆香微袅鸭炉温。薄施脂粉开妆镜，细啜旗枪浣玉尊。竹叶润含新雨意，柳丝愁锁晚烟痕。怜余病后腰围减，梦里相逢絮语论。秋夜梦亡室亭秋。

秋夜读书寂然有作三叠前韵

窥窃陈编意倍酣，青灯一味夜醰醰。秋声有赋吟欧九，门客何人似魏三？解组多年，旧人星散。犹喜音书传蓟北，接诒书北平函。最怜种子断江南。悼梦华同年。堂前几树青杨柳，摇落临风我未堪。

晚过肖雅

深巷门重掩，长城句独工。诸孙环待月，一老坐临风。带纵量腰减，颜宁借酒烘？我来烦倒屣，茶话几人同。坐间晤林一士世讲。

寿高泽畲方伯六十

江汉滔滔纪壮游，廿年回首忆同舟。德星暂聚春申浦，客梦还萦庾亮楼。周甲六旬称大老，先庚三日近中秋。八月十七生。征车重踏邯郸道，粱枕功名尚黑头。

尺衡锁院共论文，桦烛三条静夜分。谓己酉八月，同入鄂闱，考选拔贡生事。阅世我愁书种断，爱才君博颂声闻。承宣北渚思前日，高卧西山隔暮云。明镜不须悲白发，驻颜合借酒微醺。

和肖雅秋夜即事

花近楼头坐晚风，绿阴深处一镫红。棋逢劫后须谋守，诗到工时不讳穷。读书饱看云赴壑，搴帘适见月当空。青箱宵授童孙课，蒙养初基裕圣功。

雨后宴集叠前韵

莫愁秋雨怨秋风，楼外斜阳分外红。傥遇侯嬴虚左待，不随阮籍叹途穷。众宾酒力醒兼醉，一坐花枝色即空。闻说申园镫火盛，纷纷逐狗代人功。

题李梧溪守戎画像

百战谁旌李广功？姑苏城外阵云红。英雄老去河山改，万劫拈花一笑中。

飒爽英姿七尺强，临风独立意苍茫。三吴开府来何暮，不及逢君话战场。

喜林子有观察至自秣陵

江城秋色雁来天，回首津桥感杜鹃。帘外同看黄浦月，袖中犹带白门烟。挂冠神武吾将老，画诺南阳子独贤。劫后相逢良不易，一瓯茗话晚风前。

访颂年不遇以诗代简

十旬未晤汪元量，海上琴声静不闻。往岁湖山同访碣，何时尊酒共论文？重寻蒋径云深处，所慨虞渊日夕醺。咫尺竟如千里隔，柴扉双掩怅离群。

伯夔假坐宴集赋谢

荒斋闭置久生尘，却借袁丝作主人。清簟疏帘棋一局，瑶尊华烛酒三巡。名花四壁宾皆醉，敝帚千金我自珍。《鸣原集卷一》印成，即席分赠诸君。良会喜逢新雨后，蕉窗绿映屐裙新。

和肖雅秋夜即事韵

不图秋夜是炎天，蝶梦难寻栩栩然。越石枕戈空待旦，孝先腹笥竟忘眠。缝能藏虱衣常浣，涎恐流蜗壁任坚。一笑讨蚊须作檄，成雷窃虑扰高年。

枕上闻鸡声有感叠前韵

凉秋耿耿曙河天，重剔兰膏意悄然。化蝶未寻蒙叟乐，闻鸡翻扰祖生眠。莫凭毁誉论功罪，要使淄磷励白坚。一夕西风人易老，陶情丝竹误中年。

晚坐听北客谈事

寄庑江南日易斜，相逢北客话东华。九朝画赞空遗像，三殿觚棱噪暮鸦。凭吊荆高犹有市，经过赵李已无家。不须往事谈天宝，眼底兴亡足叹嗟。

尧衢过访并赐题鸣原集诗赋谢

久别各惊颜色瘦，宠题新拜主恩深。御书“倦知庐”扁额已颁到。华堂欣见龙鸾舞，委巷忽闻车马音。脱帽高谈捐礼数，探囊佳句杂仙心。自惭敝帚千金享，爱古如公不薄今。

次韵答肖雅

镜空留影自光明，天道涵虚总忌盈。器小可曾将满扑，扑满，清盛钱器，满则扑之。名高未许在朝争。垂堂合守千金诫，愤世宁甘五斗烹。三命益恭原素志，莫缘温饱误平生。

秋夜追凉有怀尧衢叠前韵

东阁吟诗销画永，西窗剪烛坐宵深。唳余病鹤惊残梦，书付飞鸿响远音。时寄琴初天津书。禹鼎汤盘三代器，有以古铜器求售者。黔云楚雨两人心。清秋一味凉如许，暑往寒来成古今。

荟亭大令远寄告存诗作此答之

随园曾赋告存诗，今诵秦郎绝妙词。渴愈相如秋雨后，天留杨震夕阳迟。易名合仿更生例，采药须知独活宜。我亦藜床病初起，还持敝帚寄遐思。《鸣原集》印成，并以寄赠。

八月朔日榕卿子怡伯夔为余补祝赋谢

榕园花下置行厨，如过黄公旧酒垆。时阅九旬犹寿我，余病两月余，此席距初度日已三月矣。身经百药剩今吾。鲭筵未许夸楼护，枭采无妨唱寄奴。碧酿一尊三友共，劝酬况复众宾俱。

古微丧弟诗以慰之

花萼楼空锁绿苔，绕庭荆树不须栽。怜君秋夜鸣令痛，触我残年断雁哀。余客腊有兄丧。第五暂随骠骑住，东坡翻哭颍滨来。茗瓯相对无言里，郁郁情怀两未开。

伯夔复假坐觞客赋简

嘉招曾预西园席，又挈壶觞过草堂。入室芝兰香淡远，女伶李冬真述樊山语来谒。隔篱灯火夜新凉。汗流湜籍咸尊愈，一昨君与伯岩过访。醉唤稽山不见王。雪澂新逝。风月且谈今夕事，宁知门外有沧桑。

次韵答伯夔

卜邻大可吟东府，赁庑犹堪奉北堂。闻将移居。群羡使君兼孝友，自惭居士署清凉。文章彩笔追燕许，子弟乌衣薄谢王。憔悴江南同作客，故乡云树感维桑。

伯夔和章又至三四叠韵答之

瞥见青丝成白发，为悬明镜在高堂。打窗蕉雨秋声疾，入枕松风午梦凉。啸咏君堪媲袁虎，夥颐我早薄陈王。南阳已分躬耕老，不羡成都八百桑。

微名未上麒麟阁，大隐特开鸥鹭堂。程文简有鸥鹭堂，见《癸辛杂识》

中。滚滚潮流互消长，茫茫人世几炎凉。九原可作思蒿叟，昨梦华同年入梦。万里之行忆竹王。白粥黄齑供一饱，饿乡宁识有翳桑？

简伯夔子怡五叠前韵

蓬蒿不碍荒三径，尊酒还思共一堂。赁庑梁鸿悲举案，绕池杜甫好追凉。问安何处寻梅使，报赛经年拜药王。客沪十有八载，日在病中。纵识昨非今岂是？倦飞吾欲老柴桑。

感事六叠前韵

败涎尽有蜗缘壁，危幕何堪燕处堂。舞袖久随歌扇歇，朝衫早换布衣凉。谈经偶过长头贾，载酒时来短簿王。逐末纷纷谁务本，拔茶何地可栽桑？

伯夔近有卜邻之意作此坚之七叠前韵

此日结邻如定宅，他时拜母便升堂。月邀李白谋宵醉，雨过苏端纳午凉。方外友兼来志远，比邻有寺。山居诗好和储王。连云五亩东西屋，墙下分阴各种桑。

励志示伯夔八叠前韵

万千庇士难为厦，六一休官未筑堂。罗甸秋风黔地远，潇湘夜雨楚天凉。买丝欲绣赵公子，闻笛还邀桓野王。我已颓龄君未老，莫灰壮志负蓬桑。

题章拱北唐人写经卷子

不用驮经烦白马，几番历劫换红羊。临池字字皆空色，开卷时时发古香。写任案头花绕笔，赚防缸面酒流浆。虞书欧体同珍护，多宝惟应说大唐。

拱北复以华希逸白描钟葵行猎图索题得七截三首

一围甫罢兴方酣，魍魉何须舍避三。百草渐枯天欲暮，风毛雨血遍终南。

逐麋射雉快驱除，想见弯弓盘马初。弱妹最怜新遣嫁，可曾捷报大雷书。

带禽昔诵东皋句，猎马今朝在眼前。绢素何人图鬼趣？白描不让李龙眠。

赠女伶李冬真用樊山韵

笛声吹裂翠崖冈，难得佳人出北方。一曲紫芝工奏雅，九秋丹桂自飘香。华宗上溯通家李，神韵终推爱好王。更有传薪诸娣妹，霓裳月下共评量。

与伯岩同年话旧九叠前韵

昔过白门劳具简，仓园高会集初堂。渡经桃叶波微绿，醉折琼花酒未凉。承招饮仓园初堂，手折琼花分赠席间诸妓。岩濑东归惭钓客，前游先至浙东。杜陵下谪署诗王。盛筵不再还追忆，老眼天留阅海桑。

中秋即事十叠前韵

客中又届团圞节，家宴特开松寿堂。丹桂飘香秋过半，碧天似水夜初凉。锁闱拜月怀乡贡，厂肆赊书忆海王。北京海王村琉璃厂书肆林立，曾购得《五礼通考》初印本。适值中秋，无钱偿值，书估竟索书去。迄今犹以为憾。今日西风吹短鬓，劳劳人世感枯桑。

感事十一叠韵示伯夔

竖子名成广武地，将军坐拥中书堂。温飞卿诗："中书堂上坐将军。"讥时相无学也。权操九府持筹绌，约废三章作法凉。谁氏袒刘谁袒吕，几人称帝几称王。老僧不管兴亡事，自掩禅关看佛桑。

十七日沈韫石观察招饮十二叠前韵

高寒甫诵琼楼句，又过君家五福堂。北海酒尊仍跌宕，西园花木未荒凉。梦坡往昔兼怀颍，访戴今朝尚有王。最喜延秋晴日好，不教天雨快烹桑。坐客有谈近事者。

口号十三叠前韵

春水鸳鸯同戏沼，秋风蟋蟀尚居堂。潜修栈道谋通蜀，远别并州计到凉。学子几人销党籍？英雄末路礼空王。陆沈往事谁尸咎？欲骂槐时莫指桑。

十八日亭秋夫人忌期感赋十四叠前韵

馌耕夙约成虚愿，绿野当年未筑堂。守钥鳏鱼甘寂寞，惊弓孤雁易悲凉。黔娄远嫁空怜谢，天壤多情忍说王。翠袖生寒何处倚？莫栽黄竹但栽桑。

曹纕蘅祠部远寄移居诗索和依韵寄答

南横南徒东华东，都在长安弈局中。家世清门文采富，祠曹仙侣唱酬同。君有《春官话旧图》，题咏甚富。纵惭杜甫千间厦，不碍相如四壁空。旧邸若回王府井，诗成犹可质邻翁。余旧居王府井大街十年。

再简纕蘅叠前韵

移家喜傍凤城东，回首乡关入剑中。近觅荆高尊酒共，远追杨马瓣香同。十年杜牧江南恨，一顾孙阳冀北空。君为弢庵高弟。闻说西山红树好，赏秋绝巘学瓶翁。

金耐青虫鱼册页得之观察属题

埋头终日注鱼虫，写入丹青点染工。忙煞徐熙一枝笔，传神都在画图中。

憔悴江南老画师，五都市上几人知？赏音幸获漆园叟，展卷摩挲好护持。

次韵怀肖雅

思君一衖隔，肠内转车轮。此地为迁客，吾侪是老人。同心兰臭味，健翮鹤精神。江上秋风厉，相期善保身。

肖雅馈龙眼赋谢

龙眼承筐赐，累累若贯珠。浸宜桑落酒，名谢荔枝奴。远道人情重，炎方地气殊。衰年叨口福，一饱病全苏。

湖上书感

在昔颍滨劝坡老，西湖虽好莫题诗。前贤友谊传千古，此地风光又一时。别馆怕闻商女曲，残镫犹映酒家旗。人生行乐翻增感，况复令原系我思。

北山拜大兄墓归感赋

落日扁舟放棹回，秋风萧瑟雁行哀。螺鬟愁拥云千叠，马鬣新营土一坏。骨肉存亡余滋泪，湖山镫火上楼台。此行不作登高赋，怕检茱萸入酒杯。

右台上冢

年年拜墓此经过，病后重来感慨多。十步已嫌腰脚懒，二毛无奈雪霜何。天涵秋水初闻雁，妆忆春山淡扫螺。太息少文游已倦，烦君料理旧行窠。

玉皇山与某上人茗话

巉崖疑是五丁开，绝顶登临亦快哉。山视南北两峰尤高。入寺但闻清磬响，隔江遥见怒潮来。平畴画卦先天象，山下田畴作八卦形，为明刘诚意伯所规画。宝鼎留香浩劫灰。莫向炼师论烧汞，暂时游衍乐追陪。

送伯岩同年就养北平

又逐宾鸿共北征，江南落木尽秋声。承明早厌归岩助，婚嫁初完慰向平。金粉六朝同访碣，玲珑九折忆题名。长安似弈君休问，自有西山爽气迎。

余生共作葛怀民，何处人家可避秦？块肉冀存天水赵，源头同溯颍川陈。移尊屡预西园席，就养端宜北海滨。倘过匡庐寻旧梦，山中面目恐非真。

重阳前四日慕韩中丞招饮余甫自西湖归也即席赋谢录正

才到西湖访六桥，扁舟还就故人邀。重申旧地登高约，虞生、韵秋仍申前约，在江楼作重九。已荷先期折简招。北海开尊倾四坐，西窗剪烛尽三条。酒酣忍话燕齐事，庚辛之际，慕韩抚山左，余领北洋，忽忽已廿年矣。劫后相逢白发搔。

重阳前二日肖雅招饮赋谢即次其韵

去年高会此清秋，再预郇筵岁已周。人似白韦专一郡，泽如章贡汇双流。诗逢敌手输君健，酒入愁肠写我忧。拟展重阳申后约，相期花近共登楼。

重阳日虞生韵秋招饮江楼于是此会已五次举行矣醉后作歌奉简并示坐上诸老

一落荒江岁月久，年年客邸作重九。惜无绿野堂开筵，兼少白衣人送酒。佳节又承折简邀，平生风义几师友。五层楼高与云齐，俯视江流列左右。劝酬深荷主殷拳，沈醉几忘我老丑。临觞忽漫三太息，旧游回忆某与某。薤歌前送大冯君，王恭亦摧濯濯柳。蒿庵、雪澂先后下世，均昔日坐上客。含情脉脉怆闻笛，排闷乌乌空拊缶。犹幸今日无风雨，十斛晴光满户牖。七客寮餍五侯鲭，秋末晚菘压春韭。怀人未知书到无，托寄远甫书。催诗还问菊开否。可惜孟公不果来，重望京华依北斗。伯岩未至，行将北上。

是日肖雅有诗依韵和答

忍向尊前话黍离，陆沈今日咎谁辞？醉中骂坐醒时悔，梦里还家觉后疑。风雨不来天作美，干戈未已客增悲。嘉招同赴黄花约，把酒开轩快朵颐。

展重阳日花近楼雅集赋赠北伶李桂芬艳琴二女士兼寄樊山北平

花近楼头夜宴长，南来北雁喜成行。已倾广坐三千客，不数当年十二娘。巾帼须眉歌白纻，羽衣缟素谢红妆。本师尚有樊山在，名士风流老更狂。

重阳后二日简约伯岩子质尧衢肖雅伯雨病山云麓伯夔韫石寓斋宴集得句索诸公和伯岩行将北上并以赠行

兵荒未已复年荒，白发羁栖尚异乡。老圃秋容吟晚节，高楼花近展重阳。旧人家令空怀沈，冕士已逝。大道琅琊不见王。雪澂新殂。投辖今朝期尽醉，莫因赠策感临觞。

十三日子怡假坐觞客即席赋简叠前韵

十三得雨农望久，是日雨。忽忽又过九月九。牢落身世不胜悲，安得中山千日酒。费侯假我花近楼，良夜开筵速宾友。熊鱼兼味盛南烹，两行红粉分左右。上坐焦头烂额客，少不为妍老更丑。坐中余年最长。高会七贤与六逸，合席十三人。旧雨联翩呼某某。清芬君似谢庭兰，摇落我感桓公柳。七国纷争盟屡寒，空鼓赵瑟击秦缶。今夕何夕罗酒浆，共此灯烛光照牖。仿佛卫八款少陵，雨夜炊粱并剪韭。鹿床松竹濡蓝笔，千金宝贵价谐否？君新拟购戴文节乙巳分校礼闱，以蓝笔写赠总裁许文恪画卷，同考曾文正诸公均有题咏纪事。傥携此卷佐传觞，狂饮何暇计升斗。

渭英招饮寓庐赋谢叠前韵

家有楹书学未荒，长才奚止善于乡。椎轮发轫通南北，奎曜含芒集武阳。一局棋犹争楚汉，五君咏不及山王。烧残红烛秋宵冷，得预郇筵共举觞。

喜沅叔至自北平即送其东游日本

打门黄叶堕车茵，一笑相逢是故人。才向商山图四皓，在北平宴陈弢庵、樊云门、高蔚然、柯凤孙四老，均八十以上人，留影成图，以作纪念。又从瀛海望三神。问年各讶容光减，投分都缘患难亲。闻说中原还逐鹿，纵成蕉梦恐非真。承索旧作《梦蕉亭笔记》。

客至三叠前韵

盘无兼味愧厨荒，酒可销愁入醉乡。深巷履声来旧雨，小楼栏影挂斜阳。已通陇道还思蜀，闻蜀中不靖。误得羊书抵买王。旧藏南田画册，雪澂以为真，子培以为似，莫衷一是。老去楹书犹世守，发蒙一卷小谟觞。案：存彭甘泉《小谟觞馆诗文集》，为先大夫手批本。余幼时，即喜读之。

题李冬心女士菊花册页

才醉重阳就菊花，展重阳日，曾招女士饮。披图又见影交加。传来北地佳人笔，如到东篱处士家。

畹华画柳绮霞枫，不及纤纤女手工。若向瓯香借颜色，风姿应与恽冰同。

白发樊山是本师，亲题幼妇绢中词。十年憔悴江南客，帘卷西风有所思。

秋夜即事示肖雅

红灯绿酒不胜情，耿耿秋宵未肯明。寒月惯从窗罅入，新诗半在枕边成。广筵客散兼醒醉，战地人来问死生。细数残更声断续，梦回遥听寺钟鸣。

得之招饮即席赋简用
杜少陵赠卫八处士诗韵

晚岁论诗律，邃密谁与商？独处不为欢，幸分邻壁光。平生耻谐俗，缔交皆老苍。嗟余迫暮齿，感子具热肠。十日展重九，折简获登堂。白头忝上坐，少长列两行。式宴永今夕，索米傲东方。饱尝五鼎烹，醉饮百壶浆。挂冠十八载，宦梦醒炊粱。丧乱得良朋，幽情寄咏觞。西窗重剪烛，耿耿秋夜长。乘风赋归去，星月何苍茫。

约肖雅小饮仍用杜少陵赠卫八处士诗韵

烧烟如外衅，五口议通商。春申互市地，和戎始道光。夷居十八载，齿落须发苍。妻逝兄亦殂，烦冤摧我肠。恒耕负前约，惭无绿野堂。长天秋一色，孤雁不成行。有乡归未得，流落天南方。深望北斗不？不可挹酒浆。安得缀朝班，旧梦温黄粱？与君敦夙好，且尽今夕觞。锋车来往便，休嗟道阻长。若论蜗角事，堕雾皆迷茫。

读黄公渚近作赋赠

瑶瑟无凡响，天葩发古香。若非卷葹阁，即是小谟觞。价定千金值，才难八斗量。眼中吾老矣，合让少年狂。

题江万平侄孙倩琴瑟和鸣卷子

桃花三月洞房春，凤管鸾笙洽比邻。绿遍两家杨柳色，扶藜来作主婚人。

联步分曹识祖庭，孙枝又茁小宁馨。何期五色江郎笔，写中吾家孔雀屏。

静好相庄到百年，鸿光新缔案眉缘。悬知北烛通明夜，补作东莱博议篇。

子怡馈蒸鸭炰鳖赋谢

不羡双鸡午膳忙，荷颁精馔润枯肠。项拗顿使疑团释，用卢怀慎蒸壶事。指动俄惊异味尝。鸭臛烂烹倾坐客，鳖裙珍重付厨娘。临餐忽触觚棱梦，记拜君羹出上方。

闻天津近事书愤

不筑灵台筑债台，家居撞坏委蒿莱。恩勤惟抱冲人泣，驵侩偏招岛客来。交质竟援周郑例，救贫谁是管萧才？荒江北望空翘首，琼玉高寒瘴不开。

次韵答肖雅苏州植园种树感旧

芳园树艺及春时，芟舍甘棠廑去思。绿野适成新缔构，黄堂不改旧丰姿。百年乔木阴长护，四海浮萍聚亦奇。曾种金阊官道柳，婆娑生意至今疑。

以龙井春茶鸳湖糟卵赠子怡作诗代简

持赠无多物，都缘形迹忘。舌尖烹雀绿，卵育酿鹅黄。清助诗情永，酣余酒味香。惠琼惭报李，盍共细君尝。

得之襄孙招陪慕韩中丞即席赋简并示怀西肖雅

郇筵雅集度秋宵，绿酒盈尊绛蜡烧。前度刘郎思去后，达观庄叟任逍遥。夷门造榜人犹在，怀西为甲辰春榜汴闱同事。东阁吟诗隐见招。更与兴公话尘劫，齐州烟点黯然销。

镜清赠菊赋谢

菊径荒芜未扫苔，故人今日送秋来。莫嫌韩圃香留晚，料得陶篱手自栽。娱我白头称寿客，对君绿酒酌新醅。少陵无限忧时泪，且向霜前赋两开。

秋尽日偕伯夔设席松寿堂公宴慕韩中丞三叠杜少陵赠卫八处士诗韵

凉飔撼庭树，秋声一片商。式宴速诸宾，获依附末光。主人病初起，视茫发苍苍。风雨思君子，一日九回肠。良朋不遐弃，过我松寿堂。袁闳同主席，论交忘辈行。今日是何日，多难概万方。春申作流人，犹得集壶浆。回溯先朝事，东京录梦粱。感时托饯秋，为欢倾一觞。桑海眼中过，开天话正长。酒阑烛见跋，四坐皆茫茫。

钱塘许文恪公乃普春闱余事诗画长卷费子怡观察属题

高阳才子一门重，翰林齐飞羡五凤。公家厅事旧悬“五凤齐飞”扁额。先生誉擅白眉良，吏部文章信殊众。早直南斋供奉班，出使星轺雪柳送。十年两度典春官，桃李成阴手亲种。乙岁锁闱逢戴嵩，分校余闲笔偶纵。扇画疏松纸画竹，蔚蓝天色巧补空。征题尽属瀛洲彦，湘乡硬语独飞鞚。乙巳会闱，同考戴文节熙以蓝笔画松竹，题诗赠公，各房考均有和章。曾文正国藩独赋七言长句。丙年重上聚奎堂，再传弟子喜陪从。丙辰，正总裁彭文敬蕴章为公门下门生。画兰更有老彭宣，特补前图三友共。房考彭太史瑞毓画兰，各房均题句。载赓强半问字人，郑奁下笔尤博综。潘文勤祖荫亦门下生，同司分校题句最工。承平衣钵留佳话，登科记中快传诵。后五十年我尹京，车过砖门值战哄。光绪庚子拳乱，贡院残毁，砖门达至公堂，距内帘各处，均为瓦砾场。燕山罢试汴闱开，疆臣殊遇忝知贡。甲辰会试借闱河南，余以巡抚知贡举。南来四座十八房，文达文端洵国栋。甲辰总裁张文达百熙、陆文端润庠，名望最著，交亦最笃。所惜内外隔一帘，未与群公事吟弄。玉堂于我本无缘，余不入翰林，与彭文敬同。科举旋废转滋痛。偃卧荒江遇故人，费侯才华擅屈宋。携卷示我花近楼，一色拖蓝眼豁霿。神物已失复归来，白发尚书昨入梦。典衣偿值良足豪，神武挂冠已无俸。估人先持此卷诣君，以价未谐失去。某夕忽梦文恪来访，相对无语。越日，原估复持卷来，亟以重值留之。忆昔箨石绘牡丹，蓝笔不买胭脂用。大兴河间妙题句，持较此卷相伯仲。钱箨石侍郎，乾隆庚辰分校礼闱，以蓝笔画牡丹；同考朱文正珪、纪文达昀均有题句。我托茑萝怅生晚，文恪为内子亭秋夫人胞伯父。御李未获鞭丝控。梁选购得眉批本，堪喜斋头手呵冻。余购得公晚年手校《文选》精本。用朱笔细楷眉批，极工丽。费侯宝画我宝书，价抵千金足清供。茧纸珍护比兰亭，莫教赚取酒开瓮。

慕韩中丞移尊就饮即席赋简

漫山红叶不知愁，秋尽江南畏远游。倪远甫约往天平看红叶，未能赴也。看竹客来翻作主，移尊花近又登楼。世家于越推孙许，顷题许文恪《春闱余事图卷》，即以就正。公家与许氏为杭州望族。党祸中唐怨李牛。席间偶谈及先朝党祸事。太息陆沈谁咎执？各揩醉眼望神州。

次韵赠肖雅

自来循吏出儒林，太守声称直到今。继美白韦留宦绩，怡情山水有清音。秋风莼菜知几早，明月梅花见道深。斗室盱衡天下小，翛然老带并庄襟。

挽王雪澂廉访

采芹泮水赋重来，本年重游泮水。丛菊经秋泪两开。第宅尚留诸葛井，成都诸葛井为君旧第。讴歌已遍越王台。云车寂寂归丹旐，书带深深掩绿苔。我与使君交最夙，招魂先自夜郎回。君随宦吾乡久，筮仕，亦先作宰黔中。

翟公门巷屡经过，岂料悲秋赋薤歌。已折谢公花下屐，空横越石枕边戈。哲人此日嗟颓泰，家祭他年告渡河。每饭不忘符杜老，麻鞋犹及侍銮坡。

知己平生溯本师，酬恩公义岂为私。谓张文襄。才能富国贫非病，名到惊人谤亦随。大耳天诒真骨相，广髯群仰美丰姿。如何寿仅覃溪似？不到山舟九二时。

罗浮宦梦蝶蘧蘧，进退如公绰有余。银印未销还守钥，国变后，广东提法使印至今保存。青箱虽富更钞书。窃欣膏馥留残剩，所恨秕糠未扫除。俞曲园太史寿八十六，临殁赋诗，有“但恨秕糠未扫除”句。从此黄垆觞罢举，夜深邻笛感何如？

次韵简肖雅

诗成白战费敲推，酒启黄封对举杯。风雨一楼容我卧，菊松三径待君开。红羊换劫重相见，白鹭忘机总不猜。高会延秋吟望久，咏觞花下且低徊。

云门题童年课卷过承奖饰作此志谢即步元韵

人表何曾到九分，后生休畏老无闻。名难瑞宋乖初愿，卷中应试非今名。才愧安刘本少文。敝帚千金同瓦砾，彩毫七字落烟云。由来名士如名将，用成句。临阵谁能撼岳军？

肖雅招饮赋谢并简慕韩

疏帘灯火夜留宾，忧患同经臭味亲。列坐每惭称上客，当筵强半是乡人。合席九人，闽籍居五。豪情不减遵投辖，雅范如逢泰垫巾。酒半忽谈庚子事，几回北望感蒙尘。

题吴佩葱方伯同年暨德配金夫人遗像

南衙典属称同舍，北渚移官喜共舟。今日画图重省识，本来黻佩是双修。

以先大夫龙山官廨手书楹联印本诒肖雅辱荷谢章依韵敬述先德录正

买丝争欲绣平原，百里长才屈士元。汉广讴思棠舍远，襄阳堕泪岘碑存。育英讲院开三益，折狱公堂服片言。异代尚留亲手泽，瓣香供奉鸭炉温。

送雪澂廉访权殡平江公所感赋

黔中讣告钱青甫，前云南迤东道，年八十二岁。辇下招魂陈梦陶。前官左副都御史，年八十三岁。同厄蛇年君又逝，年八十五岁。夕阳无语黯神皋。

慕韩招饮纵谈庚子拳乱事有怀合肥长白两文忠公叠前韵

知己平生话此宵，心香一瓣为谁烧？北门锁钥才难继，东洛衣冠望已遥。岘首碑沉惟泪堕，原头星落但魂招。进贤从古资良相，图画凌烟未可销。

赋谢尧衢题童年试卷即用其韵

少年求试早，老悔读书迟。伪体翻新样，残篇忆旧时。小言宜覆酱，大笔荷题诗。太息斯文丧，茫茫更语谁？

寄怀诒书北平

经年不见林君复，肠转车轮日几回。桃叶未偕兰楫渡，梅花应傍草堂开。围棋一局樽前垒，君工棋善饮。敝帚千金劫后灰。以五十七年前试卷乞题句。准拟春时吟木笔，院中木笔初春始花。往岁，止庵、蒿叟、乙庵均赋诗唱和，今惟余存。扫除三径待君来。

沅叔学使淑配凌夫人挽诗

萧萧落叶感添薪，赢得黄门涕泪新。安定斋中箴女史，宣文幔内有传人。柴桑未遂归耕愿，樛木还推逮下仁。我亦闻弦惊断雁，案眉凄绝敬如宾。

沪江剧院晤樊潜之大令德光二十年前苏台旧人也越日来谒赋赠并悼袁干卿观察

手栽杨柳尚毵毵，回首金阊我未堪。差喜今宵逢卫八，如闻广坐骂朱三。谈次，述袁干卿面责慰庭事。请缨久作诸侯客，拂袖还寻老学庵。丝竹陶情容我辈，白头相遇又江南。

得书叹有悼王雪澂廉访并序

旧藏缪艺风太史手校《东都事略》全秩。丁卯冬，雪澂老友借阅，遍寻不获，无以应命。曾赋《亡书叹》，用司空表圣“亡书久似失良朋”句，成辘轳体诗五首，相与嗟叹。今冬，偶于敝簏内检出，不禁狂喜，而雪澂先于秋间委化，不及见矣。爰赋此诗，以志悼怀，时十月二十三日。

人亡书在感何胜，寒夜招魂唤不膺。自昔未穷搜敝簏，而今真悼丧良朋。亦思挂剑希吴札，安得同车御李膺。欲学艺风穷校勘，灯昏目眵我无能。

叶鸿英假坐榕园宴集赏菊席罢归来挑镫忆旧感赋此诗

暮天灯火下楼台，邻壁分光夜宴开。早到却缘看晚菊，旧交翻喜酌新醅。亡书纵得良朋丧，以《得书叹》诗示坐中诸君。有道无惭后死哀。先兄墓志铭适于灯下脱稿，援颍滨志东坡例也。一榻茶烟诗思寂，微闻疏雨滴枯槐。

次韵寄答稚香太守如皋

旧侣零星半化烟，罢邀桓笛碎牙弦。怆怀秋雨闻鸡夜，雪澂新逝。入梦春风射雉天。壁涴蜗涎虚设榻，客岁君来下榻。浪翻鳄海早回船。向平已遂游山愿，到处题诗拂锦笺。

夜归过梦华同年故居感赋

宵寒戴星归，小车可代步。经过旧池馆，柴扉深闭锢。楼角一灯红，故人读书处。在昔柳垂门，只今苔没路。寂寂黄浦潮，萧萧白田墓。安得起九京，班荆重道故。感此天地窄，俯首慵回顾。巷柝不更事，叫夜声不住。乱世获长眠，渴念成追慕。待旦空枕戈，梦中话情素。即夕入梦。

撰先兄墓志成有悼

北高峰下宅，佳气郁风云。信美非吾土，何期竟葬君。诗魂康乐梦，笔泪颍滨文。回首桃园墓，寥天失雁群。先嫂樊夫人墓在黔中桃花园，同穴之愿未偿，亦一憾事。

大雪后五日伯夔假坐觞客即席赋谢并简慕韩肖雅公渚

自掩扉柴卧白云，停车载酒又逢君。几人东阁诗先赋，谓慕韩、肖雅。一老南黉稿未焚。以童年课卷就正诸公。合坐醉花兼醉月，平生交纪更交群。黄童早擅无双誉，佳士如香著意薰。公渚年少才美，一坐尽倾。

常熟翁松禅杨濠叟手札渭英大令属题

腕底落烟云，探源篆隶分。海虞两大老，文阵千人军。宝此鳞鸿贵，对之笔砚焚。楚弓仍楚得，佳话播榆枌。册为赵氏故物，今归伍氏，均毗陵旧族。

雨夜得之虞生招饮慕韩有诗依韵奉酬并简主人

良会壶觞共乐群，何愁风雨打窗闻。宾筵我愧陈惊坐，诗垒君如范在军。醉入漆园寻旧梦，吟联椒舫式清芬。推敲不待当头月，十五无月。刻烛催成乙夜勤。

叠韵答慕韩

劫万千重犹剩我，才三十里不如君。陆沈在昔谁尸咎？兵气而今恐自焚。连镇旌旗惭作牧，故山猿鹤怅离群。当筵各茹忧时泪，茶冷香销可耐薰。

肖雅观察乡会试卷残稿题词

蟫鱼敢食长生字，劫火难烧应制文。卌载论交今视昔，两闱联捷我输君。余乡荐先君一年，贡举后君一载。印泥鸿爪犹堪认，下笔蚕声不可闻。莫重千金轻敝帚，孙诒燕翼绍清芬。诸孙能读书。

长至前五日花近楼宴集肖雅襄孙赋诗即次元韵呈坐上诸君子

薄酒能教四坐倾，花枝照眼老犹明。一楼风雨怀人夜，廿载江湖恋阙情。宾辖尽投拚觅醉，浊流谁挽盼澄清。匣中尚有双龙剑，拂拭当筵气未平。

不用弹棋子堕阶，剪灯情话足清佳。众宾博塞为戏，余与慕韩挑灯茗话。诗声有谱怀秋谷，近阅《饴山堂集》。食品无单愧简斋。丧乱友朋余涕泪，画图云水识津涯。纷纷群逐中原鹿，谁识长生苑内牌？

长至前三日肖雅招饮赋谢

诗伯何东阁，论交不计年。在官盟白水，垂老恋青毡。重检登科录，平分博进钱。一阳近来复，鸡黍又开筵。

一山左丞开岁有津沽之行以诗言志依韵答之

向日葵心动隔年，片帆春水去朝天。讦谟勉作千秋鉴，生计曾无二顷田。梦毂新驰仙仗月，官袍旧惹御炉烟。独怜老病江南客，云海茫茫恨未填。

叠韵再简一山兼示尧衢云麓

不到青门二十年，忍将遗事说开天。世家何处寻王谢，戚里无人问窦田。长乐钟声温昔梦，甘泉烽火剩残烟。雪庭且办消寒酒，莫使胸中块垒填。

长至日即事三叠前韵

扶日黄云上瑞年，唐开元中，日南至含元殿受朝，太史奏黄云扶日，事载《玉海》。沧江一卧梦朝天。杜陵避乱非忘世，阳羡思归未买田。禁体欧苏工咏雪，前一日雪，云麓有诗。英姿褒鄂薄凌烟。即日，何茂如都护来谒。含元受贺升平事，寰海而今战骨填。

长至后三日消寒第一集尧衢同年招饮倦知庐即席赋简

雪后鸿泥印几重，良宵聚首慰离悰。一庐栖隐天题贵，秋间蒙赏御书“倦知庐”扁额。九日消寒腊意浓。节近嘉平。白战诗成还刻烛，承示《咏古》。黄昏寺远但闻钟。独怜旧雨晨星似，岁晚因依感蹷蛩。

席间尧衢出诗索和走笔答之

雪余寒夜气空濛，诗兴梅花小阁东。四壁琳琅图卷里，十年哀乐酒杯中。宅临江海成迁客，卦筮天山作遁翁。醉倚熏炉共秦叟，画灰心事几人同？

嘉平朔日消寒第二集花近楼宴饮蛰居夷市何异羌村爰用少陵羌村诗韵得诗三首

乱世作流人，德星聚吴地。沧江岁云晚，忽又日南至。旧侣怆冯王，梦华雪澂。腹痛惟陨泪。挂冠十八载，差喜初衣遂。万方苦多难，西望增歔欷。徘徊中夜起，耿耿不能寐。

昨枉俙知招，雪后多清趣。酒罢闻楚歌，不惮冲寒去。席散，诣剧场聆汉班度曲。情移伯牙台，梦绕汉阳树。揭竿思亥年，感事煎百虑。纤儿坏家居，一掷失孤注。兴亡有代谢，古今一旦暮。

秦子质余尧衢我兄事，长难滕薛争。喻志韶黄雨伯同岁人，道故时班荆。汪子颂年潭千尺，章生一山传一行。偕来夏与袁，剑丞、伯夔。风挹故人清。二君新入社。我无二顷田，羡彼沮溺耕。安得追少陵，麻鞋赋北征。今日一尊酒，共此缱绻情。相期夜继日，醉眼睨参横。

酒罢复成一律索诸老和

杖履翛然集敝庐，腊梅花发早晴初。是日午集。重开良宴先投辖，一接高谈胜读书。蜗国战争殊未已，鹊桥消息近何如。昨致琴初天津书。邻家忽击催午鼓，只道今朝是岁除。阳历除日。

嘉平二日寄怀芷晴太史北平叠前韵

三径全荒仲蔚庐，腊回江岸柳条初。吟魂杜老怀人梦，握爪颜公乞米书。敢谓缔交同鲍叔，早从献赋识相如。何时更醉黄垆酒，太息年华烛跋除。

七日慕韩招饮

大庇千间厦，幽栖一亩宫。长留诗卷在，不放酒杯空。檐瓦雪犹待，砚窗冰未融。速宾同荐佛，预办米双弓。

楼迥何妨小，先生在上头。偶来桑下宿，同话黍离忧。岸柳春将泄，庭花唱未休。畹华在沪度曲。已拚长夜饮，次第数更筹。

九日消寒第三集志韶太史招饮江楼即席赋简

三九严寒酿雪天，玉梅花下集群仙。双弓昨饱山僧粥，八篕今陪学士筵。南府旧人逢紫稼，东朝异数撤金莲。江楼招我如招隐，一笑貂裘是酒钱。

志韶有诗依韵奉酬

雪天重缔岁寒盟，梅隙晴曦映九英。容我辈开排日宴，任他人饱闭门羹。愁经醉遣全消垒，心受诗降早筑城。朝士贞元今剩几？觚棱回首不胜情。

卧病荒江阅岁年，移山填海两徒然。怆怀怕饮黄垆酒，雪澂新逝。游兴思乘赤壁船。适接汉上友人书。鸥梦忘机云水意，鸿飞印爪雪泥缘。六街腊鼓声声急，春在梅边与柳边。

次韵答尧衢同往酒家小酌听畹华度曲

名王市骏兼收骨，画手图龙妙点睛。持此论诗归邃密，与君同谱慰平生。山中养望留商皓，垓下闻歌尽楚声。是夕，畹华演《楚汉争》传奇。风月满楼良夜永，消寒一醉把金觥。

寒夜畹华来谒即留小酌并送往游美洲

入海真同击磬襄，短衣换却内家装。一声杜宇归宜早，三叠阳关道孔长。乐府遍传华盛顿，祖庭克绍景龢堂。江南花落重相见，说到开天泪数行。

新声代取比夔襄，临发匆匆正倚装。幸未量腰围带减，悬知别意水流长。冬儿已筑黄金屋，裴老还开绿野堂。妙选清歌通九译，归来蟹字写斜行。

乙庵尚书海日楼图卷慈护世讲乞题

陵谷万变乾坤毁，滔滔不返狂澜水。尚书家住海东头，一楼特为看云起。我友尚书四十年，缔交乃在光宣前。碧瀣无波蛟鳄徙，重轮杲杲日中天。才大竟不入词翰，夺我凤池同一叹。分曹群羡白云司，典属共集东文案。东文案为译署重地，乙庵往日寄诗屡用之，今沿用。宦辙先后辞京洛，一麾直上滕王阁。皖公山翠接晴川，楚尾吴头慰离索。尚书官皖，时余仕吴楚。铸错无端聚铁谋，陆沈容易慨神州。东隅已失桑榆晚，破碎江山剩此楼。楼外触蛮战未已，楼中枕戈人早起。捧日心悬霄汉间，衔石恨付沧溟里。图就频烦几画师，画图难画荩臣思。初明昔上通天表，向秀今吟感旧诗。吾楼花近临江宅，花落花开总凄恻。十年旧宴怕思量，我为主人君为客。多难登临概万方，海山花月两茫茫。君归天上应列宿，我落人间吊夕阳。遗墨尚留三百轴，喜有佳儿楼上读。君工画，向不示人，慈护乞题句。他年海天日再中，家祭告君瞑君目。

题乙庵画册

十日五日王宰迹，一丘一壑谢傅情。南北论交四十载，不知东马即关荆。

题龚怀西太史蘧庄图卷

潆洄一水抱城濠，回首中原战骨高。恰好方塘营半亩，豆花棚下话孙曹。庄在合肥城西，曹孟德筝笛浦教弩台、孙仲谋飞骑处，均在其地。即古之消遥津。

博望星槎万里还，宫袍重话故乡天。池塘春草西堂梦，佳句神驰谢惠连。

锁闱灯火隔帘新，造榜梁园廿六春。甲辰会试，共事汴闱，君充内帘同考官，余知贡举。皖水黔山归未得，同来海上作流人。

破碎家山几画图，图中风景四时殊。避秦别有人间世，不信桃源近代无。

东坡生日书怀

瓣香今日寿东坡，一鹤南飞发浩歌。岂有龙终沧海蛰？不妨蝎任命宫磨。出头让地欧阳子，冷眼观人春梦婆。回溯昔年觞咏事，脊令原上泪痕多。往岁，公生日，亡兄少石先生曾赋长古，以代祝词，余有和章。

嘉平二十日消寒第四集伯雨提学招饮即席赋简

黄童夙擅无双誉，老卧沧江理钓舟。式宴酒樽开北海，凭栏风月忆南楼。共事鄂中两载余。时平弄笛寻黄鹤，世乱投簪友白鸥。差喜御冬邻酿熟，隔篱呼取醉添筹。居宅相距尺咫。

肖雅初度后三日招饮寓庐慕韩以诗补祝依韵赋简

驻景休餐云母砂，黄齑白粥寄年华。论交如饮醇醪醉，琢句难寻美玉瑕。海上添筹坡老让，揆辰先坡公二日。吴中画扇放翁夸。介鳌厘合仗兴公笔，不数江淹五色花。

云麓太史移居近邻喜赋

望衡不隔巷深深，屐齿苔斑喜易寻。地近何难闻鲁柝，交亲早已契牙琴。雪天好斗尖叉险，承以《雪诗》见示。月夜应无剥啄侵。昨寿东坡赓委笛，南飞曲奏鹤来临。昨复示《东坡生日诗》。

再简云麓

翰林绮岁工词句，五十为诗笑达夫。曾赋柏梁趋汉殿，忍看桃树过元都。闲身已分江湖老，只手还思社稷扶。选士九朝终甲榜，甲辰试后，科举停罢。胪云当日共章朱。谓一山、聘三。

次韵答肖雅并示慕韩

炉火深宵数问更，江声摇梦觉潮生。酒妨骂坐偏谋醉，文似看山不喜平。国史待编循吏传，家风还赋少年行。何逊有《长安少年行》诗。白头只剩君和我，始信人间重晚晴。

慕韩肖雅过访即留夜饮仍叠前韵

换得鹅来可代更，梦为蝶去慰浮生。和羹味在酸咸外，选韵诗收上下平。一石当筵髡既醉，千军陷阵哙横行。豪情胜概吾何有，愿早归耕课雨晴。

旧梦朝班坐六更，新开梅萼证三生。山中位业陶宏景，泽畔忧伤楚屈平。系日好添长命缕，吟风聊赋短歌行。年来收拾看花眼，灯下还临快雪晴。

步访云麓归后却寄

芦荡荒寒喜结邻，绿杨漏泄两家春。到门未许题凡鸟，郎君出谒。传信无劳付尺鳞。北斗望京情共远，东坡馈岁句如新。承惠年物。昔年瘦沈栖迟地，所居为沈次裳故宅。重踏苔阶迹已陈。

除夜书怀四叠前韵示慕韩肖雅尧衢云麓

灯红酒绿夜三更，白发临觞感喟生。祭尚有诗酬贾岛，疑无须卜谢君平。流年似电惊蛇去，旧梦朝天锡马行。料得明朝春色好，东风送暖十分晴。

尧衢有诗依韵答之

我诗甫寄诵君诗，想见飞书得意时。吟弄又增新岁月，疏狂俱是老头皮。宦情似水收帆早，世事如棋累卵危。汉腊臣家犹未改，春台冀共众人熙。

馈岁简子质

爆竹声中饯岁筵，遥知儿女话灯前。献春持赠无他物，为办先生买醉钱。

南溟纵鳄北闻鹃，劫后追思各惘然。五十五年共乡举，几人重遇浦江边。

◎卷三

庚午

自　序

昔杜少陵有句云："晚节渐于诗律细。"夫曰"细"，则几经研炼可知；曰"渐"，又非一蹴所能致；而要之于"晚节"，一若少壮以还，未易语此功候者。甚矣，作诗之难也。余侨居海上，万事不关，惟日以吟咏为排遣。计庚午一年，又得诗若干首，朋辈纷纷索阅，穷于钞写之力，仍付印人，以期就正有道。作为游记观，可；作为日记观，亦无不可。虽沙中金屑，每苦难披；而泥上雪迹，犹堪重认。若谓瓣香饭颗，则吾岂敢。

辛未四月初吉，庸庵老人序于海上梦蕉亭。

元旦即事

只有丹心可告天，不因改岁感华颠。诗吟枕上题襟上，春孕梅边泄柳边。翊国谁扬方召烈？传家还冀纪群贤。贞元朝士吾犹在，七十之年又四年。

鸭鼎焚香篆未消，贺正犹著旧金貂。吉词喜协横庚兆，乱世休谈典午朝。梅折一枝歌缓缓，时未立春。书传双鲤路迢迢。除夕接琴初天津函。百钱拄杖沽春便，杨柳青旗何处招？

午后书怀

锦瑟无端弦屡更，金环何处认前生？久经急难长安易，历尽崎岖蜀道平。夺我枭卢呼负负，避人骢马止行行。凭栏试探春消息，折取山茶绚午晴。

次韵简肖雅观察

云水茫茫寄此身，回头七十又三春。不逢虞夏黄农世，同是东西南北人。猧乱局中棋劫换，蚁浮襟上酒痕新。何郎妙句关天授，健笔摩空若有神。

次韵简云麓太史

朝元往岁趋三殿，老病沧江又此时。有酒只凭供醉骂，得钱何处买呆痴。灵和花柳别无恙，神武衣冠挂已迟。一袭羊裘貂许换，岩滩料理钓竿丝。

次韵简尧衢同年

汉家炎井熸，厄运百六交。铜马翊中兴，终启当涂高。余生逢丧乱，哀彼倪与旄。守土完吾责，举国歌董逃。仰看白日沈，中宵按孟劳。死生亦大矣，泰山齐秋毫。未挽射蛟弩，莫补亡羊牢。运移岁又改，甲子淆大挠。乡关路迢递，故国山周遭。元日屠苏酒，粥忆旧京熬。昨题蘧庄图，战垒说孙曹。丝竹中年事，老谢笑号咷。后辙鉴前车，焉用卜神筊。因君发长啸，壮志何曾销？

次韵简襄孙观察

淞滨作客几经霜，帖写宜春彩笔光。醉遣新醅倾绿蚁，愁看历劫换红羊。南村卜宅邀元亮，西蜀筹边忆赞皇。近阅《丁文诚公奏议》。料得东风应笑我，白头羁旅尚他乡。

编诗正月警繁霜，贞下开元发曙光。宗祀岂知王氏腊？宾筵不羡党家羊。麻鞋行在惭臣甫，玉碗人间泣武皇。锋燧未销归计阻，黔灵深处是吾乡。

不为谈兵鬓始霜，客途孤负好年光。洛中耆宿推司马，关内通侯薄烂羊。竹院比邻逢野衲，梨园供奉说先皇。广场十里春如海，老我浑忘是异乡。

正月五日寿得之观察叠前韵

隔墙杨柳饱经霜，槐火平分邻壁光。夜猎合围狂喝雉，春觞介寿快烹羊。长修眉案偕嘉耦，预办心香祝我皇。九老南华增一席，好传图绘到珂乡。

和答怀西太史除日见寄诗韵

不随仙去落人寰，门巷苔深静掩关。饯岁只知刘氏腊，寻春饱看米家山。沪地无山，日以米画消遣。汝南月旦评何据？秀水风怀句早删。历尽沧桑身尚在，羞同长乐号痴顽。

来日茫茫亦大难，弹棋六博兴都阑。壶觞劝客期微醉，梅柳争春尚酽寒。近仿坡公图笠屐，早随宏景挂衣冠。定山往赠迦陵句，愿缔君家两世欢。承惠《定山堂集》，中有与迦陵赠答诗。

六日立春得之馈菜即约慕韩肖雅子怡夜饮醉后简慕韩

金尊初泛酒鳞新，细雨声中已报春。恰好借花朝献佛，辰间祀先。非关剪韭夜留宾。轻裘与共交原古，入夜风厉，慕韩借裘御寒。义粟遥颁老倍亲。岁终，慕韩筹款，远振北平故旧之贫窭者。二客同来君更健，笙歌丛里莫抽身。坐有歌者。

人日消寒第五集子质同年招饮江楼即席赋简

冯王不可作，旧日消寒会，梦华、雪澂主盟，今皆下世。旧雨怆晨星。物望推淮海，君年最劭。春光到户庭。昨日立春。泽留棠舍远，诗乞草堂灵。人日一尊酒，忧时醉易醒。

节候晴兼雨，朋交主速宾。今朝鱼上市，昨夜鸟鸣春。梅岭一枝寄，蓂阶七叶新。与君共恩榜，追忆纪元辰。

子质有诗依韵酬之

卅年前赋草堂诗，乙酉客成都，人日陪丁文诚公游草堂寺，各有诗。今上江楼进酒卮。何忍独醒拚共醉，转因公宴备言私。悬知雪海舒梅萼，诒书来函，申邓尉看梅之约。曾荷炎州赠荔枝。客岁拜岭南荔支之赐。一老开筵儿侍坐，亭亭玉树挺双枝。

次韵答尧衢

黄垆重过客伤神，不向潇湘且向秦。君久离湘中，今日同赴子质之招。同是宦游归独早，饱经忧患意相亲。齐眉病妇能偕老，绕膝娇孙信可人。今日江楼共尊酒，题诗遥忆草堂春。

和诒书元日瀛台独酌诗韵与肖雅同作

灵光鲁殿岿然在，朝士贞元几个存？彩杖花迎春溅泪，香炉烟袅梦留痕。忍看禾黍歌周道，尚忆衣冠挂国门。元日屠苏君既醉，树邻温室不须言。

追和慕韩立春日诗

咳唾风生四坐春，门留车辙震辚辚。人来不速皆黄绮，交到忘形孰主宾？茶有清香煎蟹眼，肴无珍味谢猩唇。齐竽燕筑成追忆，一刻千金见在身。

十一日寿澹涵老人步尧衢韵

华筵佳妇晋羹汤，诸女为邻共绿杨。鸿与齐眉欣举案，龟能延寿定支床。朝班唐殿千行首，家世湘流九曲肠。恰好春来刚五日，预张灯火醉瑶觞。

十三日恭纪

朝曦初上五云排，浥浥炉烟绕玉阶。讲幄尚询黄发叟，膳夫仍进绿头牌。周宣秬鬯勋谁继？臣甫麻鞋愿总乖。无分钧天闻广乐，寿觞遥奉酒如淮。

同日追悼少石兄叠前韵

乐奏八音寿宴排，吹埙人逝静蓂阶。令摧急难原头羽，鹿失长生苑内牌。并马看花游是旧，联床听雨梦全乖。招魂近在西泠渡，不必浮湘更涉淮。

慕韩招饮爱俪园即席有诗依韵赋答

高会巾车又此停，名园十载记曾经。十年前，一山太史曾宴于此。沈沈莲漏开春酌，隐隐梅魂发古馨。炉火煨红寒乍暖，酒波泛绿醉延醒。一围猎罢归休晚，月满柴扉夜未扃。

上元后二日消寒第六集颂年招饮仍叠前韵

灯后春筵逐日排，渐看绿意满苔阶。留香帘影垂丁字，列坐钟声报午牌。是日午集。主客图成诗许续，酸咸味与俗全乖。和羹雅嗜江南橘，化枳须防莫过淮。席间橘羹尤美。

今朝阁命仆安排，昨夜花随月上阶。说饼何劳名士画，蜀庖煎饼味美。沽春须拣牡丹牌。鸥盟在水源流合，兽炭围炉冷暖乖。子质喜围炉，余畏近火。传钵题襟当日事，墓门宿草隔长淮。往日消寒会，冯梦华同年主席，即颂年之乡试坐主也。

同日尧衢有诗依韵酬之

骊让君探齐搁笔，花怜我瘦不胜簪。万方多难河山异，卅载论交岁月深。残弈推枰休著手，闲云出岫已无心。春朝新醉江楼酒，旧酒痕留汉上襟。曾同官汉上。

郑母黄太宜人箧灰鞭影图题词

翠柏雪中影，金萱霜后姿。父书拾余烬，母教即岩师。官诰花为饰，鞭声竹本慈。展图先陨泪，我亦是孤儿。

燕九节韫石籁清招饮容园即席赋简并悼冕士

饱饫郇香慰老馋，竹林揖籍更呼咸。一枝独秀梅先著，石径重来草未芟。韫石云："自冕士逝后，此园未忍重葺。"绿蚁半酣倾玉斝，金貂甫卸试春衫。是日午集暖甚。旧人家令今何在？料得升仙已隔凡。

同日榕卿伯夔招集澹远书屋夜酌赋谢

白云仙宴传燕九，春到江南共举觞。竹下怀人曾得句，花间秉烛又登堂。牙琴绝调挥瑶轸，榕卿精音律。任笔高文付锦囊。伯夔能治古文。一客居然烦二主，陶家秫酒党家羊。

伯夔和馋字韵诗叠韵奉简

绮岁观书似蠹馋，中年给事比申咸。陔兰洁养诗能补，池草生春梦未芟。劝酒殷勤无翠袖，闻歌凄切泣青衫。瓣香自有韩欧集，奚止家风继了凡。

花近楼夜集三叠前韵

书拾秦灰愈眼馋，家风汉腊有陈咸。酒将茶代难为醉，稗入禾中力任芟。吟社好图诗主客，歌场早卸舞衣衫。到门何敢劳题凤，一试雏声鸟本凡。客至，命诸孙出见。

喜诒书至自北平

朔南暌别两经春，病后重逢意倍亲。骨瘦转增腰脚健，交深都为性情真。绿醅且尽樽中酒，黄发先询画里人。承寄到传沅叔《藏园雅集图》，中有弢庵、蔚然、云门、凤孙诸老，均八十以上人。弢庵初识面。闻说超山梅万树，勒寒留待宋遗民。拟同作超山看梅之约。山中宋梅一株，千年古物也。

松寿堂晚坐即送沈季让之秣陵

送青惜少两山排，只有苔痕绿满阶。传砚娇孙临玉版，掌书侍女检牙牌。室铭梦得居何陋，绢假公言笑太乖。丁晋公《答友人假绢诗》："立地机关子太乖。"近日亲友求助者纷纷来，函多系托词。料得秣陵春色好，有人今夜泊秦淮。

偕诒书子式侄游江湾叶园遂赴小瑀江楼之招即席赋简

东风吹客试吟鞭，绝好园林得地偏。碧草文茵盘马路，黄柑斗酒听莺天。水边香影梅先著，栏外晴烟柳尚眠。同醉江楼开望眼，旧游回忆十年前。己未正月五日，偕沈次裳来此看西人赛马，思之如昨日事。

廿九日消寒第七集剑丞招饮寓园看梅即席赋谢并简坐上诸老

昨看叶园梅著花，小车今到故侯家。园居不临马路，主人以小车迎送。数枝红艳香初逗，一醉黄娇酒可赊。樊圃频烦供菜把，尧阶次第数蓂芽。东风绮陌春如海，独掩萧关阅岁华。

剑丞赋五言长古尧衢伯夔均有和章余亦继作倒押元韵

少乏济时略，行止与俗乖。垂老思故乡，流落天之涯。岂无丝与竹，宁足畅幽怀？与子托莩亲，所喜素心偕。近局烦治具，春酒酌新醅。旧雨联翩集，矧偕今雨来。坐中诒书甫由北来。共诧鲭鋋美，自云贫食鲑。缔兹鸥鹭盟，耦居心无猜。群公盛文藻，而我惭非才。寻檐索梅笑，树树亲手栽。微飔生暗香，疏影日夕佳。安得坐花下，一日醉十回。中原纷逐鹿，感时罢举杯。终期烽燧息，干羽集两阶。赏春预良宴，延客三径开。壮犹愧方召，长歌继欧梅。

二月朔日肖雅招饮寓庐襄孙有诗依韵和答并简主人兼示诒书同正

同曹南北各分衙，重向东京录梦华。独羡子瞻撤莲炬，曾偕君复看梅花。脱巾漉酒过元亮，列鼎烹羊笑党家。拟检农书今日进，豚蹄味美祝篝车。是日为中和节，例进农书，席间豚蹄味尤美。

翰墨和鸣馆梅花图卷题词有序

右梅花画卷，为钱塘许文恪公滇生丈德配项屏山夫人手笔。道光戊申秋，写付公子仁山阁学。画法远祖鸥波，近法南田，活色生香，最堪宝贵。卷尾文恪署款，细楷尤具二王笔法。一门风雅，乐叙天伦，都人士女争羡之。内子亭秋为文恪犹子，亦工染翰，幼曾授法于夫人。此卷乃嫁奁中物。旋以南北转徙失去。客腊于杭州获之，惜已断烂不堪，急付赙池，俾完真面。内子辞世已十五稔，追溯夫人作画时，忽忽八十余年。河山已改，缣素犹存，宁非幸事？而余亦颓然老矣，安得起亭秋九原，重话玉镜台畔也。庚午新正上元节，识于花近楼。

江梅著色补骚经，写共湘兰入画屏。屏山夫人兼工画兰，昔人谓《离骚》赋兰而不及梅，为一恨事。修到几生原是福，展图如见鲤趋庭。

夫婿尚书杏子红，郎君官贵阁门东。日边梅鹤神仙眷，持较孤山仕隐同。

翰墨和鸣互唱酬，亲将彩笔授亭秋。谢家儿女多才子，仁山亦工画。零稿重披总泪流。亭秋遗墨尚存，余不忍观也。

二月初九日伯夔招集寓斋作消寒第八集赋简

袁侯浊世佳公子，才调翩翩富文史。不同东野号诗穷，长侍北堂奉甘旨。良辰八集张绮筵，速客百花生日前。凭栏试探花消息，棠睡柳眠皆可怜。淞波半剪作流寓，漂泊东南非玩世。暖意刚回黍谷春，风流恍续兰亭禊。旧雨欣偕今雨来，蒋家三径为谁开。黄童江夏驰誉早，公渚年最少。林叟梁溪放棹回。诒书至自无锡。情话一堂共樽酒，列坐我次两髯后。子质、倦知均长于余。论交匪隔参与商，纵饮不妨卯及酉。门巷乌衣说谢王，移巢还忆旧雕梁。君新移家。哀乐中年寄丝竹，兴亡易代阅沧桑。饭颗山头作诗苦，九九消寒图待补。百六清明问酒家，杏花为客我为主。预约清明日置酒花近楼作消寒第九集。

寿伍渭英大令六十双庆

盍簪夙识使君贤，漉酒今朝醉绮筵。生占百花先二日，人如双鹤寿千年。鸿眉举案身偕隐，骥足超群吏是仙。妇近羹汤儿舞彩，庞洪家庆衍瓜绵。

诒书冒雨梁溪看梅归示新诗依韵酬之

十载梁溪忆旧游，万梅花发豁吟眸。雪泥陈迹春如梦，风雨连朝客倚楼。索笑檐前生意盎，携归袖底暗香浮。与君更践孤山约，重向西湖一泛舟。

花朝日渭英招饮赋谢

伍翁生在百花前，即趁花朝开寿筵。众宾六逸兼七贤，我亦来逐东风颠。乍寒乍暖养花天，锦遮何愁雨连绵。茶鼎新烹惠山泉，炉香万字袅轻烟。须臾行酒令三宣，炰鳖脍鲤罗肥鲜。大户小户进觥船，酒阑唱雉声阗阗。一掷豪夺博进钱，金薤琳琅四壁悬。白雪阳春入管弦，惜无翠袖与花钿。红烛两行灺复然，西窗情话鱼忘筌。卜夜还期莲漏延，巷柝催客整归鞭。归去依然枕戈眠，闻鸡已让祖生先。衔石难将沧海填，何如日醉琼卮边，与君更续柏梁篇。

消寒八集尧衢有诗属和赋正

坐间何可少车公，朋酒春朝乐意融。巾垫人来初过雨，花迟寒勒几番风。长沙远别为迁客，北海叨陪作醉翁。地下冯梦华王雪澂呼不起，黄垆感逝两心同。

庭前木笔盛开月下独饮有作

不须五色彩毫夸，缟素天然第一花。玉树临风摹粉本，金樽邀月到邻家。与比邻二株交柯掩映。雅宜白燕开春社，绝少黄蜂闹晚衙。海日楼头搜剩稿，短歌吟罢发长嗟。往日咏木笔，乙庵首唱，止相、梦华及余均有和章。今惟余存，诸老皆作古人，思之腹痛。

十九日独游半淞园

旧地重来认碧纱，旧有题壁诗十八首。剪春楼畔景清嘉。一泓水涨初浮艇，二月天寒未著花。芳草马蹄新雨后，秋千人影夕阳斜。层云绝顶临江渚，独立苍茫四望赊。

寄答颜少眉贵阳即用见寄诗韵

适馆斜街共夕阳，金台回首话偏长。丙子、丁丑间，北京会试，尊公义宣刺史寓樱桃斜街贵州老馆，余兄弟寓中馆，望衡对宇，时相过从。大苏诗法能传过，小米才名继阿章。山谷诗："教字元晖继阿章。"锦里芙蓉飞舄地，旧家杨柳读书堂。戆斋老友应无恙，如拙休教大巧藏。司旭兹前寄《宁拙堂诗集》，已收到，日置案头。

廿年薄宦点朝班，一卧沧江百虑删。局外慵看今日弈，镜中非复少时颜。水云有意宁忘世，余有《水流云在图》，惜未能远寄。霖雨无功悔出山。重向蕉阴寻旧梦，承题《梦蕉亭笔记》诗句。何时亭上共跻攀。

次韵答诒书

重重棋劫烂樵柯，未雨思牵补屋萝。浊酒中宵聊尽醉，故人今日已无多。忆曾趋省吟红药，独羡含香佩紫荷。夷惠之间参一席，知君气已得清和。

春日游沪城南园

名园竹石最关情，策杖来寻旧日盟。旧藏《南园雅集图》，为吴毂人、陆祁生诸君觞咏地，沪道李观察廷敬主之。延客寺僧谈劫后，邑庙旧毁新修。数钱姹女话生平。曲桥波影看鱼戏，闹市春声以鸟鸣。第六泉香烹活火，临风啜茗有余清。

尧衢寄示新诗奇情异采咄咄逼人勉和录正

新诗异采似苏髯，震撼心旌眩眼帘。欲避雷同趋险怪，特申雪禁斗叉尖。编成笛谱珠喉涩，绣上弓衣玉手纤。傥过邻园题画壁，落花风引乱红黏。

三月朔日龙华寺看桃花寄怀伯行大连

盛会殊今昔，空门感废兴。开堂仍礼佛，扫地半非僧。寺久驻兵。红雨桃千树，孤云塔七层。买春在何处，寒甚玉壶冰。是日祁寒。

春游吾已倦，喜有阿咸从。六侄昌穀偕游。小驻花间骑，时闻饭后钟。劫灰谈历历，泥爪印重重。昔共谪仙醉，扁舟何日逢？往岁与伯行扁舟载酒来游，今远隔大连。

二日访慕韩中丞哈园从观园中诸胜越日梦蕉亭修禊诗以代柬

绝好园林寄一椽，纵非绿野亦平泉。楼台近水疑无地，花木争春别有天。大手唐初燕许笔，庞眉洛下富文年。兰亭觞咏蕉亭续，莫使风流让昔贤。

上巳日梦蕉亭禊饮补作消寒第九集并简慕韩肖雅

至后百六是清明，清明未届逢上巳。九宾礼设月重三，合席九宾一主。修禊结束消寒事。八集赋诗，约清明会饮，今改于上巳举行。蕉亭觞咏续兰亭，少长咸集列坐次。淞江半剪水潆洄，峻岭崇山无地置。迩日天朗惠风和，抚今思昔一例视。有客新自剡溪回，诒书至自山阴，桃花盛开。贪看桃花佩高致。几人犄角争触蛮，吾辈埋头饮文字。袁侯记我水云图，妙得六一居士意。黄童题遍花近楼，席夺卷葹才石笥。斓斑五色笔双枝，描画无盐有偏嗜。传观四坐发光怪，嘉树角弓等拜赐。酒酣起立踏庭莎，饭后钟声出邻寺。辛夷花开亦已谢，柳弱棠娇各自媚。主人劝客盍少留，茶鼎寒泉活火试。夕阳欲下故迟迟，门外久驻游春骑。

尧衢即席有诗依韵和答

寒消九九集贤宾，屈指阶蓂正十旬。上冢清明成后约，采兰上巳及芳辰。门前早谢三千客，解组后，门客星散。坐次空怀四二人。只为厨荒兼味少，登盘惭愧数家珍。

消寒九集余赋长句尧衢剑丞伯夔均有和章再叠前韵答谢并订江湾看花之约

吉日今岁属庚午，龙蛇不用嗟辰巳。十一人继四二贤，合席十人，六侄昌穀适由杭州来，亦列坐。风流重续消寒事。良会适逢暮春初，永和九年此其次。坐上岩申金谷罚，诗不成时酒先置。惟凭觞咏慰流离，岂假丝竹娱听视。雪翁已逝谢蜀庖，万里郫筒况难致。黄绢争读绝妙词，一缣只合酬一字。可惜二豪不果来，是集伯夔以病辞，公渚在杭州。坐少车公不乐意。万钱下箸良足豪，笑典金貂搜敝笥。阿咸独参玉版禅，绣佛长斋有殊嗜。客邸惭开北海筵，君羹忆拜东朝赐。昨访兴公爱俪园，楼阁庄岩集宦寺。哀我王孙泣路隅，奥灶徒为他人媚。君歌我和一再行，感时何用他途试。叶庐迟日牡丹开，相期再结江湾骑。

清明后二日偕诒书入杭州

轻装初发晓烟迷，笻杖随身剑共携。浓绿四围桑树密，嫩黄一色菜花齐。喜闻庄论杂谐语，勉赋新诗觅旧题。莫负暮春好时节，暖风吹送圣湖西。

北山上冢

绿尊亲奠为招魂，襟酒杭州化泪痕。湖上怕经杨柳岸，春时同醉杏花村。一坏黄土封碑碣，墓志甫撰就付石。四面青山绕墓门。丧乱未平同气尽，此间即是脊令原。

春游感事叠前韵

已过清明断客魂，潇潇风雨黯春痕。看山蜡屐迷前路，沽酒冲泥觅近村。官柳迎人初置驿，邻花闭客不开门。故交大半成新冢，安得相逢起九原。

右台扫墓

清游恰趁暮春天，小别杭州又一年。山寺总萦三宿恋，湖楼重结再来缘。马蹄芳草皆陈迹，人面桃花绝可怜。旅夜悬鳏犹剩我，羡君几辈得长眠。

衰翁鬓发愈苍然，又逐东风送纸钱。节过清明才五日，人如杨柳已三眠。枝头黄鸟新成韵，墙外碧桃竞斗妍。墓西北隅遥见碧桃绚烂如锦，乃茂悦山庄手植树也。老我山中忘甲子，临风欲发转留连。

游烟霞洞

古洞寻幽日易斜，浮生只合老烟霞。但携蜡屐我为客，不解撞钟僧在家。一鉴横塘新濯锦，十年痱壁旧笼纱。春风笑语人何处，崔护重来感落花。

由理安经九溪十八涧遂至龙井

历尽九溪深复深，晴云含雨午阴沈。乱流忽发筝琶响，入寺不闻钟磬音。鹤涧亭孤容啸傲，松巅阁迥快登临。经过五步桥家墓，絜酒忘携感不禁。往返经过内兄许子原太守及其子汲侯墓。

绝壑行经十八涧，素心喜共两三人。碧沈水荇支危石，红吐山花绚晚春。荷担樵寻断流处，执筐女趁采茶辰。此间曲水年年曲，盍向龙泓一问津?

黄龙洞示诒书

曾卧南屏听晚钟，戊辰八月，同止宿净慈僧寺。掉头今不见雷峰。壁间共访新题句，镜里全非旧日容。愿托微波通素鲤，果然痛饮抵黄龙。同舟郭李风斯古，似水论交不在浓。

湖上有所见三叠前韵

顾影能销客里魂，春山含笑黛眉痕。人来天竺应成佛，家在金陵尚有村。桃叶欢迎今日渡，枇杷深锁旧时门。棠娇一入生花梦，如采湘兰赋屈原。

游雨湖叠前韵

沿堤雨细又风斜，打叠诗情付早霞。碧水平铺登彼岸，红楼遥指是谁家？扁舟载酒宜黄篾，小队弯弓薄绛纱。湖上开运动会，女校竞争尤烈，转以课程为末务。回顾惊鸿刚一瞥，皎如玉树艳于花。

游杭归诵肖雅诗知前日沪上雷雨昼晦维时西湖风日晴和余正在山中也率成一律录正

平斋高卧闻雷日，我在山中拜杜鹃。东阁轩窗惊昼晦，西湖花鸟斗春妍。风云幻态不同地，寒暖愆期各一天。诵罢君诗三太息，也如沧海变桑田。

二十日肖瑀约往江湾看牡丹遂至吴淞酒家宴饮即席赋简并示看花诸君子

选胜如游洛水滨，白头不负牡丹春。唐宫粉黛三千丽，汉阁功名十一人。合坐共十一人。入画须眉惊我老，席间摄影，余年最长。对花富贵觉诗贫。井中投辖吾宗事，跌宕东风动酒鳞。

春游纪事再简肖瑀

昨游明圣湖，所憾风雨恶。五日赋归来，未遂看花乐。沪滨一哄市，茫茫无地著。忘年得小友，吾家纪群若。招我叶氏园，江湾试腰脚。前度桃始华，兹赴鼠姑约。连骑逐香尘，一径踏丛薄。主宾十一人，忝附麒麟阁。游目欣所遇，信步恣距跃。或名副姚魏，或种移曹洛。或大如盘盂，或密似璎珞。或临风婀娜，或映日灼烁。或栏前妆倚，或水边霞落。娇憨笑海棠，侍从羞芍药。我已叹观止，诸君兴不弱。吴淞近尺咫，一白水天廓。偕行换春衫，次第理芒屩。才看帆影飞，更向酒家酌。促席畅幽情，登盘供大嚼。往事上心头，溯洄纪约略。丙岁抚三吴，海口岩锁钥。峨峨炮台湾，设险五丁凿。锋车克期至，未烦渡水彴。寰海静无波，聚铁宁铸错。倏忽廿五载，风景今非昨。同时韩范俦，一一委沟壑。剩我作殷顽，异地感飘泊。时局等棋残，人心如面各。获共群公饮，觥筹杂谐谑。惧罚金谷数，诗向枯肠索。一唱复三叹，胸臆快开拓。夕阳送归客，楼阁下帘幕。不愁仆况瘁，只恐花寂寞。省识东风面，形骸寄所托。酒罢共摄一影。后舒知谁健？试问尧年鹤。

江楼帐饮即送诒书北归

强酒为欢不置监，春申江上送归帆。重申听雨他年约，未换条冰旧日衔。东市买书隆福寺，西山访碣秘魔岩。知君回首天南望，林下毋忘友籍咸。六侄昌毅在坐。

叠韵再简诒书

祖筵无蟹谢州监，细雨斜风挂客帆。诗垒早经三舍避，酒人还共一杯衔。看花颇忆临江曲，审象何劳访傅岩。曾在吴淞共摄一影。不让林逋称大隐，汉家祖腊属陈咸。

诒书南来肖雅赋诗戏拟为病人并述韬庵诗目为醉人意各有所指余意论交卅载谓之故人可也率赋此律即用肖雅诗韵

萍踪偶聚亦前因，何况相逢是故人。花下行厨鲊气味，松间清唳鹤精神。梦婆早醒苏和仲，仙尉谁如梅子真。北客南来仍北去，吾侪只合老淞宾。

题高云麓太史苍茫独咏图卷

展卷几无泪可挥，新亭风景已全非。行经周道歌离黍，栖隐西山赋采薇。刘蹶嬴颠谁与语？天荒地老欲何归？前身本是灵和柳，絮落泥中感式微。

春尽日口号

花信连番歇，春归我未归。余寒犹料峭，无计挽斜晖。

襄孙湖上归来以诗见示并拜茶笋之赐赋谢

行春我亦爱西湖，佳句探骊子得珠。诗筑长城真刺史，名藏浊世老潜夫。闲携梅鹤幽仙侣，晚狎烟波作钓徒。笋茁猫头茶雀舌，拜嘉端不羡莼鲈。

浴佛日花近楼宴集叠前韵

不向鼋头瞰太湖，惊心蚌腹失明珠。初拟游无锡登鼋头渚望太湖，嗣闻蚌埠有惊，不果。呼卢狂喜寻刘毅，骂坐逡巡避灌夫。百劫销沈今剩我，一篇晤对古为徒。禅天笑却伊蒲馔，传语厨娘脍斫鲈。

杭州王式园时贤书画集题词

青箱富有岂为贪？不薄今人乐更耽。顾马群应空冀北，读书种未断江南。旁搜宜筑礼贤宅，豪夺羞营宝华龛。料得西湖灯火夜，米船虹月绿波涵。

立夏日作

节物匆匆换，衰翁感鬓华。祖筵一尊酒，邻火七家茶。黔俗，立夏日乞比邻七家茶烹饮，可除百病。试秤身轻燕，闻钟耳噪鸦。最怜芳草歇，春去渺天涯。

怀琴初天津

作客江南感鬓丝，离情难遣落花时。党碑元佑安民泪，棋局长安杜老思。蜗国战争殊未已，鹃桥消息料先知。玉音问答君家事，想见延英下直迟。

客有自岩滩来者为订秋日重游之约叠前韵

九鼎何能重一丝，先生高卧中兴时。双台遗址留残照，七里寒泷寄远思。帝座不妨加足犯，客心惟有画眉知。丛祠屹立桐江上，凭吊秋来未觉迟。

红树室时贤书画集陆丹林索题

琳琅四壁图书府，莫道今人不如古。广陵时曲皆阳春，飞燕新妆斗眉妩。昨题西湖式园王，杭州王鲲徙《式园时贤书画录》亦函索题词。海上今推陆氏藏。宝光万丈冲牛斗，情话依然共一堂。

公宴诗伯夔有嗜痂句襄孙意不谓然作此解之

养艳云何说嗜痂？广平铁石赋梅花。承恩莲炬人归院，入定蒲团僧在家。近喜逃禅。螺黛春山思北固，久官京口。马蹄秋水晤南华。而今绮障消除尽，皕韵风怀未足夸。朱竹垞检讨宁不食两庑特豚，不允删集中风怀二百韵，当时传为佳话。

慕韩杭州书来拟于西湖买宅志有未逮情见乎词作此答之

鼎鼐功名属寇莱，还乡无地起楼台。上床只许陈登卧，荒径谁为蒋诩开。问舍求田虚志愿，浮家泛宅盍归来。横桥亦有数间屋，愿结芳邻共举杯。

四月二十四日蔗青韵秋先期设宴花近楼为余预祝赋谢

鹤发萧疏只自怜，故人排日正开筵。半皆忘世忘年友，恰好乍晴乍雨天。京口三山迟蜡屐，韵秋拟约游金焦，以事不果往。洞庭一水泛觥船。蔗青湘人。楼台旧主翻为客，醉后看花笑语颠。

二十五日渭英招饮赋谢

泉洌无过惠山水，茶香初试洞庭春。先期惠赠。敢援海屋添筹例？又作糟床中酒人。老遇龟年重度曲，同聆老供奉孙菊仙奏曲。豪同楼护醉延宾。多君席上鲭筵盛，触我尊前鹤发新。

二十六日鸿英镜清招饮赋谢

数遍更筹又酒筹，宾酬主劝尽风流。今宵月夜宜邀叶，前度花时早识刘。大白香浮倾越酿，小红低唱转吴讴。一围猎罢归休晚，故李将军愧不侯。

黄笃友世兄承惠佳什并述先德小东观察遗嘱寄赠兴国万叠山先生斛泉画像追维昔款良用怃然率赋奉答

北斗横斜望帝京，滔滔江汉未休兵。诵君感旧怀人句，触我崇儒重道情。中述余督楚时奏请以万先生斛泉列入儒林传事。缓带敢希羊叔子？谓张文襄公。黄巾曾拜郑康成。万先生里居时，贼不敢犯。漫劳柳记称先友，不见终惭鄙吝生。

二十九日襄孙子怡假坐招饮赋谢

闭门却扫已多时，翻累朋来劝举卮。归院金莲学士遇，襄孙早入翰林。绍庭黄绢外孙辞。子怡家学渊源，诗法乃外祖颂阁协揆亲授。襟前旧认杭州酒，袖底新携吴郡诗。良宴花间重剪烛，昨夕公宴。当筵未许叹衰迟。

五月朔日榕卿聘三招饮赋谢

老去元龙百感并，朋交尊俎话平生。中年丝竹供陶写，榕卿精音律。别府樱花管送迎。聘三久居日本。益算惠颁千日酒，登盘饱啖五侯鲭。临风莫漫伤迟暮，楼外斜阳重晚晴。

初三日为余七十四岁生辰即事书怀

鸢肩火色谢飞腾，太息年来马齿增。量带顿惊腰瘦损，簪花转笑发鬅鬙。他乡寄庑难为客，排日开筵喜得朋。一事衰翁聊慰藉，天留老眼看中兴。

初四日玉山琢吾伯夔
假坐松寿堂公宴赋谢

草间偷活不逢辰，惭对宾筵酒一巡。开径喜来三益友，及身幸作四朝人。朱陈缔造风斯古，与玉山有连。群纪论交老倍亲。与伯夔两代世好。更荷牙琴赓寿曲，谓琢吾。松凉夏健接音尘。

端阳口号限阳韵

群从齐肩乐，诸孙绕膝忙。生朝刚进酒，午日又称觞。

镜里愁看发白，眉端醉抹额黄。乡俗，端午以雄黄酒涂额，可除百病。玉笛曲中花落，蒲葵扇底风凉。

榴红艾绿满庭芳，花近高楼午宴张。今日老夫吟兴健，去年扶病过端阳。

端阳后一日午岑凤林招饮赋谢

门望双旌启画堂，到来拂槛午风凉。知交久缔朱公叔，才调群推张孟阳。碧酒香浮三雅爵，绿杨阴护两家墙。两君比邻居。脱身衰白干戈里，醉眼同看海换桑。

得诒书北平书却寄

又作长安看弈人，芒鞋重踏软红尘。一尊甫祖东门帐，二老同居北海滨。书中述弢庵、樊山垂问殷拳。翠袖添香能伴读，貂裘换酒未为贫。嗟余久断觚棱梦，流转江湖十九春。

初九日怀仲韫石籁清竹林招饮容园感赋

蒲觞高会客逡巡，苦忆容园旧主人。谓冕士。难弟能文谌似纪，佳儿继武轼承洵。多君门第乌衣盛，老我江湖白发新。不有榴花照筵席，几忘五月是生辰。

得尧衢和诗仍依韵寄答

瑶篇藻饰笔花腾，声价龙门十倍增。朱履据鞍仍矍铄，生日来宾数十人，著朱履者惟君与我，相约咏入诗中。君得“赤舄愧同肤几几”句，尤典重。白头对镜感鬅鬙。乐天得句酬元稹，敬仲论交礼隰朋。一笑别无延寿法，为迎朝爽惯晨兴。

吴方城观察七十寿诗即用自寿诗韵

蒲觥遥祝劫余身，后我生朝只隔旬。五月十九日生。茂苑莺花忘作客，桂林山水未归人。眉齐玉案宜偕隐，经抵金籯不算贫。浣诵琼瑶兼二妙，鲍诗俊逸庾清新。

雪满梁园是旧游，滔滔江汉又同舟。辞官夙景陶元亮，居市今为韩伯休。有酒有花供啸咏，读书读律裕谋猷。吴江水暖堪垂钓，不著岩滩五月裘。

劫火重重眼底经，中年得子誉宁馨。箕裘传世知能继，笳鼓连江忍再听。佣赁伯通容寄庑，沧浪子美尚留亭。瑶池不是秋河汉，牛女先期作寿星。

传笺驰和九如篇，不接清尘已五年。飞鹤喜赓坡老曲，烹羔不羡党家筵。生朝茹素。绣衣汉上迎旌节，团扇吴中悟画禅。忆我南阳资孟博，如君书记最翩翩。

五月望后肖雅招饮赋谢

生朝甫过酒添筹，一任榴花落素瓯。见梅尧臣诗。不管吴颠与越蹶，依然主劝又宾酬。熏风拂槛摇银烛，圆月窥帘下玉钩。醉眼模糊寻旧梦，青天早识况苏州。君守苏州多惠政。

是日子有同作主人再叠前韵奉酬

昔年画诺仗纡筹，今日开筵醉玉瓯。人未三秋三岁别，客秋曾来沪。诗宜一字一缣酬。与肖雅均工诗。长安岂料成棋局，甫自北来。岩濑伊谁理钓钩？慕韩游富春回，席间言钓台之胜。老去陈蕃思设榻，只缘孺子在南州。

十九日慕韩招饮时甫自湖上归也赋谢

博枭壶马快增筹，月下花间醉捧瓯。图画须眉催我老，轮囷肝胆向谁酬？故家门第夸传笏，乱世人才笑窃钩。闻道浃旬湖上住，与君襟酒说杭州。

寄怀石臣开封

豺虎纵横日，苍黄感索居。乱离犹剩尔，怅望渺愁余。避世已无地，杜门还读书。嬴颠与刘蹶，消息近何如？

泥雪寻鸿迹，中原无事秋。衣冠盛梁苑，灯火上樊楼。又逐秦人鹿，难盟楚客鸥。辛亥武昌发难，君适在危城中。南风知我意，吹梦到中州。

寄怀仲远天津

炎夏苦多雨，天气入黄梅。江南何所有，只余兰成哀。昨晤林君复，子有甫自津来。摩挲老眼开。喜君书又至，使我肠九回。矧复荷嘉锡，拜受比琼瑰。异味食指动，承惠关东蛤蚌蝶油。佳句锦心裁。兼惠佳诗。藏海拓芳园，宾从乐追陪。啸诺资岑范，词赋美邹枚。昔为聚星堂，今作战云堆。感此意不怿，中宵起徘徊。南来枕江上，昏鸦噪庭槐。如听津桥鹃，啼血何悲哉。太息北门事，谁司锁钥才？忽忽二十载，庚蟀迭相催。我衰君匪壮，经过几劫灰。所期各努力，毋使鬓毛摧。千里隔明月，安得共举杯。鳞鸿傥有便，梦魂时往来。

二十一日秋帆招饮江楼赋谢

原草离离驻碧油，花间行酒快登楼。当筵白发搔嫌短，隔坐红牙唱未休。在昔汝南评月旦，只今江左擅风流。春申况是通宾驿，盘敦欢联四部洲。前任上海交涉使。

二十五日得之招饮寓斋余比邻也赋谢

有酒盈尊更有肴，绿杨深处置行庖。凭阑左右遥相望，流水东西淡比交。蟾月好同三径夜，燕泥莫辨两家巢。蟠桃昨预瑶池宴，金谷催诗句又敲。

寄怀远甫苏州并谢金腿南枣之赐

挂帆甫自富春旋，可忆西台恸哭年。风雨一竿高士隐，江山九姓美人传。兰因大好三生证，兰溪有兰因寺，君游桐江，曾到寺中。蓬累偏悭半面缘。槁卧尺楼伤老病，羡君蜡屐快登仙。豚肩叠叠枣离离，蒲裹�远道贻。割正雅宜分曲逆，拜嘉端合访安期。味兼不羡熊鱼美，物化羞同橘枳移。仓卒未能酬一饭，采风愧读报琼诗。

二十六日襄孙席上闻某伎琵琶声感赋

鞋杯深谢铁崖衔，万种愁心付阮咸。倚竹天寒怜翠袖，泣花泪溅湿春衫。伯龙吴会新翻曲，司马江州早罢监。绝似双妃瑶瑟怨，歌罢复命女弟子再弹一曲。四条弦上转湘帆。

一山左丞即日北觐诗以祖之

南归昨别朱公叔，谓聘三。又送征车谒帝阍。桥上鹃啼愁溅血，门前骊唱黯销魂。拚将病骨供行迈，直把忠肝奉至尊。此去青蒲承大对，党牛怨李莫轻论。

林文直公登岱图卷
子有世讲乞题率赋长句

绝顶荡胸何快哉，天门跌荡层云开。秦松汉柏纵吟啸，七二封禅皆庸才。赞虞先生人中岱，奇气郁盘九州隘。敢谏羞随仗马群，投荒曾到旄牛寨。三边猺猓识中丞，两府谋猷帝曰能。甫闻宋殿宣君实，旋过梁墟访信陵。公才大用不竟用，我未升仙鸡犬哄。谓庚戌某侍御妄劾事。纤儿撞坏好家居，举目河山各茹痛。北门无恙南归来，公亦小别黄金台。沧江一卧重相见，惜未樊园共举杯。公癸丑来申，散原置酒云门宅，超社诸老各赋诗，送公游岱。余时以病未预斯宴。今十八年矣。总宜船弄西湖桨，北固金焦屐几緉。先至杭州京口。齐鲁青青眼底收，身未偕行神与往。旧游如梦散烟轻，残夜回看海日生。豪情岂减徐霞客，妙画终推王叔明。图为何诗孙手笔。魂归兜率诉真宰，图上题诗几人在？题图如瞿止相、冯蒿庵、沈乙庵、梁节庵、沈爱玲，均早下世；惟樊云门、陈弢庵、散原尚存。白头一老病挑灯，泪和笔花不生彩。题成掩卷付狮儿，万方多难笫一枝。山颓哲萎吾安仰？此是渔洋感旧词。

初七日尧衢同年七十有七初度以诗属和赋简

卧病荒江几蟀庚，揆辰今日晋瑶觥。梁溪地僻宜偕隐，衡岳云开溯降生。喜有凤池能继美，莫忘雁塔共题名。酒酣且袖观棋手，如此河山战一枰。

寄怀颜少眉贵阳并简段绥之司旭兹岩弼丞喻竹青诸友兼悼寇子春钱青甫家昆山兄

落拓江湖去乡里，倒流不返南明水。长作桃源世外人，二十四年不归矣。丁未请假三月回籍省墓。汉高老去思沛丰，昼锦堂羡韩魏公。我隔黔山千万重，身无凤翼嗟途穷。兵戈扰扰书迟到，开缄不觉发长啸。黔灵僧寺忆留题，丞相祠堂供凭吊。化鹤有慚丁令威，城郭犹是人民非。何处楼台飞紫电？谁家门巷散乌衣？旧交只剩人三五，寥落晨星犹可数。逾垣心折段干木绥之，记里才输杨德祖覃生。试馆斜街识喻竹青岩弼丞，宁拙健笔独超凡？旭兹。钱青甫寇子春九原不可作，吾宗昆山兄空署条冰衔。往事洄溯皆历历，以上皆来函所详述。伤离感逝百端集。安得情移海上琴？不堪声裂山阳笛。草间偷活逼残年，补天填海空复然。思肖画兰不著土，泉明种秫况无田。柳州作记愧先友，远道贻诗慰衰朽。交谊合居群纪间，才名肯落杨卢后？海桑过眼雪盈头，何日同登甲秀楼？多情最是今宵月，清辉照澈天南州。

附和作

贵筑颜照奎少眉

吾黔诗人溯故里，崛起在贵山富水。前有君采后渔璜，加公鼎足峙三矣。一枝笔肖曾南丰，万言策敌苏长公。旋攀桂子分贡树，郎署仡仡将经穷。近水楼台月先到，开藩持节媲阮啸。阮文达督粤，巡阅至阳朔，爱其山水，题“阮啸”二字。文达且薄八州督，为耽山水恣凭吊。监国秉钧失柄威，黑白不分紊是非。国贼盗权国步改，公即解组脱朝衣。流寓申江夜三五，邀朋赏月心焉数。采薇偕隐夷携齐，击楫高歌刘共祖。梦蕉笔法一字岩，公有《梦蕉亭笔记》。摹马追班藐了凡。心欲补天将石炼，又欲填海将石衔。才子何人追大历，松寿堂与桐野集。直砭俗耳鼓铜琶，每奏清音吹玉笛。老卧沧江十九年，低徊感旧一怆然。烂柯弈作局外观，几翻沧海变桑田。不才辱公呼小友，老苻附苏名不朽。一帆未遇风马当，七科侥幸讥牛后。幸遇我公出一头，仰公卧在百尺楼。高不可攀谁抗手，吾家光禄望眉州。先公有《望眉草堂诗集》。

慰琢吾

客来不速强攀辕，良夜虚开北海尊。当道噬人谁纵虎？隔篱打鸭亦惊鸳。几番浚井投陈辖，一笑张罗掩翟门。太息少陵逢丧乱，哦诗苦说石壕村。

夏夜过午岑新居即张园旧址也即席感赋

味莼遗址剪蒿莱，亦是昆明小劫灰。燕贺已成新第宅，莺邻无复旧楼台。绿纱此夜挑灯话，翠袖当年倚竹来。不用沧桑惊过眼，与君尽醉且衔杯。

夏夜怀人四首

项城张馨安中丞镇芳

北门代将寇方深，莽莽神州慨陆沈。余北洋移病，君承其乏。桥上杜鹃余血泪，海中精卫是冤禽。劫残难袖观棋手，运去犹悬捧日心。虞夏黄农今不见，采薇时发短长吟。

长白瑞鼎臣中丞良

远道怀人梦不成，那堪月落又参横。一官同舍交群纪，往岁同官译垣，君先德月川先生亦在署。三载夷门访亥嬴。大梁同官三年。南浦急流君勇退，由赣抚移病归，遂不再出。北门无事我归耕。分飞底事如劳燕？安得同看海日生。

泸州高蔚然侍御树

浦江花月蓟门烟，南北睽违二十年。只道相如归谕蜀，宁知郭隗尚留燕。戏鸿笔妙风生腕，君工书。审象图新雪满颠。沅叔寄到《藏园四皓图》。君与韬庵、凤孙、樊山年均八十以上。记否忠宣祠畔路？散衙归去拥书眠。刘忠宣公祠在兵部职方司，为昔与君同曹判牍处。

婺源江湘岚观察峰青

皖公山色暮云遮，歙浦潮来月影斜。执手故人成记忆，如毛群盗正纷拿。阻兵客邸虚悬榻，入梦毫端艳著花。我似相如方病渴，头纲多寄本山茶。承屡寄皖茶，故戏及之。

销夏感事和鹿笙韵

鹭盟鸥梦沪江滨，不管中原鹿逐秦。入耳松风生远籁，举头梧月证前身。无弦自得琴中趣，有酒还寻瓮里春。归去令威愁化鹤，却缘城郭感人民。

三年持节大河滨，曾向潇湘未向秦。竹话适逢方外友，邻寺某僧善谈。粱炊易醒梦中身。安排棋局销长夏，料理渔竿入富春。友人约游岩濑。元祐党碑亡国恨，有情难遣郑安民。

绝响东坡和颍滨，孟兄已下世。更无韩客志椎秦。三千水弱蕲登岸，十丈魔高为有身。近局笋蒲堪入馔，小园草木不成春。清风雅慕罗昭谏，合向江东作老民。

避地谁甘寂寞滨，纷纷暮楚与朝秦。仙家纵有长生诀，佛法惟知现在身。一纸书烦青鸟使，适接友人书。半瓯茗试碧螺春。北窗高卧羲黄上，栗里原为陇亩民。陶诗："聊为陇亩民。"

得慕韩书并惠奭召南观察野棠轩集却寄

不见孙淮海，开缄慰索居。杯倾新酿酒，案拥未烧书。鼾睡他人榻，时来长者车。重编庚子记，销夏意何如？

野棠轩里客，交在卅年前。戊戌秋，识召南于荣文忠公幕府。身已经千劫，心惟寄一篇。空衔精卫石，莫补女娲天。今夕复何夕，怀人思邈绵。

和韵酬鹿笙

今年逢夏健，早谢病魔侵。竹茂风生韵，松高月有阴。醉乡元亮酒，流水伯牙琴。邻寺逢僧话，蒲团悟道心。

纷纷蛮与触，蜗角苦相侵。世已容逋隐，吾宁惜侃阴。藏锋三尺剑，解愠五弦琴。一枕清凉梦，趋炎非我心。

软红飞不到，岂受一尘侵。荷盖摇青影，苔斑藉绿阴。蒙庄齐物我，子敬叹人琴。已分孤云懒，应无出岫心。

避世无宁土，愁多鬓发侵。未秋河耿耿，长夏木阴阴。我寄伯通庑，君抛单父琴。有家归不得，五夜起乡心。

挽谢敬之司使

残灯无焰静宵分，恶耗俄从枕上闻。白水同盟惟剩我，兼悼贻蔼人将军同年。青山有约竟埋君。摩挲老眼千行泪，怅触乡心万里云。曾惠茅台村酒冽，岂期持酹故人坟？吾乡茅台村酒极佳，昔岁劳君远饷，即以作奠。

叠韵简慕韩

夙有四方志，翩然谢里居。醉寻千日酒，狂草万言书。心迹融萝衮，情交重笠车。笋蔬供下箸，不为礼真如。

几番猰乱局，长夏日如年。床笏标门望，楹书富简篇。乘桴思泛海，骑马梦朝天。清白诒孙子，传家赋瓞绵。

夏夜梦蕉亭八梦诗仍叠前韵

郎官梦纪释褐也三叠前韵

人海藏身易，王城便隐居。应官晨判牍，退直夜钞书。薪贵尘生釜，辕摧雪压车。到门无俗客，白水淡交如。

黄榜题名日，青庐纳采年。寒更炉巷柝，初寓宣南香炉营头巷，许夫人来归。新咏玉台篇。夫人工诗。水部张灯夜，江亭醉酒天。御河桥上望，宫柳正芊绵。移寓东安门御河桥北，与廖仲山尚书同居。

紫薇梦纪入阁也四叠前韵

月卿侪九列，秘阁近宸居。有志参戎幕，以内阁侍读学士参武卫五军戎幕。无才读宝书。往直译垣迁官后，承总署王大臣奏留，婉词谢之。荣披学士锦，狂吐相公车。若论平淮策，昌黎我不如。

黄杨惊厄闰，庚子是灾年。官冷成孤注，身闲理旧编。辨奸曾抗疏，补阙冀回天。庚子二月间，曾上正人心、端学术一疏。极论夫己氏之祸国。不与皇华选，怀人远道绵。廷试考差，以军事填委，未遑预考。

京兆梦纪召衅也五叠前韵

六街妖庙火，自坏好家居。直民仇洋，集矢于各国在内地设堂传教，辄假神拳为护符，意存报复，遂酿成巨变。拜赐三年报，绝交八国书。章台才走马，铃猎已无车。欲赞和戎策，伊谁魏绛如？余任京兆尹，时乱正炽。未几，两宫西狩，仓卒无车，全权入京广议款，遂成城下之盟，历历在目前。

虞帝浮湘日，唐宗入蜀年。留台参末席，庚子西狩，奉派留京办事大臣八人，汉大臣中惟龙一人，余均满员。王会制新篇。全权缔约，曾参末议。已息三千浪，重瞻尺五天。于彰德迎銮。牛衣同患难，相对两情绵。亭秋夫人同处危城，誓共生死。事定召对，时荷蒙垂询，温谕褒奖。

袁江梦纪外用也六叠前韵

外台五行省，袁浦是仙居。河卒知劬学，漕丁解读书。奏设江北高等学堂，河兵粮弁均入旁听席。衣冠南渡客，珂马北来车。淮浦绾毂南北。一入荷芳院，清风已穆如。节署池沼佳胜。仁庙南巡，曾经驻跸，命名荷芳书院。

双龙回辇日，一马渡淮年。辛丑冬，遵旨赴汴迎銮，旋即陛辞履漕河新任。首问沟中断，还吟池上篇。绿章烧烛夜，红雨赏花天。桃泛先秋泛，春时已脱绵。

梁园梦纪移官也七叠前韵

一扈回銮跸，夷门三载居。待编入洛记，先读治河书。贾谊虚前席，侯嬴载后车。雪园旧宾客，幸未失相如。

梁梦东京录，茫茫阅岁年。鹿原谈战略，鸥馆斗吟篇。朔雪抢才院，癸卯乡试十月举行，余任监临。春风造榜天。甲辰会试假汴闱举行，曾知贡举。忍挥怜女泪，此恨永绵绵。长女昌纹乙巳六月殁于汴署。

苏台梦纪入吴也八叠前韵

诗和陶文毅，爰寻古雪居。太湖东山古雪居为名胜地。往岁陶文毅抚吴，师船巡湖，曾题诗壁间。余丙午秋巡湖至此，有和陶文毅诗，载《松寿堂·苏台集》。石湖曾访碣，金匮更窥书。室有留宾榻，门停问字车。傥教团扇画，或可放翁如。

藜床温旧梦，寒雨入吴年。说法生公石，谈兵孙武篇。千林红叶寺，灵岩多红叶。一线白云天。天平山上中下三白云，曾登绝顶，有一线天，极斗绝。莫副吴民望，经邦愧力绵。

鹤楼梦纪适楚也九叠前韵

猿啼兼鹤怨，已谢故山居。未发蚕丛路，还寻梼机书。东流天作堑，西笑客回车。丁未由吴移蜀，过家上冢。在籍奉命调任湖广，迄未入川。双庙官胡峙，前修愧弗如。

滔滔江汉水，回首中兴年。孰继匡时略，何来劝学篇。戊戌党祸，南皮著劝学篇，为识者所讥。鹤楼才祖饯，鳄浪竟掀天。离鄂甫一载，而武昌乱作。劫后桓温柳，花飞尚吐绵。

津沽梦纪闻鹃也十叠前韵

北门昔卧治，老病感尸居。白雁传消息，黄龙有誓书。孱王虚负扆，节度走降车。一木难支厦，磐安恐未如。

禅诏宫中出，仓皇不计年。纵完疆土责，忍赋帝京篇。芝隐山中叟，桃源洞里天。龙蛇终起蛰，谁锡介推绵？

闻匡庐患盗逭暑者纷纷迁避有怀伯岩同年山中

送尔匡山去，多时少报书。诗情知未减，酒力近何如？访碣穿云屐，栽花带月锄。只愁群盗逼，早晚返巾车。

襄孙假坐花近楼作商山宴
肖雅有诗并申后约依韵奉酬

朋尊花下作清游，桃李琼瑶有报投。南海故人迟返棹，慕韩诣普陀礼佛。西山群盗竞操矛。南昌、长沙均有寇警。呼卢未可嘲刘毅，饮犊还思傲许由。一叶打窗秋又到，是日立秋。好凭樽酒互相酬。

叠韵再简肖雅

老郑峨冠谢远游，狂来客辖井中投。引杯只合看吾剑，刺楯何嫌以子矛。商岭须眉惭夏绮，每会主宾四人。彭城风雨羡瞻由。先兄逝后，无复酬唱之乐。索居幸不神形隔，赖有诗篇迭唱酬。

立秋感事和肖雅韵

凉透铢衣敝改为，新秋一味有谁知？西风战地人烟少，南北兵祸，赤地千里。落月荒原墓草离。乡人谢敬之司使昨逝沪上，即渴葬万国公墓。近局壶觞邀月到，中年丝竹感星移。闻声拟续欧阳赋，桐叶萧萧共此时。

窃弓问鼎客何为？猘乱棋枰总不知。漉酒脱巾期尽醉，焚香开卷泣长离。内子《亭秋馆诗集》重付印，孙渊如妇王采薇有《长离阁集》。云连楼阁看灯上，花拂栏杆待月移。不是兰成感萧瑟，通宾今少郑当时。

十八夜大雷雨

风卷银涛欲倒流，雷声直撼最高楼。连江夜雨寒通枕，疑是昆阳战伐秋。

慕韩自普陀归以长句见示率赋奉答

礼佛到南海，登临何壮哉。香花云里寺，法雨镜中台。潮向危崖落，承示《普陀胜境全图》。诗从险韵裁。诗用险韵，极奇特。闭门惭我懒，福地失追陪。

肖雅观察寓斋小集襄孙即席赋诗即次其韵

酒醉山公块垒消，刘郎索句不相饶。五君缺席成新咏，慕韩游南海未回，坐有子有。四皓忘年荷宠招。余与主人，年均七十以上。襄孙、子有未到六十也。此夜残更惊巷柝，昨朝猛雨倒天瓢。鱼羹鸭臛齐登俎，料得吴娘玉手调。

旧藏沈乙庵诗扇顷于敝簏检出右面幸尚完好爰乞子质补书承和沈诗依韵奉答

翛然斗室海天宽，一榻琴书结古欢。出领专圻资控驭，入陈无逸述艰难。山中射虎心犹壮，江上盟鸥梦亦安。瘦沈九京如可作，重持诗箑剪灯观。

榕卿招饮赏荷却赠

玉立亭亭俯碧流，藕花无数板桥秋。乍晴乍雨俱含笑，相对相当总并头。夕赏好邀明月到，早凉应有暗香浮。莲房坠粉还叨赐，绕膝分甘闹不休。席散告归，复惠莲房分给孙辈。

寄怀奭召南观察北平

略园宾从散如烟，劫后相思各黯然。老我已非惊坐客，识君忆在夺门年。戊戌秋，东朝再出训政，余与君同居荣文忠幕府。飞凫随处留双舄，饮马归来剩一钱。须贾绨袍愁寄远，不闻范叔受人怜。

子有以移居诗索和依韵答之

群纪高名再世交，邵尧夫子伯温与涑水司马温公，为再世交。客中宋玉未诛茅。鲈香莼美初萦梦，鹤健松凉又换巢。作嫁灯前愁压线，代人花下置行庖。国变后，隐于廛市，非素志也。到门不是扬雄宅，肯借谈玄一解嘲？

叠韵示子有

避世吾宁广绝交，何劳车马过衡茅。春蚕叶尽抽残茧，愁燕泥干补旧巢。赁庑惟余居士榻，尝羹曾餍大官庖。边生未敢夸经笥，门下今无弟子嘲。爱苍、冕士、抱初诸君均已下世。

少眉和诗又至仍叠前韵答之

阳春一再酬下里，长虹狂吸秋江水。七千里外报书来，古谊如君今亡矣。鲍课黄课膏火丰，贵山早识光禄公。贵山书院膏火极微，前学使鲍花潭黄伯垂两先生临去任时，捐廉益之，谓之鲍课黄课。乡荐抡元前庚午，黉舍我拾一衿穷。尊公领乡荐之次年，余始入庠。后夜桂宫吾亦到，宾馆过从共吟啸。丁丑同下第南旋，曾荐尊公就外舅周春甫先生馆席。燕劳从此各分飞，生未班荆殁未吊。望眉笠像景清威，展卷还疑是耶非。官京曹时，忽由桂林寄到《望眉草堂全集》，卷首刊有尊公载笠小像，风采俨然。五管政碑民有口，一家诗钵子传衣。集中附君和诗。不减骠骑推第五，纵未谋面心焉数。少陵有时客岩公，祢生幸不依黄祖。诗律推敲一字岩，仙音缥缈脱尘凡。苏叔党能承世学，左丘明合署新衔。君眚一目，郑子尹先生《自嘲诗》："遂为三月左丘明。"文字江山助阅历，仰川十卷裒成集。料得编篱携短镵，何当倚楼弄长笛。我别乡关廿四年，归志难偿空浩然。止乌剩有三间屋，饲鹤曾无二顷田。惭对郦侯呼小友，曲江风度今老朽。一行斜字雁来初，数点残更鸡唱后。仰天星未落旄头，感时独上花近楼。飞觞遥酌一尊酒，醉眼看人铸六州。

秋夜访聘三侍郎归而得句奉简

隐隐雷声走电车，虹桥东访故侯家。临风先问王恭柳，烹火分尝陆羽茶。青草池塘新雨后，时作非园之游。乌衣门巷夕阳斜。谈及王雪老家世，相对嗟叹。重亲叔度波千顷，归卧松阴鹤梦赊。

乞巧日约子怡小饮即以为寿

过庭回首过江年，赢得经香五代传。郎君已恂恂入学。汾曲宦游萦旧梦，吴中诗本袖新篇。竹丝未了东山局，鸡黍惭开北海筵。银汉秋高良夜永，双星会预进觥船。七月九日生。

肖雅雨中留饮赋谢并示慕韩襄孙

鸡黍招邀荷主情，天公底事怒难平？值大雷雨。水乘风劲穿帷入，车似舟轻挟浪行。狂客绕床呼采色，使君失著震雷声。不妨坐久移灯晚，斗室新凉夜气清。

和诒书与弢庵同居重值庚午诗却寄

霓裳曲奏甫三终，六十年来赁庑同。阁寄一巢心共远，楼高百尺德尤崇。琅琊坦腹称僚婿，岩濑追踪作钓翁。曩日里邻今在否？两家依旧绿杨中。

喜铭伯至沪

家居临水傍城濠，门巷乌衣物望高。扰攘忽来江上卒，椎埋兼避里中豪。客途喜挈桃根伴，宾坐还愁茗话劳。书来，缘病谢客。剪烛裁诗先赠与，交情淡水抵醇醪。

赠常肖石世兄

少年随节过江东，雏凤声清漾碧空。我愧九龄交李泌，君如魏野客莱公。久居子质军门同年幕府。青箱检拾前修在，白发飘萧几辈同？昔共尧夫编齿录，伯温今日亦成翁。

聘三有和诗得句再简

启我诗心未塞茅，惊人佳句落堂坳。饮醇尚欠千觞醉，斗险惟凭一字敲。雁影江湖秋瑟瑟，鸡鸣风雨夜胶胶。比邻唤起朱长水，讲易同参遁六爻。

子怡移尊就饮赋谢

翟门镇日雀张罗，一笑逢君载酒过。秋后梧黄飘井叶，雨余草绿长庭莎。买鱼江上诗情远，饮马河干战骨多。华烛当筵花绕壁，未妨今夕醉颜酡。

谢肖雅赠龙眼即以代简

年年遗我荔枝图，更荷分甘到阿奴。书至苦愁乡味薄，诗成未觉客心孤。屡以诗索和。绿云瓮拨声闻酒，乡俗以龙眼酿酒，能明耳目、益智慧。白玉盘盛大小珠。报李会须申后约，行厨花下醉呼卢。

戏简子有

速客先期五日前，武安不赴魏其筵。未陪水部吟诗阁，却向兴公进酒船。刘毅绕床狂喝采，方干得第抵登仙。柴门自分云封锁，林下高风况杳然。

白露后一日花近楼雅集赋简肖雅

一局楸枰静掩关，居然四皓隐商山。人如辽鹤归来早，身似江鸥自在闲。偶济偏师摧大敌，乍闻谐语慰衰颜。吟秋未弃齐纨扇，矧有风轮日往还。是日酷热，扇不停挥，并以风轮逭暑。

肖雅诗来依韵和答

一色长天水国秋，江村风物足清幽。白杨荒草成新冢，尧衢新逝。红树青山忆旧游。挥到五弦鸿北向，仁先即日北上。时维七月火西流。与君重剪蕉亭烛，排闷裁诗互唱酬。

书乙庵尚书遗扇感赋有序

光绪甲午夏，志伯瑜阁学、锐约尚书暨盛伯羲祭酒昱、费屺怀念慈、刘静皆世安两太史，同游积水潭赏荷。屺怀绘入便面，诸公各书细楷于左端。未及全书，即付箧笥。忽忽三十七年。尚书哲嗣慈护昨经检出，乞余补书。目眊腕弱，不能成字，追维昔款，枨触身世，聊以志悼而已。

觥觥沈尚书，昔作白云吏。翰苑无此才，郁为庙堂器。王城最堪隐，文采佩高致。岩徐东马俦，一一快交臂。万柳共登堂，龙树同入寺。空明积水潭，西涯一角地。宿雨润莓苔，薰风拂荷芰。豪情志文贞，召客饮文字。素心三五辈，花时骋游骑。扬仁奉东阳，一扇寓深意。西蠡妙书画，探花逞姿媚。姜蒜哀王孙，笔含家国泪。伯羲书旧作，有“姜蒜累累一担挑”句，意极疏宕，其落拓不得志见于言之外。征书甫及半，行幐忽委置。忆昔甲午夏，中日正多事。

公适直译庭，余亦櫜笔侍。斯游不获预，未共花间醉。良会曾几时，警报日狎至。丧师割全台，黄金铸和议。知公意愀然，请缨志弗遂。推枰著子难，此扇亦捐弃。茕茕忧国心，不以玩物累。荏苒卅七年，遗箑出箧笥。公已归道山，什袭有哲嗣。朝来持示我，乞书作标识。我本不工书，踌躇良再四。感旧弗获辞，下笔只增愧。何图龙鸾章，乃以涂鸦厕。书罢发长喟，挑灯剔残穗。公昔惠齐纨，诗纵笔尤恣。半面今尚完，腕乞少游试。昔年公赠诗扇，近亦检出，左端完好，爰乞子质同年补书。与此可谓巧合。好事将毋同？云天怀古谊。九原傥有知，为笑破涕泗。

挽尧衢同年四首公昔赠诗好以险韵督和今仍用险韵吊之从公意也未审冥冥良友能否破涕为笑耳

十年雪迹寄吴舣，一夕西风撼纸窗。客里淹留愁落木，梦中惊起剔残釭。忍从经笥寻遗稿，早向诗城筑受降。雁影衡阳秋瑟瑟，吟魂何日返湘江？

黔水湘山计吏偕，礼闱看榜踏天街。曲江宴罢心相契，丙戌榜后，与君同失馆选，踪迹尤密。水部郎潜首任埋。聚散萍蓬驰梦毂，后先江汉应官差。夷居幸未岩城隔，夜话频烦集冷斋。

鹤梅仙眷阁居巢，栖遁高风协卦爻。笠屐坡公曾入画，琴书陶令未能抛。花时召客千觞醉，月下逢僧一字敲。介寿甫过天贶节，惊秋梧叶堕林梢。

一封朝奏雪讥谗，再起东山凤诏衔。君投劾后，余采取昔官江汉政绩，请旨录用，仰荷俞允。调瑟翻成新乐府，开箱犹剩旧朝衫。麻鞋未赴惭臣甫，君抱足疾，屡以未能奔赴行在为恨。著筮无灵失季咸。日者言，君寿过八十，惜竟不验。病榻追陪曾几日？人天一别隔仙凡。

花近楼小酌简慕韩

市远厨荒不置庖，烦君携酒更携肴。门前行马先朝贵，江上盟鸥淡水交。慰望尚思安石出，问奇莫解子云嘲。凭将弈局销长夜，残月疏星挂树梢。

以近照寄赠蔚然同年

怀人燕草碧如丝，作客江南折柳枝。拈笔君工临晋帖，焚香我爱读陶诗。黄垆饯别各千里，白发催年又一时。图画春风重省识，应怜不是旧丰姿。

少眉三叠韵诗至仍三叠韵答之

才不及君三十里，惭愧行船遇上水。夜郎又寄好诗来，一而再再而三矣。高门题凤毛羽丰，诗法授自望眉公。尊公有《望眉草堂诗集》。力扫肤词盘硬语，足当韩谊非郊穷。君采渔璜我未到，来诗以乡先生谢君采周渔璜相比拟，非所敢承。采薇时亦托歌啸。五君咏罢贵若忘，八哀诗成影同吊。尧衢廉访同年新逝，余有挽章。龙鳞松老耐霜威，草木平泉风景非。游迹但凭新蜡屐，泪痕犹渍旧朝衣。春宵秋夕月三五，花枝醉当酒筹数。有时捧砚呼双鬟，不解传灯侫六祖。钓竿曾访富春岩，玲珑九折隔尘凡。曾作富春之游，并至临安登玲珑山九折岩，访东坡三休亭遗址。白水瀑从空际落，青山日惜半边衔。廿年宦梦饱经历，赢得一官成一集。辛亥以前诗为松寿堂集。天津桥上怕闻鹃，黄鹤楼中怨吹笛。由鄂移直甫一载，而武昌乱作。西风容易捐华年，思君不见心愀然。南明河水依然绿，几回沧海变桑田。却忆惠庵吾老友，墓草虽宿名不朽。谓年太守思敬。招魂唤起段文昌，难遣月落参横后。得来书，惊悉段绥之同年新逝。牢愁种种上心头，望远慵登百尺楼。丧乱良朋不我弃，时传乡信自黔州。

秋分后一日祖饯仁先侍郎即席赋简

才闻岩助入承明，又见东归拥传行。陇首问安鹦鹉语，津桥消息杜鹃声。自惭湖海豪情减，话到开天老泪横。臣甫麻鞋犹未著，心随卿月共长征。君假满即北上。

席间伯夔出示伯岩同年匡庐寄诗依韵和酬

竟未麻鞋著，吾惭杜拾遗。客中诗满袖，江上钓垂丝。掬水月初落，还山云不痴。乱离君避地，而我更安之？

豪气当年盛，平分百尺楼。应刘不可作，来诗怆怀蒿庵、倦知两同年。元白苦相酬。不谓三生契，翻成万古愁。飞觞遥醉尔，寂寞海天秋。

附元作

义宁陈三立伯岩

小别更寒暑，深藏怨弃遗。宁忘吟在纸？敢诉命如丝。寇盗还山动，猿猱恋木痴。为怜殉薇蕨，乞食复何之？

题塔余残侣，偷娱花近楼。二豪相继尽，孤唱更谁酬？近岁留居海上，丙戌榜同年仅四人，余既遁匡山，今倦知又继蒿庵而逝。公子处，益有寥落之感矣。老味餐元气，荒居拥独愁。与公同梦路，摇入海山秋。

简伯夔

草草盘飧午宴排，当筵一醉众宾皆。长安日远看人去，仁先即日北上。白下君归慰我怀。君远自白门来会。不合时宜供笑骂，偶耽吟癖费敲推。莼思岂为秋风起？廿载名场已乞骸。

奉贤朱遐庸孝廉重游泮水却寄

童军初冠战方酣，六十年来播美谈。哕哕鸾声重入听，读书种不断江南。

北斗文章重老彭，宗师为江夏彭侍郎久余。南黉同舍鲁诸生。入学同案生范君其仁、陶君望侃均健在。青衿城阙今何世？闲对儿孙话太平。

昨年诗赠稚黄叟，仁和毛子云广文为俞曲园先生高足，已已重游泮水，余有贺诗。今岁句酬朱筲河。独我令原增永叹，十三龄忆小登科。先兄少石方伯同治丁卯秋入庠，年甫十三龄。重逢丁卯，蒙赐御书“泮芹春永”扁额，惜于戊辰年逝世。

不曾忧乐关天下，白粥黄齑味自知。在泮郤先君一载，无忘我做秀才时。癸酉入泮，以闰计恰六十年。余壬申入庠，尚先君一年也。

喜凌润苔方伯至沪赋简

移病当年出北门，素心今喜遇南村。长留天地惭诗卷，以近作《花近楼八编》、《鸣原集初编》就正。重话桥山剩泪痕。金粟飘香肯招隐？玉梅带雪黯销魂。坐间，述畹华在津衔恤事。四弦裂帛秋江晚，拣取霜枝入酒尊。

润苔诗来依韵奉答

怀人雨晦又风潇，一接高谈慰泬寥。剩有鸿泥留碣石，尚萦鸥梦落盘桥。吾家铁局巷宅，地接盘桥。黄垆顿失嵇王侣，余尧衢、谢敬之两同年新逝。秦洞焉知汉魏朝？棋局旁观惟袖手，与君俱是烂柯樵。

龙剑何年斩郅支，挂冠同值乱离时。徙薪曲突谋安用？破釜沈舟事未知。劫后山花红染血，别来燕草碧如丝。啼鹃旧茹津桥恨，除却君侯更语谁？

志韶寄示和答润荅由津来沪见寄诗感念旧游依韵奉酬

地接松山莫赋哀，西风吹客又南回。传闻桥上留鹃血，谁向园中问鹿胎？藏海园旧养双鹿，不知尚存否。清酒黄龙盟誓语，津署信睦堂为延接外宾之地。银鱼紫蟹作羹材。而今事事成追忆，梦醒沙鸥总不猜。

中秋即事叠前韵

坐无豪竹并丝哀，客里中秋第几回？说饼恰看花映月，调羹初试笋成胎。乡人有馈竹孙者。桂林香减愁新种，由杭移来桂树二株，惜不著花。栎杜阴多总散材。悔不乘风歌水调，处堂燕雀漫惊猜。

月下有作四叠前韵寄颜少眉贵阳

家山路隔七千里，不似吴越衣带水。客邸饱看中秋月，圆到第十九回矣。壬子中秋前五日，由津抵沪。昨日西园游兆丰，沪西兆丰花园向禁游人，今始开放。后凋独契十八公。园中松树桓多。无边秋色图画里，溪回桥转途不穷。琼玉高寒不可到，水调词成发歌啸。难犹未已人何堪，乱靡有定天不吊。兵气连江草木威，山河犹是举目非。老樵观棋柯烂斧，少妇敲砧泪捣衣。今夜月明恰三五，重重旧梦不胜数。仗策难迎渡马康，著鞭顿失闻鸡祖。乙庵、蒿庵、倦知诸友惓怀故国，赍志以殁。故人只剩陈伯岩，诗杂仙心换骨凡。适得庐山见怀诗。庐埠才看真面目，藤厅早谢旧头衔。云水茫茫恣游历，是夕友人索观《水流云在图卷》。况逢佳节瓜果集。客散适闻野寺钟，夜阑怕听邻家笛。老健今年胜去年，纵不酣醉亦陶然。恶诗竟有纱笼壁，丰岁还资砚作田。今月可邀诚好友，古月与我长不朽。药捣开天混沌前，桂馨十二万年后。扁舟久未泊鼋头，无锡鼋头渚，雄踞太湖独山门。昔曾往游。复园抛别见山楼。苏州拙政园一名复园。有见山楼，往岁抚吴，时一登览。北高峰上作重九，又携菊酒入杭州。每岁九月往西湖上冢，即于重阳登高。

十八日为亭秋夫人设奠感赋

绝少音书雁代传，并无好梦月同圆。搔头白发三千丈，埋骨青山十五年。猧乱竟翻今日局，鲈香已谢故人筵。是日志韶招饮，不赴。兰房寂寞秋江晚，一夜潮声落枕边。

寿王聘三侍郎七十

劲草霜前色，长松雪后身。径开三益友，国破一完人。招隐林和靖，逃名梅子真。危巢同命鸟，病鹤独精神。国变后，改字病山。

览揆逢秋仲，人生重古稀。介觞彭泽酒，续命首阳薇。梦逐蚕丛路，尘封豸绣衣。磻溪多岁月，稳坐钓鱼矶。

少眉又有诗来五叠前韵寄答

颜侯与我共闾里，只隔城北一沟水。宅近北门水沟。笔扫千军五伐齐，我欲退避三舍矣。延津何日剑合丰，酒垆何时醉黄公？乱离各讶年非壮，开缄惊喜词不穷。清才君似绝尘到，见南史到溉传。我肠已枯惟坐啸。池塘春草梦不成，远道生刍艰一吊。近始闻邓花溪蜀中之讣。渊源三世溯灵威，诗礼传家计未非。得第同登辛卯榜，读来诗，知令伯祖中道光辛卯科魁选。先光禄公同于是科举孝廉。儿孙犹及点朱衣。讲舍高才人四五，黄诗聘杜梦龙钱衡陈文锦一一数。四君与尊公同应贵山书院课，每试必列前茅。后生太学狂举幡，谁更说法寻初祖？二豪能诗格律严，谓司旭兹、杨覃生。凌沧摇岳信超凡。定知举手骊珠得，那容钳口马枚衔。来书云：“黔中诗人，近推司杨，均各敛手。”故戏及之。万里天荒增阅历，等身著作各成集。鸡鸣风雨长相思，愿借凤箫和蚓笛。槁卧荒江十九年，刘颠嬴蹶均茫然。北门一出河山改，流落申浦未归田。猿啼鹤怨皆吾友，独乐园中感衰朽。遥溯南宫射策初，兼怀神武挂冠后。才地让君出一头，思归王粲惯登楼。斜字几行秋雁影，计程今已到南州。日前曾寄四叠韵诗。

寄怀湘岚婺源

黄榜同年三百辈，劫余剩有几人存？怜余江渚盟鸥鹭，羡尔山居长子孙。中露黎臣悲琐尾，秋风楚客赋招魂。尧衢新逝。寺钟巷柝声俱寂，落叶萧萧自打门。

寄答蔚然北平次韵

一枕松风鹤有巢，淞江半剪试诛茅。病难胜酒肠愁腐，老尚耽吟手漫钞。客邸怕闻邻笛怨，僧堂惭听饭钟敲。开缄浣诵琳琅什，持谢新知恋旧交。

作郡当年替左司，报书临发意先驰。海桑屡换今何世，天地长留各有诗。夜雨巴山萦客梦，秋风罗甸动乡思。输君眉案能偕隐，矧乃佳儿似衮师。

寄答一山天津次韵

一曲声残玉树歌，唾壶击碎夜如何？惟余捧日丹心在，只恐临风白发多。看竹无须询地主，洗兵安得挽天河？销忧且酌泉明酒，强使衰颜醉后酡。

慕韩西湖归来出示述祖德诗依韵奉酬并简肖雅

风流文采溯高门，齿德巍然重达尊。王氏一堂槐并茂，陶家三径菊犹存。旌功坊立群矜式，杭城有旌功坊。述德诗成细讨论。五亩钱塘江上宅，却从毚赭导灵源。

鉴湖一曲贺知章，再世清芬董富阳。桑土绸缪新户牖，莼羹贪恋旧家乡。绿蓑烟月眠应稳，白发开天话正长。劫后江山无限好，知君聪训未能忘。

雪艳词为黄咏霓女士作

连江灯火起楼台，一片红毹倦眼开。重听后庭花下曲，戊辰春，曾来申度曲。故人昨日有诗来。女士持樊山函来谒。

仙乐如聆月府簧，人间原自有霓裳。须知江夏无双誉，不属男儿属女郎。

飞扬妙有英雄气，蕴藉偏多儿女情。绣幕云霞呈万色，广场丝竹擅千声。

银烛高烧夜未央，舞衫歌扇簇红妆。公孙剑器分明在，弟子芬芳十二娘。

参差花貌宛通神，白雪红梅并绝尘。爱好天然输一著，畹华不是女儿身。

含情宜笑亦宜颦，秋水春山妙写真。倾国倾城一再顾，北方从古有佳人。

半入江风半入云，用成句。开天法曲几回闻？星星白发催吾老，邀笛何辞到夜分。

油碧迎来趁晚霞，金尊跌宕玉绳斜。裁书驰报樊山叟，桃李公门第一花。

入杭杂咏

轻装入越意无聊，一路看山到六桥。底是重阳佳节近，涌金门外雨潇潇。

冷泉流水响淙淙，遥和云林饭后钟。题遍韬光万竿竹，振衣直上北高峰。

蒲团花雨未荒凉，竺国三天选佛场。今日老夫腰脚健，也随女伴看烧香。

留下镇名新阡有墓田，阿兄此地得长眠。行囊预办茱萸酒，涓滴何曾到九泉。

老泪阑干洒柏枝，怕寻三妇斗新词。只鸡宿诺酬春在，腹痛秋来恐后期。

湖山栽遍女儿花，虹月楼头卖酒家。翠袖天寒人小立，玉钟亲捧醉流霞。

已拚荷锸学刘伶，处处扁舟载酒停。太息谿庐即高庄秋到晚，故人墓草已青青。

往岁唐园坐碧纱，山荆同品雨前茶。而今重过金沙港，衰柳斜阳噪暮鸦。

郑驿通宾昔置邮，今朝客到尽依刘。刘问刍同年园林有来宾馆。最宜五柳居边住，枫叶芦花冷素秋。

促席传觞骨肉亲，重筵欢聚一家人。明朝又作江南客，赢得霜花两鬓银。

重阳北高峰登高口号用辛酉是日烟霞洞题壁诗韵示六侄子式

老我频催任汝曹，分飞合似燕辞劳。客途携得黄花酒，扶杖来登九日高。

纷纷割据藐孙曹，感事愁时抚孟劳。伯氏九原呼不起，白头一弟强登高。

仕宦平生笑马曹，乱离无计恤民劳。湖山尚有佳时节，回首南高上北高。

题韬光寺壁

霜寒秋晚雁声哀，独客登临又此来。江上湿云含雨意，林间修竹养箫材。纡回山势千盘险，淡冶湖光一鉴开。旧日童僧犹识我，寺门苦被暮钟催。

湖楼小酌示同游诸友

长天秋色间阴晴，片舸鸥波载酒行。红树烟销知寺近，白蘋风起觉潮生。数家村落成新市，几处楼台易旧名。勉与群公谋一醉，黄垆感逝不胜情。

次韵答肖雅

对镜愁看雨鬓星，临江惜少数峰青。登高节届人谁健？和韵篇成笔不停。秋水半湾迟鲤到，长天一色有鸿冥。郁怀欲共幽人语，只恐西窗烛泪零。

寄怀晋芍航都护北平

一别梁园岁序更，春申又见海潮生。由蜀回燕，过沪来谒。殁存各抱原令痛，得失休从塞马评。幸不减围腰瘦损，那堪剪烛泪纵横。北人自古仍归北，回首崎岖万里行。

谢镜清赠菊

花近楼头一夜霜，秋来三径已全荒。陶篱分惠重阳菊，韩圃长留晚节香。著色伊谁推画手，黄咏霓女伶赠菊花画扇。餐英容我涤诗肠。赠投岂似凡桃李？交谊深时淡若忘。

谢味莲赠菊

爱莲夙具元公癖，又学渊明采菊忙。忽对名花怀旧雨，更分秋景到重阳。色香难著骚人笔，啸傲宜称寿客觞。南市我还思买宅，东篱佳处结邻墙。

赠程玉霜用赠女伶雪艳琴诗韵

梨园声价重燕台，孔雀屏风迤逦开。金管玉箫歌未歇，又携舞扇过江来。

清如叶底弄莺簧，艳比襄机织锦裳。不用焦桐搜爨下，家世为长白望族。审音我愧蔡中郎。

卫玠途中争看煞，成连海上早移情。别枝一任哀蝉曳，始觉无声胜有声。

凝绿堂前夜未央，玉华浓艳倚新妆。胭脂北地心香奉，更有江南脱十娘。女伶王玉华，音容绝相似，名亦从同。君善谱新声，南北风靡，北里传唱，有无日不程腔之语。凝绿，玉华馆名。

眉语能兼笑与颦，阿谁识曲听其真？渭城三叠阳关调，惆怅何戡是旧人。

老尚虚无养谷神，廿年不踏软红尘。聆君梅落三终曲，慰我萍飘一叶身。

物望南朝汪水云，瑶琴雅奏夜深闻。他年傥续伶官传，人表商量到九分。

祖筵珍重醉流霞，子夜歌残烛影斜。赢得隔江诸士女，声声学唱后庭花。

题固始李武愍公绝命词卷敬步元韵

妙手偏轮一著棋，茫茫天意讵人为？独留正气承先志，先德愍肃公，咸丰甲寅殉难武昌臬使署。剩有孤忠荷主知。报国早闻镌岳背，济河犹冀拜殽尸。渚宫亲舍成仁地，酾酒焚香我到迟。戊申督鄂，距愍肃殉节已五十五年。

法令森严撼岳难，齐城未复哭田单。孤军喋血常山杲，众口工谗令尹兰。就义从容围已合，锡名审慎典原宽。鸣鸽罔遂看云愿，耿耿心余一寸丹。

节钺何人总上流，城头觱栗泣潜虬。沙场埋骨君含笑，战垒招魂我亦愁。成败莫谈当日事，艰危谁释至尊忧？睢阳巡远双祠峙，一例馨香姓字留。

强项威名早抗尘，危疆开府拜丝纶。量沙智竭筹空唱，纸命诗成笔有神。一死已拚为厉鬼，九原犹及侍岩亲。亭荒野史遗山老，展卷重寻历劫因。

附元作

固始李孟群鹤人

败局犹争一著棋，发将种种待奚为？生为将略酬时望，死有忠魂报主知。只笑羊头增伪爵，谁令马革裹还尸？清流他日春秋笔，可道从容就义迟。

腹背凭陵进退难，权轻饷绌又兵单。不闻粮运征袁术，况复师期断贺兰。掣手忍令时事坏，椎心惟觉主恩宽。镫前莫讶人憔悴，一片孤诚早化丹。

西指乡关一泪流，虚疑紫阁驾丹虬。余生时，曾祖母周太夫人于是夕梦赤虬自天而下，入于户，生而有鳞。书声出户儿双读，柳色当门妇对愁。阶下荆花常合蒂，堂前萱草自忘忧。九原拜父应含笑，两代清名万古留。

十载驰驱战伐尘，嘉名深愧拜恩纶。谈兵徒负传经志，所著《语录》尽失。觅句还惊下笔神。有《蓼东诗集》并《外集》，八卷。未知能存否。家国艰虞空涕泪，乾坤维系只君亲。少年解脱无诸相，欲叩莲台证夙因。

费母徐太夫人天慧阁百蝶画册哲嗣子怡叔迁昆仲乞题

万劫虫沙一画图，梦回栩栩复蘧蘧。兰闺妙具丹青手，愁绝沧桑过眼殊。乱后遗墨均毁于兵火，此册幸存。

相公家学过庭传，夫子三天侍直年。读画轩中商画稿，隔邻唤起太常仙。太夫人为颂阁协揆女。屺怀太史有读画轩，旧寓西城化石桥，与太常寺相近。

百蝶穿花著色迟，重描粉本费凝思。展图如序滕王阁，画临滕昌祐百蝶图。触我金銮笔误时。余丙戌朝考，已取一等前列，以诗中蜨蝶字误书作蝶，抑置二等第一，竟失馆选。

便面荷芳沈氏藏，屺怀太史工书善画，曾绘十刹海看荷便面，见存沈乙庵所。余有题句，并持示子怡。此图珍重付诸郎。明珠合浦丰城剑，册经辛亥之乱，已失去，幸而获存。岂是寻常翰墨香？

题朱竹石方伯遗像

治狱于公法外仁，陶桓百炼是金身。论交历遍五行省，才望推君第一人。

两载金阊共暮朝，画图重认发飘萧。沧桑不见君何憾？剩我申江听落潮。

诒书寄示游西山和橘叟诗依韵奉酬并示肖雅子有

杭州久作故乡看，游遍韬光又理安。时甫自杭州回。晚节菊香人比淡，后凋松郁鹤知寒。客中围带量腰减，局外棋枰著手难。瞬届丁沽春涨绿，还来易水访燕丹。来春拟作北游。

次韵答慕韩

湖上君归我到初，怀人秋晚蓼萧疏。浇愁独酌黄花酒，却病先求素问书。香祝南丰明德远，留下上冢，曾谒文忠祠。尘扬东海劫灰余。金声掷地兴公赋，豪气销除愧弗如。

叔海北平诗来依韵寄怀

画屏银烛冷秋光，耿耿中宵漏点长。辽鹤归时疑是梦，杜鹃啼处讵能忘？巢由大隐身藏雾，瑜策同年鬓染霜。明月当头千里隔，思君安得醉飞觞。

春曹话旧图卷曹缵蘅自北平寄沪属题

禾黍歌残慨旧京，容台仙侣重寅清。画图曹霸丹青引，小李将军擅盛名。图为亡友孚恪愍公哲嗣公博所绘。

冰厅得地傍宫墙，南北双扉共一堂。莫笑冷官贫到骨，只缘同舍少资郎。部中员司均由正途出身，未有以他途进者。

桃李春阴满帝城，当年式宴预恩荣。而今罢织登科记，无复阶前瑞草生。

劫后红尘十丈迷，荒祠谁解祀昌黎？署内土神祠，相传祀韩文公。群公一觉春明梦，石壁留名访旧题。

纷纷驳议外台忙，终祀元儒两庑旁。一自顾黄王入庙，有人抱器感沧桑。昔在直隶，奏请元儒刘因从祀孔庙，屡经部驳，卒邀议准。宣统初元复议，允国初三大儒顾炎武、黄宗羲、王夫之入祀两庑，未几，变政裁部，国亦沦胥。

变法维新罪六臣，白头一老荷戈身。戊戌变政，礼部尚侍以迟递司员条奏，同日革职。仓侍某公超擢礼尚，卒因党祸获罪，远戍新疆。两朝旧典千秋案，厂肆难寻旧搢绅。

我亦郎潜手板持，赞枢曾荷相公知。兵部职方司有平湖朱椒堂先生手书“赞枢轩”扁额。谈兵论事人何在，剩有霜花上鬓丝。

寄酬马道穆司马汝骅贵阳

珠玉联翩咳唾成，甲兵十万任横行。传来雁字初三夜，不减骠骑第五名。每对故人怀故里，却因难弟忆难兄。谓良臣观察。白眉擅誉君无愧，触我兼葭杕杜情。

靖陶招饮以病不赴越日诗来依韵赋答

醉归惩夜饮，午宴喜初晴。是日午集。芝隐须眉古，兰言气味清。三冬富文史，七步擅才名。未预竹林会，余惭阮步兵。

前和少眉诗有入杭登高之语湖上归来又奉七叠大什并马君道穆和章遥企盛情兼怀身世盖此十数年来无岁不往返杭州数次也寒灯吮笔六叠韵寄黔并示道穆同正

杨柳六桥松九里，平生惯饮西湖水。北高峰上作重阳，筇杖扶衰吾老矣。吴越千里田事丰，遂及我私雨我公。由沪入杭，千里黄云，秋成大熟。倒挽天河兵渐洗，早完国课民非穷。灵隐韬光一再到，呼猿洞口闻长啸。白公祠近喜留题，苏小墓荒但凭吊。湖园丛菊傲霜威，旧日行宫景物非。放鹤不妨邀处士，骑驴何幸遂初衣。曩岁浮家人四五，湖上晨夕乐共数。才看银涛一线来，更烦清酒百壶祖。丁未九月，携眷入杭，朱晓南观察约看钱塘江潮，复祖饯余北觐。兰闺三竺礼华岩，仙軿一旦离尘凡。炉冷金猊香易烬，海枯精卫石空衔。悬鳏况味身亲历，中宵起舞百忧集。年年上冢哭冬青，怕听樵歌与牧笛。萧瑟江关入暮年，归期屡误徒潸然。竹王城外违先陇，右台山中置墓田。七伐不愆吾畏友，落笔神奇化腐朽。新诗寄到白眉良，马道穆新寄和章。何论卢前并王后？二贤名冠天南头，各有文章入选楼。独怜作客支离叟，故乡今日是杭州。

述怀篇七叠前韵寄少眉

为政才输郑东里，为人九分愧涑水。富贵浮云老将至，忽忽年过七十矣。我生在巳值咸丰，且兰作宰吾先公。催科抚字阳城考，夜郎万里一官穷。铁寨铜关靡不到，琴堂忽听鸺鹠啸。葛帔单寒只自怜，素帷凄冷无客吊。楹书珍秘等龙威，未堪家计已日非。觅举随兄同造榜，办装劳母密缝衣。火牌催上公车五，水驿山程偻指数。一从释褐点朝班，占籍黔南作鼻祖。本兵欣逢仆射严，谓荣文忠师。国士遇我众皆凡。雪迹遍留五行省，冰心只博一条衔。开天理乱身亲历，白头乌向延秋集。霓裳今已落人间，莫倚宫墙夜偷笛。不才幸不厄蛇年，上年己巳，一病几殆。念到家山总黯然。鄜州杜老惟看月，阳羡东坡未买田。松竹梅缔岁寒友，德功言谢三不朽。登仙已让班生先，成佛肯居灵运后？苦忆城北黑石头，地名，在北门城隅，昔日蓝经畬老友、戚乐山兄弟谈宴处。城南尚有赵家楼。何当共醉茅台酒，强如从事领青州。

冬夜子有观察招饮寓庐即席赋酬并示肖雅伯平子怡叔迁兄弟

沽口携家趁晚潮，揭来黄浦驻征轺。山中梅鹤传千古，壁上龙鸾焕十朝。四壁恭悬列圣手书楹联条幅。燕饮未妨三爵让，鲭筵如荷五侯招。不须侈说贤人聚，情话霜天慰寂寥。银烛光寒夜气沈，谐谈未觉屋庐深。达官竟有穷都护，叔迁曾任都统，并无廉俸给领。博学休嘲野翰林。伯平外洋游学毕业，授检讨。因忆康熙己未，博学鸿词科朱竹垞以布衣授职馆中，前辈忌之，群相嘲谑，呼为野翰林。亦一佳话也。观弈几人旁袖手，角诗七字互钩心。吟梅东阁邀何逊，更冀群贤屐齿临。

席间肖雅有诗依韵奉酬

巷柝沈沈夜气清，五星聚处耿元精。纵饶赌酒看花兴，难遣离乡去里情。椽烛光凝疑月上，枕戈寒透觉潮生。何嫌报晓鸡声恶，底事霜天不肯鸣？

花近楼夜集赠梅畹华

博士高名冠海滨，江南花落旧人新。赋才宋广平愁尽，交谊周公瑾比醇。韶乐宁知三月味？头衔独占一枝春。逢君触我宣南梦，裘马斜街踏软尘。

次韵寄怀荟亭高邮

花满河阳手自培，一官归去别吹台。却缘世好知双陆，先识哲兄若米。独以清通冠八裴。贻我新诗惭白和，当今此事本袁推。驿筒最喜秦邮便，慰渴寒天寄早梅。

卧病沧江不计春，惟余白发数茎新。流离乱世同天宝，成旅中兴兆邑纶。剔藓寻碑游已倦，落梅入笛听其真。文通久断生花梦，腕底轮君笔有神。

次韵答子有

潮落平桥海气腥，巷深门外有车停。诗云东阁情应远，烛剪西窗泪已零。醉喝倒行长吉月，梦醒遥数伍乔星。便须买棹金阊去，一访沧浪旧日亭。

入吴纪游杂诗

打叠征装趁早晴，亭亭已有玉山迎。九原难唤东阳起，无复黄垆共举觥。车过昆山，昔年与冕士、次裳游宴处。

巍然北塔压城楼，十万人家穲稏秋。我是看花前度客，双僮一马到苏州。

清水沧浪迴隔凡，盘云叠石拥仙岩。西陂送侄图犹在，我喜来游挈阿咸。宋牧仲抚吴，有《沧浪亭送侄归里图卷》，此次六侄昌穀同游。

高风黄石吏为师，博得吴侬去后思。列架牙签三万轴，学规应不异莲池。可园图书馆，昔日黄子寿方伯主其事。方伯曾主讲直隶莲池书院。

怡园花木未荒凉，不数君家秀野堂。自选北词作楹语，曲翁一记最清苍。顾子山方伯自葺怡园，集北宋人词作联语。曲园老人为作记。

苔青草绿绕庭除，涵碧山庄劫火余。剩有冠云峰屹立，看花不见老尚书。留园吊盛杏孙尚书。

寺邻广拓放生池，一笑非鱼乐岂知？毕竟苏台春意满，危栏小立已多时。西园寺放生池，余旧题“苏台春满”扁额，今尚存。

渔火钟声自在闲，客船今又到寒山。若兰断锦摩挲认，惆怅连波尚未还。寒山寺壁刊有余与亭秋唱和诗，今惟夫人诗尚存。

圜桥流水碧沈沈，万仞宫墙古木阴。马矢高于夔相圃，梅村断句忍重吟。敬谒文庙，荒凉芜秽，不忍过也。

一路看山到虎丘，冷香梅萼几生修？停舟晚坐千人石，说法何年再点头。舟抵虎丘已晚，匆匆至千人石晚坐。折至冷香阁啜茗，梅花已有生意。

地接黄鹂旧日坊，却从湫隘辟康庄。老生不解谈玄妙，茶肆烹泉话夕阳。玄妙观新筑马道。

萧疏树石板桥斜，绿水名园旧世家。太息相公归未得，空劳祭酒赋山茶。拙政园小坐。

真趣天题迹已陈，楼台七宝焕然新。惟嫌减却山林意，笑煞黄家卖宅人。狮子林旧有纯庙御书“真趣”直幅，为黄修撰轩故宅，久废。今归吴中某氏，出巨金重修。

门垂深柳昼常关，旧主弇山与补山。瘦石纵横兼绉透，幽栖始觉水云间。颐园为宋金谷园故址。乾隆朝毕秋帆制府得之，嗣归孙补山伯相。道光朝为汪氏义庄。园中怪石玲珑，名胜甲吴下。堆石为山，与狮子林同出一名手。

寒日窥窗冷露凝，壁间败箨绕枯藤。乡心欲共刘郎语，剥啄当门总不膺。慕园属滇中刘氏。

落日营门咽暮潮，卧波一一数虹腰。故将军李今无恙，立马重来宝带桥。宝带桥新军营垒，余抚吴时所创筑，今则给养伤兵。桥上盘桓，不禁城郭人民之感。

载酒扁舟绕郭行，篮舆惜未到天平。何当醉抱白云宿，留待明年红叶生。

茂苑偕游亦夙因，忘年小友契朱陈。故人大半成黄土，剩我沧桑历劫身。象甫、小瑀同游，其尊人竹石方伯、抱初观察为余至好。

寿章一山左丞七十

人在蓬莱位列卿，天留老眼望升平。顾荣羽扇挥南渡，杜甫麻鞋赋北征。晋代义熙延甲子，赵家宝祐重科名。少微星与长庚宿，一傍辰垣分外明。近寓天津。

平江公所送尧衢入殡舍

忍读龙场瘗旅文，去年此地有停云。去年十月，与尧衢同吊雪澂于此室。夕阳依旧黯无语，素旐何期又送君。《吊雪澂》诗有“夕阳无语黯神皋”句，君极嗟赏。今又送君于此，能不悲乎？

长至后一日花近楼消寒第一集即席赋简子质志韶伯雨颂年剑丞子有伯夔韫石诸友

去年至后消祁寒，倦知庐叟肇其端。由尧衢召集。浦东二客远莫致，古微、病山以远道辞。近局吾辈恣盘桓。经冬历春送宾主，吹葭忽忽及浴兰。九集恰及上巳，余诗有“修禊结束消寒事”句。今年又届长至节，倦叟先已归道山。执绋昨过吴郡馆，坐逢六逸发长叹。馆中晤子质、志韶、伯雨、颂年、剑丞、伯夔诸君。同是岁寒图中友，良会犹堪拾坠欢。仰希香山集九老，旧人林沈登吟坛。特约子有、韫石入会。兄事仅有一淮海，群贤岳岳今孟韩。花近高楼开午宴，我愧随园富食单。野蔌村沽供醉饱，适闻邻寺饭钟残。酒酣凭栏小延伫，排闼惜少青烟峦。迩时天际彤云合，六出已酿雪花团。作客申江十九载，一阳春已来姗姗。麻鞋间道输臣甫，贺至飞梦落朝班。今日促席共情话，伤离感逝增悲酸。打门适有催租吏，诗兴持较重阳难。勉学添线赋长什，心似古井无波澜。幸逃斗数金谷罚，莫作惊人谢句看。

子质有诗依韵和答

庚蟀相催吾老矣，淞滨十九度春秋。德星聚里宁忘世？至日开筵共此楼。忝附齐年非少壮，偶成佳句独清遒。入吴拟作江南赋，却笑兰成仕北周。

消寒一集曾赋长句志韶子有
伯夔均有和章仍叠韵酬之

阳回岁晚沧江寒，身世茫茫感百端。无事袖却观棋手，有时运甓学陶桓。开径喜延三益友，善交入室皆芝兰。秋蟀春庚等闲度，心似痴云早还山。九九消寒成故实，今年人少增浩叹。为延旧雨兼今雨，雪天留饮强为欢。淮海临觞赋奇句，夏侯词令风骚坛。我歌长什作喤导，寒郊何敢希豪韩。三杰同音等笙磬，投分宁愁形影单？悬知落笔快风雨，唾壶击碎灯挑残。探颔得珠推妙手，拓胸有壑飞层峦。成功将频挥羽檄，入定僧如坐蒲团。才穷七步吾滋愧，金堤甫上觉槃珊。良夜抛砖引群玉，成佛灵运登仙班。八音协和尽美善，五味调剂合咸酸。白雪纷纷答下里，阳春法曲赏音难。品题傥借司空笔，山之嶙峋海波澜。花近楼中揩雾眼，摊笺不厌百回看。

往岁梁文忠公自崇陵种树归余有赠诗并以西湖吊于晦若诗就正忽忽十余年已不复记忆矣缫蘅祠部出以见示纸墨均尚完好重展一过惓怀旧雨不觉怃然爰题二绝于后

感逝伤离无限意，诗成手写付葵霜。何时误落琉璃厂，转累陈思什袭藏。

雪痕随处印鸿泥，寒夜挑镫认旧题。劫火不烧犹剩我，故人墓草已萋萋。

十一月十六日花近楼夜宴赋简叔迁都护并以赠行

烛为催诗刻，砖缘引玉抛。一门坡颍集，兼简子怡。两世纪群交。

村酒沽新酿，山蔬乐野肴。当头昨夜月，今又挂林梢。

乱世同天宝，麻鞋愿未乖。鹤梅成眷属，松杏拓吟怀。叔迁有关外之行。远驿鸣征铎，行宫进膳牌。春申如再到，灯火话寒斋。拟回沪度岁。

一山天津书来以诗见怀依韵和答

朔风扑面浦江寒，老作留人强自宽。冷月穿帏欹枕待，横云成岭卷帘看。春明往事浑如梦，神武归来早弃官。羡尔近光天尺咫，上林获寄一枝安。

小寒日消寒第二集子质军门同年招饮江楼即席赋简

宠荷秦邮一纸书，江楼载酒又停车。却从豹隐藏名后，回溯龙飞造榜初。快雪漫临争坐帖，是日有雪意，余以齿序居首席。夕阳还照倦知庐。悼尧衢。黔山湘水归无地，白发临觞感劫余。

豸冠换著铁兜鍪，锡命恩叨异数优。宫内俄传投玉玺，域中从此碎金瓯。诗吟白社称遗老，瓜种青门隐故侯。今日郇筵惭上客，一尊共话黍离忧。

子质席间以诗督和依韵奉酬

多闻直谅成三友，美味熊鱼得两全。葭琯灰飞逢至后，梅花香发在春先。当年羽檄挥诸将，此日觥船集众仙。酒半为君歌一曲，醉归容我得安便。

子有馈惠泉闽柚赋谢

水递速邮传，甘分第二泉。契怀原若渴，活火试相煎。雪碗茶初熟，风炉竹早编。惠山僧寺有竹炉。在山清趣味，惭愧出山年。

乡树寒烟里，天涯旧雨思。箬包香郁郁，筐荐实累累。已快登盘早，翻嫌上市迟。闽南春又到，还谱荔枝词。

雪夜花近楼即事

宾酬主劝酒杯宽，银烛烧残夜未阑。云水画图归眼底，絮盐诗意入毫端。花为四壁娇含笑，雪扑重檐锦作团。炉火围红波泛绿，氍毹老鹤不知寒。

题倪远甫手临黄庭经全本即以为寿

工书夙景倪鸿宝，彩笔而今有替人。一勺墨池功德水，毫端飞洒砚池春。

人生难得是稀龄，落纸云烟妙写经。不用烧丹兼炼汞，前身位业本真灵。

仁和许玉年先生孤山补梅
图卷高野侯世讲属题

丁未入杭别句吴，山妻伴我来西湖。湖上风景万态殊，迎眸瞥见孤山孤。山中先寻处士逋，咸平此地结精庐。梅为妻兮鹤为孥，玉簪入土骨不枯。遗稿绝少封禅书，如此高风旷代无。八百年来只须臾，放鹤亭圮巢居芜。墓门何堪窜兔狐，玉年先生古为徒。兴废举坠忘艰劬，同舟矧有友印须。百堵皆作万灵俱，经冬历春完塈涂。杰阁依旧贯斗枢，亭开四面长菰蒲。特补梅花六百株，更留双鹤好将雏。焚香酌醴叩灵符，薄采蘋藻荐神厨。词为谱兮图为摹，征题遍逮鸿都儒。文采风流谢凡夫，万里一官舄化凫。回首家山意踟蹰，手泽珍付筠清储。哲嗣星叔尚书有筠清馆。文孙一掷劫火余，合浦何时还明珠？又在高家见此图，楚弓楚得言匪诬。老妻曩日过庭趋，咏絮曾博谢公誉。为话往事增嗟吁，右台宿草已萋萋。内子殁后葬右台。麦饭谁荐北山盂？先生墓在北山。野侯家世千金躯。宝此不啻青珊瑚，慎勿案前寒具污。

月前偕六侄子式作姑苏之游曾赋诗纪事顷读少眉黔中书并八叠韵诗追述先德诚巨制也仍赋纪游长句八叠韵奉寄

君不见山塘台榭连七里，抱城一曲沧浪水。两载姑苏作主人，重来感慨系之矣。江南米贱民事丰，无人更寿使君公。东坡罢徐州诗："酒寿使君公。"喜挈阿咸共蜡屐，戒途不忧阮籍穷。寒山夜半客船到，月落乌啼助清啸。铸铁几人留姓名，寒山寺旧毁，钟亦不存。余官吴时，命匠范铁为钟，镌姓名其上，并建钟楼。访碑三老付凭吊。寺内文待诏书张懿孙诗碑已残缺，爰请俞曲园丈补书立石，并释江枫之疑。营开细柳张军威，一笑灞棘儿戏非。空明宝带桥边水，犹映斜阳浣铁衣。旧筑营垒宝带桥左，已改为伤兵疗病院。虎丘近在天尺五，说法石上千人数。益州衔命我西行，此地即是东门祖。丁未秋，由吴移蜀，吴中官绅在虎丘祖饯。留园文宴集邹岩，涵碧双鹤胎非凡。树石忍看豪贵夺，门榜犹署尚书衔。盛尚书留园为吴下冠，闻已籍没，尚未发还。其余名胜皆亲历，纪游好编竹林集。与侄唱和诗题为《联吟小草》。逆旅谁吹吴市箫？岩城愁听戍楼笛。我别金阊阅岁年，爪泥重踏心凄然。伯鸾未赁皋桥庑，元亮空怀栗里田。世好朱陈结小友，朱象甫、陈肖璃两世讲同游。名山事业期不朽。转徙同为避地人，乐哀难遣中年后。风雪催人易白头，思归惜少仲宣楼。裁诗远寄少眉子，老夫魂梦落苏州。

江楼夜宴赠玉华女士

纨扇秋风忆画兰，碧油迎到岁将阑。人如美玉评无价，曲是阳春和已难。翠袖重围三载别，红毹一片万人看。隔江往事怜商女，对酒今宵破涕欢。

嘉平朔日志韶太史招饮江楼作消寒第三集得句奉简并示坐中诸友

消寒图成数用九，三九谚传水不走。古谚："三九四九，湖水不走。"今岁奇冷似壬辰，天文台报告："寒甚，似壬辰。"三十九年一回首。六出花飞冻未融，编竹自缚扫雪帚。风定俄增半臂寒，御冬尚有旨蓄否？打门忽报雁书来，良朋折简速诸友。我亦忝为坐上客，笑问酒家何处有？临江重上最高楼，握手为欢呼某某。主人旧是玉堂彦，才名岂落谪仙后？沧桑历尽陵谷移，敛袖闲却修凤手。同来申浦作流人，坐阅江春几梅柳。开筵恰际嘉平朔，抚时还期汉腊守。冯梦华沈子培王雪澂余尧衢不可作，剩我偷活成老丑。破除戒律浇胸垒，未妨卯饮直到酉。酒阑日暮盍归来，邻寺又闻蒲牢吼。闭门造句学无已，挑尽残灯吟弄久。赐餐缅想淳化年，淳化二年十二月朔日，赐百官廊下餐，事见《玉海》。回望京华依北斗。

是集伯夔因病不赴而和章适至即夕自聘三宅宴归仍叠韵酬之

排日开筵君次九，龙头居然属下走。一六常会，轮应掣签叙饮，此次余得第一、君第九。腊鼓催年强为欢，何用樽前嗟白首？君才捷于七步曹，我亦自享千金帚。兴酣落笔写胸臆，不待推敲商可否。宾楼午赴喻侯招，直谅喜集三益友。宵来复预扶风筵，二者得兼熊鱼有。六博弹棋夜未央，列坐欣联某与某。君忧采薪不果来，饮至匪关防风后。凝绿馆接玉霜簃，主持风雅资大手。临江灯火起楼台，春光漏泄将舒柳。闻歌端可却病魔，二竖何能长厮守。传闻超山放早梅，老干著花不觉丑。会须折遍南北枝，强似奇探大小酉。作赋亦思学广平，只恐枯肠不能吼。烦君病起先过我，坐待勿使虚左久。小红低唱大白浮，醉倚北窗数星斗。

腊八日消寒第四集子有提学招饮赋简

献佛今朝合借花，双弓一米旧生涯。曾陪邻寺高僧坐，先于邻寺访僧。又过孤山处士家。开瓮香浓斟腊酒，烹泉火活试春茶。主人以惠泉水烹碧螺春饷客。当筵顿觉枯肠润，只恐诗成日已斜。午集申散。

冒雪归来适接伯夔和章再叠前韵奉简

雪天银海炫生花，玉戏天公兴靡涯。促席清谈容我辈，闭门高卧属君家。联吟重检苏台草，破睡还烹顾渚茶。底事胆瓶香澹远？一枝梅萼影横斜。

消寒席上有谈旧京销夏事者三叠前韵

净业湖边盛藕花，市楼一角傍西涯。闲穿柳岸寻高庙，曾过梧门访故家。法梧门故宅尚存。土瓮烧刀人卖酒，瓦瓶香片客呼茶。御冬忽漫思销夏，池馆无忘白米斜。白米斜街庆和堂为销夏胜地，在十刹海。

雪夜得之招饮四叠前韵

获醉琼筵晚坐花，比邻幸不隔天涯。寒松傲雪开陶径，玉树临风是谢家。市隐韩康惟卖药，席间谈某君售药致富事。山居陆羽试煎茶。柝更何用催归去，情话西窗烛影斜。

忆藏海旧游五叠前韵

仙馆琅嬛遍种花，藏身端合海之涯。津署园林佳胜，余名之曰藏海。中有琅嬛仙馆。藕边游戏鱼吹沫，松下将雏鹤有家。醉遣且沽津市酒，渴来还吃赵州茶。北门一别成追忆，料得红楼日影斜。园中红楼矗立，预备宸游阅伍。

得黔中书却寄六叠前韵

廿年不看故园花，怅想南明水一涯。贵阳南城有南明河。铜鼓迎神郎主庙，老郎庙为梨园子弟供奉，春时香火极盛。芦笙跳月女儿家。参军蛮府留吟草，峒户螺峰采贡茶。曾是儿时钓游地，只今霜染鬓丝斜。

寒夜遣兴七叠前韵

早春消息到梅花，梦绕山陬又海涯。拚典冬裘忘作客，乍闻腊鼓顿思家。多收橘实防成枳，广种桑枝拟拔茶。雨后冲泥何所适？一灯红照酒旗斜。

怀伯岩同年庐山八叠前韵

零落春城一榜花，东风不度曲江涯。临歧送客偏迷路，入定如僧却在家。破涕为欢聊纵酒，耽吟损睡不关茶。迦陵老友今无恙，兀坐开先待月斜。

十一日公宴襄孙伯夔九叠前韵

华筵献斝烛生花，南极星辉照海涯。尚䌹无惭旧史氏，子才原是古文家。客来一醉频呼酒，诗到双清为饮茶。两君即席赋诗。三寿朋尊留后约，肖雅生朝亦届。梅传芳信数枝斜。

十四日伯夔初度小诗为寿十叠前韵

长侍金萱晚著花，还从学海识津涯。耆英文富同高会，公子原尝本世家。位业真灵衡岳芋，旨甘洁养洞庭茶。来函云："乡人饷洞庭君山茶。"却缘亲在难称老，斑彩生朝醉舞斜。

公宴席上伯夔有诗依韵和答

著书延岁月，不管海成田。世事悲棋局，生朝进酒船。茶香宜醉后，梅信发春先。裘马佳公子，心惟恋一毡。

次韵答襄孙即以为寿十五日生

官罢仍为客，一廛二十年。系承中垒后，生在老坡前。久共西园集，新开北海筵。长城诗律健，自寿富吟篇。

潜庵过访赋赠

只道崎岖万里行，还留海上看潮生。麻鞋身际唐开宝，杯酒欢联汉勃平。落纸云烟天语重，压装风雪客衣轻。临歧忽忆金阊戍，斜日荒寒细柳营。余抚苏时，君参戎幕。

十七日肖雅观察七十晋六揆辰作此为寿

南飞鹤曲寿坡仙，览揆君还二日先。枕畔书镫寻旧味，巷头腊鼓送凋年。交盟白水堪投璧，官似青天不爱钱。玉镜台增新咏事，孙枝双拜绮筵前。文孙甫于上月授室。

南浦归来作遁翁，曾无冰炭在胸中。书香带草瑶阶上，诗兴官梅画阁东。梦醒回看鳌禁月，退飞还御马当风。长生不借丹砂力，白发朱颜又转童。

二十日消寒第五集颂年提学招饮即席赋简

藜床寒透枕边戈，腊鼓声残奈老何？尊酒今朝陪北海，瓣香昨日寿东坡。黄垆感逝春应恼，十八立春，慕韩先一日逝世。昨往哭之。白社催诗债已多。颂年工诗，而懒执笔。情重汪潭千尺水，元龙豪气肯销磨？

颂年久不作诗席间复得句催之

物候春来便不同，旧游曾否忆玲珑？抱琴君是汪元量，惊坐吾惭陈孟公。正好狂吟嘲饭颗，况承远道致郫筒。席用川庖。飞花夙擅韩翃誉，颇愿低头拜下风。

二十一日子有寓斋雅集冒雪而归诘朝喜霁以诗纪之再叠前韵

春黍安能强用戈，苦心笑我学阴何。亲朋落落沙淘浪，岁月骎骎马注坡。雪舞筵前灯影乱，诗题襟上酒痕多。朝来坐爱晴窗暖，冰砚初融受墨磨。

雪后襄孙伯夔招饮三叠前韵

玉龙战罢戢干戈，腊酒交欢意若何？兰畹才名驰楚泽，木天清望重銮坡。二豪劝客醒兼醉，一饱当筵旨且多。火急催诗烦刻烛，吟成不暇细磋磨。

寒夜遣兴四叠前韵

老眼天留看干戈，劫灰历尽感如何？花间召客星临户，竹下寻僧雪满坡。鸿雁劳人安宅少，鲫鱼名士过江多。敝裘破帽行吾素，强饭休教病折磨。

闻友人谈北事五叠前韵

起废争操入室戈，康成曾事劭公何。饱鹰刷羽横驰塞，怒马离缰劲下坡。覆辙寻途前鉴远，积薪居上后来多。平生夙懔金人戒，言玷如圭尚可磨。

自嘲六叠前韵

儿时取印并提戈，老俟河清寿几何？岂有遗经传石室，愧无清梦到金坡。百壶酒洌聊为醉，一字诗贫不在多。欲向歌台聆法曲，旧人绝少敬新磨。

读王渔洋菁华录七叠前韵

负弩前驱忽倒戈，新城颇奈益都何。索瘢手订谈龙录，吊古诗嘲落凤坡。落凤坡不见正史，渔洋入蜀有《吊庞士元》诗，一时诗老讥之。毕竟正宗殊伪体，袁简斋语。须知要好胜贪多。与竹垞齐名，有朱贪多王要好之谑。风流未歇菁华在，万丈光芒亘不磨。

灯前课诸孙书因忆鲤庭学诗事八叠前韵

无衣诵罢解修戈，余七岁入塾，先大夫口授《秦风·驷铁》、《无衣》等什。敌忾同仇愤若何？世守一经书满榻，家徒四壁浪缘坡。旧宅贵阳城东三浪坡。白云移舍亲安在？红烛催诗泪已多。七岁孤儿今老大，泷阡未表碣空磨。

岁不尽二日肖雅招饮九叠前韵

弭乱谁投讲艺戈？积薪厝火感如何？幸依东阁叨陪逊，却对栾城怅想坡。叔迁在坐，惜子怡不果来。竿木逢场消夜永，笔花溅泪得诗多。席间出示《挽慕韩》诗，极哀痛。一庐风雪无他物，书任堆床剑许磨。

与友人夜话十叠前韵

偃武无须字带戈，浇愁镇日饮无何。唐贤艳体温兼李，宋派新诗谷继坡。三舍我方临阵怯，万言君已患才多。此心合似空明镜，不受尘封利用磨。

除夕即事用颂年消寒五集诗韵

衣冠挂后百无有，宁向人前习唯否？麦秀歌残毫社移，我亦殷顽愧商耇。廿年作客沪江滨，今夕寒檠独可亲。已闻爆竹喧邻巷，预办椒盘荐五辛。献春岁忽更新历，守腊吾犹是陈人。藜床高卧病初起，心事如潮不能止。沈冥深海去官迟，忧患端从读书始。排遣凋年总费辞，家书昨到信还疑。青年向学天胡靳？接杭州书，惊悉青侄之变。白首偷活亦奚为？花近张筵楼百尺，儿妇骈拜孙绕立。饯岁今宵须尽欢，莫使临觞三太息。

◎卷四

辛未

自　序

右古今体诗若干首，为辛未一年之作，而余年已七十六矣。年既加长，而诗境不与之加长，限于天赋，无可讳言，然得力处均自艰苦中来。平生不喜作险怪之词以欺人，亦不愿徇俗好尚以欺我，惟自适其适而已。会值沪乱，闭门谢客，因获裒辑成集，详加审定。时闻北炮火声正隆隆在书案间也。

壬申正月上元夕，庸庵自序。

元旦口号

处士星移隔岁躔，望春春在草堂前。梅花养艳泥融雪，柏子飘香篆袅烟。万里未归肠转毂，片时假寐梦朝天。放翁纪事诗成例，七十之年又五年。

午后冒雪游半淞园

元辰选胜布鞋忙，江上犹存旧草堂。半剪地邻淞水曲，乱飞天纵雪花狂。桥栏易折迷前路，酒旆难寻失醉乡。惟有残诗留疥壁，不堪重读九回肠。余旧有《题壁诗》十八首。

襄孙有诗依韵和答

风飐青旗曙色新，韶回依旧客中身。诗岩白战缘吟雪，酒爱黄娇为买春。坐有亲朋忘老病，地无城郭感人民。沪城已折毁，君曾观察此地。剪淞一半园林好，胜日寻芳到水滨。

即夕花近楼公宴适诵肖雅元旦诗爱和韵奉简并示坐上诸友

朋尊醵饮集元辰，高会南楼十四人。列坐衣冠名士宴，渡江梅柳旧年春。花迎翠袖难藏艳，酒典貂裘不算贫。莫扫门前三尺雪，夜归免踏六街尘。

席次子怡出示雪诗依韵和答兼简叔迁

酒坐生春斗室宽，两行红烛夜将阑。久抛朝笏违中禁，雅集朋尊值履端。纠缦甫看云物换，乱飞又见雪花团。君家兄弟今坡颍，听雨联床守岁寒。

初六日伯雨提学招饮市楼作消寒第六集赋简

履端仍旧朔，有客款我门。拱揖各为礼，饤盘开南轩。厄运逢阳九，时局无可言。朝正望行在，间道迟星奔。强作宜春语，中有涕泪痕。不图人日前，折简倾玉尊。青帘扬酒家，兼味罗盘飧。消寒已六集，寒意何曾温。瓦罐有余雪，牖隙迷朝暾。但博一日醉，藉祛百虑烦。昔官共江汉，清节懔悬貆。汪汪黄叔度，千顷波无垠。我移北门钥，涉湘君吊原。武昌首发难，楼碎洲踢翻。

同为沪江客，德星聚一垣。频年至后饮，朋觞集小园。居夷讳言陋，双轮驰转辕。冯梦华沈子培久不作，王雪澂余尧衢近招魂。曩日坐中友，迄今几个存？与子草间活，齐年谊尤敦。比邻距咫尺，灯火两家繁。中夜推枕起，不隔柝声喧。遥情悲逝水，近局乐更番。众宾笑开口，一老声独吞。排闷强赋诗，敢希压白元。傥续草堂句，明日人日。重与岑高论。

人日庄得之招饮

高会琼筵喜坐花，二分春色在邻家。草堂客到逢人日，金谷诗成醉晚霞。烧烛顿忘银箭永，开帘新见玉钩斜。衰翁腰脚今犹健，曳杖宵征步代车。

伯雨坐上志韶出示和昌黎人日城南登高诗依韵答之

太史鸿博才，弱龄不好弄。冷署历华资，珥笔手呵冻。巍科擢高第，骎骎卜大用。一网撷珊瑚，三天列侍从。国变赋归来，琴书一鹤共。挥戈无鲁阳，寒日虞渊送。筑宅傍西湖，心迹寄菱葑。春申结吟社，兴到笔飞纵。诗寄逢人日，人事谢倥偬。麦秀黍离离，语长心郑重。来诗多忧时语。

人日志韶复有诗来伯夔首和余亦继作仍用昌黎城南登高诗韵

我虽不工诗，亦颇耽吟弄。襄阳逢人日，风雪途冲冻。丙戌北试，在襄阳遇人日，有诗。郎潜万人海，樗材不适用。潭潭两尚书，春游屡陪从。京师每岁人日，曾陪廖仲山、李苾园两尚书游宴。衔命临吴楚，屐齿宾僚共。丙午抚吴，己酉督鄂，人日曾作沧浪亭、晴川阁游，均有诗。一自出北门，此乐已断送。辛亥岁尽，乞病获允，壬子人日亦有诗。然已成麦秀之什。垂老念家山，何处买田葑。今岁值灵辰，人日，一曰“灵辰”。邻瓮酒须纵。是日饮比邻庄君宅。联吟继岑高，身闲意倥偬。强学浙派诗，志韶浙人。吾惭查夏重。

八日荒斋小集赋简肖雅玉山叔迁

绮陌春风扑面迎，偕来旧雨值新晴。芳韶屡换仍流裔，丧乱初平重友生。醒醉几人共樽酒，输赢一局付棋枰。西窗茗话烧红烛，活火烹泉夜气清。

九日用和世兄招饮寓园即席赋赠用杜少陵赠卫八处士诗韵

老友失公叔，谓尊公晓南观察。大事无可商。有子懔庭诰，克迪前人光。嗟余草间活，惟余两鬓苍。家山不得归，一日九回肠。名园荷嘉招，扶杖获升堂。对坡更怀颍，肃肃双雁行。博泉未到。白云新舍近，远游必有方。用和营业蚌埠，刻在申养母。春到甫九日，酌我列壶浆。老懒不谐俗，子弟薄膏粱。对君如饮醇，狂欲倾千觞。邺架罗群籍，诗书滋味长。隔篱醉邻叟，旧梦殊渺茫。与晓南比邻居，十有五年。

十三日祝釐礼成恭纪并怀津门诸友

日绕龙鳞丽紫宸，万年枝动万年春。群公剑履趋行殿，野老江湖拜下尘。听漏早违中禁月，试灯喜近上元辰。北征往事输臣甫，稷契之间愧致身。

元夕雅集鹿笙出示除夜感怀诗次韵奉酬

诗清喜共旧人新，世乱能全劫外身。万口政碑留岭峤，一肩书担滞淞滨。飞花屡召丰年雪，爆竹催回大地春。灯火又开元夜宴，论交公瑾酒同醇。

夜梦仲山尚书

老病亲朋涕泪中，九原可作梦魂通。四朝闻见今殊昔，十载居停我累公。风月清谈共徐勉，梦中并晤颂阁协揆。开天遗事惜姚崇。河山破碎家安在？葛帔西华感喟同。

燕九节消寒第七集伯夔世兄招饮寓庐赋简

沪江共羁旅，投分独相亲。甫罢烧灯宴，还寻卧雪人。梅花东阁兴，萱草北堂春。昨届太夫人八十有五生辰。子近依亲舍，吾甘作幸民。陆放翁诗："耽酒颓然一幸民。"

昨过黄垆饮，山王对举卮。人日伯雨招饮。重邀莲社友，再续草堂诗。感逝山阳泪，杨寿同新逝。怀人剑外思。王病山入蜀。多君招近局，如醉习家池。

节候逢燕九，春游忆旧京。帝城红日近，仙观白云生。貂珥驰中贵，香花拥上清。酒边温昔梦，老去不胜情。

今日是何日，中原未止戈。雍凉骨填壑，章贡水扬波。射虎心徒壮，闻鹃意若何？棋枰猧已乱，不用感樵柯。

是夕鹿笙席上肖雅出示诗穷一律意颇抑骚作此广之即步其韵

运腕虽迟琢句工，多文为富讵云穷？扬州吟阁争迎逊，吴下登堂早识蒙。著想顿超尘壒外，忘形都在笑谈中。荔香南北开诗社，一字推敲两地同。

北宋石曼卿大楷书筹笔驿诗卷章君保世属题

诗才谁似蓉城主？吊古能知筹笔心。名士经纶高士咏，留将墨沈重文林。

展卷如临八阵图，还从笔阵识阴符。千年宝物风云护，宾坐休教寒具污。

上元望后喜子式侄来沪逐日畅叙作此示之

岁首寒料峭，渡江滞梅柳。但觉雪盈尺，不知春到久。客腊十八立春。独客意寡欢，令节辄呼负。草堂人日诗，寂寂上元酒。汝今来较迟，乃在落灯后。睽别已四旬，韶回又携手。清白吏子孙，祖父泽孔厚。庭绍吾滋惭，楹书尔世守。时局几翻覆，先后归林薮。与世少爱憎，逢人但唯否。岁月感不居，钖辘双丸走。汝亦非少壮，何况余老朽。饤盘共咬春，节物逢燕九。白云何代寺，望京每依斗。且作平原留，传觞速某某。曲唱隔江女，魔舞东邻妇。排日事游衍，不妨卯及酉。夜深更剪烛，斜月上窗牖。入林慕籍咸，醵饮怀广受。袖中吴郡诗，旧游重回首。客冬同入吴，有《联吟小草》。

二十一日纪事

打门有客快携笻，竹院逢僧兴转慵。平日听钟羞饭后，此来却少饭前钟。

傅青主先生草篆诗轴项松茂处士属题

行书昔佩而农叟，旧藏王船山先生行书大轴，逸社诸老诧为罕见。草篆新窥老蘗禅。三晋云山供啸傲，传神直到彩毫颠。

白衣宣至白衣归，肯向中书咏紫薇？劫火不烧遗墨在，眼中吾老认依稀。

花朝日消寒第八集韫石观察招饮容园即席赋简

花信到花朝，芳园荷见招。平分春色好，明日春分。奚止二分饶。

槛外篱笆疏落，窗前石笋玲珑。柳弱不禁烟锁，棠娇犹待霞烘。

谊情似海屋如舟，惆怅花间倒玉瓯。地下难兄呼不起，谓冕士。却从难弟续春游。

次韵答肖雅

竹下相逢快入林，荔香诗味苦搜寻。君有荔香吟社。论交幸不神形隔，阅世浑忘岁月深。沧海成田惊过眼，白云出岫已无心。独眠恐被花枝笑，自拨炉烟爇水沈。

对月有怀湘岚同年婺源即用元日见寄诗韵

一为江海客，荏苒到于今。旧雨音尘隔，繁霜鬓发侵。诗情梅阁远，书味柳堂深。举首望明月，遥遥千里心。

十四日消寒第九集夏剑丞提学招饮寓园先期绘赠九九消寒图爰付印人俾公同好酬之以诗

夏侯夙工诗，亦复精绘事。贻我消寒图，画中有诗意。我病在诗多，雷同语滋愧。大雅卓不群，十旬无一字。今日娄尾宴，赏春秉高致。沪西好园林，卜宅远尘市。五家十家邻，三弓两弓地。池柳黄未匀，篱桃红自媚。辛夷开已谢，海棠娇尚睡。水竹辋川居，花木平泉记。缩入图画中，毫端簇金翠。传观惊四坐，独获我珍秘。昔人画水石，五日十日迟。若人赠一图，腕脱意难遂。昔人日课诗，编年待排次。若日绘一图，丹青老将至。割爱非所愿，博施亦匪易。取与两俱穷，踟躇复再四。急谋付印人，十幅光白贲。细审面目真，未觉林木异。众宾各取一，画师亦拜赐。余一图转赠剑丞。此图共什袭，斯会良足志。酒半起致词，一笑作平议。自惭非文通，彩笔花已萎。从此藏吾拙，庶免贪多累。学画又未能，耄矣甘自弃。君学富渊源，大可万言试。上者追建安，唐贤争坐位。已夺都官席，何须遥执贽。只合付时流，用作昌歜嗜。闽人某谓其乡人某诗绝似梅圣俞。今年春较寒，壶觞集衡泌。凄断过花朝，踏青滞芳屣。兰陔爱日长，杜门善养志。作画兼作诗，熊鱼何轩轾。再续消寒会，佳句先鼓吹。

寒食携孙辈龙华寺看桃花

浦西风物足清嘉，童耄春游共一车。七级浮屠天半倚，路人遥指是龙华。

墟里孤烟酿午晴，重绵甫脱布鞋轻。廿年客里逢寒食，老我江湖白发生。

石泉槐火几番新，百劫销沈剩一身。怪底今年春寂寞，拦舆不见卖花人。

寺僧香积爇松柴，当日延宾冯沈偕。太息章侯成北客，打钟难饱饭堂斋。往岁二月，一山与寺僧元照上人折简款客，梦华、乙庵诸老咸集。今一山已北去，冯、沈均作古人。庙貌依然，非复从前香火之盛。

一路春风放纸鸢，俊游恰趁乍晴天。渴怀雅抱卢仝癖，茶肆先投七碗钱。

行遍长桥又短桥，暖风吹送卖饧箫。撚髭苦被雏孙笑，已有诗情上柳条。

营荒细柳散轻烟，广武成名亦偶然。寺左旧驻兵，置护军使署，今废。何处花飞红雨落，土山湾下草芊绵。

寿杨母张太夫人八十

扶杖来称寿母觞，德门爱日正舒长。蟠桃岁熟开西宴，萱草春晖慰北堂。经笥旧传纱幔训，襄机新织锦云裳。洁馐馨膳晨昏奉，合补兰陔第一章。

襁负芦中有福人，丹山老凤独精神。三朝锡诰黄封贵，八座欢颜白发新。生届花朝迟二日，星明宝婺耀三辰。台莱预祝期颐庆，占却梁溪一县春。

清明日花近楼小集示坐中诸友

九十春光今过半，石泉槐火又清明。纵饶临水登山兴，昨游龙华，即日往杭州。难遣思家上冢情。乍听莺声新出谷，预防猧乱早推枰。厨荒草草无兼味，鸡黍留宾愧举觥。

次韵答余节高

憔悴黎臣感式微，家山入破更安归？已拚行迈伤离黍，时复长歌托采薇。运甓纵酬陶侃志，枕戈还冀鲁阳挥。草间偷活应惭我，劫后余生迈古稀。

陆沈从此失神州，百尺亦非旧日楼。几见鹤曾识华表？似闻乌尚集延秋。汉家光复资平勃，唐室中衰误李牛。不幸与君逢丧乱，杜门只合避人稠。

杭州即事

万峰环翠水铺银，如此湖山信可人。有柳有花兼有酒，宜晴宜雨最宜春。惜无北客携游屐，林诒书不果南来。早拟西湖理钓纶。旧日楼台风景异，鬓霜我亦白头新。

冒雨北山上冢

笠檐蓑袂笋鞋轻，身世茫茫百感并。迷路未妨泥滑汰，拜阡甫过节清明。酒怀应共吟怀减，雨点偏随泪点倾。深负联床兄弟约，更无好梦到彭城。

入右台山

岁岁山中拜杜鹃，今年腰脚不如前。剧邻芳草绿无地，忍看春花红满天。容我三生留后约，羡君几辈得长眠。剪刀风里寒如许，节候匆匆过禁烟。

游汪庄戏简主人

不让水云独千古，西泠今有抱琴人。久抛梅鹤孤栖稳，广拓园林缔构新。好向王维摹画稿，须知陆羽是茶神。以茶业起家。我来岂为寻花柳，入听还思识曲真。主人雅善琴。收藏名琴最多。

约渭英稚威六侄子式作兰亭之游中流阻浅惆怅回舟纪之以诗

十年不作浙东游，行至吴江地尽头。拟向中流狂击楫，却缘浅濑怅回舟。老怀已负澄清愿，壮志都成逝水流。漫说兰亭春禊好，山阴道上最宜秋。拟于秋后重来。

东游未果折回江干观海楼啜茗率赋解嘲

隔江岚翠入楼中，无分题诗遍浙东。败兴总缘少佳客，息劳聊以慰衰翁。亦知湖上句留久，只恐山阴应接穷。闻道岩滩春涨绿，退飞六鹢又乘风。子式侄拟约游桐江。

游高庄

芳郊幸不隔层城，宿雨朝来喜放晴。日射澄波山倒影，风围远树鸟传声。几人林壑酬初志，到处亭台易旧名。门榜犹存花事寂，黄垆重过不胜情。

上巳日携家人往江湾叶园看牡丹得句示六侄子式

感时不是永和春，曲水流觞集令辰。迟向兰亭修禊事，昨游浙东，中途折回。江湾来作看花人。

姚魏纷纷斗紫黄，名园花木费平章。春风十里芳尘软，如过宣南白纸坊。北平崇效寺牡丹五色俱备，寺临白纸坊。

重九菊花重五榴，繁华已占夏和秋。瑶台秾艳春三月，为有天香在上头。

七宝庄岩绚绮霞，去年人已隔天涯。上年筱瑀偕游，今在北平。白头留得朱颜驻，又醉梁园卖酒家。

绝少群贤集水滨，是日阴，游客极少。锋车合载一家人。竹林喜得阿咸共，尚拟扁舟到富春。

聂室俞节妇哀词

相聚百年终一散，用《绝命书》中语。懔然大节泣长离。未偿黾勉同心愿，忍诵从容绝命词。此日望夫空饮恨，他时同穴岂无期？吾乡女教风犹古，表墓来看堕泪碑。

夏剑丞伉俪赠牡丹赋谢

茜纱窗外报花开，眉案余闲手自栽。为念衰翁萧瑟甚，锦车亲送鼠姑来。

倚遍芳园九折栏，先后往叶园看牡丹。斑骓催返兴终阑。君家自有临风锦，莫作寻常富贵看。

才赠丹青九九图，消寒九集，承绘图见赠。更分清供玉盘盂。对花不用胭脂买，活色生香伴老夫。

上巳后六日重游叶园用肖雅修禊诗韵

一路饧箫不断声，暮春天气半阴晴。林花带露红情湿，原草含烟绿意生。几处燕莺争睍睆，十年台沼费经营。重来定被东风笑，马踏香泥绮陌平。

连夕花近楼雅集示子怡象甫

博枭壶马慰衰慵，难得觥觥二隽从。一刻春宵金论价，十年雪迹梦留踪。临觞莫话前朝事，揽镜全非旧日容。卜夜不妨归去晚，坐闻邻寺五更钟。

即事简肖雅

并刀半剪沪江寒，甫著春衣春又阑。乍雨乍晴佳日少，不夷不惠置身难。识迷岂必成今是，尚友惟应结古欢。棋局易残柯已烂，未妨袖手著旁观。

三月十八日远甫约游灵岩临发为风雨所阻不克戒途报之以诗

不到灵峰最上头，连江风雨阻清游。办装早蜡看山屐，败兴偏回入剡舟。已负故人炊黍约，还增独客饯春愁。明日立夏。行程屡被天公妒，上月浙东之游，亦于半道折回。输与沙干浩荡鸥。

花草吴宫一刹那，馆娃宫已圮。访碑人已隔山河。山下，韩蕲王墓碑屹立。好风千里劳相忆，佳日三春苦不多。一春好天气不过二十日。吴越谚语，见《厉樊榭诗注》。蒋径未妨苔再扫，黄垆应许客重过。抚今怀古增惆怅，起舞中宵发浩歌。

番禺陈大令樾乞题屈翁山先生墓左八泉亭润苔方伯书来特赋此诗

甲申而后称遗老，岭南三家驰誉早，公望尤为世倾倒。何处青山好埋骨，二百年来墓草宿，招魂合在珠江曲。子房报韩事不成，忽儒忽释概生平，不幸仅以诗人名。国社已随明社屋，惟公正气弥陵谷，八泉亭上风谡谡。陈侯阐幽风义古，七二珠泉奚足数？矧有元凯能绍武。君有子八人，即以八泉之名予之。我亦西山槁卧人，每怀故国便沾巾，题诗下笔不能神。

叠韵答肖雅

独眠情绪五更头，作客姑苏忆旧游。邓尉探梅曾并辔，石湖穿藕又同舟。劫灰屡换君犹在，雪爪重寻我亦愁。晚岁江天萍作合，平沙梦稳不惊鸥。

赢得闲居赋有那，百年人寿俟清河。留春未许风情减，好客无嫌酒债多。深巷泥融新雨后，小楼帘卷夕阳过。相思室迩人非远，唐棣诗兼杕杜歌。

题徐郢长太守秋狝纪恩图卷

校猎承恩御幄旁，书生绝技擅穿扬。他年五马称贤将，翠羽先腾压帽光。

玉帛重联海上盟，载橐弓矢罢谈兵。迎銮我亦承殊眷，光绪辛丑秋，和议成，余以漕督迎銮，特拜花翎之赐。不及先生际太平。先生拜赐在嘉庆年间。

次韵答肖雅时将出游

好风吹拂自由身，寒雨连江洗劫尘。南渡会须寻木末，东游重拟到兰因。酒能颂德刘伶醉，茶解编经陆羽神。不用一钱评价值，来诗有“我亦先朝一罪人”句。与君勉作九分人。

四月初八日游金山江天寺访青权方丈

占却名山不计春，香花供养退闲身。十年别后各千里，辛酉年，偕沈冕士来游。三老图中少二人。出示《三老图卷》与梁文忠、端忠敏共坐，今惟青权尚存。衣钵再传宗派远，江天一览画图新。逢师不用嗟迟暮，莲社招邀例可循。

焦山感旧

滚滚大江流，中泠稳载舟。为寻三诏客，枨触十年游。葵阁藏书在，梁文忠旧住海西庵，有藏书室。椒山妙笔留。今朝诗眼阔，吟啸藐沧洲。

信宿松寥阁，当年瘦沈偕。辛酉年事。忘机鸥鸟梦，急难脊令怀。阁内有端忠敏铜像及祠，并祀其弟叔絅于左。传蜡三条尽，烹鲥一味佳。庭苔依旧绿，黄土故人埋。沈冕士已逝。

酾酒临江宴，朋簪集自然。将军知讲艺，廉吏不名钱。癸卯夏，由淮移汴，舟过镇江，郎军门桂林丁观察葆元约游焦山，在自然庵设宴。雪爪难寻迹，春痕易化烟。白头犹剩我，流水辍琴弦。

炮火连江戍，山顶设炮台。香花选佛场。是日为佛诞日，寺中传戒约三百人。残灰千万劫，法嗣十三房。摇笔留斜照，夕阳庵中，彭雪芹尚书题“夕阳楼”三字尚存。寻碑到上方。老僧已入定，不管说兴亡。

自然庵心涤上人出示文衡山画卷即题其后

落纸云烟悟画禅，行庵图卷墨因缘。醉余重读增惆怅，庚蟀匆匆廿九年。癸卯年曾署观款。

即夕乘车抵秣陵口占

弓月挂疏林，雷车响易沈。不妨行缓缓，已是漏深深。毂转知桥过，灯繁喜郭临。秦淮今夜到，一醉酒家寻。

灵谷寺

晴郊游骑控鞭丝，一勺寒泉慰渴思。旧雨江州成远客，十年前，拟偕伯岩来游，卒不果。此来刿过牡丹时。

雨花台怀古

百战台犹在，重来意惘然。烽烟余旧垒，花雨散诸天。龙虎空盘踞，牛羊自往还。草棚茶正熟，第二试名泉。台畔有第二泉。

木末亭拜方正学先生墓

坏土埋忠骨，临风泪眼开。书愁种子绝，我为先生来。一字岩铁钺，孤亭没草莱。沈冤连十族，凭吊有余哀。

秦淮泛舟

旧院无人访顿杨，河桥灯火夜苍凉。揭来喜获桃根伴，一别清溪已十霜。

登燕子矶

不共潮流转，屹然留此矶。暖风吹白袷，斜日上乌衣。灵泽蝯同峙，江天鹄任飞。孤舟沈铁锁，壮志廿年违。

御碑亭下敬和纯庙诗韵乾隆辛未年题。

凌虚斗绝不惊澜，莫作寻常壁上看。一自宸题挥宝墨，江天燕子获枝安。

季让约饮鉴园

秦淮波腻碧于油，浅水烟笼夜放舟。小集壶觞宜月下，纵无笙管亦风流。隔帘灯火亲朋影，激箭光阴老病愁。止饮初筵希卫武，为君破戒倒琼瓯。

莫愁湖

河山带砺几侯王，湖寺建徐中山王祠，并筑阁祀曾毅勇侯。不及卢家玳瑁梁。湖水年年随意绿，镜波未改旧时妆。

鼓楼公园遣兴

多难催吾老，登楼俯万方。红飞尘满陌，绿绕树围墙。疗渴倾葡酿，分甘进蔗浆。千家炊正熟，烟缕系斜阳。

谒明孝陵

国社虽已屋，桥山留弓剑。摩挲读残碑，唐宋此龟鉴。纯庙御碑题“治隆唐宋”四字。遥望十三陵，蓟北烟尘暗。惟此一亩宫，江流石不烂。我来日方午，啜茗三家店。不知遗构旁，墩又何人占。陵谷几变迁，吊古发深念。

登扫叶楼遂至后湖泛舟游五洲公园

湖气全吞五部洲，萧疏林木夏如秋。惭无仲举澄清略，怕上龚家扫叶楼。

豁蒙楼怀张文襄公

十庙功臣感废兴，鸡鸣古埭尚崚嶒。豁蒙我慕忧时相，佳句终推杜少陵。文襄权两江时，于鸡鸣寺筑一楼，用杜诗“忧来豁蒙蔽”句署名。豁蒙独据台城之胜。

南游放歌

我欲题诗满浙东，中流折回山阴道。二月游浙东，于中道折回。云林招作灵岩游，临发忽为风雨恼。三月远甫约游灵岩，亦为风雨所阻。春光九十等闲过，闭门谢客悔不早。阿咸适自白下来，为道秣陵山色好。石头城接铁瓮城，京口三山胜三岛。触我平生蜡屐癖，锋车飞渡疾于鸟。朝陟江天一览亭，老僧为我花径扫。金山晤青权方丈。卓午来赴枕江阁名筵，买得鲥鱼供一饱。在焦山饱啖鲥鱼。北固旌旗在眼中，落日风萧隔缥缈。舟抵北固，因驻兵未入寺。戴月宵征兴未阑，又闯岩城越天保。秦淮花事散如烟，莫愁湖光空皛淼。只有燕矶一片石，长奉宸题盛文藻。纯庙三次巡幸，均有诗。胜游回忆十年前，初堂坐花集窈窕。十洲歌拍迦陵诗，合席传觞共倾倒。辛酉来游，仇涞之、陈伯岩两同年招饮仓园初堂，极咏觞之乐。揭来劳燕各分飞，谁向鸿泥寻雪爪？扶筇重上豁蒙楼，江山依旧人已老。丙午由汴移吴，曾到豁蒙楼。天南未绝读书种，绿遍侯城墓门草。雨花台方正学先生墓，今始展拜。抚时感事百端集，万方多难损怀抱。竹林且作三日留，矧有初明共昏晓。九侄昌浠、侄倩沈、季让偕行。鉴园饱啖五侯鲭，季让招饮鉴园。惜少乡味菜根咬。金陵旧有黔庖，极佳。今已闭肆。竟日驱车未惮劳，轫辘但觉诗肠宽。雨后天公忽放晴，清凉山气变炎燠。归装笑比一叶轻，压担只有行吟稿。忝附六朝卖菜佣，云水苍茫笔花绕。多时败兴偶一申，江北江南青未了。

十九日长孙女南馨赘姻礼成志喜

花近楼中花辗然，用昔年沈乙庵同年赠句。一枝秀茁祖庭前。迎来坦腹东床婿，适庐江潘氏。晏砚而今喜再传。

渚宫星月烂盈门，文褓当年裹女孙。己酉六月，生于武昌官署。最是老妻怜爱甚，多栽黄竹楚江村。

织成云锦灿裹车，妙写簪花格子书。记得二南亲口授，鬅鬙短发十三余。

兰室温馨启洞房，眉山螺黛点新妆。猩红泥印鸳鸯谱，恰好清和夏日长。

朱象甫世兄乞题建卿年伯梦梅图卷

吟到寒梅句独工，色香不隔梦魂通。孤山偕隐宜和靖，一幅生绡画放翁。月下美人花弄影，风流名士语盘空。公诗有“盘空硬语似梅花”句。传家亦有桐阴卷，襟带萧闲老辈同。先大夫与公为道光辛卯同年，藏有《桐阴画卷》。

二十三日渭英为余预祝赋谢

西园陪雅集，北海仰高风。鹤发应怜我，猪肝又累公。每岁生朝，承先期置酒。不教棋局罢，肯放酒杯空？重剪今宵烛，衰颜醉后红。

二十五日得之招饮

聊可居中客，君门额署“聊可以居”四字。惟余过往频。星辰瞻北极，灯火话西邻。登馔知鱼美，论交比酒醇。隔墙杨柳绿，长驻两家春。

二十七日象甫招饮

结客豪如昔，移樽花近楼。不教三爵让，回忆十年游。白社留丛稿，庚午诗近编成。青门隐故侯。与君共羁旅，努力绍前修。与君家有三世交谊。

二十八日襄孙招饮

一醉刘伶酒，开筵喜坐花。政碑刊北固，梦毂绕东华。纵博烧银烛，笼诗护碧纱。瞬逢周甲庆，腊事属君家。十二月望日为君六秩正庆。

游京口白下归重晤芝耘观察海上茗谈移晷即送其返秣陵用元作见怀诗韵

相逢一笑客何来，茗话匆匆代酒杯。万劫已无干净土，十年重上妙高台。空群冀北孙阳感，接津函，藏海旧人风流云散。作赋江南庾信哀。我甫言旋君又别，略园旧梦首频回。来诗述略园往事。

已罢长杨赋早朝，微闻修竹谢弹蕉。清时学派融新旧，乱世人才互长消。地隔枌榆经岁别，人如蒲柳未秋凋。临歧不用伤怀抱，赖有音书慰寂寥。

寄怀杨翰西无锡

枉顾频烦屐齿停，缔交深后转忘形。几回诗寄元酬白，一面缘悭尹避邢。酒泛香浓蒲斝绿，泉烹烟袅竹炉青。知君万顷堂中住，永夜怀人梦有灵。

二十九日镜清鸿英招饮

绿蕉窗四面，亭馆画帘深。祖德怀藜阁，家风绍石林。故交情款款，芳酌夜沉沉。获共花间饮，临觞喜盍簪。

晦日子怡叔迁兄弟招饮

四海皆兄弟，君家不可当。机云曾共宅，坡颍又连床。斜日迟花岛，熏风度草堂。忘年交最夙，蒲酒预称觞。

五月初一日庄园公宴赋谢

五鲭筵上集蝉貂，多谢群公一再招。蜀洛党争元佑世，曹刘公宴建安朝。几人沈醉香浮蚁，六博狂呼勇夺枭。花下漏声帘下烛，情欢不觉夜迢迢。

初二日秋帆蔗青招饮

丧乱催吾老，安宁仗友生。德星光宅里，月旦重公评。作客梁园梦，题襟汉上情。秋帆宦汴，蔗青仕鄂，均在余去官后。当年交臂失，今酒为君倾。

初三日生朝口号

重重春梦岂为真，剩此龙钟老病身。坐上更无朱履客，昨岁今日，尧衢同年枉过，独著朱履，曾咏入诗。今已下世矣。山中早作白衣人。水云十幅生涯旧，蒲柳千门节候新。七五年华弹指过，已忘我是葛怀民。

初四日榕卿聘三招饮

节序清和后，交游伯仲间。曲翻新乐府，榕卿精六律。梦绕旧家山。聘三久客扶桑。照席红榴火，侵阶绿藓斑。明朝是端午，蒲酿预开颜。

端阳口号

午宴排当尽醉欢，雄黄酒冽上眉端。长天细雨斜风里，斗觉江城五月寒。

初七日子有伯夔招饮

熏风弹鹤曲，大夏日舒长。留眼看桑海，移樽过草堂。世家友群纪，公子慕原尝。意气为君饮，无多酌我狂。

叠韵酬芝耘秣陵

江风吹送好诗来，如获奇书读玉杯。高会酒尊开北海，旧游丝鼎重西台。客来谈往岁同游钓台之胜，西台明人题“九鼎一丝”四字，用黄山谷诗语也。涉园陶令成佳趣，斫地王郎赋莫哀。拟向谢墩分片席，扁舟甫自秣陵回。

旧采商芝远市朝，砚窗新种绿芭蕉。三三径向花间拓，九九寒从画里消。剑丞绘赠《庚午九九消寒图》，遍征同社诸老题咏。江上青山犹似昨，镜中白发已全凋。悬鳏夏夜虚文簟，南海无从问逸寥。内子殁已十六年。遗挂犹在壁也。

初十日鹿笙凤林假坐招饮

客来翻作主，促席二难并。海内知公叔，吴中识子明。铜壶清漏永，冰簟薄凉生。一入郇筵坐，榴花照酒觥。

十二日容园宴集赋简怀仲韫季宣昆仲并示籁清

歇浦同为客，容园乐意融。逢君花径外，坐我竹林中。门巷施行马，江湖寄短篷。年年共樽酒，不改旧家风。每值初度，哲兄冕士中丞为余治觞，君等继之，感悼不能自已。

花近楼夜宴赠荀伶慧生

说到开天意惘然，梨园子弟散如烟。荒斋昔共一樽酒，弹指匆匆十五年。初次来申度曲，即过我花近楼。已十五年矣。

窄袖蛮靴挽玉弓，忽然儿女忽英雄。荀郎惯演荀娘剧，都在迷离扑朔中。此次剧场首演《荀灌娘全本新剧》，余曾往观。

妆成歌舞镜开奁，余事丹青拂素缣。难得紫云依砚北，老夫一笑也称髯。

降书夜半到嫌迟，举国纷纷效受之。我与樊山殊旨趣，劝君重唱柳枝词。君演《柳如是传奇》。樊山赠句云："毕竟受之才可爱，劝君休唱柳枝词。"

十四日虞琴招饮

榴火蒸炎夏，槐风扇午天。寿人双鹤赋，席间出示王船山先生手书寿定远贝子《双鹤赋》真迹。列席五鲭筵。名德怀姜岛，幽居似辋川。我惭惊坐客，噣月醉花前。

十五日肖雅招饮赋简并示鹿笙叔迁

何子忘形交，见心不假面。金阊一为别，劫后重相见。避地寄高尚，居夷宁始愿。袖手观棋局，坐使樵柯烂。歇浦作流人，十载阅昏旦。而我寿蹉跎，劳君意缱绻。甫吟南山诗，又开东阁宴。投分得二客，余子不值眄。把臂竹林下，剧谈挑茗战。行厨罗珍错，知匪咄嗟办。集锦君所癖，调羹尤夙擅。华月照尊罍，熏风拂羽扇。图此竟日欢，秉烛宵忘倦。巷柝促归去，临发尚依恋。深荷主人情，千金视一饭。

无锡杨小荔同年八十初度重游泮水寄之以诗

杖朝枨触故宫愁，却喜南黉许再游。为问青衿诸伴侣，几人华屋几山丘？

好音曾揖泮林贤，我后先生只一年。余壬申科试入学。若效陶杨连闰计，贵邑陶丹翼、杨石渔仕山均壬申入学。连闰计，亦于今年同游泮水。详君《自述诗》注。鲁宫已赋采芹篇。

龙飞恩榜重科名，同预宾筵咏鹿鸣。援例酉科堪附骥，安排隔岁又吹笙。同登光绪元年恩榜。旧制：重宴鹿鸣，如系恩科获举，提前于上科举行。礼部来年奏请，均明岁壬申年事。

御笔日记并图一纸丙辰十二月朔书赐臣梁鼎芬嗣归臣刘承干辛未五月臣陈夔龙获观恭纪以诗

体顺堂前坐论初，茕茕典学富三余。龙飞龙隐冲龄事，自写云笺注起居。

艰难报称臣何有？十载疆圻福自天。乞病书成犹拜赐，敢忘神武挂冠年。辛亥腊月，乞病获允，犹蒙赐福。

十思曾上殿屏风，讲幄昕宵启沃同。黄发只今臣一个，谓陈宝琛太傅。九原安得起文忠？

叠韵酬子质

草堂接席侍高真，皮日休诗："草堂虚洒侍高真。"飒爽英姿矍铄身。共佩书生娴武略，谁知连帅是文人？灞陵猎罢鞘刀锈，吴郡诗成袖本新。闻道五羊烽燧急，廿年前是太平民。国变以前，君坐镇百粤，桴鼓不惊。

三叠韵简子质

君是长庚我季真，解貂换酒醉吟身。时来将相原无种，世变江湖大有人。地接仁邻交最夙，诗删伪体句标新。枕戈运甓平生志，不信吾侪是堕民。

奉怀高友唐秣陵即用其见寄诗韵

昔侍天香阁，张文襄公著有《天香阁十二龄草》，君从游最久。今开谏草堂。高才山嵂崒，雅度海汪洋。白简慑群丑，丹心捧太阳。班荆淞水曲，把酒话偏长。

北门惭守钥，蛩駏独相怜。避世几无地，忧时且问天。未乘少游马，终拜杜陵鹃。萧瑟兰成赋，江关感暮年。

项孔彰山水画卷松茂居士索题

平生饱看佳山水，神化丹青妙手能。最是江南风景好，一齐付与刿溪藤。

溪山淡冶原如画，树石萧疏亦有情。三百年来争说项，肯教文沈擅高名？

展图一一数家珍，崇洁庐中过眼新。劫火屡经文采在，墨林秘阁有传人。

寄怀蔚然同年北平

苦怀剑外高夫子，老住燕山踏软红。自有云烟生腕底，曾无冰炭在胸中。寄书邮恐洪乔误，感遇诗惭伯玉工。重向缙云温旧梦，赞枢轩外雨濛濛。

赠长沙柳虎溪广文锽

南飞寿鹤独精神，坐阅沧桑不计春。末世更无干净土，此邦犹有老成人。乐天吴郡新诗本，尚父磻溪旧钓纶。执辔未能虚左待，昔官两湖，惜未延接。却从劫后识儒珍。

谢象甫赠瓜

投桃赠李物维嘉，远道绵绵望更奢。赚帖未开缸面酒，适书估以兰亭来售。镇心叨惠枕头瓜。交如兰臭忘形迹，味异梅酸沁齿牙。饱啖不须愁内热，坐看凉月上窗纱。

寄怀王蔬农贵阳

黔灵绝顶快登临，甲秀楼高发朗吟。同里未谋醦蒑面，孤舟时系少陵心。当年莫郑惭先觉，异代钱吴有嗣音。料得竹王城畔路，夜深踏月展蕉阴。承函索《梦蕉亭笔记》。

肖雅诗来依韵和答

北窗高卧午风凉，鹤有巢非燕处堂。谢客山中双蜡屐，幼安海外一藜床。才堪用世偏求晦，我不如君未敢狂。好借新诗寻旧梦，酒痕襟上讵能忘？

游半淞园叠前韵

临池绕树好追凉，江上重寻旧草堂。红醉花阴添酒座，绿眠松下置琴床。长留老眼看嬴蹶，深悔高歌学楚狂。小立羡他垂钓客，得鱼一笑已筌忘。

二十五日立秋作

银汉茫茫岁月流，荷生甫过又迎秋。两行北烛添红泪，一夜西风感白头。竹下僧来邀说法，花间客至赌藏阄。全生乱世吾何有，过眼浮云任去留。

花近楼宴集赠刘润琴修撰

杏筵曾醉洛城春，科举先朝殿甲辰。几辈题名高雁塔，千门看榜噪龙津。菊松笑我荒三径，桃李推君第一人。今日草堂具鸡黍，酒波双照鬓霜新。

黄浦公园晚坐遂至酒家夜酌

近市苦嚣隘，镇日胸中恶。清风不肯来，骄阳犹肆虐。信步出门去，茫茫无地著。栖迟沪江上，斗觉海天阔。临流意慨慷，隔浦歌隐约。瞥见船如马，惜少山绕郭。万方况多难，天意果奚若？汉水踢翻鹁，潮阳未徙鳄。赤地赣南北，千里失耕凿。外患复乘之，民命安所托？吾侪久居夷，草间愧偷活。素心三五辈，次第委沟壑。剩我作痴顽，不舞羊公鹤。行吟大桥头，老怀杂哀乐。已无旧雨偕，忍见夕阳落。新月亦有情，一钩挂林末。楼台上灯初，风动六铢薄。夜凉意转适，试向酒家酌。

秋夜镜清寓斋小集镜清有诗依韵酬之

绿天不受纤尘染，大好园林拓地宽。松下眠琴清漏永，花间擫笛故情欢。棋消一局闲方觉，博纵千场兴未阑。归路莫教诗思寂，半钩新月伴吟鞍。

萤扑但愁纨扇小，蚁浮一任酒杯宽。袖笼诗卷添新本，案拥书签结古欢。春梦重重人易老，秋河耿耿夜将阑。明朝傥为看山起，矍铄犹能勇据鞍。来诗有看山之语。

和子有移居诗并示肖雅

槛外秋云万叠山，夕阳留客绮窗殷。酒愁户小心先醉，诗患才多句许删。寄庑一椽家又徙，怀人千里梦难关。年来我亦同飘泊，只在芦花浅水间。余所居地，名芦花荡。

答云麓

龙门造榜万人稠，卷浪金沙一例收。底事幼安坚割席，子鱼当日负龙头。

秋 感

浃旬风雨客悲秋，人祸天灾此尽头。历历淮扬成巨浸，滔滔江汉亦浮沤。未销赤焰灰犹热，莫慰苍生泪已流。曾是昔年开府地，捐金输粟愧前修。

次韵答肖雅

林间无月到，槛外有萤流。华烛三条灺，残棋一局收。偶呼邻叟语，莫抱杞人忧。独少簪花兴，花应见客羞。

白云一线石，江上塔层层。地胜游斯壮，年衰力不胜。往岁游天平山上一线天，宿江天寺，登慈寿塔，如在目前。残镫温旧梦，黑月哭良朋。适闻晋芍航、升吉甫之讣。秋雨秋风急，凭谁说咎征？

肖雅又有诗来仍和答

一雨助诗情，今宵梦不成。帷灯看剑影，戈枕堕簪声。短发萧疏，不胜簪矣。渐觉朋交少，依然夜气清。檐端闻鹊噪，明日放新晴。

纕蘅寄采风录并索题移居图卷赋此却寄即用移居诗韵

才麾羽扇过江东，又访荆高燕市中。闻见四朝搜日下，輶轩十国采风同。遥知刻烛诗催就，不羡乘槎语凿空。剑外几人传蜀学，多君石室绍文翁。

选居新近玉河东，地邻礼部，君有《春曹话旧图卷》。回首春曹一梦中。访戴已成交臂失，前来申枉顾，失讶。推袁难得素心同。《采风录》中，君《挽樊山》诗极佳。花间玩月移灯晚，醉后题诗补壁空。料得江亭秋禊集，好裁佳句报衰翁。

得荟亭高邮书述七月十三夜溃堤事感赠

衍波笺上断鸿哀，三坝秦邮一夜开。巨浪挟风排闼入，奔流带雨逐人来。彻桑早失绸缪计，溃穴翻成顷刻灾。望祭万家怜野哭，时近中元。扶危谁是济时才？

再简荟亭并以奉慰

昔闻甓社好湖光，今日珂乡尽水乡。骄鳄笑投韩愈檄，闲鸥梦熟管宁床。田园已没身犹在，松菊无存径早荒。寂寞露筋祠畔路，野风吹断白莲香。

中秋偕孙辈玩月有感东事次肖雅韵

瓜果中庭待月迟，诸孙绕膝伴翁嬉。放翁诗："稚孙能伴大翁嬉。"酒杯邀酌成三影，鼙鼓惊秋又一时。楼宇高寒苏子赋，风尘荏苒杜陵悲。将军大树飘零尽，几辈留名重豹皮。

游梵王渡丽娃栗妲村大夏学校游憩场。

狂花满地不关门，不售门票，任人游览。芳草萋萋屐齿痕。十丈红尘飞不起，浦西原有好江村。

红板依稀认短桥，扁舟稳渡暂停桡。到门已有花迎笑，不待风前酒旆招。

隔坐先闻饼饵香，一瓯清茗话斜阳。旋风不见天魔舞，空费歌师几拍张。是日，舞场无舞女，歌师仍按时奏曲。

朱霞一片挂林梢，临水观渔且坐茅。疑是辋川图画里，赏秋人到孟城坳。

东偏小拓拍球场，学子莘莘喜欲狂。七日竞乘休沐暇，青衿城阙任飞扬。

衣冠早挂国门前，一卧沧江二十年。今日寻秋秋过半，为搜佳句著吟鞭。

花近楼夜宴为子有提学豫寿子有有诗依韵酬之

旧学曾开都讲筵，新承殊锡玉墀边。宗风远绍林和靖，诗派力崇白乐天。清节衣冠延世泽，承荷御书“清节济美”横额。畅怀丝竹感中年。生朝便拟看山去，先试江心第一泉。

子有六十生日以诗为寿八月十九日生

琼玉高寒句甫裁，甫过中秋。秋风江上绮筵开。鹤梅卷口三生契，龛赭潮头一线来。东野岂因韩愈重，南阳早识范滂才。行厨花底诗为寿，喜有天香落酒杯。

何处桃源可避秦，春申同作乱离人。夕阳未落心犹在，旧雨重游意倍亲。在昔北门资赞策，只今东海慨扬尘。尊公清德群流镜，廉吏儿孙善保身。

读张豫泉提学明遗民诗记却寄即用见怀诗韵

纷披老笔据骚坛，不用胭脂画牡丹。一代才随故国瘁，千秋泪向古人干。乾坤正气编三绝，已成三集。岭峤烽烟路百盘。秋晚江南身是客，莼乡权作荔乡看。

豫泉寄赠尊公介愚先生
梯云馆集敬书其后叠前韵

岭南三老昔登坛，法嗣如公九转丹。题遍红蕉香气溢，吟残黄叶树声干。诗情妙入王维画，谷口如临李愿盘。惜未趋庭闻鲤对，拥书不厌百回看。

金子才大令周甲诗纪题词

甲子重编尚黑头，使君文采擅风流。盟心白水知清况，讨眼青山忆旧游。月夜醉邀三影李，诗成高筑五言刘。暮年萧瑟江关远，泽畔行吟隐故侯。

十八日为亭秋夫人设奠感赋

厄年甲午又庚辛，甲午中日之役，庚子拳匪之乱，辛亥逊国之惨，均同在危城中。与子同仇患难亲。今日羽书松杏急，不堪焚告九原人。

志韶太史宠题鸣原三集依韵奉酬

协律那能工竞病，审音终觉愧任禁。千金敝帚明微尚，一夜扁舟寄远心。却病喜沽松叶酒，休官早著薜萝襟。年来已断连床梦，凄情人天子敬琴。来诗忆及先兄，令我增痛。

厕身衰白干戈际，肝膈逢君一吐之。海内故人谁尚在？域中今日是何时？不妨洞口携樵斧，大好江头理钓丝。投分齐年感行迈，忧心同赋黍离诗。

寄答一山左丞即次其题鸣原三集诗韵

不因伪体薄齐梁，敢与唐贤挈短长。篱隙寒花惭吐艳，涧边幽草郁生香。门敲月夜吟初罢，枕带潮声梦亦凉。旧学会须加邃密，还从诗老一商量。

悬命如丝任蝎磨，鳌矶早办钓人蓑。愁看晋土瓜分局，忍赋殷墟麦秀歌。老去据鞍犹矍铄，闲来运甓未蹉跎。平生交谊符刘祖，中夜闻鸡意若何。

方玉山太史远寄感事诗依韵和答

金戈铁马动边声，太息无家问死生。秦赐剧怜天醉梦，杞忧剩有泪纵横。香花争献迎神曲，薪胆谁为敌忾兵？省识辅车唇齿义，与君翘首海东瀛。

野哭千家不断声，忍看潮落又潮生。介居晋楚难为郑，拚掷侯王亟召横。血裹殺尸迟报聘，霜堆裴鬓悔谈兵。河山松杏秋萧瑟，可有春风度海瀛？

得石臣观察开封书却寄即次见怀诗韵

南楼宾从梁园客，风雨相思隔晦明。我愧文通缘笔退，君如士行炼金精。哀丝豪竹中年感，白露苍葭远道情。安得秋江化春酒，飞觞遥醉吸长鲸。

寄石臣诗后枨触旧游感赋

曩岁驱车客大梁，重寻旧梦话偏长。论交嬴亥尊游侠，作赋邹枚发古香。师巷笙歌声婉约，樊楼灯火夜清凉。信陵我欲牵丝绣，持较平原试品量。昔人夷门怀古诗有“不绣平原绣信陵”句。

花近楼即事

惜少青山北郭横，未营绿野负躬耕。棋输一著推枰起，诗谱双声击钵成。余喜和韵叠韵。榴吐秋花留伴我，时过寒露，红榴著花尤艳。竹抽新笋护持婴。苏杭带水支筇遍，只欠麻鞋间道行。初拟即日北上，竟为东事所阻。

八月晦日蔗青招饮范园赋赠

几家烟火自成邻，半亩芳园主速宾。博望昔为浮海客，武陵今有避秦人。频来旧雨呼红友，小驻斜阳坐绿阴。促席酒酣忘漏永，多烧华烛灿如银。

九月初三日子有招饮即席赋简

良宵促席接清谭，多难逢君我未堪。一顾马群空冀北，重寻鸥梦到江南。行厨喜共花间酌，高会先停柳下骖。珠样露光弓样月，莫忘今夜是初三。

新诗题遍茭芦庵，生朝游西溪茭芦庵。归拾骊珠险又探。归来复示《六十自寿洞仙歌词》。宅外流湍环左右，坐中宾主美东南。新居在小沙渡，坐客如云。图披管竹宜偕隐，笔退江花转自惭。拟向西湖作重九，烟波片舸镜光涵。

寿傅沅叔提学六十

名场历遍一身藏，甲子重开鬓未霜。宋椠元镌归册府，匡云岱雨入诗囊。平泉草木新成记，蜀道烽烟远忆乡。鹤曲南飞赓委笛，生朝菊酒近重阳。

云麓太史移居赋赠

图史琳琅压满车，词曹客里又移家。纵然地隔牛鸣远，依旧书随雁字斜。移居甫定，即报余书，并赠《四明诗纪略》。帘影楼头新见月，诗情江上晚来霞。何当预办重阳酒，一醉东篱就菊花。

挽四明金磷叟广文

四明山翠郁嶙峋，一老高风冠海滨。化普传经崇孔学，时危抱器有殷仁。表阡早借中郎笔，自营生圹，乞散原制铭。垫角犹留有道巾。位业平生归澹静，开编恍若接音尘。著有《澹静庐诗稿》。

初七日晓发杭州简比邻庄得之

元龙湖海兴犹狂，一叶扁舟又入杭。寄语邻翁早料理，归来同作展重阳。

初八日北山展墓

残鸦掠日雁嗷霜，客路驱车上北邙。料得看云时忆弟，那能听雨再联床。五羊劫换称遗老，一鹤魂归梦故乡。欲插茱萸转惆怅，未堪明日是重阳。

留下镇视孙慕韩中丞殡舍

寝门昔哭泪汍澜，殡舍今朝又抚棺。顾我自怜形落寞，微公孰济世艰难？平生好客轻楼护，大事何人问吕端。行次不曾携絮酒，西风萧瑟素帷寒。

重九莫干山登高

特为重阳作远游，锋车载酒速星邮。欲穷碧落追红日，忽对青山感白头。霜重枫林新染色，烟寒竹径曲通幽。沿山十里皆竹。玲珑楼阁连云起，纵不逢仙也便留。是日游人绝少。

石上千人旧迹寻，一泓春水剑池深。春间曾到虎丘。竭来此地秋河泻，山中亦有剑池瀑布，一落千丈。未觉当年霸业沈。已分大名齐委宛，山以干将、莫邪铸剑得名。恰逢佳节快登临。倦飞我亦投林鸟，还访山中共命禽。

起舞中宵抚孟劳，异乡今日又登高。岩悬瀑布观濠想，坐拥芳樽吸浪豪。几緉一生当著屐，十年多病强题糕。故人大半成黄土，感逝裁诗寄郁陶。昨在北山临孙慕韩殡宫，以诗吊之。

莫使山灵笑我顽，天池云海尽跻攀。历经绝磴千盘险，消得衰翁一日闲。策杖那能腰脚懒，临流始觉鬓毛斑。竹林已办黄花酒，游迹匆匆往复还。即夕归，赴六侄天香楼之宴。

悼少石大兄用昔年重九日南高峰登高韵

零星家事付儿曹，绝顶穿云敢告劳。地下孟公应羡我，莫干山上又登高。

右台山上冢

昨为看山践碧苔，墓门今日我迟来。孤桐辍响琴三绝，丛菊经秋泪两开。岂有豪情寄湖海？更无好梦到泉台。万方多难催吾老，太息昆明几劫灰。

石屋洞观苏文忠熙宁题名石刻

浮螺深处老潜虬，洞中有螺丝谷，明人署“沧海浮螺”四字。洞口飞鸿雪爪留。我羡东坡通守日，陈黄结伴作清游。壁上有东坡与陈襄、黄颢、孙奕、苏颂、曾孝章熙宁六年六日同游题名记，为公亲笔书，笔力雄伟。

杭州遣兴

随携藤杖著芒鞋，行远登高愿未乖。莲社幸邀元亮入，石室洞寺僧某上人能诗。竹林况有仲容偕。六侄同游。四围山色晴方好，一鉴湖光净若揩。襟酒杭州忘作客，未能抛却住为佳。

十五日得之招饮浦江七层楼作展重阳会即席赋简并示坐中诸友时甫自莫干归

莫干山翠入行囊，拄笏归来再举觞。高阁七层延旧雨，后期六日展重阳。秋心大好吟黄菊，春色还留共绿杨。意气逢君须纵饮，放怀休说次公狂。

倪迂久别朱云逝，九日登高之会始于朱晓南，倪远甫继之。此会蝉连仗有公。交谊淡如秋水白，酡颜愁对夕阳红。茱萸兄弟音尘远，北山上冢有诗云："欲插茱萸成独客，不堪明日是重阳。"松杏河山涕泪中。已是万方多难日，登临百感素心同。

十九日渭英寓斋宴集于是重阳高会已再展矣再叠前韵

非关却病佩萸囊，雅荷嘉招醉菊觞。末路几人全晚节，高秋两度展重阳。莫干山上吟黄竹，九日莫干山登高，山中沿径皆竹林。何妥门前认白杨。时局而今无可说，放歌漫学楚人狂。久客楚中。

展齿甫停寻谢客，酒垆斜对感黄公。对宇叶作舟宅，昔与君游宴处。但教喝采呼全白，惜未吹箫唱小红。明月何愁千里隔，德星早聚十年中。宾酬主劝寻常事，意气相投便不同。

南皮王季卿太翁还乡记题词有序

翁道光己亥生，少有四方志。咸丰辛酉年，二十三岁，从军远出，迄少消息。妻某氏殁时，已八十六岁。临殁命子寻亲。子亦年迈，有孙请行，卒于国变后丁卯岁寻归。距翁离家时，计六十六载，行年已八十九矣。今又四年，仍健在。是可美也。秦子质同年有诗纪事，邀予同作。缘赋长歌章之。事详《还乡记》，不备录。

庆筵合开瓜李宴，王翁老遂还乡愿。一门三世离合奇，六十六载重相见。末世莫谈广武功，谁为竖子谁英雄？此身但期为国用，翁乎绰有古人风。学书只能记名籍，学剑亦仅一人敌。终军绮岁先请缨，定远佣书早投笔。已分马革裹沙场，豹皮留名负彦章。运去抛残金锁甲，时平锈涩绿沈枪。转徙兵间行役苦，改计牵车远服贾。黄金蚀尽剩一身，未穿鲁缟成末弩。晋侯在外十九年，老夫耄矣未归田。寄书漠北无宾雁，望信辽南断纸鸢。闺中少妇已头白，深悔封侯觅不得。何时夺取胭脂山，使我妇女无颜色。杨柳春风阻玉门，梅花明月怆离魂。百年偕老怜夫婿，万里寻亲望子孙。子代父劳犯烟雾，茧足千山影形共。揭拈张遍路人怜，匿迹潜身翁隐痛。毕竟天不负劳人，雪山冰海顿回春。始疑陶朱姓名异，终见匡卢面目真。归来重访旧邻里，秉烛相对如梦里。独怜九死长眠人，望夫石上悲风起。我未识翁耳大名，重读此记不胜情。表章仗有少游笔，却强后山作继声。

莫干登高归有怀旧京陶然亭游宴赋寄曹纕蘅北平

宣武坊头聚德星，几人重九上江亭？樽开北海狂浮白，帘卷西山远送青。扫地雏僧贫亦老，打门词客梦都醒。莫干我自延秋色，惜未南洼屐齿停。

花近楼晚坐叠赠云麓移居诗韵

玉珂声断巷无车，满径蓬蒿仲蔚家。蜡屐适逢新雨后，钩帘不放夕阳斜。故山旧侣猿寻鹤，秋水长天鹜伴霞。作赋登楼惭著笔，年来江梦不生花。

镜清赠菊赋谢

平生只爱吟黄菊，帘卷西风瘦可怜。但寄幽怀荒径里，忽添秋色短篱前。延秋屡许重阳展，得之、渭英一再作展重阳会。对影同期晚节坚。我学泉明耽雅癖，逢君不费买花钱。

子有寓斋社集三叠前韵

清秋高会客停车，重到孤山处士家。日前曾聚饮。柳碧近披书幌侧，菊黄低压帽檐斜。诗笼画壁泥融雪，酒乏金波脸晕霞。投分未妨归去晚，西窗夜话烛生花。

忆宣南旧游寄高蔚然同年四叠前韵

骡市欢乘薄笨车，鲭筵不羡五侯家。同曹友尽东南美，赁庑街连上下斜。京僚邸舍，多在宣南坊上下斜街。尚冀金台回落日，也曾锁院赋朝霞。丙戌会试诗题：“报雨早霞生。”暮年忽作申江客，楼近秋高坐晚花。

闻友人话年少看花事五叠前韵

五陵豪客御轻车，日夜经过赵李家。檀板三终心曲乱，菱波双照鬓丝斜。相携酒盏邀明月，更检诗牌赋晚霞。惆怅胭脂坡下路，十年走马不看花。

晚秋即事六叠前韵

三尺枯筇步代车，十分秋色野人家。新愁送客阳关远，旧梦怀人庙市斜。旧京土地庙斜街，花市最盛。纵饮高歌娱白日，忘眠秋夜抱青霞。楹书重检麻沙本，不碍灯前老眼花。

十月朔日得之宅公宴为秋帆补祝即席赋简

饯秋雨浥麴车尘，昨宵冒雨，酒家小饮。醵饮今朝洽比邻。告朔罢颁来岁历，抚时已是小阳春。汝南月旦无私论，江左风流有寿人。共治菊觞酬晚节，梅花更发一枝新。

秋尽前一日云麓赋示立冬感事诗依韵答之

萧萧落木送残秋，冷抱冬心谢远游。远甫面申天平之约不赴。变幻风云谁款塞，迷离烟雨独登楼。君如岛佛留行脚，我愧欧公让出头。遥忆北平章检讨，酬诗昨日到南州。昨得一山书并《和移居》诗。

题进贤陈西苓同年戊辰重游泮水诗卷

三杨佳话遍梁溪，昨题无锡杨小荔同年与侄石渔仁山两君《辛未同游泮水图卷》。又景高风贡水西。黉舍重来温旧梦，文场还请试他题。平生希范科名早，此事推袁位业齐。范文正做秀才时，即以天下为己任。君和随园《重游泮水》长古，入词林、改知县亦从同。垂老一衿犹可拾，共君看榜踏春泥。明岁壬申，余亦重游泮水。

簪花笑逐少年群，鼗鼓三雍喜再闻。门榜君称旧史氏，猎围我愧故将军。新丝罢织登科记，丛稿先搜拾芥文。凄绝孟公秋试日，泮宫初采鲁侯芹。丁卯年，先兄少石方伯重游泮水，荷颁御书“泮芹春永”匾额。余用东坡“泮宫初采鲁侯芹”句，成辘轳体诗五首，遍征题咏。兄戊辰仙逝，回思怃然。

初冬二日花近楼小饮秋帆鹿笙先集镜清披裘继至时冬寒尚浅也赋此调之叠谢赠菊韵

君已披裘我著棉，不相冷暖但相怜。河山破碎棋枰里，襟带疏狂酒盏边。半臂嘘寒原是福，长城却敌恐难坚。剪蔬烧笋堪留客，下箸何须日万钱。

即席简鹿笙大令三叠前韵

垂老磻溪理钓船，此翁殊不受人怜。衔杯块垒浇胸次，欹枕潮声到耳边。赏雨笠檐知雾重，履霜屐齿觉冰坚。归装曾载郁林石，一笑囊余博进钱。

叠韵赠云麓

梁苑抡才不计秋，瀛洲清浅忆前游。赁舂只剩三间屋，卧榻还宜百尺楼。贻上若逢称得髓，谢山而外懒低头。君有“一生低首拜谢山”诗印。廿年闲却扶轮手，敛袖观人铸六州。

虞琴赠乾隆龙团宫笺赋谢

三希佳制烂银光，凤纸龙团出上方。运腕雅宜临北魏，澄心端合压南唐。写官我愧陈邦彦，纯庙御制诗文，尝命陈侍郎恭写。家世君如姚伯昂。不用洛阳矜价贵，官笺嘉贶抵球琅。

酒市小饮适子有虞琴先后至席间不克倾谈归后赋简

银刀斫鲙手持螯，酒座匆匆失二豪。不暇樽前问程李，只缘市上少荆高。风云辽沈音书绝，闻邻坐谈辽东近事，余久不接津上书。灯火樊楼梦毂劳。隔席未能通款曲，感时相对首徒搔。

谢渭英赠食物

食品纷投四美兼，拜嘉转觉取伤廉。梨融玉汁膏流滑，卵带糟香味转甜。割肉一方鲜点酱，供鸡双膳糁加盐。琼瑶未报诗先就，惭少江花绕笔尖。

传闻一首

淮南鸡犬在人间，落木萧萧静掩关。霓羽忽闻新乐府，杏松原是旧家山。三千里外劳行役，十九年中备险艰。只恐甘泉烽尚炽，宫花宫草带愁颜。

玉山自皖归出示中秋赏月诗依韵和酬

七步诗成三见月，篇中三见月字。赏秋命酒发高歌。晶帘光满欺银烛，玉斝鳞生泛绿波。天上彩云容易散，客中旧雨已无多。买邻颇愿赓酬便，千万何曾有两娑。见《世说》庾子嵩醉后语。

焚香赵叟呼天告，拔剑王郎斫地歌。酒客未容虚月夜，钓徒只合老烟波。墨能磨我宁非福，才果如君岂患多。年少五陵裘马盛，而今白发感婆娑。

茅屋一首叠前韵

茅屋栖迟只数间，揭来万劫不相关。但持栗里杯中酒，饱看襄阳画里山。世事惩前须毖后，人情图易贵思艰。感时别有忧危意，何日愁容换笑颜。

以梦蕉亭笔记鸣原三集寄
王蔬农贵阳辱诗志谢依韵答之

岑楼百尺独登临，万里飞鸿递远音。覆鹿自寻隍下梦，鸣令谁识原头心。伯鸾避世依吴庑，庄舄忧时寄越吟。安得与君展重九，流传佳句醉花阴。来书重九后十日发。李易安有《重阳醉花阴》词。

蔬农寄示新华宫词读罢感赋叠前韵

羊车那有翠华临，玉砌空闻打叶音。谁请上方先斩佞，独留直笔快诛心。游魂幸免然脐罚，擢发聊为拥鼻吟。我爱梅村赋宫体，怀人梦落竹城阴。

一山远寄与诒书酬唱诗读之增感即步其韵

荒江一舻动边声，险阻艰难总不惊。终见函关来紫气，早闻宣室问苍生。储胥定有风云护，爝火空争日月明。多难未堪怀旧德，十朝巍荡本无名。

子有招饮赋简

巷僻多车辙，堂高共酒觥。西窗双烛跋，东井五星明。主客计五人。怕读龙蛇句，得津函，知从亡事。重联鸥鹭盟。眼前成败事，一局付棋枰。

何兰雅先生诗笺遗墨哲嗣肖雅观察属题

展卷翛然寄远思，鼓琴舞剑更敲诗。浮云来去月今古，想见焚香夜坐时。

云烟落纸妙临池，万卷楹书等护持。庭诰龙山留手泽，八龄我亦是孤儿。先君子遗墨仅剩龙山官廨楹联十四字，曾嘱肖雅题咏。八龄失怙亦从同。

老辈齐年纪甲辰，阁门同现孝廉身。回头八十八年事，留与儿孙话夙因。先君子与先生为道光甲辰科大挑同年。

雪爪重重千佛庵，风流文采费搜探。春明七试青袍泪，侥幸科名我辈惭。余旧居横街千佛庵，为先生往日与乡人沈文肃公、陈心泉太史诸君文宴地。先生与先君子均七上公车不售。吾辈忝窃科名，心滋愧矣。

感事三叠前韵

传闻乌夜集延秋，欲望昭陵上乐游。萧索强如登剑阁，高寒谁复恋琼楼。金瓯碎掷黄霾里，铁骑啾鸣黑水头。回首发祥丰沛地，不堪日色淡幽州。

得一山宣南书却寄四叠前韵

作客丁沽易感秋，软红重踏续春游。豪情已减陈惊坐，高咏端推赵倚楼。几辈麻鞋随豹尾，有人皂帽薄龙头。谓云麓。吟鞭南指休西向，不望杭州望汴州。

肖雅来诗述往日奉差出关事参以近日情形不无枨触五叠前韵

大野盘雕绝寒秋，书生匹马赋东游。凌晨急檄驰边驿，警夜悲笳起戍楼。此日沙场堆战骨，何时天际落旄头。佳人北地能倾国，断送燕云十六州。

与玉山话蜀中往事六叠前韵

江风丝管锦城秋，万里桥前忆旧游。吊古一过薛涛井，筹边重上赞皇楼。乙酉春，随丁文诚公川西阅武，来往均过李卫公筹边楼。拥裘北去孤青眼，北试临行，公赠羊裘御寒，今犹服之，已四纪矣。乘传东归尚黑头。丁未，由吴移蜀，未抵任，即调督湖广。今日羊昙怀谢傅，茫茫何处是西州。

得鄂中友人书七叠前韵

武昌官柳送残秋，形胜当年据上游。剩有江山留赤壁，曾携风月啸南楼。绿鹦赋罢迷芳草，黄鹤归来恐白头。我有楚书犹可读，也如得计借荆州。去鄂时，行囊只载武昌官本书数十册，迄今足备观览。

秣陵感事八叠前韵

六朝烟雨白门秋，昔共阿咸载酒游。杨柳岸寻邀笛步，桃花人隔媚香楼。云窗钟阜开三面，画舫秦淮坐两头。独惜衣冠今扫地，葡萄一斛博凉州。

昨诗甫寄云麓又示游邑庙豫园长古作此奉酬九叠前韵

南园高会沪江秋，吴李当年共此游。乾隆朝，李味庄备兵沪上，曾筑南园，与吴穀人、陆祁孙诸君文酒宴集，绘图征诗，不知即是此园否？图旧藏余处，今失去。旧雨二三同仗策，夕阳明灭此登楼。为寻茗话移铛脚，不趁粱炊借枕头。九曲栏前小延伫，花桥水阁似苏州。放翁诗："扬州驿里梦苏州，梦在花桥水阁头。"

游半淞园十叠前韵

丹枫黄菊草堂秋，时过小雪节，依然满园秋色。壁上题诗纪胜游。惜少青山横北郭，愿随明月到西楼。秋千罢舞空人影，艇子轻移指渡头。领取半江春涨绿，剪刀我欲买并州。

怀琴初大连

麻鞋何处印泥踪，历尽关山路万重。八骏西巡双凤下，谓庚子入秦事。一龙东去五蛇从。殷墟忍看油油黍，夏社依然郁郁松。知尔楼台仍得月，报书缄就又开封。

夜饮邻家有感

浊饮聊为欢，颓然永今夕。敝裘不知暖，细雨灯花湿。忽念旧家山，东望忧何极。

简云麓十一叠前韵

客中宋玉赋悲秋，悔不居乡学少游。慨我瞻乌谁氏屋，羡君修凤最高楼。四围带草丛篱角，十月梅花寄陇头。老去陈蕃殷设榻，只缘孺子在南州。

挽司旭兹大令贵阳十二叠前韵

使君清节此清秋，廿载滇南作宦游。肠锦制成宁拙集，大令工诗，有《宁拙堂集》行世。口碑传遍大观楼。几时话旧重携手？一笑升仙竟掉头。欲赋招魂天万里，沈沈黑水黯梁州。

寒夜寓斋小集十三叠前韵

想思一日抵三秋，乘兴还为秉烛游。隔岸钟声云拥寺，重帘花影月当楼。好收残局归枰里，矧有奇书置案头。刘翰怡赠影宋蜀本《史记》。觅醉且倾从事酒，平原何可拟青州。

阅洪北江诗集十四叠前韵

罪言悬命玉关秋，书剑飘零赋远游。乙火犹然刘向阁，春风不上仲宣楼。千门看榜天开眼，以一甲第二人及第。万里归装雪满头。试院登龙腾彩笔，早携玉尺到黔州。曾视学贵州，试院龙门榜额为君手笔。

寄高蔚然北平十五叠韵

庚鸣春日蟀吟秋，十载京华喜共游。南淀放舟曾载酒，西山拄笏又登楼。重寻宦迹留鸿爪，不博侯封负虎头。垂老裁诗谢年少，王扬州寄宋黄州。赵秋谷年少气盛，语侵渔洋、牧仲诸老，渔洋《解嘲诗》云：“尚书北阙霜盈鬓，开府江南雪满头。谁识当年两年少？王扬州与宋黄州。”

云麓寄示问讯友人夜饮张乐诗戏为代答十六叠前韵

珍重新诗赋杜秋，看花追忆少年游。枇杷几树寻门巷，杨柳千丝拂画楼。拇战春生金约指，镜妆月上玉梢头。苏州软语扬州梦，老去还思领一州。

寒夜小集十七叠前韵

含毫垂露笔非秋，读画惟应作卧游。鲈美又开今夕宴，友人远赠四鳃鲈。燕来犹识旧时楼。劳人远役谈金齿，阅某君《滇南随笔》。少妇轻装去石头。九侄昌浠挈眷赴宁。坐上琵琶闻不得，辞京我亦白江州。

自嘲十八叠前韵

只合推枰谢弈秋，何曾请剑学朱游？朱云又名游。校经昔入然藜阁，买醉今寻卖酒楼。赠缟新交千里外，番禺陈大令远寄端石及画扇。枕戈孤愤五更头。分阴试运陶公甓，惭愧当年督八州。

与乡人夜话十九叠前韵

三浪春波六洞秋，儿时竹马任嬉游。钟声半夜潮音寺，笠影斜阳甲秀楼。客里萍浮家八口，山中橘熟婢千头。何当重上飞云顶，鞭指新州望旧州。飞云岩在黄平州治，风景绝胜。黄平有新州、旧州。

陈元孝先生独漉堂集题词

岭表三家集，兼谓屈翁山、梁药房。心香独奉公。才华伯玉富，德望太丘崇。燕去巢倾卵，乌号鼎抱弓。匿名藏复壁，抗疏达行宫。国破家何在，时艰路岂穷。初游身是客，迭唱句成功。先生有《初游集唱和》二三集。楹晏书能读，经边笥不空。罗浮灵尽泄，唐宋体兼工。彭躬庵魏和公联今雨，王渔洋朱竹坨拜下风。长城刘坐拥，七步植称雄。真面匡庐北，回樯建业东。祝融才蜡屐，西子又推篷。禺舍归非晚，饴山论示冲。赵秋谷一序，极为倾倒。高冈鸣翙凤，短砌笑吟虫。块垒星胸拓，沧桑雾眼瞢。原头方逐鹿，天外已飞鸿。寒瀑咽危石，所居为寒瀑洞。金吾冷玉骢。曾授锦衣卫指挥，旋告归。墓门荒宿草，邻爨泣焦桐。作庙资贤尹，番禺陈大令为葺祠宇。书碑仗醉翁。凌方伯为表阡，方伯醉后能作楷书。锦囊遗海上，画扇寄吴中。大令寄画扇。好结千秋契，都缘一姓同。五羊愁未到，双鲤信常通。异代供凭吊，元音震哑聋。招魂应化鹤，吐气定如虹。蛮触争犹烈，轩黄运未终。长留诗卷在，合用碧纱笼。

得云麓惩忿书却寄

匡庐面目本难真，湖海应怜老病身。三尺莫兴文字狱，廿年同是乱离人。买王失计羊终得，画虎不成犬亦驯。乐道期君持定力，胸中涵养十分春。

十一月初十日镜清招饮即席有诗率和

江乡南去又东旋，甫过生朝敞玳筵。却喜小红陪广宴，自怜衰白领群仙。余齿最劭，忝居首座。衔杯莫话兴亡事，刻烛还成急就篇。良会今宵宽酒罚，檐花细雨落帘前。

次韵简镜清

寒檠相对数更筹，远道音书滞速邮。碧水流含长短意，浊醪销尽古今愁。才名未敢夸三凤，高位深惭拥八驺。一自挂冠神武后，五湖烟月任遨游。

观元人杂剧叠前韵

花枝拚折酒添筹，醉笑平原置督邮。北地佳人难再得，南朝天子本无愁。沧桑易代询玄鹤，灯烛笼街导绛驺。一片氍毹新菊部，查楼歌舞怆前游。

感事和靖陶

已碎金瓯复浪投，三公一国几狐裘。桓文以后无尊俎，房杜不逢少断谋。一卧山中人迹远，廿年江上客帆收。幼安未设辽东榻，病起寒宵独倚楼。

十五夜月下作时届冬至

一生几见月当头，用成句。我到人间七五秋。清辉历尽几圆缺，最好无过今夜月。羁人爱月不成眠，起视皓魄悬中天。北斗无声彩云散，月影人影直一线。不知今月是前身，但觉古月照今人。若向广寒商曲谱，是人为宾月为主。举杯邀醉酒醅新，是人为主月为宾。为宾为主无不可，楼台先得莫如我。迩时长至一阳生，吹葭六琯动边声。月泉已停文字饮，东望漫浸劳引领。今冬因东事罢消寒之会。一龙娇娇五蛇从，麻鞋未著忧心忡。淞滨羁旅二十载，风云变灭此月在。少壮几时奈老何，好景无如今宵多。女孙学拜花间立，我亦裁诗急如律。

长至日简逸社诸友

甲年回溯移宫事，朋酒消寒罢举觥。每对故人愁北顾，当时与蒿庵相对太息，即罢消寒之会。俄闻大驾又东征。麻鞋尚未奔行在，尊俎何妨负旧盟。自有春风嘘黍谷，不因吹琯动诗情。

古微侍郎挽词

月泉从此罢题诗，不待招魂泪已垂。三殿胪传恩遇日，一官勇退急流时。一视广东学，即告归。慵编草木平泉记，永抱江湖魏阙思。欲问东封好消息，麻鞋迟著意先驰。

齐岁生惭一月先，蓬山让尔早登仙。余与君同岁生，乡举先君七年，会榜后君三载。同参政事堂前议，庚子六月廷对事。各有文章海内传。纸贵洛阳缘鬻字，装轻南越不名钱。孤贞顿失朱公叔，履道重经一惘然。

强村剩有选词图，三处浮家作钓徒。君眷口无多，三处析居。只欠采芹游鲁泮，君以太学生获售，尝笑语余曰："他年只望重赋鹿鸣，不得重游泮水。"何堪赌酒过黄垆。阳回黍谷春无主，殁于长至后六日。契结焦亭梦不孤。月前函索《梦蕉亭笔记》。燕许千秋大手笔，还工小令继辛苏。

骚坛牛耳傲冯唐，逸社推蒿庵执牛耳，君科分在先。更结芳邻友二王。谓雪澂、病山。门外垂杨识何妥，市中觅药少韩康。君病须服野参，由伯夔来索，愧无以应。最怜堆案余残楮，曾过新居视疾，适见案上纸堆狼藉，君太息曰："不能写矣。"无复烧灯晋寿觞。云麓书云："明正万寿行礼，遗老中又少一人。"一笑拈花身是佛，脱离凡垢但闻香。殁之前夕，君谓所亲曰："吾鼻观中时有香气。"

通州徐芙双孝廉分绿馆诗集题词

东望今无泪可挥，河山松杏已全非。当年杜老成诗史，毕竟中兴愿未违。

飘零书剑乱离时，烽火催成月露词。忙煞徐陵一枝笔，南船北马遍题诗。

大好江南作赋才，兰成萧瑟讵胜哀？老夫亦有陆沈痛，惜未逢君话劫灰。

长至后十日仁先侍郎至自津沽匆匆过谈又将北上赋此赠之

执手无言泪眼枯，新亭风景已全殊。问安北去逢鹦鹉，感逝南来叫鹧鸪。此来吊古微之丧。古微临殁，曾赋《鹧鸪天》绝命词。玉斧画残边失界，金瓯掷碎注成孤。麻鞋奔赴输臣甫，老病今吾逊故吾。

嘉平三日步临古微侍郎殡舍口号

前岁哀猿三峡闻，去年泪洒楚江云。风幡遮断斜阳影，今日荒原又送君。

腊鼓催年东望心痗适潜之老友寄示见怀和韵诗仍依韵奉酬计已九叠韵矣

蹙国何止日百里，救薪并少一杯水。十二万人齐束手，我不欲言君休矣。本初失计杀田丰，河北四郡归曹公。毕竟逼处非他族，持较今事悲无穷。电书络绎军门到，玉帐元戎正歌啸。不闻出师转退师，东邻欢笑西邻吊。昔日八公草木威，只今松杏景全非。黑海冰坚良将甲，金台花簇羽人衣。盈廷发言歇后五，余子碌碌奚足数？歃血世已无桓文，著鞭吾尚怀刘祖。洛阳幕府治军严，君马腾骧骨换凡。露布端资大手笔，军谘合署新头衔。廿年成败身亲历，将军大树乌爰集。才见欢迎陇首军，又闻哀怨榆关笛。与君相对数华年，白发萧疏各黯然。秋风莼菜归期阻，孤负江乡二顷田。晦庵老结延平友，事业名山期不朽。我学荒落不足师，漫道瞻前忽在后。来诗有“白发弟子”之语。君年六十已平头，万方多难强登楼。读罢云章惭雪和，好寻旧梦到苏州。余抚苏时，君在督练公所任差。

十一日先兄少石方伯忌辰辞世已三年矣祖堂设祭悲从中来灵如有知尚乞唁我

独雁衔芦雪满江，篪音寡和不成腔。寒更数尽余残漏，断梦惊回剔短釭。斗酒十千陪广坐，玉梅三九发晴窗。时交三九。分明曩岁消寒事，营奠今朝老泪双。

就养湖山慰老怀，葵花门巷自编柴。六桥踏月携儿去，三竺烧香与妇偕。同戴漏天犹待补，剧怜荒土竟长埋。乡关腊鼓催归急，灯火凄凉十字街。筑城腊尾春头，大十字街灯市极盛。

狼藉诗篇贮枕函，铭词空署旧头衔。墓铭新刊成。池边春早生青草，墓左阴浓长绿杉。侄辈昨于墓侧植树。东府更无坡和颍，竹林剩有籍呼咸。画船虹月光如昨，只惜升仙已隔凡。

列藉知君返道山，痴顽我尚落人间。狂来纵饮千场醉，劫后弹棋一著闲。才见春风回黍谷，又闻烽火遍榆关。尽多家国存亡感，触上心头损笑颜。

寿伯夔十二月十四日生

不须作颂美冈陵，传世文章是寿征。促席催花挝腊鼓，隔年拜月制春灯。开岁上元夕为太夫人八五大庆。怀人庐阜情应远，奉母随园老尚能。恰好比邻新酿熟，一尊邀饮醉懵腾。

寿襄孙十二月十五日六十正庆

六街腊鼓闹生辰，剪水淞滨托隐沦。五亩连云新第宅，三天画日旧词臣。瓶花净业朝参佛，井辖豪情夜款宾。独羡使君饶艳福，天台仙子嫁刘晨。

平头六十数华年，介寿今朝敞玳筵。某水某山乡梦远，佳儿佳妇舞衣鲜。光分南极双星灿，生在东坡五日前。一曲鹤飞赓委笛，春申江上进觥船。

十七日肖雅七十晋八生辰诗以祝之

饮马归来无一钱，藜床皂帽拥书眠。诗情不落放翁后，揆辰乃在坡公前。山中岁月何所有，一局残弈一尊酒。宦途直北又江南，平生风义几师友。万方多难两情亲，腊鼓声中预报春。晚菊篱边尊寿客，官梅阁下访诗人。作朋待开三寿宴，刘襄孙袁伯夔健笔来酣战。悟得风人明月篇，我对何郎先焚砚。迩来烽火遍关东，松杏河山四塞空。曾是使君奉使地，残烟落日青濛濛。况闻拯灾竭泉府，陆沈十万嗷鸿苦。吾侪饱食作旁观，纵活百年世奚补？门巷依稀认白杨，纸窗烧烛话偏长。寿身自有千秋业，不假丹砂驻景光。

诒书寄示瓮山雪望诗依韵
和答并约开春作西湖之游

韦杜城南尺五临，碧天高处白云深。忽传望雪耽佳句，恰便乘风寄素心。君赋尖叉工七字，我珍敝裘享千金。顷检校本年诗，即日付梓人。寻梅料得孤山冷，来向苏堤坐柳阴。

次韵答肖雅

持谢诗狂并酒狂，随身竿木笑逢场。饥来臣朔惟求饱，老去师丹已健忘。百岁流光弹指过，几人满志善刀藏。可怜福庆痴床坐，不及任生俊且强。见御史台记元福庆事。

旬日之间古微侍郎伯雨方伯先后辞世皆丁巳同岁生也志韶太史亦属齐年赋此简之谅同此惓惓耳

莫缘窦氏话蛇祥，十日匆匆吊两丧。鳄海波涛助悲壮，古微曾督学广东。鹤楼风月最凄凉。伯雨同官鄂渚最久。南宫造榜天留眼，志韶以一甲第二人及第。北府谈兵鬓早霜。北门往事不堪追忆。后死惟余君我在，忍浇腊酒奠朱黄。

伯夔和诗至仍叠前韵奉简

翩翩浊世美原陵，孝友传家积庆征。醉后酒痕留白袷，儿时书味忆青灯。笔摇衡岳君真健，福拟箕畴我未能。来函有“富贵寿考”之语，非所敢承。枥骥已无千里志，难从暮景盼飞腾。

与友人夜话三叠前韵

岸为谷后谷为陵，此理循环信有征。纵使升仙狂饮酒，何如学佛广传灯。威凭虎假缘狐狡，巢任鸠居笑鹊能。运去黄金收骏骨，得时凡马亦骧腾。

寒夜喜季让至自秣陵四叠前韵

一笑逢君问秣陵，龙蟠虎踞果何征？衣冠晋代空铭碣，灯火秦淮又上灯。再起谢安民受赐，重来江总客何能？衔杯且涤胸中恶，只恐年荒酒价腾。

遣怀五叠前韵

故侯只合老东陵，早结鸥盟谢鹤征。落纸云烟晨读画，怀人风雨夜挑灯。一家欢笑千家哭，乱世奸雄治世能。别有心潮平不得，江声到枕助奔腾。

逢蜀客谈成都武侯祠旧游六叠前韵

剩有崇祠傍惠陵，茅庐回首忆三征。宗臣从古留遗像，稗史无端说拜灯。忍道冲人难作辅，料知先帝早称能。锦官庙貌千秋肃，老柏干霄势欲腾。

谢云麓赠墨梅七叠前韵

老耽著作隐兰陵，文献乡邦信足征。拟续修《明州志乘》。雪案暖迎烘砚日，雨窗寒湿校书灯。白头耄学滋吾愧，青眼高歌羡尔能。不用胭脂画梅萼，墨花笔彩任蜚腾。

东坡生日八叠前韵

才亚庐陵迈宛陵，眉山毓秀协休征。院中恩遇荣归炬，殿上封章谏买灯。漫道琼崖非内属，微嫌蜀洛不相能。生朝为设郫筒酒，一曲南飞鹤羽腾。

遣兴九叠前韵

牢愁相扰病相陵，冬不藏阳是咎征。近市惯赊开瓮酒，乞邻偷取隔篱灯。一竿垂水行将隐，万笏看山总未能。友人两次约游天平，均不果往。闲对鸡窗聊共语，羡他秀色已翘腾。

约伯夔夜酌感怀时事十叠前韵

纷纷两部说甘陵，一代兴亡此见征。逊诏骤闻投玉玺，祸机先兆起红灯。龙蛇失所将安往，鹬蚌相持孰与能。酒罢醉乡寻至乐，不知江上战云腾。

二十日花近楼治酒为肖雅襄孙伯夔寿即席赋简

瓣香昨拜仰苏楼，客辖今宵井底投。三寿作朋开广宴，廿年守腊愧前修。空山落叶迟吟屐，绮坐飞花入醉瓯。漏泄千金春一刻，剪灯添酒盍少留？

祀灶和云麓韵

灶养平生薄烂羊，祖筵今夜买饧忙。绿醪芳洌歌三雅，红烛通明列两行。举火万家民受赐，拥炉一揖我非狂。多君佳句酬司命，豪气清才不可当。

叠韵简云麓

博士深惭说瘦羊，凋年端为送穷忙。还乡已阻程千里，哭友空余泪数行。江冷鱼龙皆寂寞，邻强鸡犬亦猖狂。晨炊减灶难增灶，半甑尘凝赋两当。用黄仲则《两当轩》诗语。

沪江北望三叠前韵

漫天劫火遍红羊，野哭江村转徙忙。大好家山惊入破，乱离儿女不成行。齐盟未敢惩秦暴，避世惟应学楚狂。见说重关无百二，万夫攘攘一夫当。

岁不尽五日小治壶觞松寿堂家宴四叠前韵

陶家秫酒党家羊，犹有闲情饯岁忙。客里黄尘迷雁户，朝班青琐断鹓行。却从乱世思平世，始觉今狂异古狂。儿劝加餐孙劝醉，老夫权作小排当。

与客谈近事五叠前韵

昔年海上说看羊，近日江头蚁斗忙。世事已成棋一局，盟书虚费牍千行。升平尚冀诸君答，扰攘须惩众稚狂。七二齐城终见复，破燕全责火牛当。

天半闻机声感赋六叠前韵

狡如脱兔很如羊，飞鹞乘风荡决忙。阵地虫沙千万劫，河桥星火两三行。但闻野老吞声哭，忍看群儿饮药狂。太息和戎无魏绛，弭兵巨任果谁当？

贾客以碑拓求售惜无精本因忆往岁琉璃厂访碑事七叠前韵

买王未得并无羊，一笑携钱厂肆忙。纵有牙纤五万轴，何如玉版十三行。载舟虹月防豪夺，落纸云烟识醉狂。若使兰亭真赚出，千金谐价合相当。

愁中作达八叠前韵

诗味惟寻挂角羊，书程日逐隙驹忙。神交大可忘形迹，杂坐何须问辈行。不惯诣人中散懒，有谁酌我次公狂。兴来欲续滕王序，只惜无风送马当。

预祝林诒书提学七十寿即寄北平开岁正月初九日生

闽海数人物，惟公耐岁寒。柳庄惊识面，梁苑喜同官。望重频移节，时危早挂冠。古稀今已届，斑彩足承欢。

阳九厄辛亥，忧时百感并。楼船集沽口，风雨撼彭城。乞病我南下，移家君北征。暂时亲戚话，握别泪纵横。

频岁西泠路，探梅每共君。同看六桥月，并踏两峰云。龙井茶初熟，凤林钟又闻。湖楼寻酒旆，记否醉颜醺？

老作幽燕客，三山未结庐。宗风和靖绍，道貌放翁如。酒罢呼儿弈，诗成倩女书。买灯先五日，乐事满庭除。

论交倾四海，服子性情真。羹沸蜩螗世，东西南北人。终偿衔石愿，准备杖朝身。介寿无他物，梅花寄远春。

小除日花近楼晚眺九叠前韵

鹬蚌相持犬逐羊，诸天魔舞世尊狂。南鳞传信波三折，北雁衔书字几行。急景渐愁残历尽，短歌且学少年狂。欲凭登览抒怀抱，惜少青山户外当。

除夜即事十叠前韵

收拾残棋付广羊，吟囊检点祭诗忙。颓龄惯作他乡客，合坐居然大父行。腊酒已拚今夕醉，春风先报隔年狂。是日立春。东阳未减看花兴，烧烛凭轩照四当。李怀麓有《四当轩看花诗》。

简子质军门同年

白发齐年剩有公，遁荒都在乱离中。飞觞遥醉屠苏酒，不与寻常馈岁同。

清代直隶总督◎文献集

鸣原集

下

陈夔龙 著

河北出版传媒集团
河北教育出版社

◎卷五

壬申

自　序

右壬申年诗若干首，为《鸣原五集》。入春以来，正值中日战事，沪北无一片干净土，沿江炮火日震荡几榻前。偶有吟弄，大抵皆憔悴忧伤之作，时为之也。忆余光绪壬申七月入贵阳郡庠充博士弟子员，今岁又逢壬申。曾步赵瓯北先生《重游泮宫》诗韵，赋诗四律，索海内外诸吟坛正削雪和，达数十人，另刊为《璧水春长集》。余亦七叠前韵，均载入《五集》中。诗虽不工，不可谓不多矣。其余游杭州有诗，游苏州有诗，第足迹所至，仅限于吴越；一衣带水，闲道麻鞋，迄未一著，心滋戚已。然江湖魏阙之思，黍离周道之感，则未尝一日或忘也。世有怜余身世者，谅不河汉斯言矣。

癸酉花朝，七十七叟庸庵自序。

元旦口号

春到春申春可怜，梅难索笑柳犹眠。亦思避地缘无地，已罢朝天但吁天。八阵旌旗迎晓日，千家村落委荒烟。干戈扰攘催吾老，七十之年又六年。

云麓来诗语多抑骚作此广之叠前韵

热不因人肯受怜？三竿影上客高眠。纵然咫尺鏖兵地，依旧光华复旦天。北烛照斟千日酒，东风吹暖万家烟。五辛盘子供吟案，诗兴今年胜去年。

和襄孙

文章报国答升平，尤患年来百事更。藜火家传应再续，梅花眷属本双清。笔干气象书春帖，酒泛屠苏补寿觥。客腊望日六十正庆。最羡朝元频夺席，谈经诘难莫能争。

和肖雅

小雅屠苏强笑欢，危巢聊寄一枝安。未堪衰病逢离乱，欲卖痴呆值履端。战苦但闻征调急，曲高终愧和酬难。元龙豪气今殊昔，看剑衔杯发浩叹。

光绪壬申入庠本岁重游泮水三叠前韵

白发萧疏对镜怜，图形安得李龙眠。门临淞北渡旁渡，家在黔南天外天。访碣尚留双屐雪，垂竿早办一蓑烟。秀才风味重追忆，乐泮匆匆六十年。

与六侄谈四叠前韵

为猿为鹤镇相怜，白骨如山枕藉眠。逼处邻氛缘得地，未来人事总由天。燎原只在一屋火，列燧宁惟九点烟？箫鼓六街灯市盛，那堪回首太平年。

初三夜寐不适枕上有作五叠前韵

封到骰尸有孰怜？角声中夜损清眠。夷居攘攘无宁土，秦赐懵懵入醉天。九节度犹坚旧垒，五侯家已散轻烟。烂柯尚有观棋客，袖手枰前二十年。

初四日简比邻庄得之观察

灵台何处协祥风，春在枪林弹雨中。远市烽烟连闸北，寒宵灯火接墙东。乱离作客他乡久，道义论交几辈同。咫尺竟如千里隔，愧无羊酒寿邻翁。翼日，为得之揆辰。

寄怀琴初旅顺六叠前韵

不曾相见却相怜，欹枕挑灯夜未眠。大地至今仍禹甸，康衢何日共尧天。嗟余老去头如雪，知尔朝回袖惹烟。从古中兴凭一旅，移宫忍说鼠儿年。

读史杂感七叠前韵

哀我王孙孰见怜，陌头荆棘感驼眠。虫沙幻化三千士，韦杜凄凉尺五天。剩有淋铃愁听雨，惜无羽箭画凌烟。关山到处惊鼙鼓，怅想青骡入蜀年。

醉后遣兴八叠前韵

摇尾纷纷靦乞怜，何如沈醉酒家眠。已无玉勒游春地，更阻金吾不夜天。冰砚虬文铭秀水，书案置竹坨铭砚一方，铭词极工。画图赝本失耕烟。估客以石谷赝本求售，一笑却之。一庵卧病头俱白，强起簪花学少年。

得之赠肴酒赋谢

介眉惆怅未升堂，灯火楼台隔一墙。拟拓广筵延寿客，荷分兼味累厨娘。肴罗珍错饥肠饱，酒醉醍醐馋口香。只恐岩城烽燧急，春游孤负好韶光。

初六日近市极目感赋

桃符甫换岁华新，爆竹无声减却春。但爇心香酬战士，惜无画笔绘流民。一尊绿蚁愁中酒，三度红羊劫后身。庚子尹京，辛亥督直，均值国变，未若此次战事之烈。莫道年韶太萧瑟，六街尚有买灯人。

偕六侄昌縠诣红卍字会妇孺收容所阅视九叠前韵

老妇婆娑只自怜，群儿索乳枕娘眠。交绥地仅离三舍，出险人如戴二天。甫定惊魂谈劫火，重回生计起炊烟。盘椒斗酒春时事，可奈遭逢丧乱年。

人日得之招饮

隔篱门外即天涯，跌宕东风落日斜。来赴漆园鸡黍约，二分春色在邻家。

醉归灯下看梅花有作十叠前韵

怜花怜我更谁怜，对影何须笑独眠。东阁诗成残腊夜，南枝梅发早春天。骑驴寻去留香雪，招鹤归来避野烟。今夕草堂温旧梦，不堪烽火乱离年。

十三日祝釐礼成松寿堂宴集赋简坐中诸老叠前韵

东海云霞曙色新，离宫长奉万年春。曾为左掖三朝士，已是荒江一老民。秬鬯遥颁天上宴，麻鞋迟著病中身。河清欲颂惭才思，方召联翩自有人。

即席赠子质同年三叠前韵

白首相逢岁又新，论交五十八年春。千门荆杞无宁宇，两氏怀天有幸民。老病易销湖海气，画图容著水云身。据鞍矍铄公真健，岂料磻溪作钓人？本年八秩大庆。

简志韶太史四叠前韵

记否宫花插帽新？策名三殿太和春。即今逼处滋他族，谁识孑遗是俊民。含笑桃迎前度客，傲寒松本后凋身。先皇手定黄金榜，御笔亲题第二人。

子有示除夕感事诗奉酬一律五叠前韵

情含哀怨句清新，只见烽烟不见春。盟府签名无魏绛，党碑泐石泣安民。前驱纵报日三捷，后劲谁包胆一身。回忆北门岩锁钥，与君俱是眼中人。

元夕书怀六叠前韵

芳尊初泛酒鳞新，良夜沽春强醉春。何处尚留干净土，去年犹是太平民。岩城未弛金吾禁，歌队先抽玉局身。烽火上元灯市寂，打门忽有送诗人。云麓诗适至。

答一山北平七叠前韵

焦原弥望烧痕新，满眼疮痍不算春。风起汉家思猛士，燔余周室有遗民。素心晨夕泉明宅，悬命江湖小范身。浣诵瑶篇三太息，桃源早作避秦人。

鹿笙诗多苦语赋此广之亦强作达观耳即步其韵

东风吹暖入南荣，人语灯前唤酒声。狼藉杯盘春一刻，悠扬弦管月三更。千门尚报平安火，九陌重开不夜城。安得武襄元夕宴，昆仑夺取四筵倾。

买灯后夜留客小饮八叠前韵

生菜登盘味荐新，今年非复去年春。知交纵集多闻友，飘泊难为沃土民。拚掷金钱虚买夜，已枯彩笔负吟身。厨荒酒恶君姑醉，不少流离道路人。

苏台旅社访病山侍郎九叠前韵

昨岁还乡画锦新，辛未正月，君入蜀。揭来避地又逢春。浮生拚作无家客，废职偏多失业民。千佛场应容我辈，九仙骨本在君身。回思邻巷歌虞殡，转羡朱古微王雪澄是古人。

鸣原四集编成十叠前韵

诗本长留袖底新，江南为客动经春。撚吟忽漫成髯叟，点鼠急谋付手民。雅集壶觞真率会，饱看山水自由身。集中多宴饮游观之作。萧奴郑婢俱能解，不作聱牙误后人。

燕九即事

旧游日下述前闻，买罢春灯礼白云。歇浦又过燕九节，枪林弹雨落纷纷。

桃叶相随亦可怜，梅花梦断绮窗前。广场一曲描金凤，触我春游十九年。癸丑春，曾偕内子同观此剧。

丁子彬内弟远寄诗篇喜其近耽风雅赋此酬之

沧海一为别，回头二十年。宅临黄歇浦，梦落夜郎天。对月月无语，寻春春可怜。客中逢丧乱，容易感华颠。

君似高常侍，艾年方学诗。乌衣延世泽，黄绢妙新词。蜀国看花早，洪山表墓迟。外舅梅村先生墓在武昌洪山。栖霞遗墨在，应有过庭思。外舅读书贵阳东山，手书联语，悬之寺壁。余丁未请假旋里，尚及见之。

二十日莲漪夫人生日午间
设奠感赋并寄内弟子彬贵阳

银烛光摇绿醴陈，连天烽火作生辰。梦回惜尔朱颜改，劫后怜余白发新。锦里芙蓉应似昨，甲申入蜀就姻。孤山梅萼又逢春。为徇忆弟看云意，早晚裁书寄远人。

春夜感逝四首

归安朱古微侍郎祖谋，一棺权寄闸北湖州会馆，适值东衅，邻舍均毁，幸而仅存，由乡人渴葬于沪西公墓。

藉甚千秋业，仓皇一亩宫。依然春草绿，不染劫灰红。野火怜邻殡，清词继晓风。年年上元节，浇酒几人同。

番禺凌润苔方伯福彭，客腊醉司命日寄书，开岁正月十日接到，讵知即为属纩之辰，报书在途，尚未达也。

梅萼春前发，蒹葭别后思。不图书到日，已是考终时。病却三升酒，才雄七字诗。报章犹在道，南望泪低垂。

宿迁黄伯雨提学以霖，清风两袖，一病经年，遗殡在室，漫天烽火，不能归葬也。

鄂渚同官日，淞滨寄庑年。万方苦多难，一笑忽登仙。怕听山阳笛，难归下噀田。隔江烽燧急，羡尔得长眠。

镇远谭芝耘观察启瑞，去冬作客姑苏，捐馆旅次，旋归椋白下别业。昨得讣告，距殁时已逾两月已。

暂作姑苏客，仍归建业魂。望春无梦到，闻耗只声吞。骨已埋黄土，书犹滞白门。惟遗江令宅，长伴谢公墩。

初春沪乱纪事

清酒黄龙是祸胎，潜师十万过江来。为猿为鹤须臾事，此是昆明浩劫灰。

白旗关外竖纷纷，崛强终推海上军。惜少淋漓一枝笔，续成凭吊战场文。

连天烽火骇雷轰，空际机声轧轧鸣。绝似昆阳风雨夕，一时屋瓦尽飞行。

撼岳军难抵撼山，铁蹄顿阻炮台湾。宁知丈八沟中客，卧甲櫜弓自在闲。

遥夜清笳动隔年，燎原星火祸滔天。惊魂甫定还滋愧，鼾睡他人卧榻前。

跌荡东风似虎狂，叶园花木费平章。飞扬不见春旗影，狼藉江湾跑马场。

虹桥东望渺山河，消息无从问涧薖。忽遇故人惊瘦损，随身书剑已无多。客邸遇王病山侍郎。

紫陌香街响钿车，楼台灯火绚繁华。可怜一炬成焦土，断送生涯十万家。

天心人事两茫茫，城火池鱼竟受殃。红十字联红卍字，锋车驰逐救灾忙。

血裹征袍雨洗创，男儿幸不死沙场。谁知玉臂云鬟女，也作白衣看护娘。

蜗角无端聚触蛮，猩红战血点苔斑。若教郑侠图重绘，不待传观泪已潸。

朝霞甫散暮云蒸，风起云飞火德乘。曼衍鱼龙城不夜，何须再买上元灯。

鹧鸪天外起悲风，丹旐飘扬入殡宫。差幸玉棺逃劫火，烧残邻壁半江红。悼朱古微侍郎。

一廛藉甚五洲名，白渡桥边苦遇兵。到处逢人齐说项，剧怜生死未分明。吊项松茂。

南来双鲤北来鸿，多谢新朋问讯同。煮茗焚香无个事，老夫权作信天翁。

铁网沙囊备缓冲，三条五剧尽泥封。分明尺咫牛鸣地，如隔云山一万重。

投笔军前意兴飞，举幡狂欲著征衣。而今城阙悲离散，应悔当时请愿非。

诗筒急递夜敲门，邻瓮朝开倒酒尊。三五素心情话乐，只缘卜宅集南村。

形势由来主客殊，推枰未易判赢输。吴江不是青天道，莫恃张松地理图。

六鹢乘风忽退飞，全师宵济突重围。浏河镇接杨林口，正是英雄跃马时。

爆竹声喧似岁除，相惊伯有意如何？衣冠江左无安石，太息苍生慰望虚。

白头野老意愀然，一卧沧江二十年。闸北寻春春不见，惟余落日与残烟。

肖雅观察行将归里先期以诗话别依韵奉酬

归去三山拄笏看，考槃在涧硕人宽。阶前郑草围书带，梦里江花绕笔端。画锦堂高娱晚节，夜郎天远发长叹。此邦信美非吾土，矧乃年来未戢干。

再简肖雅

廿年同客沪江春，飘泊何须怨一身。来诗有“一生飘泊”句。三径月明延好友，片帆风稳送归人。吟梅兴发情应远，啖荔香浓寄要频。我已颓龄君亦老，白头能得几回新。

二月朔日镜清招饮寓园
襄孙有诗次韵奉答并简主人

高会名园旧雨来，春寒犹未报花开。不教一角猩屏隔，安得三挝羯鼓催。坐拥诗城胸拓垒，遥怜战地骨成堆。琼筵且博今朝醉，论事谈兵意已灰。

肖雅昨来话别复赋长句赠之

闸北万家野哭声，闸南一客整归骑。春寒浃旬不出门，恃有诗筒逐日寄。朅来别我款柴荆，词所未尽将以意。萍踪偶聚沪江头，珠桂勉为米薪计。罡风复挟怒潮来，射雉场成逐鹿地。朝闻炮弹落窗前，夕见烽火瀓檐际。如此危邦岂可居，伏枥短尽英雄气。乡关咫尺不思归，猿鹤故山笑且詈。猛闻君语心怦怦，相对秉烛若梦寐。与君海上作流人，老带庄襟佩高致。两世论交堂构承，卅年同宦朔南暨。三日不见鄙吝生，一字推敲格律细。白头欢会能几时，忍赋将离指前路。我在春申屡送人，丈夫不洒儿女泪。惟有送君殊黯然，碧草绿波空绮丽。悬知书剑压轻装，远荠迷茫辨乡树。万寿桥边好泊船，全家一叶夕阳渡。特为先人上冢来，更寻旧日读书处。宅营五亩植桑麻，门对三山锁烟雾。慰渴活烹武夷茶，朵颐饱啖枫亭荔。堂开画锦良足豪，魏国光荣欧九记。独怜花近楼中客，何日夜郎天外去。

花朝即事

战地无春色，余烬逼花朝。已愁三径荒，何有二分饶。辛夷甫著花，僵柳未抽条。安得渔阳鼓，催醒海棠娇。隔墙一枝杏，消息殊寥寥。出门试腰脚，怅惘逐鞭梢。东风拂面来，吹断卖饧箫。欲博一尊醉，何处酒帘招。不如召我友，斗室集琼瑶。弹棋话残局，烹茗谈劫烧。豪夺博进钱，绕床快得枭。素心三五辈，谐谑聚昕宵。但觉诗情远，谁怜花信遥。凄断难为怀，吾思韩致尧。

颂年题庚午九九消寒图卷依韵奉酬

长星落落故人稀，惆怅春来景物非。隔坐竟成交臂失，昨诣倦知庐，竟失交臂。济时终觉素心违。酒缘病后杯慵举，诗发花前笔任飞。记否昔年真率会？曝檐情话对晴晖。

十五夜月下赏木笔花有作

亭亭园内花，皎皎天上月。寂寂庭中人，皑皑鬓边雪。花别人一年，月照花一色。眼前花月人，仿佛成三白。回溯十年事，酒坐速嘉客。瘦沈诗先成，乙庵。大冯句尤杰。蒿庵。丞相小车来，止庵。千金宵一刻。浮蚁香始升，探骊珠已得。欢会曾几时，有若驹过隙。剩我草间活，风流感销歇。花有开有落，月有圆有缺。人立花月间，亦复死生别。但祝今年花，不改昔芳洁。宁知今夜月，先照战场血。独有乱离人，抚时心蕴结。花月讵不佳，俯仰感陈迹。

得叔海北平和韵寄怀诗依韵奉酬计已十一叠矣

彩笔生花五色新，诗情艳夺凤城春。凡空冀北千群马，远忆江东一老民。曾爇炉香修荐表，偶携囊锦寄吟身。津桥往事君休问，我是焦头烂额人。

肖雅归期有阻却寄

曰归计又阻，失望到难犬。岂不念家山，遍地干戈满。只道君已行，江上孤帆远。宁知日复日，肠轮空辗转。得非书债累？抑或琴已典？否则齿摇落，尚恋吴粳软。我病不能归，子归脱兵燹。如何足竟裹，不离旧门限。南浦别休赋．西窗烛再剪。我有未定稿，劳子加论辩。又有新蒭酒，迟子共沉湎。因之故意长，暂卸征装短。春暖日迟迟，花开情缓缓。八闽溯交游，沈林利金断。爱苍、诒书。与子谊尤笃，卅载交匪浅。从此数晨夕，归期一再展。绕床快呼庐，造门频策蹇。域外豕狼突，一笑不挂眼。

云麓钞示病中杂诗赋此酬之

只道伤春谢唱酬．宁知近抱采薪忧。一尊大可将愁遣，二竖何能与命雠。君有讨二竖诗，以代檄文。郑草喜看书带长，江花齐向彩毫收。延年却病无他术，心寄沙干浩荡鸥。

二十六日襄孙招饮即席赋诗依韵和答二首

尊前红烛双行泪，镜里玄霜两鬓丝。近市宁愁沽酒远，开筵翻惜坐花迟。诗成金谷休论罚，园阻仓山莫问随。袁伯夔不在坐。闻说南徐春日丽，与君访戴共听鹂。

老去莫谈家国事，江头早办钓人丝。饮君酒博千场醉，读我书嫌十载迟。三径未荒曾揖蒋，九原可作苦思随。同社酒人，零落殆尽。愿承柳下黄骢马，同听花间黑皂鹂。

上巳日梦蕉亭禊集即席得句呈坐中诸君子

兰亭禊事蕉亭续，良会芳筵值令辰。岂是永和觞咏日，同为天宝乱离人。但凭酒垒销残劫，恰好花时驻晚春。赐宴曲江成故实，廿年望断属车尘。

越日复成一律用前韵

寒食清明都过了，成句。重三修禊集良辰。茂林修竹堪留客，夹岸桃花恐避人。龙华尺咫，看花道阻。白战诗催金谷夜，黄娇酒醉玉壶春。瑶池寿宴迎西母，忽忆东华踏软尘。燕京上巳日，蟠桃宫市集最盛。

四明李母方太夫人病榻慰亲图题词八图之一

往岁，李母张太夫人《八徽图》，余曾徇云书部郎之请，敬为题句。今祖夔世讲又以母氏方太夫人《续八徽图》中第一图《病榻慰亲》乞题。两氏懿德，一门继美，洵佳话也。因忆光绪丙午丁未间，余抚姑苏，与薇庄太守同官舍，谂知阃内贤哲，太守早归道山，令子七人均能自立，不陨家声，承母教也。本岁三月，值太夫人周甲正庆，既以诗为寿，复赋此诗题于图左。

猝然四德美从三，妙解风诗诵二南。韩姑归宁能慰父，安昌爱女甚于男。千金方觅伯休市，五夜香焚弥勒龛。教子相夫他日事，孝思先向画图探。

寿李母方太夫人六十

联翩家庆阐珍符，一片慈云瑞色敷。曾叩重闱赓燕喜，八徽今又展新图。

瑶池张宴酒鳞新，高会蟠桃正及春。寄庑伯鸾交最夙，才眉早佩案眉人。

跌宕东风爱日长.花间扶辇有诸郎。即今周甲初筵启，萱草年年寿北堂。

特展初三上巳辰，三月十三日生。一门斑彩集淞滨。兰陔洁养诗重补，户外春流洗劫尘。时战事甫平。

瑞鼎丞中丞七十正庆诗以奉祝即寄北平

九译分庭佩远猷，两河持节又同舟。惠人东里留遗爱，勇退西江趁急流。甲子已周龄更锡，巳辰特展禊重修。三月十三日生。驻颜遥晋糜钦酒，老我输君尚黑头。

鹿笙出示清明后一日游公园诗依韵和答

绿满莎原望眼明，鞭丝不受软尘惊。惯从逆旅过寒食，恰好名园寄野情。香山诗：“幽栖寄野情。”远客偕来疑地缩，园景不亚欧西。佳人一顾觉倾城。游春士女如云。桃红柳碧春如海，容我芳时载酒行。

上巳后四日鹿笙假坐招饮叠前韵

不胜酒力愧泉明，岂有诗名四坐惊。湖海易销豪士气，壶觞深荷故人情。千场纵博筹争唱，卅载论交盖早倾。只剩乡心抛未得，君东归去我西行。

越日渭英招饮三叠前韵

华筵灯上德星明，我愧陈遵一坐惊。桃柳争春三月暮，江湖载酒十年情。图中笠屐身堪隐，壁悬往岁同游太湖鼋头渚摄影。天半笙歌耳尽倾。席间设播音机。来赴故人鸡黍约，醉归载月踏莎行。

展上巳日凤林假坐小集四叠前韵

移尊剪烛夜通明，对镜簪花白发惊。只借樗蒱消永夕，不烦丝竹畅幽情。泉烹第二茶初熟，适有人赠惠山泉水。禊展重三酒满倾。犹预商芝黄绮末，裁诗休赋少年行。宾主四人，得年二百七十五岁。

春暮有感五叠前韵

风雨怀人阅晦明，芳韶坐老客心惊。柳眠柳起皆生趣，花落花开验物情。蝶梦初回容我懒，蚁醅新酿共谁倾？圣湖春水依然绿，尚欠扁舟放棹行。

镜清寓斋即事六叠前韵

一庭春晚集三明，见《后汉书·段颖传》凉州三明。不露文章世已惊。成句。博奕忍谈今日局，看花枨触故人情。泥融燕垒红襟重，风动虾帘翠浪倾。置酒高堂须尽醉，为君聊作短歌行。

游觉园七叠前韵

红桥曲折绿波明，梦入鸥乡总不惊。丈室皈依参净业，内有佛寺。素帷生死见交情。尧衢夫人在此开奠，吊客寥落。闲云偶出吟情减，旧雨相逢笑语倾。晤子质、渭英。剩有石舟留载客，临风未许刺篙行。

酒坐闻友人谈东事八叠前韵

百壶酒冽万花明，一醉无词讬压惊。焦烂客来谈浩劫，平安书到动边情。只愁白发堆霜早，尚有丹心向日倾。闻说鸭江春涨绿，卢龙塞上几人行？

松寿堂晚坐适闻邻院琵琶声九叠前韵

春阴乞借奏通明，节物频催过眼惊。三径草生怜碧色，一庭花落惜红情。炉香焚罢烟犹袅，椽烛烧残泪已倾。不用闻歌感迁谪，梅村亦赋琵琶行。梅村赋《琵琶行》，寓亡国破家之恨，持较香山所赋为得体。

渭英赠春茗十叠前韵

茶鼎分甘活火明，午眠初醒睡魔惊。逢君一试旗枪味，老我重申缟纻情。特为诗清卢碗饮，不须钱买阮囊倾。待烹第二泉中水，手挈军持破晓行。

题云麓太史甲辰殿试卷

堂堂龟鉴炳千秋，古谊忠肝一卷收。韩浦才长推凤手，管宁望重薄龙头。贞元朝士今余几，宝祐科名孰与俦。回忆梁园春造榜，君如和仲我惭欧。

漫云王后与卢前，独有才名海内传。岁纪甲辰岂雌命，日斜庚子是灾年。科举止于甲辰，辛亥之变基于庚子。谢文从古能全节，贾董而今不值钱。料得病中揩泪眼，君适抱病。一回展卷一潸然。

用和世兄承太夫人命寄赠牡丹赋谢

曾接芳邻共绿杨，又烦远寄牡丹忙。朱陈世好联新旧，姚魏天香斗紫黄。只恐胭脂难入画，何须白纸更寻坊。北京白纸坊崇效寺牡丹最盛。定知花下扶慈辇，萱草忘尤奉北堂。

肖雅以归期屡阻赋诗寄慨依韵答之

说诗尚拟夜床连，恰好征程一再延。野老行踪难自决，小儿造化代司权。荡胸登览空怀杜，便腹酣眠且学边。战地又看春草绿，纵迟归去亦陶然。

谷雨后二日榕卿寓园看牡丹酒后赋诗

花满瑶台玉作盘，才惭白也赋诗难。冶春递数风番信，国色尤宜雨后看。好买胭脂描画本，愿围金带署园官。寻芳蜡屐江湾阻，江湾叶园牡丹最盛，乱后未克往视。日到君家共倚兰。

次韵简志韶

结庐何碍巷深深，门外不闻车马音。待漏忽萦千里梦，枕戈已负十年心。花缘带雨余残泪，鸟为悲风返故林。无计留春春是客，和君高唱且长吟。

荟亭诗来依韵奉酬

远荷故人存问书，自怜多病卧相如。饱经豆栈惭驽马，窥窃芸编似蠹鱼。春晚莺花应是客，夜深风雨正愁予。何当买棹秦淮去，一访鳣堂慰索居。

和答吴东园重游泮水诗即次其韵

夫子墙高剩夕晖，圜桥观听景全非。蓝衫再著增余感，本年余亦重游泮水。白首重来似尔稀。讲幄昔曾称祭酒，诗城今拟树降旗。不须另请他题试，垂老江头坐翠微。君以试《翠微山赋》获售。

春不尽二日襄孙招饮寓斋赋简

留春无计饯春忙，樱笋筵开举夜光。看竹不妨忘主客，落花随处有文章。帘摇波影连瑶席，车走雷声隔画墙。情话西窗重剪烛，坐闻残漏觉宵长。

北平曹缵蘅祠部移居朝阳门东里赋赠仍用前和移居诗韵

莺迁又极凤城东，履道坊原在洛中。延客松间邀月共，题诗花下谢雷同。上年移居，以诗征和，凡数十家。遥悬陈榻成虚设，转徙曹仓总不空。君似山姜屡移宅，唱酬我愧阮亭翁。

寄赠四明天童寺退院僧退谷方丈

龙象神通孰与攀，一龛高卧静禅关。斋鱼供养寻初地，灵鹫皈依总在山。七叶克传真白业，万松未改古苍颜。退居寺内古松堂。挂冠我饮沧桑恨，不及僧家退院闲。

题林季璋书画册

谈兵论事已心灰，展卷能教老眼开。虹月米家书画舫，一齐奔赴彩毫来。

作客梁园记昔曾，而今纸价洛阳增。宠观切莫污油具，定有云烟护剡藤。

寿吴子鼎大令六十

长松骨格鹤精神，眼底云烟挽底春。周甲喜逢王正月，庭阶蓂叶又翻新。

秀毓黄山位上都，移家偏爱住姑苏。介眉一笑无他物，自绘探梅邓尉图。初春避乱，一游邓尉。

锁钥吾惭守北门，鹤归犹记旧巢痕。藏园当日宾僚盛，为问而今几个存？久居北洋幕府。

生花彩笔总超群，半是丹青半水云。往岁承绘《水流云在图》全册。更欲烦君揩老眼，吮毫重绘鲁宫芹。适以《重游泮宫图》乞绘。

余以同治壬申入郡庠本岁又值壬申寻例重游泮宫感赋用赵瓯北先生重游泮宫诗韵

五夜书灯映柳塘，弱龄初采泮芹香。道人再作游仙梦，老衲重登选佛场。发箧莫寻残蠹简，旧日书院课卷寄北平诸遗老题词，竟失去。压箱犹胜旧萤囊。圜桥此日如观礼，谁识当年瘦沈郎？

龙门百尺溯前游，温峤原居第二流。院试名列第二。齿亚洪乔宜把臂，十六岁入庠，同年同榜有殷君诰。才输颖士愿低头。院试萧君射斗第一，连捷，甲戌进士。漫劳门左争题凤，与伯兄少石、仲兄幼石，先后得科第。差免墙东学侩牛。幼年失怙，家贫，有劝习贾为生者，先妣力持不可，延师课读。幸拾一衿聊慰母，焚膏犹记小窗幽。

风景河山举目殊，暮年萧瑟负终繻。凡才敢诩空群马？逆旅翻怜过隙驹。白发慵搔非故我，蓝袍重著感今吾。举幡又见新人贵，老谢盐车愧识途。

数仞宫墙许再循，检场灯火最相亲。桐宫献艺狂书草，试题“于桐”二字极枯窘。藜阁观光利用宾。学使什邡刘藜阁检讨青照极荷赏识。旧揭浮签留示客，蒋砺堂相国有赋《童试浮签》诗，遍征题咏。同题团榜慨无人。假年还向天公乞，桂籍秋风杏苑春。明年癸酉，循例提前重赋鹿鸣。丙戌重宴恩荣，则在十年后矣。

夏剑丞观察为绘重游泮宫图赋酬二律用钱竹汀宫詹王阑泉侍郎重游泮宫诗韵

生花笔写采芹年，不觉欣然又惘然。马矢已封矍圃上，鸾旗犹集泮池前。一场梦醒重回首，数仞墙高未及肩。旧日童乌今白发，义熙岁月老斜川。右用钱韵。

锁院秋风月上弦，试期七月初旬。蚕声食叶试毫颠。勒红幸不宗师弃，夺绿惭无秀语编。诗题：秀语夺山绿。踏雪旧痕泥爪认，簪花小影画图传。茂才异等非吾分，敢拟乾嘉一辈贤。右用王韵。

四月二十日渭英招饮即席赋简并送其归常州

月泉社里寻常见，伍相祠堂又开宴。睍睆时闻出谷莺，呢喃更有穿帘燕。特设播音机娱客。湖海论交十载前，白头相对乱离年。添筹愧近节重五，沽酒虚縻价十千。门巷多留长者辙，知君性不因人热。而我来赴樱笋筵，狼籍杯盘忘主客。远隔黔山道里赊，便风羡尔独还家。归来试拣箧中物，惠泉活水洞庭茶。

二十二日肖雅招饮赋简

迟归屡负荔香盟，丧乱初平重友生。促席尊前逢北客，黄公渚自长春回。行厨花下盛南烹。忧来切莫谈开宝，醉后何知有李程。听雨今宵良宴集，剪灯枨触卅年情。

二十四日子怡叔迁兄弟招饮赋简

一卧沧江岁月久，君家兄弟忘年友。问年相距一纪强，伯也丁丑仲己丑。移尊过我花近楼，秩然主劝又宾酬。相逢意气皆青眼，沦落天涯感白头。老夫耄矣百无用，君辈翩翩济时栋。如何间却好身手，四顾茫茫天梦梦。酒酣耳热说辽东，松杏河山涕泪中。纵活百年世何补。酡颜羞对烛花红。

二十五日玉山榕卿招饮赋简

华灯初上夜新凉，主人为客称一觞。坐花醉月寻常事，感子今宵故意长。促席不嫌添酒债，难得亲戚悦情话。慰渴横索六安茶，论交敢薄桐城派。不管蹶刘与颠嬴，河山今日慨棋枰。醉魄沈沈慵不起，梦回微觉海潮生。故人来趁风雨夕，惜少金丝出四壁。井中客辖莫久淹，铜街又听柝声急。是夜沪地戒严。

二十八日秋帆聘三招饮赋谢

挥毫宠我诗千首，不如一醉樽中酒。南飞鹤曲喧华堂，不如呼卢走绕床。许侯旧主歃血盟，汝南久佩月旦评。五都市上知音寡，投分乃有白眉马。两贤与我接瑶席，辱荷嘉招永今夕。输赢一局酒数巡，感时同是乱离人。草间偷活敢云寿，行吟憔悴腰围瘦。吟成聊以慰良朋，杜门且作在家僧。

题云麓太史梅花诗画合册

孤高原绝俗，瘦硬亦通神。自拟林和靖，人疑梅子真。辋水诗中画，罗浮梦里春。化为千万树，又是放翁身。行将刊印问世。

二十九日襄孙招饮赋呈七言排律十六韵并申汤饼之约

藜阁分青几席前，德星环列少微躔。尽皆同气同声友，恰好乍晴乍雨天。折简近承招雅集，悬弧远溯降生年。投荒赤水埋烟瘴，得第丹梯到日边。似火官符惭守土，如冰宦味誓归田。衣冠已挂陶宏景，山水堪娱孟浩然。每忆西清愁北顾，不成南渡忽东迁，问安陇上逢鹦鹉，望帝山中拜杜鹃。老我徒萦金阙梦，多君夙缔玉堂缘。屏风禁籞书名早，车两吴侬盼泽先。岂羡腰缠钱十万，曾延珠履客三千。思乡已分栖云壑，结社还邀继月泉。诗拥长城坚筑垒，文同下水快行船。善交屡入芝兰室，良宴叨陪玳瑁筵。酒坐花枝情脉脉，德门瓜瓞庆绵绵。重烦筵日开汤饼，祖砚孙诒喜再传。近有抱孙之喜。

五月初三日七十六龄初度赋此遣怀

榴红艾绿敞芳筵，又届生朝意惘然。姜被已无兄弟乐，晏楹还望子孙传。金尊蒲叶千场醉，玉笛梅花五月天。莫忘秀才风味好，白头重遇采芹年。以《重游泮宫》诗索和。

生朝后一日鸿英镜清招饮赋简

红烛照澈榴花筵，我生乃在端阳先，幸与诸老相周旋。叶髯广坐延宾客，置得名园趣日涉，一笑对镜须懒镊。玄都今又逢刘郎，看花未减前度狂，促席为我倾千觞。二豪落落风义古，肝胆照人豁城府，南村乐共晨夕数。我昔之官绛节持，燕豫吴楚锋车驰，一场宦梦春婆知。今日来赴故人约，但乞有酒互斟酌，开天往事不忍说。

端午口号

香罗叠雪先朝赐，玉笛落梅远道思。偶对楸枰谈急劫，姗姗底事客来迟？

生朝后四日子有招饮赋简

太华峰头青一片，龙湫大小飞匹练。林子春来爱远游，芒鞋踏破西南遍。甫游华岳雁荡归。平生好结山水缘，登览未觉风尘倦。多情为我赋归来，良会高轩夜开宴。我伏草间靦偷活，廿载淞滨节物换。感子招邀倒屣忙，五鲭筵上重相见。回思烽火连三月，同作流人丁丧乱。匆匆腊尾接春头，蜗角触蛮苦争战。六街不断爆竹声，剑及屦及警传箭。先几似预兆彭亡，未已何堪说鲁难。歃浦纵成歃血盟，圣湖未偿上冢愿。局促我如辕下驹，腾踔羡君腰脚健。揽袖犹留雁荡云，指掌曾识仙人面。昨日临江吊屈平，今夕登楼款王粲。一尊留饮酒不空，两世论交金利断。料如昌黎咏南山，行箧搜索新诗看。

生朝后五日味莲招饮赋简

才分楚粽过端阳，更荷郇香快举觞。藜阁昔曾识刘向，钓台今又访严光。往岁，于镜清坐上识君，遂缔交。酒波泛绿筵初上，烛影摇红夜未央。接席坐花兼醉月，娟娟眉样斗新妆。

生朝后六日得之观察招饮赋简

安得黄娇娱白首，主人宴客重五后。绕屋红开安石榴，隔篱绿遍垂杨柳。穷海栖迟丧乱年，比邻夙佩漆园贤。各有家山归不得，翻睡他人卧榻前。月泉结社佥曰可，朱博招君并及我。甲寅结三八会，朱晓南执牛耳。素心靖节集南社，苦语少陵吟饭颗。避地桃源随处寻，纷纷把臂齐入林。清卿匹绢胡伯始，杂记板桥余澹心。胡揆甫方伯、余寿平中丞均为初会中人。开径尽多三益友，更有杨童伴高叟。会中杨寿桐年最少，高白叔齿最劭。坐中竹箭美东南，堂上金钗列左右。过后思量总惘然，彩云易散委残烟。早衰我已惭惊坐，多难君徒欢逝川。几辈山丘几华屋，两家犹共一墙筑。黄齑紫稼时相诒，秋水南华屡借读。策杖重登君子堂，感时各讶鬓丝苍。莎厅纵喜来今雨，花坞全非旧夕阳。一寸河山增我痛，辽南犹竭参貂贡。同留老眼望中兴，未觉剪鹑天梦梦。今宵广宴肴核陈，莫负当筵酒十巡。相期努力崇明德，与君善葆百年身。

越日鹿生凤林招饮赋简

平生只合饱齑粥，但得村醪愿已足。旧雨相偕送酒来，蓬门顷刻变金谷。阿蒙缔交三十载，老屈一官百里宰。和我重游泮水诗，淋漓墨沈笔生彩。朱游才调本超群，曾上韬光栖白云。揭来申浦同为客，六博弹棋静夜分。年年过我花近楼，此日开筵楼上头。蜩塘羹沸今何世，一樽坐对销百忧。偃卧沧江吟望久，白发萧疏敢云寿。相期挹袖老烟霞，惭愧抛砖报琼玖。

十三日鲁青太守招饮赋简

半剪淞波进酒船，故人鸡黍正开筵。鲁芹重采诗才和，曾和《重游泮水》诗。闽荔新尝谱又编。乐圣避贤三雅后，对坡思颖十年前。豪情愧说陈惊坐，今日临觞感逝川。有悼哲弟爱苍、次裳两君。

就养春申岁月赊，早年舆诵遍三巴，须眉黄绮联商皓，子弟乌衣美谢家。节拥双江先泽远，棋消一局夕阳斜。沈沈夜漏延芳酌，班马无声客驻车。

十四日蔗青招饮赋简用杜少陵赠卫八处士诗韵

时平盛簪绂，世乱隐于商。元龙湖海士，交游增宠光。湘水何滔滔，黔岭何苍苍。有家各不归，九回客中肠。嘉招肆筵席，裙屐集一堂。感时生百忧，蜡泪先成行。桃源在何处，安得缩地方。余生逃劫火，犹获醉壶浆。出尘与越俗，君如俭岁粱。淞西好园居，幽情托咏觞。老懒不适宜，对君引兴长。坐久客忘返，烟月何迷茫。

一山太史寄示甲辰同年茶会诗奉酬一律并示同会诸君子

远道绵绵何所思，琼篇浣诵意先驰。值君燕市盍簪日，触我梁园放榜时。夏社但供文字饮，集于社稷坛水榭中。周家重赋会同诗。种瓜拟向青门老，樱笋还来话后期。

旌表义夫筠连曾少梅先生赞词

萧条四壁空遗挂，断绝七弦不续丝。高谊已堪敦薄俗，有情毕竟是男儿。

五湖烟水寄生涯，瓶钵如僧尚在家。传语九原定含笑，不教儿女衣芦花。

大笔淋漓大义存，宏文读竟忆师门，撰节略之陈君先沅，为余幼时受业师君陶先生子侄辈行。旌闾式里馨闻远，始觉悬鳏道德尊。

寄金子才

行止殊张俭，飞腾似马周。两心本相契，一刺竟空投。客到迟开阁，年衰懒下楼。封侯君素愿，惭愧说荆州。

海宁查声山宫詹手录仁庙御书唐人早朝诗副本并谢恩诗及廷臣题跋十则全册陆蔼堂部郎索题

佳句唐人赋早朝，龙飞凤舞写生绡。词臣拜赐承殊眷，副本还看彩笔描。

橐笔南斋侍直年，班资均在老查前。与初白同直南斋，班资在前。宫中传呼，每以老查、小查别之。春坊若应东宫教，定许拈毫赋杜鹃。朱竹垞有《应东宫教赋白杜鹃》诗。

震官睿藻已无存，皇太子恭跋一篇已佚去。诸老鸿题雪爪痕。独惜当时燕许笔，竟遗长水与江村。

景山松柏郁苍苍，乔木盐官世泽长。遐想太平风雅事，与君展卷感沧桑。

奉怀张馨庵尚书天津兼感东事

夺门往事心谁谅？乐泮赓酬句亦香。承和《重游泮水》四诗，竟至四叠。奚止阳关三叠曲，顿教漫叟九回肠。廿年历劫身还在，两地相思鬓各苍。从古东迁依晋郑，与君翘首望辽阳。

北平李释戡将军寄到蛰园赏牡丹限江字韵诗名作林立率赋二律仍江韵续貂之诮知不免矣却寄并示啸麓世讲

北信南来鲤剖双，芳游觅句韵铮摐。花如倾国称难得，诗比长城筑受降。想到云裳开画本，会逢月下剔吟釭。叶家院落栏曾倚，烽火吴淞隔一江。海上牡丹，以江湾叶园最盛。烽火三月，致阻。

纷纷姚魏拂瑶窗，矜宠花王领大邦。芍药只堪充侍俾，玉梅不用谱新腔。诗函五月望后接到。抱香尽有风前蝶，吠影应无月下尨，不预蛰园冠盖末，何时北去载轻艭？

寿子质同年八十

云开衡岳启祯祥，南极星辉应寿昌。群仰八旬周尚父，独存一代鲁灵光。功名合上凌烟阁，仕宦曾无书锦堂。强饭据鞍仍矍铄，天留此老阅沧桑。

龙飞恩榜共宾筵，弹指匆匆五八年。我掌北门惭锁钥，君遵南海耀戈铤。谢公罢政惟耽弈，陆贾归装不爱钱。今日登堂介眉酒，预开苹宴早秋天。开岁重赋鹿鸣筵宴。

园居寡营适展公渚诗函时甫自辽沈归也次韵奉酬东望海天不禁神往

丝竹中年有乐哀，老夫耄矣兴犹孩。三间破屋安吟榻，半亩荒园赋凿坏。已对迦陵惭嗣响，新得《陈其年全集》。夙知仲则是清才。旧时丰沛今灵武，曾著麻鞋去复来。

寿王少侯六十

把酒祝王郎，乌衣驻夕阳。克延先世泽，未减少年狂。敛手棋观质，齐眉案举光。觥筹添寿算，明日是天长。六月初五生。

及门从患难，庚子日斜时。代缮迎銮表，同吟纪乱诗。萍蓬又相聚，鹒蟀感空驰。我老君非壮，霜华染鬓丝。

纪瑞逢周甲，应成自寿文。梁园旧宾客，京国老司勋。子已圭璋达，吾将笔砚焚。世家乔木荫，努力绍清芬。

次韵寄怀馨庵尚书三首

未秋蒲柳望风零，揽镜何堪白发星。历尽昆池千劫火，适成大海两浮萍。醉邀明月怜三影，妙写新诗薄四灵。拄笏看山各有癖，门前惜少数峰青。津沪均无山。

银烛慵烧恐泪零，夜深遥企草堂星。东西列屋墙分荔，与弟纲庵同居。南北浮家浪打萍。履道君宜居洛下，还山我欲访黔灵。不谈戒律谈诗律，惭愧年来蓝谢青。

碧天无语露初零，松下支床卧看星。鸦嘴锄移三径竹，鸭茵褥载半池萍。棋收黑白融成败，句谢推敲养性灵。暑夜睡乡何处觅，拥书还对一灯青。

弢庵太傅远寄重游泮宫诗扇率赋志谢用王兰泉先生重游泮宫诗韵

宗风景仰佩韦弦，妙写新诗彩笔颠。重采芹香征雅什，独推芝绮冠全编。真灵位业三公望，谏议文章四海传。往岁翰林四谏，公居其一。运际艰贞功启沃，岿然一老迈诗贤。

孙诗郑吏部六十七岁初度自寿有诗次韵和答

一醉难销千日忧，不逢虞夏与殷周。文章太史推司马，尊酒先朝重养牛。但觉胸中浇块垒，宁知皮里有阳秋。白头未减潜研力，邺架曹仓任取求。

老眼看棋敛袖吁，夜窗书味一灯孤。诗如秋兴吟夔府，阁续天真冠海虞。北海谈经成绝学，西山访碣足清娱。放翁团扇须眉古，自向今吾认故吾。

叠韵简师郑

天厌君休抱杞忧，逍遥我拟学庄周。成仙纵好须成佛，汗马无功且汗牛。半榻茶烟延暝色，重帘灯火入新秋。全生乱世滋余愧，闻达年来总不求。

闻鸡中夜发长吁，潮落寒塘梦不孤。仙侣近邀盘谷愿，古欢遥接道园虞。旧藏虞伯生道园《学古录》，为先光禄公手泽。干戈扰攘何时戢，襟带翛闲只自娱。渐觉荆高燕市少，更难江左见夷吾。

宝臣尚书寄和重游泮宫诗赋谢用钱竹汀先生重游泮宫诗韵

采薇回溯采芹年，浣诵瑶笺意莞然。似水交情人去后，未秋天气雁来前。愿同皋羽编晞发，安得洪厓快拍肩。北海风尘东海月，故人几度隔山川。

夏夜奉怀齐震岩照岩中丞兄弟

楼台灯火夜初凉，风雨怀人漏点长。作客机云犹赁庑，说诗坡颍正联床。苟全乱世思平世，转徙他乡当故乡。老我令原增永叹，君家兄弟雁成行。

寄怀邢冕之太史三叠王兰泉先士重游泮宫诗韵

佳句惊人箭在弦，白头吟望感华颠。元灯祖德留光焰，先世为名解元。甲第朝班重检编。桐野经巢惭后进，萧山秀水是先传。何时来共平原饮，乐圣衔杯好避贤。

寿郭母王太夫人七十

银汉秋澄宝婺光，瑶池仙宴晋霞觞。兰芳纫佩滋南畹，萱草忘忧寿北堂。兴庆班行联紫禁，琅琊家世富青箱。昔为贤妇今贤母，绛幔传经爱日长。

钱塘陆蔼堂部郎寄示感事八首用杜少陵秋兴诗韵余亦用杜韵成咏怀八律录正

倦飞一鸟早归林，瑟瑟西风万木森。乱后编诗晞谢发，闲中运甓惜陶阴。绿江未遂瞻云愿，碧汉终悬捧日心。为问同仇旧袍泽，寒衣谁寄夜敲砧。

门馆樱桃几树斜，软红一再踏东华。十年饱给郎官俸，五月亲随使相槎。余受知荣文忠公，自丙申五月奏派天津查办袁世凯参军案始。灯影摇红飞劫火，管弦凝碧杂清笳。滹沱麦饭芜蒌粥，零落宜春苑里花。

难凭寸草报春晖，老向泥中赋式微。惜别又看人北去，传书不见雁南飞。浇残块垒千场醉，入破家山万里违。移孔更谁怜瘦沈，带围应减旧时肥。

柯烂仙人劫后棋，筏津欲渡佛慈悲。移山填海违初愿，转绿回黄又一时。踏雪飞鸿留指爪，嘶风病马厌驱驰。广场收拾看花眼，独倚楼栏寄远思。

秋云万叠拥千山，疑在虚无缥缈间。花径就荒休罢扫，柴门纵设总常开。调筝怕听新声曲，揽镜惊非旧日颜。检点朝衣犹在笥，觐光曾缀紫宸班。

连江楚尾接吴头，竿木逢场几度秋。宏景一冠亡国恨，辛亥腊月，北洋任内乞病获允，越日，即读禅诏。谢公双屐看山愁。覆蕉梦逐隍中鹿，狎浪心盟海上鸥。太息陆沈谁咎执？重揩老眼望神州。

徙薪曲突敢论功？焦烂居然上坐中。岂料桑榆悲落日，非关莼菜动秋风。门前乌集头怜白，桥畔鹃啼血溅红。三复北征诗是史，麻鞋我愧杜陵翁。

黍离行迈道逶迤，日薄天寒皇子陂。唳鹤时萦华表梦，昏雅犹恋上林枝。轩弓遗恨龙髯远，谓戊申十月事。宫扇新开雉尾移。翊赞中兴灵武策，几人青史姓名垂？

朱古微侍郎强村填词图题词

晓风残月柳屯田，神化丹青尚俨然。彩笔无端成绝笔，恼人最是鹧鸪天。君临殁，赋《鹧鸪天》词。

妙选强村旧有图，重寻断句已模糊。公有《强村选词图》，余曾题句。当年逸社人才盛，落叶西风剩老夫。

西湖归去莫题诗，秋雪芦花好荐祠。劫火不烧灵爽在，展图未减旧风姿。

立秋前一日子有招饮襄孙以诗索和依韵奉酬并简主人

门临沙渡隔沧州，促席传觞曲水流。获共竹居聊免俗，乍闻梧落已鸣秋。相逢北客惊传雁，归去南山学饭牛。独佩刘郎诗味永，十分清趣溢茶瓯。

感事叠前韵

劫余鹦鹉尚名洲，惭愧牙旗总上流。万事如棋难著手，十年作客又惊秋。断谋异代思房杜，恩怨先朝误李牛。破碎河山谁执咎？有人儿戏掷金瓯。

三叠韵寄师郑北平

黍离行迈我心忧，杕杜诗情寄道周。不分英雄谈射虎，也随儿女拜牵牛。记成退谷宜销夏，病起相如易感秋。素志平生愧沂国，但筹温饱更何求。

掩卷灯前发短吁，桐焦入听赏音孤。家犹未徙身还在，毁坐求全誉不虞。西去少陵客岩武，东游司马挈清娱。元龙豪气当年盛，白发愁看镜里吾。

张鼎丞星使出使廓尔喀归而征诗率成三截应教

博望星槎万里还，当年凿空唱刀还。亢宗又拜皇华使，绝域亲临喜马山。

名王解甲罢西征，一语三边系重轻。最羡锦车随绛节，夫人城外缔新盟。

五十年前纪壮游，筹边曾上赞皇楼。维州风雨松州月，运掌轮君拓远猷。光绪甲申乙酉间，随川督丁文诚公川西阅兵，曾过筹边楼。厥后，奉命督川兼筹康藏事，迄未履任。

玉佛寺可成方丈挽词

敲诗曾许叩禅关，竹院相逢半日闲。尘劫而今齐解脱，拈花一笑返灵山。

寄赠孙师郑吏部

鹅毛千里致缠绵，山谷诗：“鹅毛千里赠，所重以其人。”笑解衰翁挂杖钱。数点适成分陇雨，一泓原是在山泉。白杨门巷怀高躅，红豆家风许再传。富拥百城穷亦乐，知君端不受人怜。

肖雅以目疾诗索和依韵奉怀

问讯何东阁，宵来有报书。神交原落寞，目疾近何如？丹荔故乡社，白杨深巷居。一钩新月上，秋意满庭除。

一灯红似粟，窗下课孙书。棋劫君休问，诗狂我不如。自携吴郡本，人羡辋川居。睡晚朝慵起，何当结习除？

七月二十七日芹酌宴集回首游泮之年已甲子一周矣诸君子以诗见赠美不胜收敬赋答谢仍叠前韵

宅临六洞近冯塘，入泮时，赁居六洞桥畔，地接冯家塘，在考院左近。遥爇阳明一瓣香。黔地僻远，自王阳明先生谪居龙场阐明理学，乡俗始知向往。释菜又开今日宴，于本月二十七日入庠。簪花回忆少年场。才名早秃江淹笔，锦句纷投李贺囊。远近以诗赠和者，约百余人。惭愧抛砖能引玉，高歌青眼慰王郎。

南来吾道失言游，一夕西风老泪流。虞山言仲远观察和诗最早，遽于秋初逝世。几辈造楼推凤手，何人夺锦说龙头。悬知工速兼枚马，各吐光芒贯斗牛。独佩吾宗风义古，远贻诗箑自燕幽。弢庵太傅远寄诗扇，鸿词蝇楷，叹为双绝。

汴水吴山宦辙殊，还乡何用验符繻。丁未入觐，面乞给假过家上冢，荷蒙俞允，恩许驰驿。两川罢守边城戍，三海荣乘内厩驹。恩赐西苑门内骑马。白香山诗："归乘内厩驹。"南楚楼船惭坐镇，北门锁钥病支吾。粱炊梦醒重追忆，始觉圜桥是首途。

暮年萧瑟苦缘循，二字见《庄子》注，谓不能自立之貌。朋酒灯前笑语亲。正好借花香献佛，席设一枝香酒家。不妨炊黍夜留宾。纵无门下三千客，解组后，宾僚星散。差拟山阴四二人。今日召客，适符此数。觞咏待编芹藻集，一弹再鼓尽阳春。

寿顾桂生司使六十

论兵北府识长才，余治兵汴洛，君参戎幕。作颂南山祝有台。心在冰壶游洛倦，手挥羽扇渡江来。角巾锦里家何处，襟酒杭州醉几回。佛诞适逢开广宴，揆辰为地藏佛生日。天花乱落寿人杯。

俞琢吾观察伉俪六十征诗

平头甲子敞华筵，福慧双修望若仙。举案秋容落眉际，夫人八月生。隔年春色到樽前。君明岁三月恰值六十。时平比翼骖鸾出，世乱同心挽鹿还。今日画堂征燕喜，笑看子舍舞衣鲜。

芹香宴集子才又有和章三叠韵奉酬

词源倒峡藐瞿塘，兰芷风流屈宋香。扫我千军称霸国，避君三舍怯文场。干霄雷剑难藏匣，歃血毛锥顿出囊。漫向随园偷小字，大名端不减钱郎。

桂苑徐陵许共游，夙闻高弟亦名流。君为花农同年高足。韩门籍辈休颜汗，欧地坡公让出头。堪羡挥毫工倚马，恰如迎刃解全牛。岭南诗学君能绍，乔木莺鸣出谷幽。

酸咸与俗本全殊，近市居夷早弃繻。旧梦徒萦华表鹤，长才已谢渥洼驹。绿醪醉遣杯中酒，白发愁看镜里吾。靖节归来聊作达，昨非今是识迷途。

耄期废学坐因循，逆旅逢君意倍亲。辽海回澜龙起蛰，秋江涵影雁来宾。北客南来，询悉辽沈近事。空闻夏口称雄镇，喜见冬心有替人。合仿西园图雅集，芹香坐上顿生春。昨夕雅集，共摄一影纪盛。

四叠韵和酬云麓

清秋一雁渡寒塘，捧诵新诗集古香。发箧宝书森玉府，衔枚战士惯沙场。移情弦柱鸣瑶瑟，穿句珠玑入锦囊。望重千金谐价值，功名不数尚书郎。

梁园造榜溯前游，典册高文迈等流。忝预煎茶吟蟹眼，早闻割席薄龙头。十行晋帖铭寻鹤，一卷班书角挂牛。更有比邻张太史，隔篱酬唱巷居幽。谓燕昌。

注籍蓬山与众殊，童年丱角已垂繻。直庐在昔趋金马，空谷而今縶白驹。夺绿句工堪羡尔，谢青誉重转惭吾。墨梅十幅供吟啸，便拟孤山早戒途。

才大非关善诱循，劫余师弟最相亲。鲁宫芹藻灯前影，商皓须眉坐上宾。慨我曾为焦烂客，与君同是乱离人。广场惜少新先辈，科举久停。老卧沧江二十春。

肖雅宴后忽致微疾越日诗来解嘲走笔和之

一勺羊公酒，缘知不我疑。分甘期适口，积冷忽伤脾。且喜眠无恙，还思乐不疲。衰年各珍重，选句未妨迟。

番禺张南山先生维屏珠海老渔图卷汪道源太守属题图作于咸丰丁巳先生重游泮水年

我亦黉门再到人，余今年重游泮水。宦游迹阻岭南春。仕宦历南北行省，独未至粤东。水流云在空萧瑟，北洋移病归，曾作《水流云在图》。不及先生隐约纶。

芹藻溯公重采日，蓬桑是仆降生年。余咸丰丁巳生，先生是年重游泮水。办香早下南丰拜，更逐烟波叩祖禅。先生文孙兰轩太史，为余乙亥乡试座师。

五叠韵和酬燕昌太史

淮泗河流汇六塘，文澜秀擢榜花香。广筵早夺谈经席，绮岁曾登选士场。侍直近依青玉案，承恩荣佩紫荷囊。五云高处胪初唱，不作冯唐白首郎。以选拔官户部，旋中进士点传胪。

千门走马是前游，桥跨龙津俯众流。上第名联三鼎足，华资坐阅十年头。笺贻蜀锦才修凤，哲兄为翰林前辈。壁拥曹仓力汗牛。持谢同巢旧时燕，蓬莱风景最清幽。

少贱无能老岂殊，鲰生早掷出关繻。题桥敢诩同司马，丁未督蜀，过家上冢。画卷端宜仿伯驹。旧制《水流云在图》。留守适充京兆尹，庚子年事。兼官权领执金吾。抚豫兼提督。只嫌未注蓬山籍，不敢他途畏此途。

模楷难为弟子循，白头相见总相亲。李刘风义兼师友，文富耆英迭主宾。旁坐同为观弈客，比邻时有送诗人。谓云麓。逢君不用嗟迟暮，未饯秋时预买春。

次韵答肖雅

何郎词藻擅班香，东阁官梅冠众芳。莫笑长才吟短句，须知万卷早撑肠。

燸星门下集贤宾，团榜题名尚有人。余前诗云："同题团榜更无人。"今接黔函，云："同榜许君光文尚在。"怅隔夜郎天万里，不来同醉玉壶春。

圜桥先导失元方，先兄丁卯重游泮水。梦里依稀语未详。五省麾旄宁始愿？白头已分老冯唐。

咳唾诗成笔有神，巷居何幸接清尘。秀才我愧希文范，仙吏君如梅子真。

六叠韵寄答少眉贵阳

讲幄论文记雁塘，尊公光绪戊寅，设帐外舅周春甫先生雁塘坎第宅，余诗过从。元魁家世姓名香。尊公已入循良传，下走叨陪选举场。献艺同遭红勒帛，丁丑同被放归。摅词独羡锦探囊。临场应试，诸君纷纷作应举文，尊公独喜吟诗选句。而今剩有闻诗鲤，赢得头衔著作郎。

后我南黉十载游，岿然榜首冠群流。河梁赠句迟携手，宦海收帆竟掉头。独羡词坛工绣虎，也曾山寺赋金牛。戊申在籍，曾于相宝山咏佛坐前铜牛，诗载《松寿堂集》中。廿年不踏且兰路，颇忆鳌矶景物幽。

笙磬同音派别殊，强如裂帛与分繻。异军马服纵横骑，勍敌张郎叱拨驹。马道穆、张质卿两君和诗，工力悉敌。香山句云："秘阁张郎叱拨驹。"各赋江花齐入梦，敢云任笔不如吾？诗情曲似肠轮转，突过邛郲九折途。

吏才原是汉家循，文采风流更可亲。深愧陈楼虚设榻，何当郑驿快通宾？瘦量围带偏愁我，同著襕衫尚有人。来函云："许君光文，本年亦重游泮水。"遥望泮林秋色丽，好音还寄一枝春。

七叠韵寄酬质卿贵阳

邮筒历过几山塘，吟罢琼篇齿颊香。君负通才驰象郡，我传绝学自龙场。安排病榻兼禅榻，检取书囊并酒囊。老笔颓唐毫任秃，生花五色让江郎。

好风吹作夜郎游，百里盘江总上流，犵鸟衔泥琴案侧，蛮花落瓣印床头。清操按部惟携鹤，美政停车只问牛。薄宦未嫌荒县瘠，竹城苍翠板桥幽。

桂黔文物未全殊，一掷毛锥等弃繻。不共归来寻社燕，那能局促困辕驹。壁纱笼句应推尔，尺锦量才既竭吾。千里寸心本遥接，加餐努力赴修途。

朱邑桐乡例可循，德门何幸托莩亲。诗情早谢催租吏，酒坐时邀入幕宾。只向延平呼老友，勉希靖节作完人。圜桥璧水年年绿，重拾芹香寄远春。

梁母叶太夫人七秩寿诗

金萱荣护北堂春，喜有徽音播八闽。眉案早娴闺里训，印床拚掷病中身。敬宗矢洁蘋蘩荐，逮下能推葛藟仁。桂醑承欢秋不老，华筵戏彩舞衣新。

八月初六日颁到御书璧水春长扁额恭纪

已迟闲道著麻鞋，忽捧鸾纶到冷斋。重染宫袍蓝受采，环流璧水绿无涯。埙篪奏雅空余泪，先兄丁卯重游泮水，奉赏《泮芹春永》扁额。锁钥尸官早乞骸。六十年来温旧梦，秀才齑粥味良佳。

初七日游沪城文庙公园感赋

江城重谱旧宫县，芹藻风流尚宛然。扶杖来游夫子庙，簪花如在夜郎天。蘧蘧蝶梦庄生觉，哕哕鸾声鲁殿传。钟虡犹存科举废，行吟惆怅泮池边。

盛伯羲祭酒赋谢荣文忠公赠鹿脯诗笺遗墨子恰观察属题

分尝一脔寻常事，写入诗笺快举杯。学士北门曾视草，相公东阁正调梅。

风流文采溯清门，刹海观荷画箑存。吟到累累姜蒜句，天涯芳草怨王孙。子怡先德屺怀太史十刹海观荷画扇，祭酒于扇左题旧日诗，有“姜蒜累累任担挑”句，奇语也。

不爱封侯只爱名，略园坐上说狂生。祭酒有狂名，曾闻之文忠师。西风马策州门路，回望延秋涕泪横。

费侯师向意园寻，六载书堂坐柳阴。墨沈十行须宝贵，本来身价值千金。

五陵佳气随时有，三绝才人何处逢。兼悼太史。四十年前曾识面，自怜白发亦龙种。

补寿汪颂年学使七十

岿然洛社旧耆英，桂醑清秋晋寿觥。才媲润民驰翰苑，学如容甫是经生。桑田沧海千重劫，芋火衡山十载情。身际义熙忘甲子，后庚三日祝长庚。

王幼棠大令六十寿诗

美政新诗孰与俦，使君清节比清秋。梁鸿寄庑三间屋。陆贾归装一叶舟。佩觿早腾江夏誉，钓竿曾共富春游。往岁游岩滩，烦君治具。稀龄锡羡从今始，合颂南山醉玉瓯。

喜林诒书提学至自旧京即夕留饮得句奉简用杜少陵赠卫八处士韵

文富老居洛，绮黄偕隐商。怀古缅高风，未获附末光。与君卅载交，豪气皆莽苍。积岁不相见，渴想结轮肠。何图秋江上，客星过草堂。示我行迈诗，淋漓墨数行。郁怀一旦纾，宝此千金方。鸡黍践前约，咄嗟治壶浆。在昔忝同舟，东京梦熟粱。只今饮文字，句续小谟觞。西窗美情话，烛短漏声长。坐待东方明，天意何茫茫。

十八日亭秋夫人忌日感赋

又届观潮日，音容不渺茫。夜来曾入梦，早起为焚香。

十七年来事，九原知不知？忆君属纩日，是我断肠时。

去年嫁孙女，今年娶孙妇。九月间事。说与老妻知，此责我独负。

起陆一龙娇，移巢双凤稳。时危暂图安，料君亦首肯。

稀龄又过六，游兴尚未败。来朝入杭州，先下墓门拜。

杭州杂咏

春游已误及秋期，客到西湖寄远思。可惜重来秋过半，涌金门外立多时。

改岁应为攀桂客，此来先叩木樨禅。池塘春草秋犹绿，得句偏愁谢惠连。少石兄已届重赋鹿鸣之秋，惜先五年仙逝。

远寺闻钟破晓烟，雨余绚出晚霞天。拏舟最是孤山好，残叶声中采白莲。孤山采莲。

才会师期奉诏班，骨埋独是宋江山。我今尚卧他人榻，凭吊忠魂觉赧颜。岳坟摄影，作背立状。

单舸中流自在行，湿云堆墨两无声。画师纵有耕烟笔，一片空濛画不成。游雨湖。

湖光一鉴若为容，妆点螺山分外浓。遥望美人隔秋水，夕阳影里吊雷峰。保淑如美人，雷峰如老衲。曾载《西湖志》中，今惟保淑尚存。

经鱼粥鼓定中闻，一道红墙两寺分。茶罢凭栏小延伫，南山云隔北山云。虎跑泉与兴济公塔院相联属，泉味尤佳。

谈玄重访上清宫，夹道莓苔带雨浓。屐齿未妨泥滑汰，果然痛饮抵黄龙。冒雨入黄龙洞，与某炼师畅谈。

四围修竹一帘花，薄醉曾来宋玉家。旧日楼台今易主，板桥流水泛苍葭。宋庄小憩。昔日开筵坐花，今易主矣。

极天鸟道绝吟猱，四面松风卷怒涛。南北双峰齐俯首，置身端在五云高。五云寺饭僧。

重访幽居到右台，老怀纡郁几时开。墓门又发南枝桂，不为看花始再来。日前右台上冢，桂花未开。今日重来，已及花时。

涧流曲折石周遭，听水清音抵弄箫。忽间理安千树木，篮舆已到九溪桥。由六和塔经九溪十八涧至理安寺。

白头谁识旧兵曹，绝磴攀跻岂惮劳？未到重阳秋色好，先期十日此登高。辛酉重阳，与少石兄同游烟霞洞，有诗泐石。此游在重阳前十日。

在山无过此泉清，小试旗枪活火烹。闻说春时多攘窃，我来六辔不尘惊。龙井。

庙貌千秋傍水湄，表忠尚有钱王祠。霸图已矣英灵在，丛桂留人发几枝。钱王祠桂花盛开。

到此思将一壑专，绿杨堤岸白鸥天。蝶蘧梦觉搴帷起，无数青山绕榻前。湖楼早兴。

买宅横桥碧水粼，偕园孤负廿年春。乌衣已是寻常燕，不识堂前旧主人。买宅杭州筑偕园，已赁给杭绅作学舍，今日往视，顿增感喟。

芩楼高卧当居巢，绝似山僧惯打包。一笑竹林增故实，阿咸为我治行庖。六侄为营厨传，甚腆。

行縢先后莅湖滨，廿载申江早结邻。今日相逢在逆旅，两家眷属一家人。湖上旅舍喜晤庄得之伉俪。

几人高会续青林，云栖寺僧藏有《青林高会图》，为莲池大师与董香光诸老谈经处。著屐入山恐不深。一卷金刚题妙墨，曾邀六度翠华临。香光楷书《金刚经》，纯庙六度南巡，均荷宸题。

十年影事未模糊，收拾湖山入画图。重向飞来留雪爪，冷泉回首一亭孤。灵隐飞来峰下摄影，因忆十年前冷泉亭下，与梦华、子修、白叔、佩葱诸老，及少石兄拍照事，不禁潸然。

绿篁夹道拥天都，足底云烟一径纡。独爱此山看不足，练丹台瞰海江湖。登韬光绝顶。

明霞犹映旧宫墙，尺五天光接水光。风景无殊人事异，文澜阁下话先皇。公园即旧日行宫。

层岩拾级点苔苍，塔影凌波带夕阳。门馆尚存三老石，比邻夠是郑公乡。西泠印社与俞楼邻。

卍字回郎亚字栏，石桥纡曲水云宽。月华倒吸三潭影，塔上人疑在广寒。三潭印月放舟。得之夫妇曾在潭塔顶上摄影。

半湾水绿荷犹艳，五里花香桂尚蒸。天气犹热，杭谚谓桂花蒸。绝爱三家村落好，到门不见有人应。舟抵廉庄、高庄、刘庄，未登岸。

一层更上倦支筇，浊酒能消块垒胸。薄醉南屏归去晚，秋声遥度凤林钟。

七日匆匆纪胜游，湖光山色尽勾留。雪泥步步皆陈迹，只欠西溪一叶舟。拟游西溪未果。

竺国三天选佛场，曾随女伴炷心香。放生池上看鱼戏，转悔行厨斫鲙忙。

剑箧诗囊付阿鬘，年年饱看好湖山。不延旧雨兼新雨，自挈朝云共往还。

北山口号

曲磴扶筇践绿苔，西风残照我重来。墓门松栝成新荫，都是昆池劫后栽。

重到圜桥步后尘，好音先寄九京人。明年倘赴笙簧宴，独赋苹蒿转怆神。

回首延秋旧国门，彩风尚有小王孙。长留天地惟诗卷，老眼摩挲剩泪痕。一山来函，旧京某王孙征光宣遗老诗，索君《宝迂阁集》。

南山口号

奠椒焚楮只余悲，奢愿难齐举案眉。久别倍形情脉脉，到来翻觉意迟迟。玉钗恩断梅三影，金粟香飘桂一枝。墓门桂已著花。老病思归游已倦，梦中相见讵无期？

寿陈伯岩同年八十

稀龄曾醉秣陵春，君七十大庆。余为征诗。菊酒飞觞晋八旬。五老争迎庐阜客，一竿长寄渭河滨。平原肝胆称公子，绮里须眉是寿人。我忝同年年较弱，愧闻时誉说双陈。

题商藻汀太史寒灯听雨图图寄兄云汀

莲炬承恩讲幄旁，梧冈双凤哕朝阳。君家兄弟今坡颍，才气纵横不可当。

风雨联床寄梦思，青灯相对似儿时。韩家第二图犹在，韩桂舲尚书兄弟有《听雨》第一、第二、第三图，瞿子玖相国藏第二图，余得第三图，其第一图不知存何许。泼墨频烦老画师。旧图失去，今图为同年杨太史所绘并题。

我亦孔怀同气人，还君图卷意酸辛。年来已抱令原痛，夜雨挑灯总怆神。

题文濬川同年彭泽高风图暨红杏山庄图合卷

百里琴声已罢弹，抚松三径足盘桓。瓣香只奉柴桑叟，不是寻常七品官。

当年恩榜共题名，又届笙簧赋鹿鸣。明岁为吾榜重宴之期，寻例隔年题请。五十二人惟我在，招魂何处话平生？

深巷曾闻卖杏花，君家旧住贵阳永乐巷或齐家湾，已记忆不清。小楼春雨隔天涯。余海上花近楼，植杏树最多。使君自有甘棠荫，惭愧风流说宋家。

肖雅示游兆丰花园诗依韵和酬

记赏荼花拙政园，旧游今剩几人存。换场陡觉风云幻，居巷何来车马喧。不羡平泉编草木，但留老圃付儿孙。灵岩倘赴倪迂约，镇日看山旦及昏。

重九日得之渭英招饮江上七层楼登高得句奉酬并示坐中诸君子

记泛西湖一苇杭，先期十日作重阳。月前在韬光登高有诗。感时适届茱萸节，列坐还陪菊叶觞。万灶炊烟笼歇浦，七层楼阁瞰弢光。孤飞我似失行雁，翻累良朋折简忙。

异乡今日又登高，意气平生结二豪。秋水漆园庄叟梦，西风雪浪子胥涛。题糕故实希前哲，把酒清谈属我曹。破碎河山容老病，海天吟望首频搔。

得之即席有诗依韵酬之

茱萸高会续前游，去年此地作展重阳，烦君治具。绝顶平临豁远眸。湖上比邻曾放权，淞滨作客又登楼。遥从云树看帆影，惜少花枝代酒筹。节好不援风雨例，用《丙午重九苏州拙政园登高》诗句。宁知九月是凉秋？

重阳后四日为长孙南英授室作此示之

汝母昔来嫔，喜气集官斋。丁未八月，苏州官署成礼。汝父年十八，百年好事偕。再索始得男，抱孙愿未乖。纵非谢宝树，生意溢兰阶。汝年亦十八，凤卜琴瑟谐。妇家在淮泗，不隔水一涯。嘉礼筮九月，重阳节后佳。华筵新举案，菊觞预安排。我老客申浦，数椽庐寄蜗。感时生百虑，兵戈处处皆。荆棘弥宙合，雾眼倦不揩。新妇喜初来，羹汤慰老怀。天伦多乐事，秋草化春荄。愿汝勤典学，鸡鸣警喈喈。愿汝敦静好，永结同心钗。家世公卿长，望汝光门柴。行将挈汝父，检点游山鞋。不然且痛饮，有酒矧如淮。

秋不尽五日远甫约游姑苏即席赋简

折遍金阊柳万条，余抚苏，在廿七年前。白头来赴故人招。贪看秋色寻红叶，打叠诗情入画桡。一字亲朋杜陵感，承屡函敦约，似较少陵为幸多矣。两行儿女谢家娇。小君及世兄、女公子出见。逢君意气干云重，留饮霜天慰泬寥。

灵岩纪事

重作姑苏游，官柳尚如昨。挈我朝云伴，来践良朋约。主人适出门，三山去采药。卅载忘形交，先问梅与鹤。诘朝请急归，为我办行橐。积年愿顿偿，握手慰饥渴。轻装发木渎，一船载稚弱。两家眷属偕游。为欢须及时，酒向石家酌。乘兴入竹篼，肩者男女各。灵岩在何许，玲珑天外落。多难此登临，百感萦心络。夫差昔创霸，西子承恩渥。峨峨馆娃宫，响屧恣谐谑。十里采香泾，工费万夫凿。当时侍金舆，只今悲瓦砾。惟余老浮图，盘踞太湖角。我来日过午，怀古意靡乐。山僧不解事，但询客里爵。一笑避之去，林麓穷搜索。弇山拓仙馆，才气迈东阁。毕秋帆制军别业即在山麓。弹指甫百年，华屋变丘壑。霸图尚销沈，矧此卷石若。纡道访韩碑，壁立千仞卓。赵家小朝廷，蕲国功侔岳。扪苔字完好，风雨难肆虐。徘徊不能去，夕阳下丛薄。归舟语迂叟，兹游良不恶。纵不工吟啸，幸尚健腰脚。今夜何处宿，茫茫水云廓。

渔火间钟声，试向枫桥泊。

越日乘舆先游天池穿过华山麓遂抵天平

昨日山如蕴籍人，今日入山犯烟雾。天平万笏高插天，是我旧时吟眺处。倪侯一笑前致词，胜游未可封故步。夙闻天池孕灵奇，先皇翠华曾此驻。石鼓声从天际落，莲花五瓣云蟠互。临发趑趄几踌躇，缒险探幽增恐怖。有客好事苦相促，牵率老夫及妇孺。篮舆十乘前复却，华山初地导先路。洞口署“华山初地”四字，文震孟书。羊肠一径九折旋，枫叶三秋红无数。足无可驻走且僵，萝既难攀葛莫附。有如栈梯上剑阁，又似里毡阴平度。计程欲速到转迟，捷径终南适自误。老僧三五出迎客，山寺鸣钟天欲暮。残碑尚有字可寻，宝筏并无津许渡。遥望天平隔前峰，各贾余勇齐奔赴。越过秋山又几重，携酒来浇范氏墓。高义园中小延伫，宸题巍焕尚如故。文正高风渺难跻，但将一瓣心香炷。振衣上蹑白云楼，钵盂泉清不受污。尺五即是一线天，交臂倘失违吾素。兴来不暇腰脚懒，有怀更拟真宰诉。可惜二豪不能从。远甫、琢吾未能同上。暝色催人穷四顾。重上吴娘一勺船，船中有“清瓯一勺”额，通州张謇书。芳筵同领酒中趣。半酣举觯酬主人，此游平生实罕遇。明年邓尉万梅花，便拟携家香海住。同是东西南北人，兼妨古怪清奇树。

赠俞琢吾观察

天平游遍又灵岩，纵不升仙也隔凡。大隐我惭芝皓绮，高风君似竹林咸。令叔子文为余蜀中旧交。长城竟许称诗伯，出示《旧游天平》等处五律八章。广坐何须置酒监。更替梅花留后约，再来还拟试春衫。

游灵岩归以重游泮水诗索琢吾和叠前韵

何须远上秘魔岩，得到灵山便不凡。旧雨吴蓬共倪瓒，家风汉腊守陈咸。坐间谈旧京事。春长璧水龙腾采，荷赏“璧水春长”御书横额。秋晚芦乡蟹有监。毕竟秀才滋味好，筠箱检点破襕衫。

和答庄得之

排日宏开北海筵，嫩寒恰趁晚晴天。狂吟白发三千丈，醉卧黄垆二十年。促席尚思杭郡酒，三八会由朱晓南倡首，视察收藏名酒最多，惜早逝世。修楼谁寄益州笺？少石兄亦下世。旧人只剩君和我，交在沧桑换劫前。

送诒书北上

才迓高轩薜荔门，又闻骊唱黯销魂。从游未著东山屐，君游雁宕，惜未偕往。买醉还陪北海尊。雪苑客来温宦梦，与君同官大梁。月泉吟罢觅诗痕。逸社诗老，惟君与我尚存。何当省识匡庐面，行过溪桥尚有村。临别有明春同游庐山之约。君于牯牛岭筑有别业。

题剑丞关山千里图卷

捥底云烟落纸迟，诗中有画画中诗。潼关四扇连三辅，想见临崖立马时。

平生开径友羊求，未到三峰感白头。残月晓风仙掌路，用成句。展图孤负好林丘。

再题映庵填词图

强村索句十年前，往岁题古微侍郎《强村选词图》。又缔康桥翰墨缘。铁板铜琶苏玉局，晓风残月柳屯田。西江在昔开诗派，君久著诗名。北苑于今证画禅。近日作画极工。三绝才名图再补，宁惟长短句争妍？

潘琴轩中丞旧藏阎文介丁文诚二公筹商剿捻书札子振观察索题

策勋平捻基山左，曾李当年是客军。战略频烦资地主，飞书草檄阵如云。当时东省剿捻，朝邑、平远相继以巡抚治军，琴轩亦以山东布政使带兵会剿，功卒底成。

相公忧国苦纡筹，少保谈兵雪满头。更有出关老开府，各留伟业峙千秋。

后生何敢望前贤，忝窃疆符已十年。多难中兴谁省识，摩挲老眼读遗篇。

谢镜清赠菊

旧雨盍簪集，相携寿客来。感时催我老，开径报花开。晚节各珍重，新诗频剪裁。校经藜阁暇，料得手亲栽。

味莲赠菊蟹赋谢

多情最是严夫子，菊美螯肥许见投。恰好有花香老圃，转缘无蟹薄监州。十年早结三生契，一笑能兼二美收。领略个中清趣味，惭无名酒互相酬。是夕约饮，惜酒不佳。

天蟾歌馆喜晤渭英赋赠兼谢惠食物多种

老去闻歌静夜分，雪花浓艳舞缤纷。青峰江上先愁我，雪伶即日北行。红烛筵前每遇君。笛步屡邀桓子野，带围瘦减沈休文。连番更拜琼瑶赐，第二泉甘齿颊芬。

豫泉宠题鸣原四集作此奉酬即次其韵

那能神妙到秋毫，湖海元龙气失豪。只合小邦附曹郐，敢将伪体拟风骚。酒人渐觉垆边少，纸价何曾洛下高。定有琼瑶还报我，寄诗先自愧投桃。昨以《重游泮水》诗索和，尚未得复。

唁襄孙丧明并询近状

百年几月易蹉跎，强半都从失意过。但使清尊开北海，莫将老泪洒西河。蔡琴授女情堪慰，晏砚传孙事正多。料得长城坚壁垒，闭门造句夜如何？

叠韵答得之

漫云将寿补蹉跎，秋蟀春庚几度过。高会有时忘主客，比邻幸不隔山河。廿年交谊宁为浅，八斗才情岂患多？近市好沽桑落酒，与君对饮日亡何。

张豫泉元遗民诗咏题词

百年纵有兴亡判，元享国九十余年。一统何能种族分。掉首回看沙际月，捧心长作岫中云。生前祠禄羞危素，梦里衣冠拜侠君。阐发幽潜烦彩笔，瑶篇浣诵挹清芬。

三叠韵答得之

光阴逆旅悔蹉跎，万里乡心激箭过。击楫有人渡辽海，谓韬叟。洗兵何日挽天河。琴徽罢抚新愁重，酒瓮频开旧债多。甘向长城三舍避，惭无佳句似阴何。

与友人话旧坐上闻琵琶声感赋三叠前韵

遁世惟应老传岩，到门不碍鸟题凡。辩才未许追同甫，委运何须问季咸。西笑南移三楚节，秋闱冬试大梁监。癸卯河南乡试，因顺天借闱，迟到十月举行。余任监临。年来合共琵琶语，坐上闻歌泪湿衫。

远甫携眷来申简约酒楼小酌即送其返金阊

才到天平卧白云，春申江上又逢君。酒家一醉难为别，作赋江淹愧不文。

郎主年来爱远游，蒲帆历遍海东头。杨枝醉后娇无力，扶上烟波一叶舟。

十一月初三日花近楼开三寿宴为秋帆孟繁镜清介釐，镜清有诗，依韵和酬二首

一尊共饮话霜天，草草盘飧作寿筵。诗就张为图主客，尉如梅福即神仙。香留晚节盆移菊，坐爱中宵漏滴莲。我已白头君绿鬓，论交回忆十年前。

浅醉春回瓮里天，寒酸愧乏五鲭筵。人来歇浦同为客，家住金陵即是仙。却羡编箱种黄竹，早思退舍避青莲。楼高甫见初三月，弓影依稀落盏前。

即席赋简秋帆孟繁两司使叠前韵

百劫茫茫莫问天，能来佳客便开筵。青山北固灵钟杰，秋帆京口人。金粉南朝吏若仙。孟繁久官白下。寄庑独怜身似叶，孟繁悼亡后，索居海上。辩才久佩舌生莲。秋帆负折冲才。同年交谊符瑜策，览揆相差一月前。两君同岁生，相距只一月余。

寿孟繁司使六十十一月初六生

两袖清风去白门，珠江旧有口碑存。千头橘实逢棋叟，数点梅花落酒尊。不润脂膏侔孔奋，向谁肝胆识平原。生朝曲奏南飞鹤，玳瑁筵开射海暾。

一山函述移家作此奉怀即寄北平

玉堂文采迈纶霞，人海藏身又徙家。屋小仅容书四壁，来函所述。城岩惟听鼓三挝。宅极东城东。比邻逢友狂呼酒，与阶青太史宅相近。斜市携儿笑买花。我愧王朱无好句，但揩老眼望京华。昔田山姜都下移居，王阮亭、朱竹垞均有诗。

肖雅函来索食烧鸭戏简

水冷冬寒不是春，厨娘灶下叹亡薪。使君久失鸳鸯侣，底事甘为打鸭人。

卅年前醉便宜坊，一别青门梦讵忘？刀砍叉烧香满席，不须指动快鼋尝。

安排醯酱佐姜芽，炉火频添候莫差。寄语老饕须过我，休因区别误邻家。戴复古诗：“区别邻家鸭。”

市远盘飧一味宜，烦君屈指计星期。君谓星期四及星期日均有诗会，余日均可如命而来。盍从经史刚柔日，数到当头月满时。

越日约肖雅鲁青叔迁小饮

雁户今宵集，鸥波旧日盟。岁寒三友共，屋小一灯明。开瓮酒香溢，烹泉茶味清。渭英惠第二泉，即以款客。井中留客辖，促席数残更。

沪江大合乐红氍毹上重逢旧识女伶前歌后续四座尽倾纪之以诗示坐上渭英大令时十一月初八日

万花飞舞灿银釭，丝管临风半入江。漫道梨园悲白发，重闻菊部谱红腔。一声杜宇家何在，三叠阳关兴未降。我愧周郎工头曲，夜归谋醉酒开缸。

江楼夜集四叠前韵

楼阁玲珑尺五天，朋簪高会集初筵。有梅尽许娱和靖，无酒何须羡谪仙。坐中不设酒。日下旧人逢紫稼，日间梅畹华来谒。夜兰送客撤金莲。流连风月催鹏蜂，赢得霜花两鬓前。

十五夜月下作

松贞兼柏悦，莫负岁寒盟。入耳潮初上，当头月正明。烛花惭四照，心迹许双清。邻寺僧归晚，钟楼第几更？

预祝张馨庵尚书七十寿用杜少陵人生七十古来稀诗句成辘轳体五首即寄天津

人生七十古来稀，云路腾骧早谢鞿。策杖随携新蜡屐，开箱忍检旧朝衣。北门代将艰同济，东府联吟愿未违。今日称觥邀委笛，曲高为奏鹤南飞。

鹧蜂频催静掩扉，人生七十古来稀。雪泥陈迹从头认，风景新亭举目非。郏鄏纵移周室鼎，昆池犹识汉家旗。孤贞遁世宁忘世，不借莼鲈诩见几。

娱情鱼鸟淡忘机，腊鼓回春草木菲。腊月廿八生日。客屐一双随处著，人生七十古来稀。悬知叉手分温席，未觉量腰减沈围。独乐园邻丁字水，烟波绿绕钓师矶。

凭借长歌慰短欷，津沽同宦辅车依。君才移镇临嵩洛，我病休官别帝畿。驿路三千书到少，人生七十古来稀。廿年不见劳相忆，甲子编诗发任晞。

堂开昼锦对朝晖，自寿诗成唾落玑。劝醉客携彭泽酒，洁馐儿进首阳薇。广筵笑却牛心啖，晏坐谈频麈尾挥。岁晚介耋吟杜句，人生七十古来稀。

冬至夜约镜清玉山叔迁雅集

令节逢长至，江潭岁月淹。山龙惭补衮，一线不曾添。

廿载申江客，衰颜非壮颜。宫袍犹在笥，梦绕旧朝班。

往岁消寒会，幸陪诸老坐。今年罢举杯，旧人惟剩我。

阳生春又到，乱甚客安归？晋阳莫回顾，且请猎一回。

叔迁抱孙肖雅赋诗索和意在汤饼筵也余亦继作并简叔迁

已届消寒数九天，一年明月几回圆。叔迁旅申已一年。竹松品格成三友，簪笏家声喜再传。载尔琴书频徙宅，家已三徙。有人汤饼索开筵。老夫差免杯羹乞，自嚼酸齑不堕涎。

远甫书来重申邓尉探梅之约诗以代柬

片爪曾留香海雪，万枝先占洞庭春。回思二十年前事，我是湖山旧主人。

大好前游续后游，九月同游灵岩天平。宾酬主劝尽风流。莫愁我辈头俱白，只恐梅花也白头。山中梅花，素萼最多。

花近楼宴集赋赠梅畹华即送其北上得诗五首

廿年无梦点朝班，心寄孤云落照间。烛剪西窗逢北客，樽开白发对朱颜。仙霓重听开元曲，香雪如游邓尉山。差幸平原留十日，江城腊鼓待春还。

梨园供奉领仙班，名在张黄雷李间。弦管忽翻新乐府，风霜不损旧时颜。凡空冀北千群马，饱看江南一发山。闻说金阊诸士女，红氍毹上盼君还。此来先到姑苏，游天平、虎丘诸胜。沪上度曲，事竣，后诣金阊。献艺三日。

南府先朝特进班，云璈今日到云间。歌传白傅留长恨，颦效东施总厚颜。所演《太真外传》、《西施》各剧，一坐尽倾。笛步会须临白下，巢居重拟访孤山。即日往金陵杭州度曲。销魂最是春申浦，裘马翩翩十往还。计来沪已十次。

欧九修书继马班，伶官传入彩毫间。花卿誉重纷丝管，定子歌成逞笑颜。一代灵光崇鲁殿，谈次知弢庵近状。平生风义感樊山，并述云门身后事。升仙换骨谈何易，谁向炉丹识九还？

见妒蛾眉肯斗班？广陵法曲在人间。舞腰杨柳灯前影，映面桃花镜里颜。顾我方思图主客，烦君为唱念家山。长安日近归非晚，万里征夫怅未还。

得一山北平书却寄六叠前韵

粉署曾联玉笋班，重来茅屋两三间。结邻幸有通家李，乐道真如陋巷颜。每上楼栏依北斗，闲抛手板望西山。何时燕市从君饮？一醉狂歌信宿还。

腊月初六日闻近市歌声感赋即寄云麓燕昌两太史索和

广场歌舞别家筵，浮海居夷意惘然。一老堂难开绿野，二豪家尚有青毡。同为樵洞观棋客，回忆梁园造榜年。世守宗风遵汉腊，宁知旧历换新躔。

腊八日寺僧馈粥

八宝双弓费取材，斋堂料得饭钟催。香花供养十方佛，齑粥生涯一秀才。本年重游泮水。单钵今从居士托，小车昔送相公来。往岁是日约止相小酌，有诗纪事。雍和颁赏先朝事，餔啜翻增异代哀。

即夕榕卿招饮赋简

才听晨钟喜饭僧，嘉招今又荷良朋。客来寒夜频呼酒，花落琼筵已上灯。赏雨楼中情淡远，是夕雨，主人有淡远书屋。战云关外势奔腾。席次闻榆关警报。平生齑粥兼忧乐，但坐枯禅我未能。

得师郑北平书却寄即次其兄怀韵

廿年不见孙淮海，何日倾谈共酒尊。注籍昔看入蓬岛，报书今喜到柴门。扫花径僻开三益，起草才长试万言。绝似杜陵诗是史，乱逢天宝忆开元。

华国文章日月光，王城如海一身藏。五传祖德留红豆，三宿浮屠恋绿桑。共识凭经堪夺席，夙闻由瑟许升堂。年来未减看花兴，庙市斜街重晚香。

十日叔迁假坐约肖雅玉山小集即夕子怡亦至谈宴极欢诗以纪之

正拟看花出，偏逢载酒过。弹棋枰屡换，烧烛夜如何？文派桐城古，谓玉山。诗篇梅阁多。肖雅刊有《平斋诗存》。二难坡共颍，谈宴醉颜酡。

我亦坐中客，临觞感白头。岂知王氏腊，常抱杞人忧。草阁寒犹峭，榆关战未休。预君汤饼会，一饱复何求。

续南华九老会题词有序

有清一代，乾隆朝毗陵庄氏，南华九老舍诗咏，一门风雅，传遍海内。同里洪北江、张皋闻诸老均有序言。逮嘉庆朝，族中亦有九人拟续为诗咏，未果。沿延至今，又得九人。吾友得之观察即其一也。观察束发受书，壮年作宦四方，晚丁世变，效韩伯休逃名市上，高怀雅量，超迈等伦，曾刊《九老诗谱》，今又为续九老会中人，以《述祖德》诗及诸老和诗示余。余惟毗陵为江左大郡，漆园家世，代有名人。一门九老，三世蝉联，匪特近代所无，抑亘古希有。可谓盛矣。独惜时移世易，沧桑鼎革，未获如乾隆九老躬逢盛世、鼓吹升平，尽于河山破碎之年，歌采薇以遣怀，托考槃而见志，心滋戚已。九老中，秉文大令为余丙戌会榜同年生，以庶常出宰大邑，清名特著。余皆砥名砺节，克绍前修。爰赋小诗，用志景仰云尔。

漆园后会证前因，留殿江南六代春。在昔一门擅风雅，而今九老逮云仍。重编秋水新篇什，岩荪友有《秋水集》。不数香山旧社人。香山九老非出一姓。乔木故家延世泽，光尘何幸接仁邻。与得之比邻居，二十年矣。

得一山北平书即日回天津度岁却寄

暂辞金马署，又过杜鹃桥。孰莞岩城钥，仍携陋巷瓢。门前无客到，关外有天骄。一榻寒通枕，西沽上晚潮。

雪夜逢三九，塞灯对酒尊。频年开洛社，几辈立程门。诗寄回肠毂，书来带泪痕。豺狼满都邑，何处觅王孙。

十七日肖雅观察七十有八揆辰赋此寿之

名如求点绍家传，生在髯苏览揆前。计闰已逾年八十，思归不隔路三千。君时有归志。兴酣落笔诗成史，退勇收帆隐即仙。一鹤南飞赓寿曲，江城腊鼓正喧阗。

瑞毓三山第几重？剪淞一角寄萍踪。堂无绿野居裴度，官是青天比况钟。久任苏州太守。早入藤厅推简要，晚吟梅阁养疏慵。枕中鸿宝长生诀，君善眠。不为冰霜减旧容。

简约肖雅鲁青玉山小饮作四皓会鲁青书来以病辞并饷我鲈鲙佐酒赋谢兼示坐上诸老

雪天煮酒夜延筵宾，岂料逢君抱采薪。一字鸿来难共醉，四腮鲈美荷尝新。莼羹吴下思兼味，芝绮商山有替人。改约凤林入坐。斫脍烹鲜留后约，松江先理钓竿纶。

十九日大雪放歌寄怀远甫苏州

华堂明烛照虚幌，堂下雪花大于掌。一夜千家万家白，珂马无声断来往。寒芦著色柳搓棉，预兆来春大有年。近觉素光炫银海，遥怜白骨冷穷边。衣冠挂后夫何有？半剪吴淞作客久。雪鸿处处不堪寻，愁上心头但呼酒。炉红蚁绿拨寒灰，恰为坡仙晋寿杯。当日聚星夸白战，不持寸铁富诗才。揉团难补河山破，黄发我惭人一个。门前喜有杨时来，楼上且作袁安卧。悬知春到倪迂家，户对青山夕照斜。何当同住香雪海，饱看邓尉万梅花。

东坡生日

一场富贵唤春婆，禄命宫中坐蝎磨。谪宦几人至南海，瓣香今日祀东坡。诗成早入乌台案，笛奏还赓鹤曲歌。笠屐千秋图画里，年年介寿酒颜酡。

二十二日平斋宴集赋简肖雅观察

胆瓶花发当添筹，酒进觥船屋似舟。重认爪泥残雪夜，纵贪餔啜亦风流。君每岁生日后，必宴客。烂柯讵少观棋客，铸错谁为聚铁谋，坐客谈东事。腊鼓声声催老大，抚时同抱杞人忧。

题陆丹林红树室图

四面丹枫几榻前，诗情恰寄晓霜天。回黄转绿羞颜色，多买胭脂替墨缘。

扶疏绕屋出墙头，赤壁而今是卧游。不用白描开粉本，夕阳一抹认红楼。

江楼赏雪有怀子怡观察

百尺楼高接大荒，江天一片白茫茫。千帆影没观涛渡，万马声喑校猎场。梁苑宾僚皆寂寞，蔡州鹅鸭亦披猖。兴来漫斗尖叉险，敢与坡仙絜短长？

得子怡忆弟诗却寄即次其韵

片舸客携鹪，去看湖上山。甫吟坡老句，又报颍滨还。北陆岁将晚，东流海尚寰。对君好兄弟，愧我鬓毛斑。

两接杨荟亭书却寄即题其六十有五玉照用见怀诗韵

锻诗未就拨寒灰，一纸秦邮火急催。河岳尚留双蜡屐，丹青难状寸灵台。用裴晋公《自题画像》语。泉明荒径存松菊，和靖孤山伴鹤梅。最是苏家传父学，东坡去后颍滨来。

不惯折腰头任昂，羡君家住水云乡。画图著色开生面，诗锦裁新有别肠。懊恼情怀频雁达，尖团风味抵鼋尝。承惠糟蟹。大江南北双驰誉，后起才名续两当。

岁不尽四日得之观察宠惠佳肴赋谢

齑粥平生愿匪奢，鼎烹何意拜君嘉。鲭筵饷客同楼护，翠釜调羹美易牙。料得行厨置花下，豫分春色到邻家。童孙击罢催年鼓，狼藉杯盘笑语哗。

除夕书怀

壶矢二百骁，囊诗三百首。重采泮池芹，豫办苹筵酒。挂冠二十载，纪年将及酉。春申久作客，世变厄阳九。旧梦不堪寻，双丸逼衰朽。即此一年中，人事几纷纠。适值沪江乱，炮声撼户牖。悬命互市场，脱险信非偶。强权无公理，救焚乏邻友。辽阳未见归，榆关复不守。太息神州沈，伊谁执其咎？一局剩残棋，旁观袖吾手。但作杞人忧，宁缔接舆耦？乱世获苟全，造物于我厚。矧复腰脚健，挂杖百钱有。曾放西湖船，更蹑天平薮。归来岁云晚，一家聚八口。有儿能负薪，有孙亦娶妇。纵非纪与群，聊慰太丘叟。今夕是何夕？除旧先去垢。恐倾千觞干，难浇愁八斗。花近肆筵席，华烛列左右。腊鼓闹儿童，春意藏梅柳。祭诗学岛佛，白头吟望久。耿耿兹夜长，忽忽忘老丑。

夜将尽矣戏简子质同年

去年此夕炮连天，岂料今开饯岁筵？寄语齐年老淮海，挑灯再读鹿鸣篇。开岁与君重赋鹿鸣。

红烛画堂深复深，打门忽有寄诗人。别无长物堪持赠，小折梅花代买春。

◎卷六

癸酉

自　序

昔人谓“文字得江山之助”，此语信然。余老矣，百事皆废，惟游衍结习未忘。计此一年中，二月作姑苏邓尉之游，三月杭州莫干之游，四月京口金焦之游。自春徂秋，两次游无锡鼋头渚，八月初间复游秀水鸳湖，登烟雨楼，旋往苏州挹灵岩天平之胜，并至常熟虞山，一登剑门。十月重莅杭州，流览西湖风景。虽行脚所至，仅限于吴越一衣带水，而积月成岁，强半在山水窟中寻佳趣，往往形诸吟咏。又适值乡举周甲之期，重开桂宴，南北知交，投诗远赠，酬答亦繁，得诗较往岁为多。句虽不工，不可谓不富矣。编既竟，爰嘱王君啸侯重校一过，遂付书坊印行，用以质之海内诸君子，非敢敝帚自享也。

甲戌三月上巳日，庸叟序，时年七十又八。

元旦口号

萤砌泥融雪后天，楼高花近袅晴烟。献春岁已更新篇，避地心还恋旧毡。龙矫五蛇同渡海，鹿鸣一老再开筵。编诗甲子从头数，七十之年又七年。

和答肖雅元日书怀

敲残腊鼓又逢春，爆竹声中景物新。买醉未偿沽酒债，打门已有贺年人。敦盘以外无干土，夷惠之间寄此身。青琐朝元温旧梦，东华同踏软红尘。

收效桑榆乏远模，款关今已失东隅。假途璧马悲虞腊，通道金牛笑蜀愚。九国联盟谋已误，三公覆餗语非诬。衰翁那有澄清略，万劫虫沙一腐儒。

和答燕昌元日书怀

老去逢春感易生，大同何日兆横庚。凭轩杜甫愁戎马，居市韩康隐姓名。华表归来萦鹤梦，淞波剪取缔鸥盟。一围猎罢谁相识，故李将军右北平。

五日寿得之

九老南华续，春光满漆园。须眉汉角里，肝胆赵平原。莱彩敷瑶席，梅花落酒尊。祥蓂开五叶，斗极曜高门。

题周梦坡直牧文澜补阙图

先皇珍重此球图，三阁分储越与吴。江北江南同一炬，天留书种在西湖。

埋头重拾劫灰残，万本传钞付写官。不用一廛惜百宋，总宜船上话文澜。

创议双丁羽未丰，弁阳一老蒇全功。补天填海非难事，只要精诚贯始终。

我已杭州当故乡，南湖一角有山庄。展图如见春风面，料得摊书点勘忙。

梦坡再索题西溪秋雪图

路入秦亭是旧游，展图如放总宜舟。十年不踏西溪雪，只恐芦花已白头。

湾环碧水护新祠，残月晓风绝妙词。秋雪庵之东隅有祠，祀清代两浙词人。人日草堂遥寄语，西湖虽好莫题诗。成句。

弁山词客最风流，彩笔纷披画本收。图为时贤诸士女合绘。泉下彊村呼不起，图中有古微老友题句。鹧鸪天外动春愁。

肖雅元日得曾孙赋贺

元辰即是降生年，祖砚诒孙喜再传。初试啼声惊堕地，平明曙色梦朝天。梅开庾岭一枝秀，桂发燕山四世延。饮罢屠苏犹胜酒，期君汤饼又张筵。

初十日立春有作

蓂阶十叶发新丛，书带深围一亩宫。人日甫过诗又到，始知春在草堂中。

灵台昨夜扇东风，睡起晴窗暖日烘。数点梅花香扑鼻，始知春在胆瓶中。

月泉旧社素心同，剩我今成白头翁。颔下骊龙珠偶得，始知春在锦囊中。

不为猿鹤与沙虫，劫后衰颜醉后红。开岁又添新酒债，始知春在玉壶中。

东归一马挟双僮，老病荒江寄短篷。剟得茯苓煮白石，始知春在药炉中。

五云楼阁入江风，商女庭花曲未终。一片红毹双蜡泪，始知春在管弦中。

十三日松寿堂祝釐礼成恭纪

旗影迎朝日，炉香袅御烟。新颁灵武诏，长乐义熙年。彩笔宜春帖，瑶觞介寿筵。试灯风物里，重赋帝京篇。

廿载殷忧切，十朝积累深。参貂仍入贡，松杏已成林。禁漏温前梦，麻鞋寄远心。淮王旧鸡犬，流落沪江浔。

左文襄公道光壬辰乡举试卷朱墨本全册题词

雪压天山早挂弓，书生谈笑作元戎。谁知方召中兴烈，醖釀风檐寸晷中。

真草齐完朱墨全，槐花忙到九秋天。烧残红烛三条泪，领取黄扉十五年。先朝以举人入阁者，仅公一人。

不作出身同进士，公戏文正语。湘江稳坐孝廉船。此编即是平戎策，睥睨曾胡笑拍肩。

安得南阳起卧龙，公自负语。棘闱一出博封侯。百年文献千秋鉴，道光壬辰迄今已一百零二年。读到篇终意未终。

忠肝义胆几人知，科举沦亡又一时。第一功名先定浙，重来湖上访丛祠。公一生事业基于平浙。余即日赴杭。

燕九节有怀高蔚然同年北平

问讯北平高季迪，今年春到意何如？南邻沽酒添新债，宅邻广和居酒家。东厂倾囊买旧书。人日题诗残雪后，元宵试谜上灯初。匆匆节又逢燕九，还访白云道士庐。

诒书提学至自北平出示新诗依韵奉简

惯著征人短后装，雪花扑面鬓丝凉。甫寻云观游仙去，元唱燕九日作。又逐风车作客忙。辽沈未归悲画角，淞江半剪浣吟肠。胆瓶预报梅消息，昨夜灯前发古香。

江湾叶园看梅叠前韵

随携蜡屐戒轻装，腾地经过几燠凉。万劫不烧犹我在，客春为战征地。一春无事为花忙。湖山待访林逋躅，铁石先柔宋璟肠。却喜芳园梅讯早，疏横倩影暗浮香。

余登光绪元年乙亥恩科乡举本岁癸酉循例提前重赋鹿鸣适逢盛典渥晋崇衔惓怀家国只增感喟俚诗纪事录乞海内大吟坛正和

头白依然举子忙，耄荒惭对五经房。定制：房考入闱，各分一经。喜看蓂荚新年绿，回忆槐花旧日黄。棘院再来前度客，苹筵重上至公堂。孔怀顿触令原痛，不共吹笙并鼓簧。先兄少石先生，癸酉举人，惜已逝世。

当年恩榜庆龙飞，奉使双星曜锁闱。毕卓通才便腹笥，正考毕东平师保釐，湖北蕲水人，庚申翰林。张华博物副腰围。副考张兰轩师清华，广东番禺人，乙丑翰林。浓圈墨笔先蓝笔，房考谢小蘧师绍曾，江西南康人，贵州知县，壬子举人。暗点朱衣赋翠衣。试场诗题："山色朝晴翠染衣。"岂有文章惊海内，首场首题："焕乎其有文章。"科名草绿报春晖。

圜桥壁水爱春长，昨岁重游泮水，荷赏"壁水春长"扁额。又逐秋风战士场。年比看羊苏典属，十九岁获隽。才输倚马左文襄。湘阴左文襄公道光壬辰乡举，三场试卷朱墨本十四艺，至今尚存。文孙乞余题词。月宫在昔香飘桂，云海而今劫换桑。高会倘延三益友，他题请试互评量。本年重赋鹿鸣者：湘潭秦子质军门炳直、泸州高蔚然太守树、无锡杨小荔太守志濂，均乙亥同年。

宦迹东西印雪鸿，余服官，历五行省。龙门跋浪鲤鱼风。梁园造榜人犹在，光绪癸卯，河南秋试，余充监临。是科撤棘后，科举遂废。罗甸观场我尚童。余于癸酉初应试。乡俗谓初试为观场。明镜双看衰鬓白，公车五踏软尘红。五上春官，始成进士。头衔乍换惭非分，雅什重赓句未工。

送汪颂年提学归湘南

酒垒诗坛共乐群，盍簪十载袂旋分。藜床昔梦潇湘雨，芒屏今看岳麓云。燕子归来疑是客，骊歌传唱不堪闻。桃潭本为汪伦赋，岂料春时转送君。

蒋丹林百花卷题词

百花倘酿千日酒，活色生香无不有。彩笔频烦老画师，愿花长好人长寿。回黄转绿吾将老，爱花如命似君少。通词微惜面缘悭，展卷不教春色恼。闭门造句百无聊，题诗今日是花朝。合当为花作生日，红树室又写生绡。

寿丁佩瑜六十

清节衣冠今尚存，故家乔木启高门。继绳早识孙谋裕，传砚群推祖德尊。生后花朝春得半，二月十四日生。人如松健梦重温。平头六十齐眉案，海屋筹添晋酒樽。

天津徐友梅逝世三周年纪念题词

北门报谒慰平生，祖帐俄惊玉步更。宣统辛亥春间事。独佩避人先避地，却缘难弟惜难兄。恤邻道广宁邀福，治水功高岂为名。太息徐园三载别，君随处拓园林，均署曰徐园。鹤归华表不胜情。

花朝感事

榆关昨罢岩城戍，热海今无避暑庄。客里花朝本凄断，万方多难助悲凉。

邓尉山头日暮云，梅花消息隔声闻。层阴幕历寒如许，春色原来只二分。

越日偕渭英沪西赵家花园看梅徐姬鬘云孙女南馨侍行率赋

未探邓尉梅，先访赵村路。浅绿间深红，梅花一万树。

忝作咏花人，不识种花处。行行复行行，已近梵王渡。

折花人何贪，赠花人何廉。不用一钱买，春色扑车帘。

随侍挈朝云，可惜非仙眷。女孙扶我筇，雪迹齐踏遍。昨日雪。

良友携茶具，饮多诗未清。君是陆鸿惭，吾非宋广平。

明日入玄墓，后日游梅园。悬知不断香，白梅开正繁。

玉笛谱落梅，费侯开夜酌。何当捉梅魂，来赴鸡黍约。游归，即赴叔迁汤饼之宴。

花朝后三日约远甫邓尉看梅即席赋简并示诒书虞琴诸友

南枝料得早梅开，前度看花今又来。寒甚总缘春甫半，兴阑凭藉雨频催。玉台诗好编新咏，金谷筵张倒旧醅。客岁天平红叶里，两家儿女乐追陪。

冒雪偕诒书虞琴小瑀游盛氏留园

装成七宝好楼台，特为看花冒雪来。寿石忽惊三载别，庚午秋，率子式侄来游。绮窗已见一枝开。绿梅已著花。泉烹火活茶初熟，诗谢雷同句漫裁。片刻翩鸿留倩影，忘机鱼鸟莫相猜。相携眷属，合摄一影。

可园雪里看梅和诒书韵

珊瑚作树玉交柯，雪里酬君白雪歌。翠袖生寒人是可，三家眷属同游。紫裘染翰墨空磨。定香亭榭霏红雨，倒影池塘绉绿波。太息黄垆风雅尽，梅花知己已无多。园为吾乡黄子寿年丈开藩此地时所规画，并手植梅花，约数百树。建有浩歌亭。今年花最盛。

邓尉圣恩寺还元阁题名赋简远甫诒书虞琴

八年不上远元阁，今日来敲古寺门。作客逢僧过竹院，借花献佛入梅村。壁留诗碣春人怨，易实甫留题诗最多。实甫自署春人。案有铿钟古物存。我似飞鸿踪靡定，雪余重认爪泥痕。

虞琴画梅即题其后叠前韵

横斜疏影荡诗魂，冷艳幽香直到门。访碣重寻郁氏墓，看花如过赵家村。来苏先一日，曾在沪西越氏花园看梅。红白相间，何止万树。几生修得偕逋隐，一赋流传有宋存。雪后丰姿供眼福，还从绢素觅春痕。

苏锡纪游杂咏

连江寒雨客姑苏，回首超山景物殊。此游原拟先往超山看梅，竟不果行。勉学史公牛马走，春游随处挈清娱。徐姬随侍。

旧栽官柳绿千条，近著轻装敝黑貂。却笑乘车忘戴笠，金阊门外雨潇潇。

挹袖拍肩二客从，扶藜一老太龙钟。扁舟不向枫桥泊，怕听寒山夜半钟。林诒书、姚虞琴偕游。

听雨西窗剪烛红，两家眷属乐融融。此来我已惭东道，宴月壶觞转累公。邓尉探梅之约，余为东道主，讵抵苏后，竟劳朱斗文代为治具，供张周备，实滋愧已。宴月楼宴，并荷倪远甫嘉招。

小友通家撰杖迎，衰翁门下有门生。陈小瑀尊甫、抱初观察曾从余游。市楼松鹤一尊酒，触我江湖十载情。

总为看花契素心，到门先访老云林。伯牙亦是知音侣，情话匆匆罢理琴。于倪远甫坐上晤俞琢吾，并约同游。越日，久候不至。

不教华屋变荒丘，胜地留园喜尚留。雪际冠云峰下立，美人名士各千秋。留园摄影。

浅白深红萼绿华，冲泥来看可园花。定香雪后疏还密，作态风前整复斜。可园梅花盛开。

结邻拟寄一行廛，惜少苏家四万钱。送侄题诗图卷在，沧浪何处访名贤？游沧浪亭。往岁宋牧仲中丞有《沧浪送侄归里图卷》，现存余处。亭中壁间旧刻五百名贤画像，石碣尚存。

玉树庭阶长薜萝，苏台新筑小吟窠。谢家群从耽风雅，两世论交感逝波。朱斗文世兄知我来游，先期到苏款接。哲兄伯渊亦来会。

旧识闽陈缘瘦沈，近来吴郡赋新诗。出头地已悲当世，把臂交还失石遗。前持漕河节，缘沈爱玱瑜庆识范肯堂当世，并识陈石遗衍。适诏开经济特科，爰以两君列荐表，今肯堂墓草已宿，石遗复在苏养疴。匆匆不及往访，仅托诒书问讯而已。

馆人夜报客骖停，对宇浑如尹避邢。不识冷香新种树，为谁含笑为谁馨？林子有亦来苏诣虎丘冷香阁看梅，同寓一旅社，竟未来谒。

雕梁犹记燕双栖，别后寻思梦已迷。壁上碧纱笼尚在，再来还认旧留题。逆旅晤苏关监督温君秉忠。关署，即旧日抚院。云："余与亭秋夫人壁上题诗，今尚保存。"感慨系之矣。

闭户南轩读父书，少文游兴竟何如？我今又作姑胥客，一再烦君问起居。张仲昭宗子立，闻余来苏，一再过访。

雪山过眼余残照，雪海连天发古香。三字锡名叨宠渥，一生作客为花忙。竹舆先抵香雪海，纯庙旧锡名也。一路看山，雪积三寸许。

清奇古怪傲霜姿，柏树森森无丑枝。今日临风重省识，司徒庙里立多时。

插天朵朵青芙蓉，行过春山又几重。烟火数家人太古，缘何鸡犬不相容？

漫劳走卒致殷勤，旌旆飞扬日暮云。射虎南山人已老，夜深谁识故将军？舟发木渎，戍卒数名随往。抵光福后，保安局复派隊来迓，并晤镇钟顾君。

铜井铜坑取次行，天然石壁势纵横。摩崖凭藉倪迂笔，一笑吾侪太好名。晚过石壁，同治朝倪豹岑、黎莼斋、顾子山均摩厓题名。拟托远甫书名刻石，并烦虞琴董其役。

盗窃名山老辈狂，尧峰带笑对渔洋。阮亭不作苕文逝，独立苍茫吊夕阳。

伍相祠前墓草青，犊山门口记曾经。此来为赴良朋约，花载一船酒十瓶。往岁太湖阅武，由胥口伍相祠入湖，经犊山门至无锡。此丙午年事也。伍渭英大令招往锡山看梅，供张周备，情意尤虔，只有感谢。

画船箫鼓泊鼋头，雪后飞鸿爪印留。旧日竹林逢小阮，今朝大阮共清游。鼋头渚喜晤杨小荔翰西竹林。

来叩禅关最上乘，泥融屐齿杖扶藤。寺僧未解推敲意，跌坐蒲团唤不应。登鼋山广福寺瞰湖。

十年一瞬别还远，山色湖光自吐吞。展卷题诗偿旧债，郏硁法物喜犹存。

齐年重上孝廉船，胜地特开乡饮筵。毕竟此邦风义古，夜郎遥隔万重天。余与小荔今岁重宴鹿鸣，锡山耆旧为小荔特行乡饮酒礼。下走远隔黔山，惟有艳羡而已。

万顷开樽落晚霞，十年前已拜君嘉。藤舆为我新安置，千尺情潭岂有涯。十年前，翰西约游万顷鼋头渚。此次知余重来，特诣蠡园远迓，并代备藤轿。

收拾湖山入画图，涵虚万象势吞吴。西施不惯萝村住，一舸来寻范大夫。蠡园游女如云，特与诸君共摄一影。

绣幕瑶窗四面开，小箕山上好亭台。一声长笛催归晚，十幅蒲帆载月回。入夕到小箕山。

浪激晴空袅暮烟，白家蛮素米家船。斜阳欲落灯初上，捉月回看水里天。

载酒题襟几辈同，喜乘画鹢逐东风。相偕白发朱颜侣，竟日青溪翠嶂中。鼋头渚杨氏种植园有此五字横额。

怪石当门驻锦车，梅园开遍万梅花。重亲姑射仙人貌，如到孤山处士家。荣氏梅园，梅花盛开。

林叟诗原含画意，姚侯画是调诗符。行囊携得鹅溪绢，烦写寻梅踏雪图。

不须调水识泉甘，云起楼中纵茗谈。聊愈文园消渴疾，竹炉风味在江南。惠山寺品泉。

归舟已过跨塘桥，后夜相思歇浦潮。多谢群公情恳款，自怜独客鬓萧骚。

上巳日虞琴假座花近楼雅集即席赋简

行年七十七，修禊三月三。风和天气清，春意满江南。姚侯招近局，胜友集侨郯。上希四二人，畅怀乐且耽。昨放木渎舟，邓尉早梅探。牵率到锡山，获品惠泉甘。归来甫旬日，梅花梦犹酣。移尊忽过我，辱停门外骖。及时启良宴，斫鲙劈黄柑。或棋赌谢墅，或酒携越罈。或诗吟饭颗，或画写云蓝。纵无丝与竹，堂燕语呢喃。独怜东北军，横戈乱未戡。孰执牛耳盟，莫惩虎视眈。抚时非典午，党祸甚清谈。昔贤感慨击，我辈更何堪。酒阑仰视天，妖星贪狼贪。夜半闻钟声，遥出弥勒龛。阸年逢令节，积忧心如惔。龙钟何所有？只余白发鬖。临平好山水，为我留茅庵。壮犹谢方召，后会期庄聃。

和杨小荔同年重赋鹿鸣自述诗即次其韵

盛典重行乡饮酒，锡山耆硕绍东林。先朝科举开恩榜，传世文章契寸心。万选青钱知价贵，三条红烛忆宵深。当年辛苦风檐地，明远回看百尺岑。

无惭清白吏儿孙，七叶簪缨耀里门。草长郑家书带绿，莲依俭府布衣尊。杨公名德三鳣望，赵守高风一鹤存。谁识孝廉船上客，梦中爻象早全吞。

鼋头湖水绿无涯，竹下时来小阮家。长我五年吟桂树，对君一笑赋梅花。余来锡访梅，晤君于令阮翰西兄鼋头渚种植园中。瑟琴忝式嘉宾宴，鞭策亲随太守车。回忆文场秋战日，蚕声食叶静无哗。

我亦归林鸟倦飞，槐花忙过景全非。丹忱黄发邀天鉴，恕李恩牛免世讥。艺院昔曾分片席，诗成今已竖降旗。承恩同奏笙簧雅，又著歌筵旧舞衣。

寄和一山太史移居贡院旧址感怀元作即次其韵

鉴湖未许借知章，托钵重寻选佛场。纵使登楼失明远，依然射斗灿文光。客来重剪三条烛，梦断还留一瓣香。曾是昔年辛苦地，寓公今感鬓毛苍。

闲对居停数制科，同光老辈已无多。历经万劫虫沙化，奈此千闲风雨何。割宅仍围前院棘，移家先藉满庭莎。到门不碍通关节，内外帘房卷绿波。

苏州旅次感赋

逆旅无人识故侯，寒衣犹著敝貂裘。尚迟杨柳垂青眼，忽对梅花感白头。广厦万千惭大庇，旧日开办各学堂，迄今尚存。野航三两快清游。入吴恰值连江雨，和气当春转似秋。

清明日携孙辈游兆丰园

思家上冢心怦怦，廿年客里过清明。无风无雨好时节，始信人间重晚晴。名园尺咫寻芳便，草围裙腰绿意生。未挈浮丘与洪崖，诸孙随我踏莎行。或携茶具供午饮，或扶筇杖导前旌。辛夷著花白间紫，嫩柳才黄折腰迎。春暖水边初泛鸭，人来叶底快闻莺。灌园老叟向余说，今年春色满江城。客岁烽火连三月，打门不闻剥啄声。感叟此言长太息，怅触中年哀乐情。不才去国丁世变，河山一劫付楸枰。遣怀但凭双蜡屐，何须丝竹罢调筝。镜里忽看衰鬓白，栏前不放夕阳倾。何当红杏村中住，酒旗飘处醉一觥。

赵家花园看桃花

赵村开遍桃千树，不为春寒减却春。鸡犬仙源随处有，我来权作避秦人。

入杭口占

落花片片柳丝丝，襟酒杭州客到迟。勉学东坡遵戒律，西湖虽好莫题诗。成句。

四月二日约渭英诒书游莫干山六侄昌瑴从游得诗四首呈教

蜿蜒径窄辟羊肠，二客从游到上方。多病早将尘网脱，重绵犹觉客衣凉。百盘路险凭芒屐，一字诗贫愧锦囊。诒书诗先成。差喜杖藜携小阮，竹林深处最青苍。沿山十里皆竹。

破晓看山喜放晴，剑池春水绿初平。重帘叠雪千层瀑，绝涧嘶风万木声。记里亭环山左右，上天梯似鸟飞行。一椽倘荷愚山借，便拟支床老此生。山内有施君省之别业，渭英云："可借作避暑之用。"

绝顶攀跻到塔山，四围山色有无闲。乍收宿雨苔含润，细咽寒泉石不顽。胜具只余腰脚健，冥心长共水云间。群公漫洒新亭泪，山上新葺一亭。乱世全身亦大艰。适闻华北警报。

灵池五瓣石生莲，客秋游天平曾到天池看五瓣石莲。再向兹山缔福缘。山半有天池寺。岩壁杜鹃红作障，寺门银杏绿参天。断桥客屐踏流水，野爨人家起暮烟。不学浮屠三宿恋，锋车一日往仍旋。

春不尽四日榕乡招饮寓园看牡丹赋谢

我作莫干游，风景良不恶。十里青琅玕，杜鹃红灼灼。归来甫三日，闭门息腰脚。良朋忽见招，又赴鼠姑约。聂侯河阳吏，手版早抛却。浦西筑精庐，芳园拓一角。平生无别嗜，爱花性命若。牡丹数百本，帀地呈璎珞。姚黄与魏紫，品殊态亦各。池北更明秀，一色吐素萼。碧桃逊娇艳，奴婢嗤芍药。方塘启妆镜，倒影谢梳掠。我来叹观止，陡觉雾眼豁。旧京崇效寺，绿玉出丛薄。寺有绿牡丹数株。古物今南移，花亦感漂泊。江湾好园林，万朵临风绰。烽火悲劫遗，只恐花魂落。何如淡远室，云锦张帷幕。一日十往还，地近不须缩。惜花起应早，款客意尤渥。呼卢任豪取，赌酒互斟酌。卜书继以夕，藉慰花寂寞。兴阑方告归，六街响宵柝。客岁冒雨来，惘惘梦如昨。客岁冒雨赏花，如昨日事。

喜吴蔚若侍郎至自青岛

满地干戈未敛锋，茫茫在海合萍踪。潮流歇浦千声壮，烟景齐州九点浓。宾宴重逢叨附骥，婿乡久别忆乘龙。同为钱塘许氏婿。丝纶节钺先朝事，老眼摩挲望杏松。

金八娘琴箫合璧图钱塘啸林居士乞题

合镜无须羡乐昌，枉添金线绣鸳鸯。桃花流水飘然去，应悔当年嫁阮郎。

箫鸣鹤警空余唳，琴碎桐焦爨下材。重向房中歌一曲，不成欢笑只增哀。

海上成连何处寻，玉人月夜漏沉沉。延津倘合双龙剑，聊慰张华望古心。

邓春澍胜游图咏题词

登皋啸傲临清流，神化丹青纪胜游。四面云山双蜡屐，五湖烟水一扁舟。记成霞客画烟客，题诗矧复压元白。尽收丘壑入毫端，鸿爪历历留雪迹。水云七二空描摹，妙手轮君自写图，安得图中兼著我，共呼猿猱狎鸥凫。

张豫泉提学重游泮水和诗即次其韵

硕学通才溯邵村，君有《邵村学易》《邵村咏史》诗诸作。圜桥佳话喜重论。秀才夙景范文正，儒吏何惭冯道根。选佛名场三宿恋，拾衿旧侣几人存。白头还对新先辈，一笑簪花倒玉尊。

无双早擅黄童誉，相见青灯有味时。射策南宫充选士，束修东塾得名师。再传经学惠红豆，一卷骈文邵玉芝。岭桥尚留书种子，黉门已见草离离。

鹤发飘萧二寸冠，珠江烟水一渔竿。到门先问新栽柳，扪壁还寻旧画兰。听讼狱平消雀鼠，阐幽诗富炳龙鸾。君有《元明遗民诗咏》三十八卷。当年乐泮赓芹藻，松柏而今耐岁寒。

掉头我亦入山深，把臂轮君著作林。老病少陵余涕泗，离骚屈子讬行吟。鲁宫同是重来客，周道空驰如醉心。甲子义熙多岁月，廿年前已谢朝簪。

四月廿二日小瑀世兄招游京口

郑驿通宾速置邮，后游差喜续前游。上月偕游苏州、无锡，有诗。曾开幕府南徐镇，大好江山北固楼。八九气吞藐云梦，两三星点瞰瓜州。时危不用夸天堑，形胜当年据上流。

叠韵简诒书远甫万平小瑀

程织迢递数星邮，京口金焦纪胜游。旧雨联翩同放櫂，夕阳明灭独登楼。传闻烽火连三圃，孰把蒲桃博一州。太息陆沈谁咎执？江天极目俯横流。

三叠韵简诒书

从事高名藐督邮，醉乡竟日足优游。君能饮。长才我已惭惊坐，佳句君堪署倚楼。棋局轮赢赌宣郡，印床先后落中州。汪汪雅度推黄宪，未许清流溷浊流。

金山访青权方丈

大好江天一览收，妙高台畔客维舟。篮舆扶我劳红袖，竹院逢僧话白头。壁上纱笼寻旧句，门前玉带压奔流。画图如再成三老，趺坐蒲团半日留。青权出示《三老图》，乃与端忠敏方、梁文忠鼎芬列坐画像。

小瑀焦山张谯即席放歌

昨日江天屐齿遍，今朝省识焦仙面。烟波一舫渡江来，碧山楼上午开宴。陈郎速客倒玉卮，临风潇洒美丰姿。携得朝云同劝酒，况逢江上正来鲥。我与尊公交最夙，钓游山水牂牁绿。宦迹先后到姑苏，襆被曾共松寥宿。黄垆感逝增酸辛，喜有佳儿能负薪。锡山邓尉春游共，又向焦岩作主人。台阁玲珑风月好，群贤毕至长偕少。四月天气最清和，五家眷属恣谈笑。余与倪远甫、林诒书、吴孝侯及小瑀，均各携家眷偕行。岫奇上人佛中仙，对客挥毫落云烟。料得本师是六瀞，旧交枨触卅年前。庑左残碑寻瘗鹤，一幢二鼎各斑驳。夕阳斜照观音崖，崖上夕阳楼。彭雪芹尚书署额。海西书榻尚墙角。庵内梁文忠书榻尚存。枕江展卷同留题，鸿爪重重认雪泥。椒山胆在明如在，我今行迈徒栖栖。足所未到神俱往，一生当著屐几两。戍楼隔断十三房，笳鼓声答钟磬响。北府旌旗总上流，惜未偕登多景楼。千秋很石屹相向，霸图已矣生百忧。临觞遥望最佳处，城郭绿杨满飞絮。天公若放一日晴，更拟骑鹤扬州去。

将游维扬为风雨所阻怅然赋此

浩浩大江滨，茫茫阻问津。莺花成过客，风雨送归人。即日回沪。已愧缠腰富，犹闻唤渡频。扬州二分月，梦觉卅年身。癸卯曾到扬州。

曹靖陶昆明艳泛图题词

楼橹旌旗在眼亲，劫灰历过几回春。谁知拾翠同舟侣，也是心摇行迈人。

三海恩波许放船，霓裳一曲卅年前。癸卯夏事。输君载得翩鸿去，化作鸳鸯即是仙。

五月三日七十七龄初度
感赋仍叠重赋鹿鸣诗韵

草间偷活为谁忙，从赤松游羡子房。但拓胸襟浮大白，难裁肠锦织流黄。泷冈表墓空留碣，绿野归耕未筑堂。子可承颜孙绕膝，最怜月府失寒篑。纹女逝世已卅年。寒篑为月宫女。

计车北去火牌飞，黔士北上，兵部例给火牌驰驿。辛苦乡闱又礼闱。百里栽花书有种，先大夫作宰黔中，乱后，余兄弟遂寄籍。十年树木荫成围。劫余洞口观棋局，曲罢歌场散舞衣。甲子义熙多岁月，还从暮景恋朝晖。

蒲觞预祝夏初长，春梦重重又一场。远慕富文居洛社，自惭羊杜控荆襄。多栽栗里门前柳，两见麻姑海上桑。谓庚子、辛亥两役。丘锦江花皆寂寞，论文谁与细商量？

盛筵排日款宾鸿，老我低头拜下风。丝竹中年娱谢傅，符儒早岁弃终童。渴来活火烹茶绿，醉后衰颜借酒红。勉赋小诗作喤引，悬知扬马曲同工。

聘三侍郎东觐作此赠行用公渚韵

久居郁郁意难甘，明发心驰馆驿骖。金鉴千秋公自献，麻鞋闲道我滋惭。球图莫问先朝物，风月聊为此夜谈。独羡登仙天上去，人间鸡犬更何堪？

喜张子志军门怀芝至自天津

乍合萍踪沪水滨，北门回望意酸辛。已成剖豆瓜分世，同是焦头烂额人。子美江湖容老病，褒公毛发独精神。杜鹃桥上声声咽，不敢逢君再问津。

师郑远道以诗寿余依韵和答

诗工白战休持铁，酒爱黄娇好买春。早岁登楼识孙楚，广场惊坐媿陈遵。廿年长作他乡客，三代犹存直道民。浪迹江湖欧梦稳，功名不羡上麒麟。

重宴华筵赋鹿鸣，呦呦今已不闻声。横戈夜永寒通枕，飞羽香浮醉举觥。但惜分阴勤运甓，还随乡饮再吹笙。相期翊赞中兴业，元运昌时起自贞。

记曾画壁唱旗亭，老卧林泉陋室馨。岂有文章光日月？长留云水寄丹青。身经百劫吾将隐，仕历三朝帝锡龄。最羡郑家书带绿，翛然通德旧门庭。

穷海栖迟一榻安，萧疏白发镜中看。春生池草惊残梦，才谢山姜缔古欢。田山姜有《古欢堂集》。近听鸡声催起舞，远贻鲤素劝加餐。介眉未了齐眉头，吴庑悬鳏感伯鸾。

寄怀伯严庐山并速题句

苦忆南州陈仲举，不将城市易山林。愁看辽海风云幻，老卧匡庐岁月深。笑我吹笙温旧曲，待君吮笔发高吟。亦知苹鹿成蕉鹿，结习难忘感不禁。

题友人兰竹画册

弱叶疏花画里探，芳韶秋九又春三。不知著土根深浅，憔悴天涯郑所南。

疗俗何能少此君，平生劲节总干云。听残一夜潇湘雨，泼墨都成个字文。

宿疾甫愈得之以诗见怀次韵和答

一树垂杨好结邻，廿年萍水聚春申。感时顿觉河山异，投分都缘意气真。踏月敲门诗互寄，观风表海吏称循。君一权吉林道篆。万方多难今何世，同是红羊劫后身。

叠韵简得之

买宅何如先买邻？巷居无犬詈申申。广交君是朱公叔，狂客吾惭贺季真。九日菊觞虚坐待，一春花事隔墙循。叨陪北海宾筵盛，忘却龙钟老病身。

志韶太史过谈三叠前韵

七日秦廷觋乞邻，百年养士盼生申。将才谁似韩枢密，仙尉宁为梅子真。晋国山河仍表里，汉家伏腊尚遵循。艰难罔济成衰老，云水之间寄此身。

学川太史赋诗索我鸣原梦蕉各集次韵奉酬

三生石证四禅天，范钵和衣缔佛缘。迩室地如千里隔，等身书慨几人传。荒斋只合题求阙，居士端宜署乐全。勉赋芜词酬雅什，临池意已在笔先。

尺锦才情费剪裁，书难下酒负新醅。漫云旧学商量早，深媿陈编盗窃来。敝帚千金惟自享，覆蕉一梦试低徊。君家自有松圆集，展卷摩挲老眼开。

徐芙双同年赋稿题词

摩空已罢明光试，比事犹传丽则文。萤火不烧蟫避走，分香班马尚浓薰。

被縿听松阅暑寒，纸堆我亦剩丛残。旧作《当暑袗絺绤》《岁寒和松柏》二赋，稿卷曾请蒿庵、韬庵、云门、乙庵题词。子孙永宝谈何易，却羡君家集大观。

闰五月三日得之招饮江楼赋谢

降年逢闰意萧骚，折简良朋一再招。重集西园陪末坐，又开北海宴生朝。到来冰簟销晴画，归去星桥上晚潮。领得南华真旨趣，隐然共醉乐逍遥。

叔迁示悼亡诗赋答二首即次其韵

十年宦迹马江春，一掷峨冠换角巾。寄庑赁舂欣有讬，拔钗沽酒未嫌贫。何图举案齐眉侣，已是升仙撒手人。冰簟夏寒眠不得，未堪雨夜与风晨。

我亦悬鳏赋恼春，危城同守拒红巾。庚子年尹京事。最怜谢女成长恨，早识韦郎不久贫。老去怕闻断肠曲，他年再作画眉人。诵君锦什增余痛，百感茫茫夜向晨。

闰五月五日得之寄示闰端阳诗即次其韵

蒲觞同醉闰端阳，浣诵新诗句亦香。依旧官衣当暑著，还凭彩缕续天长。薰风再扇莫犹绿，霉雨初晴梅入黄。记否龙舟前竞渡，扬帆今又旐央央。

即夕友人招饮仍用前韵

重逢五月过端阳，玉笛梅花发古香。角黍缚成新制巧，围棋弈罢小年长。吟髭撚后空怜白，粱梦醒时已熟黄。广宴金钗列左右，颓然一老坐中央。

遣怀和得之韵

重重春梦感浮生，始信人间重晚晴。老去养心无别法，但求躁释与矜平。

竹院逢僧半日闲，塔铃无语静禅关。十年煨芋须臾事，乱世全生亦大艰。

黑白纷投著子难，而今棋局是长安。千年法物皆南徙，莫向浮云直北看。

官如转舍意孤行，与世羞争赫赫名。俭可养廉勤补拙，不将温饱负平生。

黔灵深处是吾家，归计无田只自嗟。才谢仲宣休作赋，萧条白发尚天涯。

漫云齿爵德三尊，无计旋乾更转坤。不饮江湖一杯水，好留清白付儿孙。

吴山越水任流连，胜具随携挂杖钱。差喜年来腰脚健，神行乱世得安全。

画图著色仗营丘，云水生涯代我谋。绝似见亭鸿雪卷，因缘随处乐忘忧。

噩耗俄传下玉棺，屋梁落月不同看。怆怀最是鹃桥血，耳听啼声鼻亦酸。

移病还山感白头，倘来富贵似云浮。挑灯聊慰悬鳏意，屈赋陶诗作蹇修。

劫火飞灰不计年，何论刘蹶与嬴颠。楼船早罢昆池战，无复牙樯锦缆牵。

作客相如四壁空，阳春曲和愧难工。隔篱好共邻翁饮，瓮酒还期醉一盅。

补祝琢吾六秩双寿

昨岁瑶池晋酒筹，今年春色在俞楼。三月生日。刘樊仙眷人中鹤，管赵情波海上鸥。吴庑栖鸾欣举案，衡阳归雁忆前游。扁舟拟泛沧浪水，所居近沧浪亭。一笑登堂醉玉瓯。

花近楼小集简得之

形骸脱略见交情，乱后安宁仗友生。玩世人原如蛈蝪，比邻地只隔牛鸣。韩康居市名难隐，王粲登楼赋未成。茗话今宵频剪烛，坐看月落与参横。

肖雅索武夷茶作此调之

愈揩老眼愈昏花，全局输缘一著差。连日竹叙，君皆败北。何似哦诗安本分，清心先赠武夷茶。

狮虎云龙浪得名，均杭州茶名。爱尝乡味动乡情。知君一笑推枰起，习习清风两腋生。

寄怀高云麓

苦忆诗人高季迪，十旬弗见渺愁余。悬知染翰朝临帖，料得挑灯夜读书。卷里白杨围妥宅，门前碧柳认潜庐。如何画日凌云手，不侍三天注起居。

桂浩亭先生素服寻山图题词

当时早废蓼莪篇，他日泷冈待表阡。不惮千山穿蜡屐，为营片壤卜牛眠。儒林未断读书种，哲嗣南屏能文。循吏都缘孝子传。久识大名悭一面，光绪甲申乙酉间，公宰湖北郧县，先兄令谷城，地属邻封，余居兄署，即耳大名。展图弥觉素衣鲜。

寄怀孙师郑北平

西山爽气扑楼中，北海经师斗望崇。阁峙天真孙绍祖，亭修诗史雅兼风。纸坊落纸题崇效，花寺看花过悯忠。所居地与两寺相近。莫向昆池谈历劫，六街依旧软尘红。

谢朱象甫赠瓜

热海炎天远见投，江程水驿速星邮。由小轮即日寄到。迎凉竹近森篱角，涤暑瓜先寄枕头。报乏琼瑶惭永好，缘开玉镜羡双修。函云："女氏归宁，因先返里。"南皮夜宴成虚左，日前招饮，适在平湖。何日临风泛素瓯？

子质同年出示重赋鹿鸣纪恩诗和酬致贺

能文几辈兼经武？小屈如公得大伸。君虽未列甲科，然以儒臣特膺军寄，实为异数。独向柳营膺阃寄，重开苹野宴嘉宾。胪云忝作齐年友，中露谁怜去国臣。但守高曾延旧泽，何期官府拜新纶。

孙子钧同年道服图题词

策名同上孝廉船，白袷黄衫两少年。十载郎潜悭一面，不曾共赋帝京篇。

吏部文章八代扶，禁垣风议袖中书。沧桑过眼须臾事，三见昆池劫火余。

了了春婆一梦场，朝衣换著道家装。画图省识清高像，瀛海桃源何处望？君籍崇明，署所居曰“瀛海桃源”。

纪元榜冠十三科，话到先皇涕泪多。甲子易周惟胜我，宾筵重赋感如何？

花近楼夜酌叠寄怀北平孙师郑韵

亭台倒影入杯中，敢诩吾楼百尺崇？槛外时飘蕉叶雨，帘前不断芰荷风。山阳闻笛悼亡友，昨接张馨庵讣。湖上寻碑忆表忠。杭友约游西湖。浪迹江湖悲白发，衰颜还借酒微红。

读史三叠前韵

李蔡才原在下中，救时安得有姚崇？殷宗启沃思霖雨，周道逶迤慨匪风。誓守芜城调四镇，还从柴市吊双忠。小窗夜读披残史，炖尽灯花泪眼红。

与友人夜话

九庙灵承日再中，岂如明季厄天崇。鲸翻海浪潮连汐，鹊毁巢居雨又风。怅未麻鞋驰间道，难凭锁钥效微忠。河山表里俱无恙，松树青青杏又红。

玉山寄示自寿诗依韵奉酬即以为寿

周甲又逢天贶节，原诗：“堕地喜逢天贶节。”编诗合署义熙年。六珈卫媛同携手，夫人同年同月生。三岛洪崖快拍肩。览揆适在旧京，与客共游三海。论语岂惟余半部，大著《论语统编直解》于生日前脱稿。才名早已播全川。一充四川提学使。碧筩介寿杯长引，在生荷花半月生。

桐城学派绍家传，一卧沧江不计年。落日金台收骏骨，早时火色说鸢肩。十行腕底狂山谷，君书直逼双开。千亩胸中富渭川。专心农业，广营田亩，数十顷。欲向觚棱温旧梦，著鞭已让祖生先。

三叠韵示得之子怡

苦多去日思来日，逼近衰年感盛年。愿借糟丘埋醉魄，还从饭颗耸吟肩。自延佳客开三径，孰挽狂澜障百川？风送荷香初过雨，碧天凉意在秋先。

寄怀六侄昌穀北平四叠前韵

劫火昆明到眼前，西山依旧似当年。重寻辇毂凭双屐，剩有书囊压一肩。销夏雅宜怀退谷，孙退谷有《庚子销夏记》。游春还待集斜川。陶渊明有《春日游斜川》诗。月明三径人千里，凉在梧桐落叶先。

花近楼看月简诒书提学五叠前韵

不成佛亦不成仙，老尚痴顽学少年。野寺品泉烹雀舌，遥村沽酒挂驴肩。陆放翁诗："酒挂驴肩又一奇"。宛如李愿居盘谷，合向王维借辋川。花近楼中留一榻，卷帘得月共君先。

夏夜有怀肖雅观察六叠前韵

饥时求饱醉时眠，长夏何愁似小年。犹具光明一法眼，悬知瘦损两诗肩。月云舒卷争藏壑，旧雨沦飘感逝川。领取纯鲈风味好，不关秋兴得几先。

梁文忠公遗墨吴茂节乞题

当年请剑先诛佞，一疏霜寒慑万灵。老病江湖仍恋主，崇陵松柏已青青。曾充崇陵种树大臣。

宅邻萧寺白云封，锦句吟成饭后钟。往者，花近楼社集，地邻僧寺，治酒赋诗，以饭后钟为起句，公诗先成最工。一坐共惊齐搁笔，淞江半剪话萍踪。

六十平头岁月驰，烦君为我广征诗。丙辰，余逢周甲，君为征诗。重登孝秀吟篇富，惜少葵霜绝妙词。年来重游泮水，重赋鹿鸣，君若健存，定有好句相诒。

片楮零缣今尚存，吴郎风义重师门。鼎湖更有攀髯恨，满纸云烟化泪痕。遗函中述及崇陵种树及上食等事。

遗像清高望俨然，北门回首识荆年。与君神交三十载，辛亥革命前，君仓卒来津，始识面。完人一代公何憾，剩我行吟楚泽边。

戴鹤皋寄赠先德子开观察招隐山房诗集并羡门尚书春帆入蜀图诗咏诗以代柬依韵和答

戴侯名士兼名宦，绮岁趋庭早学诗。白水西泠留惠泽，两世宦浙。青山北固想丰姿。本籍京口。才横四海身偏隐，帷下十年园不窥。令子晏楹堪世守，未妨伏案作书痴。

尚书昔泛锦江航，锋试奚能韫椟藏？拜赐荣邀天上福，昔在蜀中丁文诚幕，曾见堂皇上“福”字匾额，尚书拜赐独多，心早仪之。告归不羡越中装。片帆万里春长在，敝帚千金我未忘。承索拙稿《鸣原》全集。亦筑横河数间屋，芳邻幸接壁生光。

秋夜听雨忽有所忆七叠前韵

半亩荒园寄一椽，浮生哀乐感中年。藤萝补屋堪容膝，薜荔围墙仅及肩。红树鲈鱼隔淞泖，青春鹦鹉忆晴川。友人甫自鄂来，因忆昔游晴川阁，中有张文襄“青春鹦鹉起楼台”聊语，奇句也。纸窗秋夜潇潇雨，诗被催成落笔先。

和答陈吉堂海宁

宅近银塘一水盈，诗成七步动瑶瑛。成句：“微步动瑶英。”无双誉噪孚群望，第五名齐重友声。余与介卿大令交最夙。君之兄弟行也。定有高言供茗盌，悬知清梦寄桃笙。耄荒自媿才难进，欲向王充借《论衡》。

诒书出示近作赋此酬之即步其韵

情天无际渺愁予，肯学相如赋《子虚》？君复山中伴梅鹤，季膺江上忆莼鱼。隐囊吟草风生袖，画舫穿花露湿裾。廿载沦飘远自适，挑灯重检故人书。

六月二十二日悼纹女八叠前韵

前身合是蕊宫仙，小谪人间十七年。了了新诗能上口，鬖鬖短发正齐肩。愁看铁骑连畿辅，庚子拳乱，女同困处危城中。忍送金銮入洛川。往岁，日者谈命，谓女不宜入汴。后竟卒于大梁节署，伤悼曷已！今日椒浆遥奠汝，九原奉母酌谁先？

长夏漫兴九叠前韵

怡情山水尽流连，鹤发萧疏莫问年。春雨绿蓑垂钓手，秋风黄叶荷樵肩。最宜人海藏和仲，安得仙都访稚川。长夏但销棋一局，为防打劫著争先。

叠韵简鹤皋

父书典重儿能读，学礼趋庭更学诗。韦氏经籝传旧德，谢家玉树挺英姿。挥毫顿触生花梦，投刺端宜蔽竹窥。君择交极慎。绝世聪明坡授过，矫情底事卖呆痴？

逭暑西湖系野航，藕花香处一身藏。怀人千里惟看月，归老三山未办装。作赋邹枚驰誉早，论交孔李已忘年。何当载酒杭州去，共醉葡萄泛夜光。

与友人夜话三叠前韵

衰翁镇日无他嗜，晨起浇花夜课诗。黯淡旧痕襟上酒，萧条短发镜中姿。波平雁齿看鱼跃，帘卷虾须任鸟窥。拟向水云添画本。绘图安得虎头痴。

广场琛赆萃千航，居市韩康姓字藏。酒坐时邀邻社友，朝衣换著道家装。繁华一梦真同幻，恩遇三朝未敢忘。紫气东瞻劳引领，会须大业绍宣光。

七月初二日花近楼夜宴即送诒书学使往游青岛十叠前韵

两行华烛照离筵，容易秋风又一年。棋局旁观惟袖手，君精弈。诗城坐拥孰差肩？吴中寄庑虚悬榻，洛下同舟愧济川。饱看齐州九烟点，何时蜡屐访开先？频年有同游匡山之约，迄未践。

寄怀韬庵太傅津门

三公斗望冠人伦，黄发皤皤一个臣。玄鹤归时忆辽海，杜鹃声里梦天津。公侨寓津门，为余旧宦游地。抛残锁钥萦前恨，鼓吹笙簧步后尘。重订苹蒿秋士集，愿挥彩笔拜陶钧。附寄御制斑管双枝。

再简诒书叠前韵

使君风义迈群伦，中露同为去国臣。客路春山游已遍，长天秋水浩无津。才从南浦牵离绪，又向东华踏软尘。各有初心期不负，要凭一发系千钧。

松寿堂晚坐遣兴三叠前韵

漫云绝世与超伦，见蔡邕《陈太丘碑赞序》。藉甚声施实主臣。恰好围棋赌宣郡，会须神剑合延津。辩才肯令桓温喜？障面羞汙庾亮尘。列坐忽闻笙磬响，秋堂上下已分钧。东坡诗："笙磬分钧上下堂。"

夜感四叠前韵

月旦评人信绝伦，奸雄治世亦能臣。近依莲岸先寻佛，远隔桃源莫问津。在昔南州曾设榻，只今东海已扬尘。灞陵夜猎将军老，射虎奚劳挽六钧？

寿何益三七十八月生

少年名动五诸侯，老去簪花尚黑头。求点高踪称大隐，刘樊仙眷羡双修。孤山养望寻梅鹤，辽海羁栖狎鹭鸥。我媿传经儿问字，君师事余，儿子昌豫复从君受业。稀龄式宴近中秋。

乞巧日作

昔闻老氏言，大巧莫如拙。只合守吾素，机心顿销歇。何图人间世，乃有乞巧说。牵率到天上，牛女轻离别。一年一度逢，鹊驾劳衔接。七夕又见过，清秋好时节。粥粥小儿女，瓜果中庭设。稽首集花前，心香一瓣爇。拜星如拜月，圆后莫教缺。愿织云裳锦，愿绾机丝结。老夫何所求，一笑转痴绝。宁为愚公愚，甘输哲妇哲。矧乏汾阳福，敢希贵与耋？银汉渡双星，情不人天隔。扰攘今何世，秋气感寥泬。安得挽天河，磨洗战戟铁？

杨味云远寄秋草集珠玉纷罗美不胜收每念旧游忽成四忆窃附风雅免羞雷同云尔

洛阳宫殿锁烟霞，一色离离辇道斜。浅绿光涵梁苑月，微黄影接汴隄沙。人来淇澳愁看竹，春满河阳尚忆花。三载诛茅秋已老，蒹葭隔水渺天涯。忆汴。

江南落木撼商声，容易新愁旧恨并。秋好人宜游茂苑，春归客已别芜城。谁怜腐花流萤火，自向深丛听蜩鸣。犹忆蕉亭开桂宴，裙腰一色碧盈盈。忆吴。

劫余鹦鹉尚名洲，芳草萋萋绿意稠。绕阁四围犹拥树，平芜一览更登楼。如茵忆吐才销夏，李义山诗："芳草如茵忆吐诗。"非种必锄易感秋。辛亥八月武汉事起。持较汉南前种柳，江潭摇落不胜愁。忆楚。

鹊桥北望烧痕新，劫后秋光病后身。客里班荆惟感旧，梦中生草已非春。榆关霜冷凋黄叶，易水风萧起白苹。又送王孙成远别，肠轮日逐属车尘。忆燕。

题汪允中莲峰见佛图

我闻黄山三十又六峰，上有万古不老之长松。平生屐齿所不到，披图但觉朵朵青芙蓉。汪侯山中有茅屋，客船时傍枫桥宿。君籍歙，久客姑苏。一朝襆被归去来，镇日看山看不足。振衣直蹑蓬峰颠，下临黄海上青天。洗眼全窥真面目，皈心更缔佛因缘。茧足荒榛寻觉路，绝壑乃有慈航渡。不知造像始何年，童童宝盖祥云护。画手仙槎妙写图，君倩张君大千作图。张仙槎有《泛槎图》。茫茫一片青模糊。索句兴公兼索我，孙君师郑先题诗。呵壁宛若登天都。黄山诸峰以蓬峰及天都为最高。天池阅遍石莲瓣，客冬游天地，及见五瓣石莲。

普陀礼佛未偿愿。今夏拟游普陀未果。斯图合作卧游看，五十三参梦中见。情深潭水啸烟霞，云雾缄封远拜嘉。承寄黄山云雾茶。后夜待烹惠泉水，即日有惠山之游。前身饱吃赵州茶。

凌光庭封翁冰髯雪笠图题词

二十五年离乡久，余壬午去黔，丁未请假回籍。过家上冢速诸友。钓游旧侣感凋落，识君已在中年后。倏忽又二十五载，戊甲迄今又廿五载。归梦日逐南明柳。猿猜鹤怨百无聊，展图忽见皤皤叟。谛审面目是耶非？未觉朱颜成皓首。撚须得句共冰清，荷笠看山载雪走。鸡声店月板桥霜，跋涉归来但呼酒。平生任侠似鲁连，排难解纷嗤唯否。千金然诺义干云，一笑羞作钱虏守。竹王城外战云屯，决策释兵如去垢。德门积庆得佳儿，堂构克承信非偶。后凋松柏耐岁寒，晚节黄花香独有。牂牁万里寄书来，索我诗篇祈寿耇。北海交纪复交群，纵讬同心艰执手。明年我倘赋归与，先造君家剪春韭。重展斯图各輾然，形迹脱略忘老丑。

七月二十四日杨翰西招游梁溪率成纪游四首

新秋山气佳，游兴忽飞动。梁溪有书来，语长意郑重。为赴故人招，移舟仙侣共。导我惠山游，顿触廿年梦。曾上三茅巅，篮舆却驺从。即今识泉源，若冰尚有洞。纯庙昔南巡，宸题委溪葑。卧云一片石，莓苔绿补缝。峨峨云起楼，仰视但烟雾。小坐竹炉旁，茶瓯足清供。

杨侯关西望，三世有清德。占籍托栖隐，爱山兼爱客。太湖三万顷，水光割一席。昔筑涵虚亭，今拓横云宅。展拜千秋祠，乞师景前烈。尊公艺芳先生祠，近已落成，余旧署祠联。湖上草堂开，绿野愧题额。主人索题堂联，余有“尽纳湖光开绿野”句。文勤留好句，高情溢楮墨。潘文勤旧书联语，今移刊置堂中。徙倚危栏前，尽纳湖光碧。忝附山王俦，交戚更交籍。并晤令叔小荔同年。安得借一椽，素心数晨夕。

乘风欲归去，红日未衔山。挐舟过蠡园，消此须臾闲。昨逐伍胥潮，历遍廊回环。镜中藉草坐，白发间红颜。春间，伍渭英宴余于此。四家眷属共摄一影。春梦难再寻，惟余想像间。兹来秋气清，倏然尘虑删。水面玉山立，所幸石非顽。板桥霜有迹，柴门云不关。效颦者谁子？亦复斗烟鬟。去去不复顾，扁舸载月还。

此会非偶然，如过高阳里。杨氏贤竹林，伍家好乔梓。渭英令嗣挥伯偕来。吕鹿生姚虞琴吾老友。费叔迁沈季让风雅士。而我厕其间，款乃烟波里。主人殷治具，珍错先料理。压酒吴姬船，风定波不滓。在昔谢安石，游山曾携妓。乃心在王室，卒为苍生起。嗟余老病身，埋首五都市。感时非典午，未敢前贤拟。屡预西园末，驹隙疾于矢。丁巳、己未均荷嘉招，弹指忽十七年。旧人半黄土，我独河清俟。明岁倘重来，知君定倒屣。

梁溪归来子怡以诗志羡依韵和答

万顷烟波稳载船，船抵湖口，为飓风吹折，幸而无恙。横云山色入秋鲜。交咸友籍竹林地，对颍怀坡枫叶天。哲弟叔迁同游。广宴叨陪三雅后，宾主均不胜酒力。旧游记否十年前？丁巳之游，子怡偕往。陶情不用丝兼竹，棋墅风流缅昔贤。

鹿生以纪游诗见示走笔答之即次其韵

身世茫茫等海沤，澄澜何幸共清游。翰西新筑澄澜堂。九龙山色连云起，五鲤湖光卷幔收。地临五里湖，又名五鲤。薄醉吴姬频压酒，晚移仙侣快同舟。此游夜以继日。临风不用嗟衰朽，款乃烟波任拍浮。

八月二日叔迁姻兄招游鸳鸯湖张宴烟雨楼即席赋简并示哲嗣伯英世讲

不羡鸳鸯不羡仙，但凭缩地补情天。余久鳏，叔迁近亦丧偶，深负斯游。火车由沪至禾，计三时可达。暂停北府花骢马，叔迁曾任都统。又上南湖画鹢船。青箬笠飘三点雨，绿蓑衣染一溪烟。清秋胜地延高会，恨我迟来二十年。

衣带年年阻胜游，客申廿载，每岁入杭扫墓，道出禾城，迄未一游。嘉招今日快登楼。门前秋水三篙涨，山外斜阳一塔收。雅慕梅村传艳曲，最宜竹垞发清讴。眼中八景分明在，鸳湖八景见《郡志》。赢得闲身竟日留。

茶烟轻飏酒微醺。时有菱歌耳畔闻。湖上我惭老居士，灞陵君是故将军。壁纱半毁谈余劫，门榜重摩补阙文。门前石刻“烟雨楼”三字，为顺治朝中州冀应龙擘窠书。邑绅重摹，改作横额，悬之楼上，并谓：“应龙”当作“应熊”，《县志》有误。均详某君题跋。独怪隐侯擅三绝，不留鸿雪重榆枌。里人沈子培尚书雅擅三绝，楼中并少题识。

王谢乌衣世泽长，庭阶玉树已成行。乘风归去犹留影，临行，于楼下共摄一影。为我先期早办装。伯英世讲近榷硖石税，兹游先期来禾治具。杉闸悬知移太液，杉闸风帆，乃八景之一。纯庙南巡后，移置湖景于淀园。云溪奚必忆珂乡。常州白云溪，见洪稚存、黄仲则集中。多情谁似贤乔梓，潭水汪波漫较量。

南湖之游鹿生有诗作此答之即次其韵

烟雨南湖纪胜游，未能抛得且勾留。几人高会寻初地，余初次来游。一色长天接素秋。画舫越讴杂吴语，金樽主劝又宾酬。西涯断取陶斋句，无限风光上此楼。往岁在京，与端午桥同游净业湖西涯一角，午桥有诗。此处风景绝似，因窃取其句，然不禁山阳之痛已！

元和朱寿石大令梅花画册哲嗣承石世讲属题

诗情谁似林君复，赋手端推宋广平。卷入使君图画里，一生知己是梅精。

昨过鸳湖烟雨楼，彭郎妙墨壁间留。月初，费叔迁都护约游烟雨楼，曾见彭雪芹尚书梅花石刻。风流文采今谁继？又向朱侯画卷收。

邓尉孤山望眼赊，年年踏雪为梅花。展图如见癯仙面，疑是前身萼绿华。

横斜疏影耐春寒，三绝才工妙染翰。官到闲时僧亦懒，好花留与后人看。

今秋重赋鹿鸣弢庵太傅遥颁佳什赋谢即步其韵

七字琳琅荷宠褒，江天吟望致书劳。不才未敢他途进，懋赏何期异数叨。重谱笙簧诗奏雅，自惭湖海气难豪。蟾宫罢织登科记，翻累先生试彩毫。

聘三侍郎至自东都以诗见示依韵奉酬

记送春帆水驿楼，归舟安稳岁云秋。佛缘随处恋桑宿，天意难知生杞忧。龙见喜看渊任跃，莺迁回忆谷非幽。孑遗未了瞻云愿，何日班联殿上头？

斗文世兄招游姑苏遂至常熟虞山得句五律十二首

颇忆春游乐，春仲，承约往邓尉探梅。秋来又见招。轻舟发木渎，残梦落枫桥。山寺寻寒拾，霜天破泬寥。同游五家眷属，计十余人。碧纱笼在壁，蕙锦不曾销。往岁抚吴，与内子亭秋夫人唱和诸诗曾刻石壁上，今惟夫人诗存。

辇路平如砥，灵岩信有灵。重寻响屧处，遥瞰采香泾。百堵鸣鼛鼓，七层飞塔铃。神通龙象力，劫火昔曾经。

馆娃才访碣，迢递入天平。斜日双肩落，和风两腋生。云开惊石破，盂满觉泉清。有一线天、钵盂泉诸胜。回忆天池路，莲花五瓣迎。昨冬，倪远甫招游，系由天池绕达天平，兹从灵岩径往，未若天池之险而沿途风景殊胜。

虞山开旅社，容我获安便。波影穿帘隙，岚光到榻前。云深吾谷树，秋老尚湖烟。更有飞觞醉，万花围绮筵。

为访前朝寺，芒鞋践绿苔。残碑诗细读，壁间刻常建诗，为米南宫手笔。曲径客初来。香远攀唐桂，劫余寻宋梅。愿同僧一榻，谯鼓隔城催。

闻知传北学，文采耀南天。已附尼山俎，曾鸣武邑弦。荒原留射圃，高冢峙琴川。邻德怀虞仲，心香祝两贤。谒先贤言子墓，并至仲雍祠。

一笑携筇去，三峰非远峰。到门僧讶客，遁世我明农。桑恋宜三宿，松排定几重。破山昨日至，午饭又闻钟。

寂照堂千古，松禅榜墨新。救时谈相业，削籍作诗人。采药寻黄独，班荆藉绿茵。篮舆最安稳，回首禁城闉。山中篮舆仅及肩，距地尺详，略似旧京紫禁城椅桥式。

绝似蚕丛路，雄哉此剑门。五丁愁险凿，百鸟尽声吞。疑上青天道，已无红豆村。危崖空拂水，寂寞吊诗魂。拂水崖在剑门下，钱牧斋尚书墓碑犹存。

白鸽高千尺，秋晴绚晚霞。三朝丞相宅，双榜状元家。楼迥齐修凤，门衰但噪鸦。一坏乾净土，凭吊发长嗟。

三日晴无雨，闲情适乐郊。五家仙眷属，廿载旧朋交。风利船如马，厨精酒佐肴。饱探云水窟，临去未能抛。

兹游殊不恶，秋景艳于春。花木延佳色，湖山是主人。倘为前度客，各保未来身。高谊朱公叔，长通郑驿宾。

乔楮堂绘西浦图刘翰臣世讲属题

楼阁玲珑树密疏，天然一片水云铺。平泉绿野今安在？劫后君家尚有图。

却从粉本识清门，纸上摩挲屐齿痕。凭藉孙谋怀祖德，邻家纵棹已无园。

点缀丹青下笔神，诗中有画画中身。索观拟借高斋宿，门外秋风起白苹。

重九日庄得之观察招饮江楼即席赋酬

漆园仙吏人中杰，特为重阳速宾客。颍川居士日课诗，惜少佳句酬佳节。主人肆筵最高楼，万家灯火入眉睫。凭栏遥望大江东，秋水长天共一色。今年逢闰节到迟，菊花天气太萧瑟。南村同是素心人，嘉招矧共西园集。与君结邻二十载，绿杨春满两家宅。茱萸把酒又逢秋，纯美螯肥列瑶席。差免租吏败吟兴，幸无风雨阻车辙。楼中风景似新亭，只愁河山易破裂。策府方聊西笑欢，盟言又被东邻责。感时已无泪可挥，当筵尚有花堪折。丧乱安宁仗友生，衔杯浇垒计良得。忽忆兄弟共登高，雁行毛羽不堪折。

午后游半淞园赋简得之

菊觞溸园罢，酒阑客初散。游兴我未已，著意寻芳甸。名园近咫尺，剪取淞水半。策杖我独来，一色秋浩漫。重登江上堂，庭草绿犹遍。小坐湖心亭，长空数飞雁。只闻鸟声喧，不逢人影乱。寂寞过重阳，抚景发长叹。方之上巳游，顿觉喧寂判。园丁尚识我，颇怪来何晏。但啜博士茶，未结骑驴伴。旧日题诗处，笼纱壁已断。遥望江间帆，斜阳留一片。题糕已无人，送酒难偿愿。回忆郇公厨，高情薄云汉。驱马复归来，吟博庄叟粲。

师郑以诗寄怀依韵赋酬

记成退谷才销夏，赋罢安仕又感秋。北海定多觞咏集，西山应有屐痕留。文章在昔原无价，闻达于今总不求。踏遍软红尘十丈，箪瓢陋巷乐忘忧。

史阁往来无俗客，诗坛谈笑尽鸿儒。晴烟笼树君留蓟，夜雨连江我入吴。昨游虞山。拂水崖前红豆渺，破山寺里老梅枯。登高好醉陶然酒，不用思乡发短吁。君虞山人。

许情荃画隐园图孙师郑属题

绿水名园杜句工，辋川如在画图中。寻常一样山林景，意匠经营便不同。

移病归来隐市廛，媿无花木记平泉。云台烟阁非吾念，愿借君家屋一椽。

豫泉太史寄示移居诗依韵和答

但将问答托樵渔，人海藏身又徙居。满地黄花似韩圃，当门碧柳结陶庐。阐幽诗富光潜德，作赋才工拟子虚。形迹纵疏情不隔，尺波矧有袖中书。

百岁光阴到八旬，余咸丰丁巳生，计闰已及八十。春申羁旅寄吟身。惭无绿野延佳客，惜少青山作主人。低唱小红花解语，狂浮大白酒生鳞。何当夜剪西窗烛？重话东华踏软尘。

奉酬竺羲庵见怀之作即步其韵

秋晚江南黄叶飞，鹿苹筵上旧人稀。办装作客公携剑，移病还山我拂衣。处士风高容啸傲，老人星灿入光辉。君年逾八十。自惭白发萧疏甚，劫火余生早息机。

再简子质同年重赋鹿鸣

孝廉船上旧元戎，武达文通一世雄。白屋名驰登第早，青宫秩峻拜恩同。当年教泽湘流远，此日灵光鲁殿崇。何幸海滨陪大老，太公竿影伯夷风。

九月二十四日鹿鸣重宴花近楼观剧杂感

挂冠犹及国门前，此余辛亥冬北洋去官诗也。谬承海内传诵。看榜重逢大比年。垂老不堪回首忆，芦笙铜鼓夜郎天。

开天往事忍重论，秋晚江南怆客魂。为仿龟年弹一曲，天涯芳草怨王孙。溥西园将军适在沪，烦演弹词，坐中有泣下者。

华烛千条夜漏沈，江风丝管画堂深。机声灯影分明在，触我春晖寸草心。

曼衍鱼龙景不同，忽然儿女忽英雄。宁知转绿回黄事，都在移宫换羽中。

广坐仅多桓子野，旧人况有敬新磨。郁怀难遣中年后，酒绿灯红唤奈何。

寿梅畹华四十九月廿四日生

绿鬓朱颜总不群，霓裳仙曲几回闻。中年陶写宜丝竹，浊世丰姿美屐裙。海外泛槎曾作客，江南落木又逢君。伶官自有千秋业，介寿诗成愧少文。

蟠根仙李玉街斜，世居旧京李铁拐街。鞠部梨园有世家。绮岁名驰倾紫嫁，重阳节展就黄花。齐眉寄庑同栖燕，回首延秋已噪鸦。恰值生朝开桂酌，好持苹酒宴宾嘉。余重赋鹿鸣开宴日，值君四十生辰。

贺盛萍旨同年重赋鹿鸣

清秋烟雨独登楼，道阻先回访载舟。君籍长天，余仲秋游鸳湖烟雨楼，即日返沪，未克入城拜访。在昔高檐同入彀，而今月府快重游。十年长我宜兄事，千里相思起暮愁。苹酒一樽三老共，醉邀遥遣羽觞浮。今日花近楼鹿鸣重宴，秦子质、杨小荔同年均入坐，惜君远隔禾城，未克同与盛举。

本岁重赋鹿鸣以诗纪事荷海内大吟坛宠和佳章兼叨盛贶九月廿四日笙簧式宴即席溯洄前韵赋谢志感

校才何速马何工，斗室文光列炬红。得第我方愧罗隐，当筵人尚说黄童。能来旧雨兼今雨，敢拜夷风并惠风。异地重行乡饮酒，清秋高会集宾鸿。

袜线何堪玉尺量？谬承佳誉遍维桑。寒蝉那得成高唱，驽马无端服上襄。重奏苹笙宾式宴，宛同竿木喜逢场。题名幸际升平世，说到先朝感喟长。

琳琅四壁映朝晖，一字容逾华衮衣。锻句精如金百炼，织文巧制锦千围。校经忝入然藜阁，造榜回思撤棘闱。花近楼高开桂酌，醉邀明月羽觞飞。

补天何日奏娲簧？琴瑟中宵列满堂。把臂竹林嵇共阮，庞眉芝领绮兼黄。耆英集会思游洛，多难兴邦感在房。科记月宫今罢织，重劳彩笔和诗忙。

冬日入杭杂咏

岩城昨夜羽书催，萧马辚车取次开。不道天南烽火急，湖山无恙我重来。

碧水潆洄一苇杭，刺船越女胜吴娘。夕阳人影西冷渡，波镜愁看两鬓霜。

绝磴攀跻一径斜，月泉结社水之涯。石交何幸联三老，且向篱边就菊花。西冷印社菊花盛开。

笙簧重奏感吹埙，携酒来浇伯氏坟。两度苹筵君不预，北山如睡日斜曛。北山上冢。

重泉相见总相依，太息劳人尚未归。不用江干种黄竹，右台松柏已成围。南山扫墓兼悼两女。

容与中流趁晚晴，白波翻浪静无声。扁舟十二桥边泊，西溪有十二桥。月比扬州廿四明。

览胜重登弹指楼，芦花如雪几经秋。我无一字惭贫甚，为有诗人在上头。秋雪庵看芦花，弹指楼上有吴榖人先生画像。

横塘一亩启新宫，月上风流伴太鸿。留得新罗图画在，万梅花下拜诗翁。交芦庵曾为厉樊榭建新祠，并祀姬人月上木主。新罗山人有图，余为题句。

鸿爪匆匆印雪泥，云林未到隔云溪。年来头似寒芦白，只有西溪路不迷。

三日勾留往复旋，敝裘恰趁早寒天。轻装还向西园别，石火光阴又一年。临别西湖，独上西园三楼啜茗。

寄怀问刍同年西湖即用生日自寿诗韵

卅载西湖早结庐，青山入画水涵虚。鼎烹雀舌风生后，帘卷虾须月上初。作记平原编草木，来宾高馆集冠裾。湖庄有来宾馆。寿筵开处秋光满，九月三十日生。喜有新诗还寄予。

意有未尽再成一律仍步前韵

吾亦南来有敝庐，无边风月夜窗虚。有时设榻留徐孺，何日巾车过太初。得地输君居水竹，君自署水竹居主人。去官容我谢缨裾。挑灯共检同年录，感旧诗成合起予。

吴母洪太夫人竹洲泪点图哲嗣子鼎属题

为祷夫子疾，沈檀爇告天。有丝难续命，无药可延年。焚香祷天。

昔为连理枝，今作孤栖燕。白水永盟心，黄泉会相见。矢志励节。

不绣双鸳鸯，但绣坚心柏。夜深添线长，针针都是血。寒夜刺绣。

苹蘩原妇职，抱瓮学园叟。瓜棚豆架间，清风随处有。炎天灌园。

膝前胜弱小，堂上有威姑。妇能代子职，南陔补作图。洁膳承欢。

小折数尺缺，慈训炳千古。儿为眉山苏，母作范滂母。折箠督课。

树偏墙下桑，撷茶亦女事。春雨湿罗襦，劬劳哀母氏。冒雨采茶。

厨中尚有米，灶下可无薪？黄叶满空阶，俯拾不愁贫。落叶拾薪。

三迁为择处，一念更行仁。推恩先自近，讴歌遍四邻。助邻举火。

温饱复何来，路有冻死骨。但节一己用，差免一路器。克己济贫。

吴中识贤子，拜母未登堂。堂前萱草色，奕世尚含香。萱草流芳。

懿德式千载，贤哉陶孟风。八音寿人曲，传唱大江东。金石永寿。

闽乱孔亟肖雅以诗书愤奉酬一首

沪城万人海，后先作羁旅。我家阻千山，君只隔一水。前岁闻北乱，促君办行李。赋别意黯然，我未参唯否。临发复淹留，尚恋吴杭美。荏苒一载余，良晤时倒屣。不图西南天，忽地烽火起。港议尚纠纷，闽难尤未已。书来驰告我，家居撞坏矣。甫闻为君愁，继幸在客里。世无干净土，滔滔天下是。子瞻不思蜀，伯休惯居市。缅彼古哲人，定知愿窃比。有孙能传砚，有女解修史。酒从山筒醉，诗向泉明拟。闲来一局棋，胜败皆可喜。我亦断蓬身，慰君言尽此。

张啸林百忍图题词

百忍传家旷世无，德门硕望藐崔卢。下民亲睦承清问，异代丹青炳画图。昔拜君恩藏北府，旧藏内府，同治朝毅庙特赐张勤果公。维时以提督典兵畿辅。今延祖泽遍西湖。啸林杭人。玉函银册同珍秘，宾坐休教寒具污。

赠子才三叠前韵并简问刍

啼声清绕读书庐，子又生儿愿不虚。君又抱孙。问字人疑居白下，小字与小仓山主人相同。说诗礼合绍黄初。闲经夷市成倾盖，早向王门薄曳裾。传说湖庄老中垒，三秋一日渺愁予。

闻问刍病起喜赋四叠前韵

病起搴帷月在庐，还从燥湿验盈虚。几回药鼎逃余劫，一著荷衣赋遂初。诗兴沧州新壁垒，酒痕杭郡旧襟裾。君家自有长生术，鸡犬升仙莫弃予。

再简问刍五叠前韵

甫从真面识匡庐，同谱将及五十载，昨岁湖上始识君。夙佩长才拟子虚。踏雪好邀三友共，谓才子、颂年诸君。簪花回忆二毛初。狂埋诗魄营生圹，湖庄自营生圹。醉吐车茵湿旧裾。昔充李文忠公幕府。五岭烽烟归未得，怜君作客更怜予。

问刍有诗见寄六叠前韵

风满湖楼月满庐，诗心如水共清虚。却从东塾传经后，转忆南宫射策初。兰叶雅宜君子佩，梅花香袭故人裾。百年岁月一年长，兄事惟应弟畜予。

花近楼即事七叠前韵

择邻喜接远公庐，空语休寻畏垒虚。临水桥平新雨后，看山帘卷夕阳初。一楼花近香围幄，三径苔深翠染裾。莫道齐年凋落尽，有人湖上正怀予。时得问刍湖上来书。

自遣八叠前韵

端居何处有蘧庐？衣狗浮云幻太虚。南浦销魂离别后，时送友入楚。北门回首乱生初。一身兼仆携长剑，廿载明农著短裾。谈笑往来无俗客，只缘万事不关予。

怀水竹居主人九叠前韵

岂是蓬蒿仲蔚庐？水光四面竹心虚。烛催钵击诗成后，酒冽茶香客到初。红叶漫山供画本，绿莎满地扑帘裾。篱边又茁婴儿笋，汤饼开筵盍召予。君昨岁犹生子，作此调之。

冬至日独酌无聊因忆往岁与梦华子修诸同年消寒事感赋十叠前韵

当年嘉会集吾庐，九九消寒坐不虚。葭琯吹从长至始，兰觞延及暮春初。消寒九日一集，余往岁于九集后续成十集，时值三月暮春，余诗有“修禊结束消寒事”句。高歌雪压袁安宅，广宴烟霏子晋裾。今日海滨成独客，黄垆重过正愁予。

问刍又有诗来仍依韵寄答

倒吸晴波入画楼，好诗一字一缣酬。塔前拾级名题雁，湖上忘机梦稳鸥。觞羽醉邀千里月，鬓霜白到两人头。曲江旧宴成追忆，石火光阴逝水流。

除历十一月十六日为阳历一月一日计离乡已廿七年矣感赋

思归惟有梦魂飞，甲子编诗岁序非。城市不闻喧腊鼓，江关先见飐春旗。幼安皂帽身将老，子美麻鞋愿尚违。一笑山中无日历，新躔旧纪两依稀。

同日叠楼字韵寄怀问刍杭州

李避崔诗怕上楼，我今何幸与君酬。联床梦断瞻由雁，别馆波寒管赵鸥。往事敢云碑在口？客有谈往岁捕治沪上剧匪范高头事。昨宵又见月当头。不愁旧历更新历，只恐清流混浊流。

钱塘江子美女士花卉图册题词

调粉研朱趁晓妆，景桓嫡派媲瓯香。先世有景桓阁主，工画。江家自有生花笔，不属男儿属女郎。

红闺生小往西湖，合写孤山梅数株。一泛湘流悲远嫁，畹兰添得几枝无？

荟亭以诗见怀依韵奉酬

慵调锦瑟数华年，静爇炉香细袅烟。事去龙蛇齐起陆，时来鸡犬亦升仙。神游博望乘槎外，梦想娲皇炼石前。百虑甫清还一醉，壶中日月瓮中天。

无地堪营绿野堂，飞腾暮景入苍茫。芋煨李泌仍衣白，粱梦卢生早熟黄。渐改乡音人不识，犹留故态我非狂。寒门世泽渐卿长，却羡君家五凤凰。

吴蔚若侍郎八旬正庆并重宴鹿鸣诗以祝之

造膝青蒲结主知，庞眉芝绮想丰姿。欣逢寿宴宏开日，恰值宾筵再赋诗。入梦尚争王室燬，占星合向老人移。传觞不用过吴市，烟点齐州寄远思。

钱塘钱氏三世五王画像图卷孙象枢属题

睥睨梁唐晋汉周，表忠庙貌首婆留。潮平早避三千弩，地大何须四十州。始识遵王传霸业，终知纳土亦英流。临安家世孙承祖，展卷惟应审象求。

松问独坐图岩骏叔属题

此树千年古，黄山第几株？能延晋隐士，不受秦大夫。君是后凋向，日向松间坐。我若到君家，琴床借高卧。

题某氏思萱图图为沈周原绘，此为陆恢摹本

芳萱本是忘忧草，堂北承欢洁养时。读罢蓼莪诗已废，还从绢素写哀思。

我亦孤儿痛母劬，机声灯影费描摹。石田不作廉夫逝，更倩何人再补图。

李拔可寄赠巢经遗诗刊本赋简

柴翁学杜得神似，我读翁诗首便低。万本传钞驰冀北，余刻《巢经诗全集》成，天津岩范孙侍郎书来捆载百部北去。一编流落又滇西。唐鄂生中丞在滇刊成四卷，此遗诗均载卷中，为余原刊所无。酬知东阁曾留稿，中有酬和祁春圃相国保荐诗，极得体。纪纲羌村好借题。纪乱各诗直逼浣花《羌村》诸作。嘉贶拜君完赵璧，莫教错简后生迷。

闻西湖大雪问刍同年前约未能驰赴赋此奉酬叠前韵

氋氃一鹤倦南飞，羡尔骑驴踏雪归。渡旁渡口携藜杖，楼外楼头认酒旗。世事已如苍狗幻，盟言未许白鸥违。遥知暖阁安排早，只恐天寒客到稀。

项城张烈妇高孺人哀词

百年偕老愿难偿，一死从夫只自伤。拚向梦中化蝴蝶，还从泉下集鸳鸯。同功茧剥终成锦，连理枝枯尚傲霜。景仰清风敦薄俗，柏舟歌诵两河旁。

寒夜怀六侄昌穀北平

寒月挂疏棂，挑灯影答形。南游吾已倦，北道尔重经。善果云封寺，陶然雪满亭。荆高燕市尽，有酒不妨醒。

雪后榕卿招饮醉后放歌

昨日西湖三尺雪，我曾问讯刘宾客。春申一夜朔风寒，朝来喜见万家白。良友先期折简招，冲寒来赴鸡黍邀。悠然坐我竹林下，仿佛寻梅孤山坳。炉香初嫋茶新煮，淡远斋头日过午。灵猧随意乱全棋，君喜畜猫，佳种极多。冻雀有时惊腊鼓。每逢高会便开筵，重向君家进酒船。惜少骊珠探颔下，尚留鸿爪印泥边。月泉而今失老辈，几人月洒黄垆泪。尖叉诗溯聚星堂，令我掷笔吟欲废。一尊主劝又宾酬，醉归还卧花近楼。梁枕未醒莲漏寂，好飞残梦到杭州。

题邓春树兰亭图卷

贯休曾绘兰亭卷，客到山阴更写图。俯仰之间今视昔，遥知风景本无殊。

水云随处认鸿泥，余有《水流云在图》。惜未东游入会稽。王氏序文薛氏砚，宋薛绍彭有兰亭砚正面北面两图。知君雅尚古人齐。

缪东麟同年远寄重宴鹿鸣和章赋谢并以奉贺

南闱回首战秋风，北榜题名剩有公。本年重宴鹿鸣，南榜计六人，北榜只君一人。各奏苹笙赓鹿野，重携桂斧到蟾宫。烟含九点齐州远，久官济南。日丽千门鲁殿崇。惭愧巴歌劳雪和，杖才何速马何工。

东园八十寿诗

不浮湘水溯庚寅，大老合居东海滨。陶径菊花称寿客，谢庭柳絮尽诗人。一生黄岳游踪遍，千日中山酒味醇。前席倘承宣室召，扶藜应是杖朝身。

肖雅仁仲七十晋九祝之以诗

八闽数人物，劫余剩几个？与君交最夙，诗筒日唱和。淞滨共羁旅，双轮旋如磨。各拭昏花眼，沧桑一瞥过。

改岁登八秩，岁晚值七九。我生二龄弱，揽镜觉老丑。矍铄哉是翁，得天信独厚。一曲鹤南飞，委笛为君寿。

五马莅江左，只饮一杯水。转柁入西江，急流勇退矣。孙曾膝竞绕，琴书怀任委。以此颐大年，奚用羡黄绮？

师郑寄到预成甲戌元日诗中有师友陈陈尽岁星句谓弢庵伯岩及下走也依韵奉酬临楮神往

藉甚才名我见稀，一篇脱手尽琼玑。诗人喜续张徵略，笔记群推纪阅微。池上凤毛能济美，江干鸥梦早忘机。泉明甲子编年富，今是何曾昨日非？

兄事螺江享耋龄，弢庵长余十年。散原同谱皓穷经。盘松已分空山老，帘草难为陋室馨。踏雪未妨双屐滑，近日大雪。检书时对一灯青。岁寒我欲图三友，何日天南聚德星？

挽王聘三侍郎

月泉旧侣凋零尽，老泪无多又哭君。挽日志扶周室鼎，临风诗唱鲍家坟。招魂后夜空梁月，请剑先朝折槛云。莫向黄公垆下过，坠欢难拾酒难醺。

湖海飘零气不豪，青氈坐拥肃清高。白杨巷僻人怀妥，碧柳门垂自署陶。国变后，君更名潜。逮事三朝坚晚节，易名一字荷荣褒。平生出处公何憾？独立苍茫感二毛。

癸酉十二月二十一日立春寄怀缪东麟同年济南叠前韵

灵台昨夜起东风，帖写立春远寄公。美政犹传齐右姓，洁身尚恋鲁王宫，缘无一面书频到，眼有千秋德自崇。回忆北门留别句，自惭苦语未能工。余辛亥北门移病诗，久不记忆，书来犹道及，感喟曷已。

题黄公渚墨谑亭图卷

老虔诗书画三绝，黄生才调更奇特。第一流在瀼东西，无双誉遍江南北。万人海上一亭孤，槁卧著个西山夫。萧然室迩人非远，神化丹青视此图。亭中何所有？落叶满阶走。明月清风不值钱，埋头自享千金帚。披图著纸皆云烟，令我想像于其间。得非墨华庵，黄榖原工画，有《墨华庵全集》。疑是两当轩。黄仲则集名。惨绿年少盛文藻，两世纪群交最早。腕底携将岳色来，笔端刿复江花绕。我家亦有花近楼，万方多难上心头。何当移向此亭住？谑浪笑傲销百忧。

叠韵简师郑北平

岁晚天寒客到稀，阳回斗转协璇玑。苟全乱世思隆盛，未有归期赋式微。薄德难孚江表望，浮生早息汉阴机。埋头且作痴聋叟，不识人间有是非。

天予康疆帝锡龄，廿年桑海眼曾经。偶逢樵问呼渔答，重采芹香发桂馨。腊酒樽开柏叶绿，春旗风扬柳条青。闲云不化苍生雨，大隐真成处士星。

简庄得之

问讯西邻叟，端居近若何？双江惊岁晚，一室得春多。趺坐参禅悦，微吟遣睡魔。料知梅信早，雪后发庭柯。

晤澈南华理，守风望古遥。不须谈命运，且复托渔樵。肠润茶三碗，愁销酒一瓢。草堂人日饮，隔岁预相邀。

岁暮遣怀叠前韵

少壮能为役，而今奈老何？闲云原自在，旧雨已无多。烧烛移花影，烹茶敌酒魔。重重鸿雪迹，一梦醒南柯。

归计年年阻，乡关万里遥。颇思寻钓客，还欲问山樵。怕听高楼笛，难忘陋巷瓢。柴门春又到，鸡黍故人邀。

子怡馈电灯电炉赋此志谢媵以酒脯非敢云报也录正

瑶函封寄手亲裁，稠叠云情紫电开。灯下书还寻旧味，炉边计免画残灰。阁藜照读惭非分，窗砚融冰妙取材。市脯村沽难免俗，佐君下箸乐衔杯。

简子质同年

半水剪淞滨，同为客里身。纸窗梅信早，先赠一枝春。

除夕有怀

华灯四照屋三椽，惆帐花前又酒前。先世只知刘氏腊，豪情不羡党家筵。馈凭微挚怀坡老，东坡《馈岁时》：“微挚出春磨。”祭少佳诗愧阆仙。穷海怕逢将尽夜，白头况复是衰年。

意有未尽再成一律

藜床高卧数星躔，笑折梅花纸帐前。才听夷歌狂斫地，又飞清梦远朝天。劳形自喜身兼仆，生计还资砚作田。投老深山忘岁月，编诗但署义熙年。癸酉年诗《鸣原六集》适编成。

◎卷七

甲戌

自　序

甲戌诗若干首。编既竟，客有过余者，曰："子之诗，何其多也？诗之工，岂在多哉？"余告之曰："仆素不工诗，亦不愿以多自诩。第年来山水之流览、友朋之谈宴，抚时感事，凡意之所欲言而不可言与不忍言者，皆託诸吟讽。积之既久，遂富篇什。而年已忽忽老矣。在昔屈子劳愁、少陵涕泪，心焉向往，未敢希冀前贤。斯编所成，譬诸敝帚，自享千金已耳。"客既退，爰本此意，书于卷首。

乙亥四月庸庵老人。

甲戌元旦口号叠除夕韵

流转新韶换旧躔，望春春在草堂前。勿忘风雨飘摇日，重见星云烂缦天。衮衮诸公谋筑室，皤皤一老赋归田。久经尘劫身还健，七十之年又八年。

五日寿庄得之三叠前韵

极南光耀寿星躔，骀宕东风绮席前。五叶蓂祥开宝砌，双枝梅艳媚情天。睡余梦栩书围枕，商战归来砚作田。今日画堂春意满，莱衣绚采乐新年。

天津徐芷升观察贺岁书中有讹字寻绎甚趣作此调之

一字讹传绝妙词，不曾扑朔转迷离。问名疑是冯家妇，铸错翻成杜氏姨。巾帼辱承良友锡，褧衣愿赋硕人诗。老夫若定周婆礼，夺席赪颜作女师。

庶民风信到蘧庐，远道缠绵不弃予。见猎偶然淆鹿马，注经切莫误虫鱼。清谈徐勉偏工谑，豪气陈登幸未除。远报芜函挥老笔，簪花岂是女郎书。

人日寄怀问刍同年西湖叠前韵

爆竹声中改岁躔，遥知春到圣湖前。鹤梅孤岭神仙眷，烟柳六桥料峭天。绝好园林饶水竹，饱经沧海变桑田。草堂人日诗频寄，垂老都非少壮年。

即夕得之招饮

漆园春醲熟，觅醉到邻家。令节逢人日，新诗寄晚霞。隔江闻度曲，坐中设播音机，得闻梅伶南京奏曲。列坐惜无花。相对灯前影，霜丝两鬓斜。

与友人夜话五叠前韵

才逊马工与枚速，名甘王后愧卢前。人怀芝绮山中叟，家在桃源世外天。不肯帝秦宁蹈海，每怀归蜀怅无田。星星白发催吾老，绿鬓回思看镜年。

初十日花近楼开宴为诒书补祝并缔探梅之约

草堂春气新，案有屠苏酒。爰持绿玉盏，起舞为君寿。结交三十载，昭阳卯迄酉。光绪癸卯，余抚豫，君督豫学，为缔交之始。申之以婚嫁，丝萝谊尤厚。南北不一天，白头吟望久。频岁作东游，把臂获良友。吴越衣带水，寄兴在林薮。诗本袖中藏，酒痕襟上有。此来值岁除，著意渡江柳。祥蓂开九叶，览揆逢商耇。新月初上弦，寿星曜南斗。正月初九生日。花近肆筵席，朋樽乐聚首。熊鱼兼味陈，晚菘间早韭。重遇李龟年，开天不去口。坐有荀郎慧生。闻歌唤奈何，金钗列左右。且谋一夕欢，遑计百年后。遥忆香雪海，寒梅著花否。前游君傥续，愿随鞭策走。近招朱斗文与陈肖瑀。远约倪迂叟。远甫。石壁访磨崖，名字寻某某。神州慨陆沉，伊谁执其咎。闭门惟造句，自享千金帚。黄垆哭故人，聘三侍郎新逝。偷活信非偶。君尚腰脚健，余已惭老丑。酒罢重致词，佳时莫孤负。修禊三月三，登高九月九。

渭英约观昆剧并馈旧京蔬肴赋谢

二分春色到江南，花信番风取次探。怕听新声翻旧曲，故人坐上遇何戡。是夕梅畹华度曲。

一片红氍倦眼青，挑灯胜读牡丹亭。奈何天外春山里，啼到鹃声不忍聆。畹华演游园惊梦，余最嗟赏“遍青山啼红了杜鹃”句。

恩爱深时恨易销，可怜人对可怜宵。尽多缀玉轩中客，雪夜寻梅话断桥。次夕演断桥，余踏雪往晤赵叔雍林诒书。

弄玉清箫忆昔闻，内子亭秋雅工昆曲。而今顾曲挈朝云。侍姬鬘云偕往。连番为我修箫谱，风趣谁如伍使君？渭英携《集成曲谱》往。

十三日祝釐礼成花近梅开宴赋呈坐上诸老

日双开黄道，星垣燦紫微。亶聪天自锡，多难古来稀。南渡山林启，东迁晋郑依。夙遵刘氏腊，重见汉家旗。福曜封三祝，宏图命九围。法宫更岁琯，行殿傲宵衣。寰海交邻国，呼嵩遍里畿。预张元夕宴，合上寿皇徽。移病辞门钥，端居理钓矶。不言温室树，薄采故园薇。采仗春长驻，麻鞋事竟违。愿陪诸父老，厘饮醉忘归。

昨岁鹿鸣重宴海内共七人皆乙亥乡举顷闻盛君沅钮君家焕高君树均归道山存者惟秦君炳直杨君志濂缪君裕绂及余既念逝者行自念也感赋

芊秋重宴诸君子，岂料春来逝者三。雇马群犹空冀北，东麟中北榜。读书种未断江南。子质、小荔均南人。漫云君实年还少，耆英会上，温公年最少，余年亦较诸君为弱。其奈嵇康懒不堪。浙水蜀山黯无色，盛纽二君浙人，高君蜀人。科场佳话莫轻谈。

春夜和答荟亭世兄高邮即次见怀元韵

梁园作宦旧同僚，印绶轻抛寄笠瓢。列宿郎官尊百里，归田野老话三朝。门前旋马还栽柳，窗下涂鸦好种蕉。料得秦邮风日丽，嬉春未减带围腰。

朱颜非旧鬓霜新，汉腊同遵又报春。两地相思疑可缩，六州铸错不能神。欣闻闽峤烽烟靖，终见庐山面目真。与诒书提学有庐山消夏之约。月夜飞觞千里共，酒酣合署葛天民。

接芷升和诗适拟往邓尉探梅临发再叠前韵寄答

雪后寻梅信有词，晴郊草色渐离离。暂违歇浦三千客，莫惹封家十八姨。近日春风和畅。才向瑶台聆度曲，前夕，在昆剧保存社聆畹华演《瑶台》一曲。更从石壁补题诗。客岁曾在太湖石壁题名摩崖。太湖春水摇空绿，便欲扁舟访钓师。

还元重拟造僧庐，邓尉梅花笑迓予。选胜我惟携一鹤，开缄君适寄双鱼。沿湖风月容歌啸，塞道荆菅费剪除。行乐及时学杨恽，挑灯好报会宗书。

金阊门外张园看梅和诒书韵

寻梅端为赏孤芳，玉照清河小筑堂。园内有小玉照堂。此地可容高士榻，老夫聊逐少年场。暗香浮动莫轻折，旧治重来转自伤。才愧广平休作赋，栽花况少午桥庄。

花园饭店斗文世兄席上赠女弹词杨女士和诒书韵

独占东风第一枝，还凭采笔寄琼思。惜花早有金铃护，截竹慵将玉笛吹。女士善歌，缘病未能度曲。镜里薄嗔仍蕴藉，尊前浅笑漫矜持。频烦青鸟劳油壁，四坐传观锦瑟诗。

游网师园简诒书

不为荒寒减却春，蘧园花木尚鲜新。蜗涎藓壁还留碣，犬卧莎厅解媚人。斗酒百篇怀李白，园旧为李眉生廉访所有，今屡易主。情潭千尺感汪伦。卅年前，汪柳门侍郎曾宴余于此。我来正值日方午，饭后钟声起寺邻。园左有古寺。

锡山梅园冒雨看梅和诒书韵

征装打叠试春衣，著意寻芳计未非。湖海易销豪士气，笠衰早办钓人矶。惊鸿顾影吴姬艳，哀雁传书蜀客稀。临发，闻蜀中高蔚然同年之讣。最喜名园新雨后，梅花突过去年肥。

苏锡看梅纪游诗

检点征衣趁晓霜，探梅早办入吴装。多情最是云林叟，迓我金阊大道旁。车抵苏州，倪远甫携眷来迓。

行脚如僧惯打包，寻春先到虎山坳。客中招得林和靖，矧有朱陈两世交。斯游特约朱斗文、陈肖瑀诸君偕来。

鱼我忘形乐意全，池中地活水中天。西园寺门首，有何肖雅前守所书“活泼泼地”四字。苏台毕竟春长满，门榜摩挲廿九年。寺中，余旧书“苏台春满”扁额尚存。

致爽开樽宴甫终，大鸿又见蜡灯红。朱家兄弟今坡颍，我愧逍遥六一翁。下车时，斗文及其兄伯渊来迓。斗文导游虎丘，置酒致爽阁，伯渊复在大鸿楼宏开夜宴。

依依墟里上孤烟，行到枫桥未泊船。浅水迟临光福镇，好风吹送太湖边。木渎西去，水浅胶舟，抵光福时已申刻。

老树森森远绝尘，清奇古怪自饶春。蒲团小坐茶初熟，挈伴重来访柏因。先游柏因寺。

白茫茫处影周遮，六度宸游驻翠华。睿藻亲题香雪海，一亭子外万梅花。邓尉梅花盛开。

玄墓重来忆旧游，还元阁下暂勾留。姚侯画卷江郎补，为我题诗在上头。昨岁来游，曾嘱姚虞琴写梅花画轴，余亦赋诗，藏之寺中，此来江万平补画梅一枝，余复题绝句一首。

摩崖千仞怒猊盘，石壁遥瞻欲到难。料得不遭风雨蚀，姓名留与后人看。昨岁在石壁摩崖题名，烦远甫书擘窠大字。顷因日暮，竟未往一寻。

脩闲襟带美钗裙，仙侣同舟日暮云。五家眷属偕游。多谢灞陵贤醉尉，夜归不谴故将军。湖中不靖，此来携带警卒廿人，足壮行色。

漫天风雨阻吟鞭，松鹤留人再启筵。莫道马周寒骨相，卌年前已说鸢肩。次日拟往梁溪，为风雨所阻。远甫邀在松鹤楼午餐，并访凌云士。相士谈相甚奇验。

雅集琴樽话网师，重寻门馆客来迟。情深潭水人何在？独立苍茫有所思。丙午宦苏，汪柳门侍郎曾招饮于此。

看花逐队小车忙，还访张家玉照堂。绝似渭川千亩富，多栽梅树胜栽桑。张园在阊门处，白梅最多。余初次来游。

油壁迎来日已斜，停车载酒拜君嘉。当筵一顾惊鸿影，此是苏台第一花。即夕斗文复移尊过我，并约女弹词家杨女士来谒，一坐尽倾。

郑驿通宾慰乐群，梁溪梅讯暗香闻。行厨萧瑟惭东道，治具频烦伍使君。越翼日，招集诸友冒雨来无锡，先期函请伍渭英大令为我治具。

才见官梅邓尉开，诵豳堂又践莓苔。拖泥带水梅园路，特为看花冒雨来。荣园赏梅。

五鲤湖边水一湾，泥人最是小箕山。迴澜莫惹封姨妒，容与中流自在闲。由小箕山横渡鼋头渚，风势甚劲。

重款澄澜静掩扉，主人北去未南归。壁间旧句扪苔认，何日鼋头共钓矶。鼋头渚登杨氏澄澜堂，主人北去，尚未归也。

尺幅装成仕女图，花光人影未模糊。展图持谢诸年少，惭愧其中著老夫。虎丘千人石、梅园诵豳堂均合拍一影，余年最长。

竹炉风味美江南，云起楼前未驻骖。不待煎茶先调水，九龙山下井泉甘。未到惠泉品茶，渭英寄赠泉水一钜瓮。

凿险寻幽我尚能，扁舟惜未发宜兴。洞天深处饶佳趣，还拟秋来杖策藤。临行，江万平约游阳羡，寻善卷、庚桑两洞。卒以仓卒未能周备，致不果往。请俟秋期。

雨中春树待春游，一笑梅花也白头。山中均白梅。忽忆西湖杨柳岸，又飞清梦到杭州。下月拟作杭游。

游吴归来赋简沪上诸友

看花何幸及花时，竹笠芒鞋到未迟。后夜雨连前夜雨，游山资抵买山资。白茫邓尉万千树，红绽还元三两枝。漫山尽白梅，惟玄墓还元阁下红梅数株，尤艳绝。纸帐春寒温旧梦，好将香色报君知。

敬懿太妃梅花画幅叔迁都护乞题

妙相宫中拜九莲，萼华写出数枝妍。诗情不用吟东阁，南内春深宝绘传。

讽罢华严染素翰，横斜疏影画中看。故宫一出悲离黍，长伴梅花守岁寒。

石埭陈序宾先生百年纪念题词

湘怀将士中兴业，戡乱端资转饷功。想见汉家萧邓策，不忘河内与关中。

分光临壁泛湘流，早识元方燕翼谋。余曩官两湖，哲嗣劭武以湖南监理财政官来谒。迨沪上侨寓，复与劭武比邻居。宁止百年延世泽，太邱名德炳千秋。

问刍同年招游西湖余病不能赴也叠前韵

入吴恰及看花时，一病杭州上冢迟。愧我未留棠舍荫，来诗有“棠荫旧治”句。羡君早办草堂资，不须渡口迎桃叶，君挈姬人久居湖上，无送迎之劳。料得樽前谱柘枝。收拾湖山供啸咏，个中佳趣少人知。

清明已届百感交集问刍诗来湖上寒食大有农圃之乐羡甚三叠前韵

挂冠神武负明时，乱世归耕计已迟。东洛难留老裴度，南阳剩有旧宗资。空传折柳词三叠，时送友赴长春。惜少生花笔一枝。槐火光阴催冷节，客中情绪酒人知。

再柬问刍

推袁纵早识韩迟，各有霜花压鬓丝。下榻我惭徐孺子，承设榻以待。

通宾君是郑当时。二分水竹绕春色，一夕湖山搅梦思。襟酒杭州留后约，旧痕重写几新诗。

三月初二日闻联欢社播音有感

裂帛弦声掣电过，拈花聊慰病维摩。移灯未许邀相见，隔坐徒闻唤奈何。独客谁怜桓子野，旧人惜少敬新磨。绕梁中夜寒通枕，不遣情魔遣睡魔。

上巳遣怀

预留禅榻病中参，佳节忽逢三月三。草长闲庭新绿满，花飞别馆乱红酣。繁华番信春将晚，老懒心情我未堪。莫问山阴修禊事，廿年流落大江南。

子才昨有书来病中勉作游春语答之四叠前韵

欲看桃花已后时，鞭丝日影共迟迟。笼纱试觅题诗处，挂杖还留买酒资。宿雨渐苏芳草色，东风先上绿杨枝。眼前景物清如许，不是闲身那得如。

书案列宣统朝缙绅全书感赋五叠前韵

宣光上溯顺康时，纸上功名判早迟。新进草茅初注籍，列卿槐棘旧循资。一朝品物留残本，十纪宗盟衍别枝。光宣两朝，由旁枝入承大统。遥望厂东门下路，书坊荣禄有谁知？旧京荣禄堂专市缙绅地在琉璃厂东门。

花朝日花近楼宴集襄孙即席赋诗依韵奉酬

已饶春色二分妍，花信今年胜去年。一老西河才抱痛，渭英有丧明之戚，未入坐。众宾北海正开筵。沉酣酒力输同辈，悽断诗情缅昔贤。看遍吴山思越水，西湖早办总宜船。

叠韵再简襄孙

辛夷初发数枝妍，桃李争春未嫁衣。寂寞惯寻扬子宅，豪奢不数党家筵。检书烧烛兼评画，乐圣衔杯且避贤。珠颔羡君先拾得，思如下水快行船。

春游偶阻赋此遣兴

寒食清明都过了，感时抚事客心惊。一病支离恍若失，枨触思家上冢情。流落江湖二十载，绿鬓换却白发生。今年沪市春较早，奇暖奇寒阴间晴。衰翁自笑无慧业，学佛学仙两不成。域外纷纷斗蛮触，万事不关心太平。小园拓地一亩弱，暮景差足娱兰成。辛夷开罢夭桃灼，新柳恰受东风迎。病间强起小延伫，阖室欢笑逮诸婴。间从北院达南阁，裙腰一道踏莎行。瓜棚豆架甫安置，灌园皓叟申前盟。游倦仍复卧高榻，四壁忽闻弦管声。十年冷到西华帔，使我怀旧心怦怦。阿咸适自武林至，为道西湖天气清。六桥踏青诸士女，涌金门外城为倾。年来惯作杭州客，双峰走偏篮舆轻。偶撄小极游顿阻，欠酌杏村酒一觥。腰脚自忖尚顽健，跛不忘履非虚评。何当一櫂烟波去，水竹居访刘长城。问刍同年适有书来。

病中叔迁馈肴品赋谢

嘉贶遥颁拜锦缄，病翁一笑正涎馋。香蒸四簋情尤渥，酒却双罍令待监。医者戒饮酒。如水交原甘淡泊，行厨味合剂酸咸。吾庐宛似维摩室，安得天花落枕函。梅伶即日演剧，未能往听。

春夜即事叠前韵

郁怀谁语懔三缄，壮为饥驱老更馋。江上来鲥供客膳，春时无蟹谢州监。习池曾共山公醉，孽海谁怜水妹咸。静掩荒斋消水夕，琴囊检点剑阁函。

夜雨不寐六叠前韵

一楼春雨夜深时，七里盐滩把钓迟。倪远甫函约五月游富春。绿酒易销豪士气，白头虚掷少年资。吴侬珍重攀杨柳，闽客殷勤寄荔枝。别有心情眠不得，著鞭休令祖生知。

兀坐有感七叠前韵

鲰生漫道不逢时，破浪乘风未是迟。内殿荣叨三锡命，外台只办十年资。偶邀橘叟支残局，抱得兰孙无丑枝。病起藜床书乱叠，一般滋味夜灯知。

祝忆莪翁七十寿即步元作元日诗韵

茅屋数间而已矣，履端佳句逐年新。元日诗已十数叠韵。著书岁月真难老，传世文章若有神。陶氏壶觞三径夜，郑家带草四时春。何图饭颗山中客，犹是葛怀世外民。

慧生南来奏曲诗以纪事

花近当年晋酒卮，劝君多唱杨柳词。重聆法曲春江夜，却忆樊山爱受之。

依倚豪门作计差，柔情侠骨两堪嗟。妆成未忍夸尤物，薄命人间姊妹花。

绿波南浦易销魂，满地梨花静掩门。冤狱织成商妇恨，天涯芳草怨三孙。

道心争及爱情浓，碧海青天劫几重。莫向金山谈水斗，西湖今已失雷峰。

荀郎才调美超群，丝管新声半入云。绝世风流倾紫稼，梅花玉笛要平分。

喜肖雅鲁青见过赋简

倒屣我方迎二客，盍簪人共祝三君。豪情已减惭惊坐，同辈无多慰乐群。诗垒终推何仲默，带围未损沈休文。采薪初起茶初熟，静对春阴惜寸分。

寄问刍同年杭州叠前韵

苟全乱世先愁我，默数齐年剩有君。辽沈甫闻龙起蛰，孤山双报鹤呼群。昔为揖客汲长孺，老作卧游宗少文。他日扁舟湖上宿，绕庐水竹要平分。

咏窗前竹因忆竹王城题诗处三叠前韵

寻芳何幸逢梅使，疗俗还须拜竹君。宦海水云原是梦，故山猿鸟久离群。调丝待谱双声曲，映烛先成个字文。翘首黔灵最深处，茅庵一角许遥分。

预祝李伯行侍郎八十四叠前韵

几人堕地逢天贶，六月初六日生。八秩开筵远祝君。关月屋梁曾梦白，家风卿长已惭群。离莺恨谱长生曲，夫人上年仙逝。旁蠏书编自寿文。君通各国文字。海上题襟如昨日，匆匆吟袂七年分。

东麟同年远寄探梅和诗奉酬二律五叠六叠前韵

明湖植遍千杨柳，父老争迎旧使君。春到江南梅有信，名驰冀北马空群。子来早树循良续，乙览先呈制举文。君乡举名登前列。定制：主司衡文，先呈进前十本。才似珠泉随地涌，枯肠丐润可能分？

遥望齐州九烟点，令人却忆孟尝君。羲之笔法真难老，君年逾八十，犹工细楷。白也诗才总不群。永夜挑灯同作客，何时把酒共论文？傥来百尺楼中住，高卧床应上下分。君尚南来，定设上床以待。

慰东园丧孙

老去犹思子，春来又哭孙。青毡谁嗣业，白发为招魂。岂料韦经绝，犹得晏砚存。此情无可慰，文采望清门。

王揖唐通家来谒并赠今传是楼诗话赋赠

梁园造榜卅年春，劫后班荆白发新。共道书生娴将略，宁知遁世作诗人？顾祠寄庑身偕隐，君于昆山卜宅，如君顾氏，为县人。歇浦停车老更亲。昨岁笙簧重式宴，荷颁佳句笔如神。

怀古伤今共此楼，徐氏传是楼近为君有。一门宗派绍前修。阮亭感旧篇应续，德甫传诗句广搜。诗话绝似渔洋。《感旧集》《王兰泉湖海诗传》，真成一家言也。客路梅花犹绕墓，昨游玄墓，曾过徐尚书健庵墓。旧传是楼主也。春闺杨柳薄封侯。君徇如君之请，特营今楼偕隐。玉山是我前游地，何日重登楼上头？

远甫远道视疾于其归也赋此赠之七叠前韵

厨空远市难留饮，逆旅逢君又送君。睍睆流莺欣共语，如君侍行。氋氃病鹤感同群。余久病痔，君亦患此疾，但不剧耳。扬州东阁叨陪逊，病中时与肖雅唱和。岩濑西台恸哭文。承约五月游富春钓台，是处西台，乃谢皋羽吊文信国地，有《西台恸哭记》。我辈交情原似水，江流九派不须分。

“文”字韵诗已七叠矣肖雅和章适至八叠前韵酬之

开径广延三益友，多闻直谅孰如君。幽栖合署高阳里，著作端推大雅群。平斋笔记已撰成。纵未看山逢谢屐，君不喜游山。莫教覆酱失雄文。挑灯选句形酬影，料得迟眠静夜分。

挽项松茂九叠前韵

人天一别三年恨，君已就义三年，近始以衣冠葬。老泪干枯忍哭君。初愿久交猿鹤侣，何期误落虎狼群。招魂望祭风原古，感旧裁诗句不文。忆赴郇筵共孙楚，尝羹幸许一杯分。往岁与孙慕韩共饮高轩，如昨日事。

子质同年过谈十叠前韵

先皇手定开元榜，硕果犹存我与君。泮水三篙渔唱晚，衡阳一别雁呼群。飘零莫问将军树，光燄争传吏部文。坐对春风闲试茗，还期剪烛话宵分。

倪文正公诗画图卷姚虞琴属题

诗心妙得铭盘意，画手神游炼石年。满纸淋漓完正气，运穷莫补女娲天。

石破天惊望古遥，懔然大节共吴桥。长虹夜半光芒发，展卷摩挲话胜朝。

题蒋孟苹密韵楼画卷

拾来孤本大航头，文字因缘又此楼。词客弁阳尊一老，只今权作蒋山游。

群纪论交说二吴，贪多爱好泣王朱。月泉旧社风流歇，纸尾签名剩老夫。图中题句如吴子修父子，王病山、朱古微两侍郎均逸社旧人，惜已逝世。

摩挲百宋已无廛，六稿犹留换一椽。花近吾楼惭百尺，也劳鸥客泼云烟。卷中共三图，第一图为汪鸥客所绘。鸥客曾为余绘《花近楼征诗图》。

清门文采重南沙，赏鉴家兼著作家。虔爇草窗香一瓣，倚楼横笛按红牙。

三月望后花近楼宴集席罢小憩致失送客赋此志歉

为怜春去特开筵，老懒非关醉欲眠。重上南楼宾已去，只余风月浩无边。

春尽日江湾叶园看牡丹以诗纪事

浃旬不出门，忽忽春已暮。名园盛牡丹，留得芳韶住。看花不辞远，惯著白云屦。才从邓尉归，又指吴淞路。锋车挟我行，牵率及妇孺。少长十一人，乐事得佳趣。入门先见花，更造花深处。瑶台第几重，倾国拼一顾。如游群玉山，五里堕烟雾。国色与天香，姚魏纷无数。或凝美人妆，或式王者度。或红若丹砂，或白似缟素。或烘倩晚霞，或润挹朝露。或万朵娇酣，或一枝修嫭。或背立藏艳，或侧面争妒。或倚山横黛，或凌波却步。豁然眼为开，允矣春长驻。爰寻四照室，玉带桥回互。柳浪涨三篙，临流隔船鄔。儿辈太好事，片舸烟波去。我无济川才，击楫空景慕。一瓯试新茗，河房小延伫。遥看楼外楼，近对渡旁渡。花笑客来迟，微嗔含薄怒。客为赏花来，惜别倍珍护。归去语阿蛮，景物新如故。年年从我游，兹游坐病误。烧烛永今夕，闭门觅短句。沉沉漏点长，袅袅炉香炷。诗成犹是春，晓钟绕庭树。

邢冕之太史寄到姚紫封老友为马阁部士英辨冤书戏题四截呈教

梅岭当年荐藻苹，却羞瑶草是乡人。癸卯，由清江浦过扬州谒史忠正墓，曾赋此诗。何图旧史翻新案，现在身非过去身。

贻臭流芳总擅名，是非毕竟有公评。清才我爱杨龙友，赝本何来冯玉瑛。

文字翻空旧染除，子虚作赋拟相如。可怜一曲桃花扇，绝妙词成诽谤书。一说，谓马氏罪案，由《桃花扇传奇》为左家鼓吹，致受恶名。

邢子才称旧史氏，姚姬传是大名家。伤今不用先疑古，且向东华录梦华。

阅一山致伯高谈禅书却寄

彭罗在昔耽禅学，彭绍升、罗有高。章叶而今是后身。竹院我惭门外汉，莲台君傥坐中人。和衣范钵思前事，香火蒲团晤近因。喝棒完成真位业，清池明月净无尘。

初春邓尉探梅曾赋小诗纪事顷间江万平特绘雪海香泥图见赠复作长古酬之并示同游诸君子

江南春早东风软，客里看花不辞远。卧游颇笑宗少文，兴来何暇腰脚懒。浦江亲友胜洛阳，约林诒书、朱斗文、陈肖瑀、江万平偕行。平明打叠入吴装。山塘七里水清浅，冷香茗话浣吟肠。千人石上逢倪叟，对君我自嫌老丑。朱家兄弟称二难，群纪论交廿年久。在苏并邀倪远甫、朱伯渊同游。伯渊与斗文兄弟行。我与姑苏有夙缘，探梅思发在花前。仙侣同舟移未晚，五家眷属同往。卓午已到太湖边。木渎酒家尚识我，光福驺卒趋道左。旧吴使者今又来，却向山中问花朵。篮舆杂坐无序次，后先直抵柏因寺。树犹如此人何堪，古怪清奇秉高致。忽闻雪海暗香浮，邓尉梅花也白头。山中皆白梅。坐无广平孰作赋？心慕安石寄一丘。穿林踏藓入玄墓，红梅几树花非素。还元阁下夕阳明，令我徘徊不能去。今年花比去年早，去年人较今年少。四围山色入苍茫，一路香风出林杪。归去河桥晚泊船，灯火城南不夜天。主惭东道宾皆醉，筵前瞥见花魁妍。春申返驾歇鞭控，纸帐春寒不成梦。但留鸿爪印雪泥，那得香色作清供。何图好事有江郎，妆点湖山入锦囊。濡染生花五色笔，烂然绢素增辉光。老夫岂是陈无己，造句闭门惭下里。他时傥作富春游，乞画严滩好山水。五月将游富春。

夏夜展读云麓太史诗函不晤已三月矣赋此酬之即以奉怀

不见高常侍，花时减却春。光阴成过客，名教得完人。桑海尘中劫，蓬山梦里身。好诗兼画意，落笔已如神。

陶令觉今是，蘧贤晤昨非。饱煨衡岳芋，薄采首阳薇。定扫花间径，还开竹下扉。加餐须努力，料不减腰围。

首夏入杭杂咏

年年游宴及春时，今日杭州客到迟。波影拖蓝岚泼黛，湖山未改旧风姿。

俊游恰趁午晴天，我与西湖有夙缘。除却朝云谁是伴？相携重上总宜船。

北阡宿草泣令原，南陇松风绕墓门。鸿雁影寒鸳侣散，惟余老泪赋招魂。南北山上冢。

平湖水色碧于油，月影空明夏似秋。宿酒甫醒茶正熟，未能抛得且勾留。平湖秋月晚坐。

风流毕竟数南湖，为问鹤梅今有无。携得一家人数口，孤山此日不曾孤。孤山晓望。

和山晴翠压眉头，一席山僧为我留。底事难偿观瀑愿，白龙台阻怅回舟。登小和山饭僧欲往白龙台观瀑，中途道阻。

次第看山到五云，斋鱼粥鼓定中闻。修篁绿偏云栖寺，禅榻蒲团暂许分。游五云山，遂到云栖。

云林不倩白云对，卓午来闻饭后钟。独向北峰高处立，插天一朵清芙蓉。游灵隐寺。

平泉花木未全荒，尺咫韬光选佛场。愁向比邻怀旧雨，却来别馆吊斜阳。登韬光路，过朱晓南方伯园寓，方伯寓沪时与余结邻，今已下世矣。

退省彭公旧有祠，馨香易代不同时。月华倒印三潭影，瞥见佳人理钓丝。三潭映月坐观垂钓。

白发同年倒屣迎，一瓯清茗话平生。通家小友联张李，雏凤声逾老凤清。刘庄访问刍同年，其五龄世兄出见。

琴台珍弃爨余桐，千尺情潭一亩宫。湖水初平人唤渡，临流一顾已惊鸿。汪庄舣舟处逢旧识某伶女，已适人矣。

雷峰塔影费寻思，门外清波绕净慈。艳说烧香诸士女，新宫先拜济颠祠。净慈寺济祖殿落成。

面水依山起画楼，从心所欲愿依刘。哀丝豪竹中年事，垂老还来恋一丘。刘澂如京卿坚匏别墅久坐，中有从心所欲斋。

板桥一道亙长虹，临水高楼倚碧空。旧日蒿庵留榻处，藤萝夜月柳丝风。游蒋庄，有怀冯梦华。

天然月榭与风亭，四面青山列画屏。记得广筵开幕日，草堂一一数春星。蝶来旅社小坐。

浅草平原一再过，悄然陌上感铜驼。英雄毕竟属儿女，敌忾先成敕勒歌。公园三石狮，数百年物也。适见各学堂童子军在此野操，各有英雄气概。

偶缘雅集发高吟，排日开筵酒渍襟。投辖井中成故实，烛花溅泪话宵深。连日亲戚情话，宴饮甚欢。

倒影楼台尺五天，湖心望月几回圆。燎原又见星星火，电掣雷轰易化烟。十五月色极佳，隔堤岳庙左近，忽兆焚如，火光烛天。

闲鸥心迹五湖中，惜未扁舟赴浙东。惭愧年来吟兴减，题诗只合让坡公。拟作东游，卒未果。坡诗："更欲题诗满浙东。"

湖上访问刍同年

看山病起兴犹浓，湖上还来访老农。来诗有"学稼为农"语。为我预留徐孺榻，对君欲赁伯鸾舂。漫劳北牖烧华烛，遥听南屏打暮钟。一色水天宜咏雪，寻梅他日定相从。

西涯一角好风光，园址绝似旧京十刹海西涯一角。重到君家旧草堂。渡口早惊桃叶艳，如君出见。湾头侧挺荔枝香。五岁郎君亦出拜谒，极英伟。君广州旧居名荔子湾。萍踪处处随流水，余宦游五行省。茗话匆匆易夕阳。高馆班荆还赠策，临歧各讶鬓丝苍。

送庄得之伉俪北游

吴庑相依不计年，白头偕隐又之燕。随携北海同舟侣，更缔西山拄笏缘。好向台前询骏价，莫从陌上感驼眠。吟鞭怅阻青门道，行矣班生望若仙。

初度前三日同社友人假坐伍渭英大令寓斋公宴赋谢

金尊留饮泛流霞，酒价江南不用赊。东坡诗："尚忆江南酒可赊"。积闰八旬催我老，先期三日乐宾嘉。到来旧雨一时隽，归去疏星数点斜。避地藜床无处著，不妨皂帽落君家。醉归时落帽于渭英所。

五月三日七十八龄初度率赋志感用孙师郑仁仲见怀之韵

四海内怜同气尽，八年前已古来稀。病中量带先愁损，局外观棋早识微。马齿渐增甘伏枥，鸥心无竞自忘机。粱炊仕宦须臾事，回首前尘一梦非。

浮生那有千秋鉴，远道亲友电贺均有“千秋”二字。风度何能似九龄。地少平泉难作记，家惟陋室不成馨。发经霜染盈头白，云幻峰排到眼青。广宴欣逢今雨集，故交落落感晨星。

钱塘许文恪公及山阁学乔梓应制诗赋长卷题词

诗礼承家学，蝉联步石渠。南斋同儤直，东观共观书。落叶吟秋后，内有《落叶赋》。生花下笔初。玉堂在天上，榜眼启传胪。

甲戌夏五东游纪事杂咏

平明打叠越游装，艾绿榴红笑客忙。为践云林笠屐约，不妨客里过端阳。倪远甫老友招游岩濑，于端午日启行。余午日作客，生平仅二次。一在丙申，随荣文忠公往天津小站查办袁世凯参案，一即此次出游也。

湖山灯火绕亭台，楼外楼头夜宴开。宿酒易醒眠不得，晓风吹我过江来。即夕止宿杭州蝶来旅舍，远甫招饮楼外楼，肴馔极精美。

豪情三载阻乘风，今日题诗到浙东。怕走山阴劳应接，金华道士快携筇。此游不至山阴，由金华赴兰溪。

相对惟余白发星，论交廿载已忘形。两家眷属工谐谑，何用当筵避尹邢？远甫、如君、志石与余姬人鬘云随侍。

朱云折槛直声著，陈实居乡名德优。太息哲人零落尽，驱车翻悔作东游。车过诸暨义乌，有悼陈蓉曙同年、朱蓉生侍御。

目穷落日心犹壮，身似孤云意自闲。两岸罗鬟青不断，倚窗兀立饱看山。火车由钱江直抵金华，夹岸青山不断，向所未见。

远驿通宾速置邮，先期迓客北山头。溪流水活兰馨远，十二年前忆旧游。胡君稼生远由兰溪来迓，余壬戌春曾到兰溪，已十二年矣。

不用尊前感索居，画船箫鼓夜灯初。备纫东道殷勤意，凭藉良朋一纸书。稼生接沪上唐君寿民书，知余等来游，极承招待。

清碎溪声入管弦，回灯添酒夜开筵。可怜九姓佳儿女，又抱琵琶过别船。酒醒，隔船闻歌声。

老狎烟波兴未阑，敝裘犹著客衣单。篷窗一夜潇潇雨，陡觉江城五月寒。江深夜寒，与远甫对床听雨。

萧然两袖剩清风，琴鹤随身我慕公。同向告天台下立，衣香人影画图中。于赵清献公告天台下合摄小影。

世盛客星加帝腹，时危朱鸟赋招魂。当年恸哭谁为记，独向西台觅泪痕。舟泊富春江岩祠畔，遂登东西两钓台。

贵重一丝轻九鼎，云台争比钓台高。渔竿迟著先惭我，百世清风卷雪涛。东台有“一丝九鼎”横额，西台即谢皋羽痛哭地。

群山作障水为池，行到桐庐寄远思。我与桐君原旧识，暮苍苍处立多时。壬戌春曾来游。

多情深荷郑当时，主劝宾酬醉举卮。饱啖白鱼犹未足，富春江上喜来鲥。此游远甫作主人，款待极殷拳。

十里山村五里庄，层层白板界红墙。乍闻唤渡人声急，斜日寒烟过富阳。富邑山明水秀，风景如在画图中。

野鸥心迹寄菰蒲，阅遍溪山好画图。毕竟杭州风日好，扁舟一叶又西湖。由桐庐改乘汽船回杭。

山房香袅午烟浓，来趁阇黎饭后钟。贪看双龙飞玉瀑，携朋重上小和峰。四月入杭，曾到小和山饭僧。

半豹斑窥兴阻余，那能全面识真庐。缘无仲举澄清略，前路榛菅未扫除。沿途荆莽四塞，未能直登绝顶。

匆匆七日渡津迷，浙水东流转向西。纪事诗如霞客记，重留雪爪印鸿泥。

仲夏端阳倪远甫由苏来沪约作岩濑之游归后赋此志谢

东游乘兴拓诗才，深荷良朋折简催。道履近临黄歇浦，钓竿遥访子陵台。客中蝶梦联吟榻，道出杭州，止宿湖上蝶来旅社。江上鲥来佐酒杯。白发缔交略形迹，两家眷属喜追陪。

午日止宿西湖蝶来旅社远甫约于楼外楼夜饮余甫上二楼问刍同年适自三楼下裙屐纷集竟失交臂凭栏见其承舟夜归真神仙中人也小诗志羡

楼外楼头交臂失，客中端午赋东游。羡君乘醉夜归去，稳泛烟波一叶舟。

白鹭飞帆文待诏金陵八景之一

三山环绕凤凰台，二水中分一鉴开。笔底风生泊不得，鲫鱼名士过江来。

寿夏剑丞六十

儒官江左去思存，襟酒杭州认旧痕。洁养萱堂儿有母，馨闻兰室妇生孙。并头莲蕊开妆镜，照眼榴花侑寿罇。览揆欣逢周甲庆，康桥诗画重清门。

寿齐照岩七十

尺锦才惭制短章，稀龄锡嘏晋霞觞。梧桐夜雨吟东府，蘐草春晖奉北堂。管领湖山种官柳，讴思江汉遍甘棠。五云高处频回首，南极星辉应寿昌。

照岩远寄自寿四律仍依韵奉况

壮年三凤羡齐飞，老去东皋赋采薇。阅尽名场忘得失，苟全乱世任褒讥。随携诗本盈怀袖，早脱朝衫著布衣。今日古稀开寿宴，平泉草木畅生机。

棋局长安著子新，烂柯洞口劫余身。仙人乘鹤楼曾倚，海客狎鸥浪亦驯。无地可容营绿野，望京重踏软红尘。最难九秩慈亲在，堂北承颜寸草春。

武昌官柳拂离旌，移镇星催我北行。一夕渚宫首发难，十年灞上悔谈兵。绘图云水从吾好，载酒江湖荷子情。戊午，君官浙，余来西湖，承携酒过访。道阻朔南情匪隔，相期各不负平生。

膝前文度是佳儿，寄庑鸿光举案眉。子舍学诗言礼地，慈帷侍膳问安时。省中听钥温前梦，汉上题襟订后期。玉合悬知坡寿颖，君家兄弟本连枝。

题友人仿文五峰山水

笔得五峰似，亭对五峰前。中有读易者，神游义画年。

甫从岩濑归，又识吴山面。扪图起松风，尺五天心见。

长夏苦热甘雨适至肖雅观察以诗见示依韵奉酬

江村销夏忆儿时，老客他乡百不宜。细数游踪双屐在，重寻书味一灯知。动摇毕竟怜韩齿，安稳还须卫沈脾。霖望东山慵再起，连番好雨但催诗。

次韵寄怀周石臣开封

才大输君甘啸诺，诗新寄我抵韶咸。十行书帐廿年别，众母碑凭万口劖。宦豫有惠政。汉上题襟犹是昨，同官武汉。辽阳化舄信超凡。相思千里同明月，茅塞心中取次芟。

题溥雪斋贝子骏骨图

英风唐殿拳毛异，落日燕台骨相存。一例千金论价值，展图何以慰王孙？

次韵酬子怡

曲奏情从海上移，怀人遥夜究谁其？刘宰诗："怀人究谁其？"案眉偕隐依皋庑，梦草生春认谢池。隔席坐花供茗饮，刺船穿藕入莲漪。棋枰箫谱堪销夏，矧有新词妙色丝。

寄怀散原同年北平

重到西山愿竟酬，千门走马忆前游。追凉小别开先寺，选胜新辞扫叶楼。铨部藤花皆寂寂，故宫禾黍已油油。怜君作客兼怜我，老病沧江易感秋。

游兆丰花园率赋遣兴

春申夏苦热，卅年无此状。逼处一亩宫，如坐火炉上。忽忆沪市西，名园极清旷。乘兴一来游，披襟神采王。万木静无声，青翠列屏障。一鉴启方塘，微飔嘘细浪。落日犹挂林，又吐新月样。已无车马喧，但闻一蝉唱。我挈朝云来，追凉寄微尚。阿咸竞追从，女孙亦跌宕。小住藉绿莎，极目穷四望。园西起轩亭，琴榻获依傍。试酌茶满瓯，惜少酒盈盎。平生好游衍，当著屐几緉。一春泛吴航，五月摇越舫。兴尽甫归来，暍暑适相贶。北窗羲皇人，未敢希元亮。瞑坐话深宵，添得几清况。

越夕丽娃栗妲村晚坐

驱车尘市西，苍茫日已暮。一曲抱郛流，临水人唤渡。迢递入丛薄，鸣蜩导先路。红摇隔浦灯，绿绕当门树。拓地辟广场，此中有真趣。吴女斗新妆，岛客携胜具。我亦好追凉，良宵等闲度。坐数草堂星，栏外月初吐。好风吹客衣，白雪湿双履。沪居二十载，众咻窘一傅。目穷九点烟，身堕五里雾。不图销夏湾，为佳得且住。俯仰感陈迹，三年前曾来游一次。徘徊不能去。巷柝催客归，闭门还造句。

游虹口公园

赤云作势敛峰忙，销夏湾临互市场。横海楼船波浩汹，大桥灯火夜苍凉。相逢燕客倾离素，晤程定夷，立谈久之。瞥见吴姬斗晚妆。堪羡名园依绿水，早拚一梦寄鸥乡。

寿杨介眉五十唐寿民代索诗

荷花香国庆生辰，六月生。绿蚁盈尊泛酒鳞。九夏令中称寿客，五都市上有完人。君事亲孝。辞金清节衣冠后，攻玉深交意气真。所交光甫、寿民诸君，均执商界牛耳。百岁期颐先得半，胸间涵养四时春。

沈季宣五十双寿诗以祝之

东府梧桐接燕私，往于哲兄冕士所识君。称觥何幸及秋时。乞巧生日。八龙在昔标青史，五马于今重白眉。宦海收帆辞膴仕，银河泛斗拜佳期。柳州作纪惭先友，与尊公淮浦同官二载。两世论交合致词。

浙东之游芷升赋诗志羡宁知余半生道长行踪所至绝无好怀也次韵奉酬一律

万里桥边忆旧游，老来江上吊婆留。曾携诗本临吴郡，又荷书囊别汴州。袁浦莺花牵客梦，庾楼风月使人愁。北门移病非吾愿，卧病淞滨廿载秋。

和酬南屏太守宠题鸣原六集即次其韵

驽末难将鲁缟穿，曲成凡响不能仙。苦吟自笑双肩耸，望远犹悭一面缘。戴访我方思入剡，庐前君合署盈川。悠闲岁月销长夏，何用羲和快著鞭。黄仲则诗：“茫茫来日愁如海，寄语羲和快著鞭。”洪稚存虑其不寿，竟成诗谶。我辈老矣，缘反其意寄兴。

立秋日寄怀师郑北平叠前韵

安得飞觞月夜酬，廿年不作帝京游。陈蕃好客虚留榻，孙楚移家尚有楼。花市尘迷红列阵，玉泉水活碧如油。知君吟罢时临眺，忆否三峰万木秋？君虞山人，虞山有三峰寺。

三叠韵却寄师郑

诗简邮速互赓酬，只欠槐街并辔游。风度钟声邻有寺，月移砖影客登楼。所居西砖胡同。检书重校麻沙本，读书休汗寒具油。才醉荷花生日酒，梧桐一叶又惊秋。

简肖雅四叠前韵

一灯相对影相酬，曾向邯郸梦里游。隔巷好寻何妥宅，思乡怕上仲宣楼。拂尘诗壁劳红袖，糊纸书窗损碧油。元微之诗："窗纸碧油糊。"云卧草堂春睡足，若论清节便为秋。宦苏以廉洁称。

忆秦淮五叠前韵

觥船主劝众宾酬，回首秦淮忆旧游。波镜一奁澄画阁，珠帘十里起妆楼。尊前烛影摇红泪，枕上车声殷碧油。曾是六朝金粉地，老怀难遣秣陵秋。

寿师郑六叠前韵

佳句无缣可奉酬，近日诗简络绎。诗人老去作燕游。传家自有天真阁，夺席还登文选楼。彩笔光芒依北斗，青灯书味损南油。见梁简文帝《灯赋》。羽觞预祝稀龄庆，鹤曲横江故国秋。

杨荟亭以诗问讯奉酬二律即次其韵

薄宦频叨印绶加，时危学种邵平瓜。颠吴蹶越邻为壑，扫地焚香僧在家。最好吟风延夜月，还期报雨绚朝霞。近日苦旱。北窗高卧今何世，一枕羲皇漫自夸。

短篱修竹翠交加，七月豳风赋食瓜。半亩园留高士榻，二分秋到野人家。随携茶具销残暑，惜少诗情寄晚霞。老去尚余腰脚健，莫将蜡屐向人夸。

酬师郑七叠前韵

苟全乱世命拚酬，乘兴还为汗漫游。作记君堪追退谷，伤时我独上高楼。一棚情话倾瓜汁，五剧炎蒸走柏油。近日盛暑，沪市柏油马路均镕化难行。潮落申江良夜永，半钩新月满庭秋。

忆岩濑之游寄远甫八叠前韵

交淡惟将意气酬，良朋招我作东游。连樯灯火围花舫，九姓江山入画楼。劝醉频斟菖叶酒，闹妆争市桂花油。高风毕竟岩滩好，一客披裘五月秋。

七夕有感九叠前韵

摇岳凌沧愿莫酬，只因卧学少文游。桥衔鹊尾星临户，帘卷虾须风满楼。酒债十千论价值，墨君五百计斤油。年来袖却旁观手，一角残棋付弈秋。

与粤友夜话十叠前韵

流转江湖壮志酬，平生只欠岭南游。版图已弃珠崖郡，金鉴长怀风度楼。空有檄文驱镭浪，穷搜食谱味蠔油。三家诗派推元孝，遥想吾宗夺帜秋。

师郑又有诗来十一叠前韵奉酬

一勺廉泉远寄酬，宦途昔悔作清游。欢颜安得千间厦，豪气全除百尺楼。叩户原如求水火，分缗聊以济柴油。悬知庙市逢三日，老眼看花直到秋。寓斋与土地庙斜街相近。

寄怀章一山太史北平

梁园手放春明榜，卅载沦飘剩几人。浪迹江湖吾遂老，及门陈蔡子相亲。真书已入钟王宅，高蹈能藏稷契身。旧日销闱今赁庑，火传薪尽乞仁邻。旧京贡院沦为市屋，君卜居其间，有诗寄慨。

春间姑苏旅次晤杨赓棣歌史一坐尽倾别甫数月闻已多病多愁瘦损花颜矣十二叠前韵

金错难将玉案酬，阊亭箫鼓溯前游。蛾眉染黛慵临镜，翠袖生寒倦倚楼。醉里看花千日酒，病中量药二天油。为治时疾圣药。琼筵省识春人面，憔悴西风易感秋。

宝应王楼村先生十三本梅花书屋画卷邢冕之太史属题卷为禹鸿胪之鼎画

香色江春第一花，绮窗飞梦状元家。不须及第谈红杏，占领东风萼绿华。

前身应是老林逋，宛到孤山梦不孤。底用梅花千万树，暗香疏影十三株。

诸老题诗笔有神，丹青妙选禹司宾。披图却恨予生晚，不是同时索笑人。

雅尚黔州继白田，邢侯亦是玉堂仙。传观未许汙寒具，文采风流二百年。

以黄河鲤馈得之并坚明日惠中之约兼示镜清叔迁凤林诸君子

平生藜藿肠，咬根斯为美。无端食指动，豪情寄刀匕。甫食富春鲥，又饱黄河鲤。迢迢远寄将，速邮致千里。开缄得双鱼，活泼泼可喜。一以赠邻翁，一置行厨里。不速客三人，镜清诸君适来晤。到门忘倒屣。花近夜开筵，烹鲜更酾兕。熊掌纵不兼，鱼唇乌足拟。席间备有鱼唇，味斯下已。离汴三十载，镇日河清俟。登龙尔未能，侯鲭我亦鄙。在昔张季鹰，鲈乡告归矣。触余去国情，一夕秋风起。比邻何所求，瓮酒早料理。君明日招饮。

秋夜遣兴和答云麓即步其韵

就荒三径为谁开，诗债多于赧筑台。虚掷光阴成过客，但求温饱是庸才。楼前帘影疏延月，门外车声殷若雷。一味秋凉清夜永，篆香细袅鸭炉灰。

寿陈蔗青五十

南飞曲奏鹤添寿，桂醑飘香晋玉瓯。万里梯航通九译，百年瀫珮羡双修。颍川宗派分光宠，江汉讴思忆宦游。收束官书谈货殖，使君清节似清秋。

陆麟仲世兄携杨赓棣歌史来谒知病已大痊矣喜赋十三叠前韵

银烛金樽互劝酬，苏台夜宴溯春游。俄闻作客临黄浦，重见凝妆上翠栖。病起琴慵弹绿绮，自言已辍歌数月。迎来车喜驻青油。风怀老去删除尽，特赋新诗咏杜秋。

八月杭州旅次和答林诒书时有天目之游

湖天高会岁云秋，旧雨来兼今雨不？万籁笙竽闻月下，一时裙屐尽风流。栖禅待访分经院，天目东山有昭明太子分经院。买醉先寻卖酒楼。夜饮湖滨聚丰园。雾眼看花吾已倦，诵君佳句豁吟眸。

由临安藻溪车站乘舆入东天目山先抵昭明寺下院

如此好林邱，迟来二十秋。乙卯入杭，拟约冯梦华、吴子修两同年来游，竟不果。爰寻梁代寺，特速藻溪邮。香烬维摩室，寺僧扶病出迓。尘封文选楼。楼已半圮，竟不能上。湿云生客履，勉为老僧留。

夜宿昭明寺先在垂虹桥观瀑赠道济方丈

穿遍青林践碧苔，垂虹桥下几徘徊。岩巅瀑势飞如雪，涧底涛声殷若雷。山贼人咸知谢出，岳云天果为韩开。清游颐借潛师展，为有新秋雁带来。

越日喜晴重至林海亭观瀑示贻书远甫

飞溅悬崖据上游，崖前书此四字。奔腾直下势难收。姥峰东望疑天阙，天目即天姥峰。苕水西来涌急流。瀑源出苕水。林海劈开灵鹫岭，荡山不数大龙湫。诒书云雁荡大龙湫无此壮观。无端写入鹅溪绢，三老龙须任拍浮。朱揩侯于亭下共摄一影。

钟楼看云

破晓山楼一杵钟，高林初日证禅宗。老僧入定非游脚，独客探奇忆荡胸。云气弥漫，极为爽目。十里场收黄穲稏，万峰顶簇玉芙蓉。亦知衣狗须臾事，云海栖迟兴未慵。

登西天目最高处

层峦叠嶂势千盘，绝似崎岖蜀道难。狮口余生谈急劫，莲花倒挂纵奇观。前朝树锦开王业，上界钟声起戒坛。秋色大千供眼福，登高一览小临安。

眠牛石畔好风光，鸟道纡回到上方。甫觉数峰青了了，忽成一片白茫茫。危厓遥峙藏云塔，老殿新题大树堂。殿最古，东海题“大树堂”三字。镇日看山携蜡屐，衰翁聊逐少年狂。

禅源寺大树轩赏月叠诒书韵

山房翫月近中秋，为问前身修到不？帘卷湘波新雨后，栏移花影乱云流。疏松夹水寒生谷，丛桂留人香满楼。料得嫦娥应笑我，白头吟望苦回眸。

中秋简倪远甫并示志石女士

蝶馆联床是旧游，端午日，承招游岩滩。止宿西湖蝶来饭店。西湖赏月又中秋。拂尘有客携紅袖，揽镜逢君感白头。老去彩毫工染翰，晚移仙侣快同舟。髯苏喜得朝云侍，解赋新诗韵欲流。

是日为斗文揆辰赋赠

才从天目看云生，又向西泠晋寿觥。八月清秋圆月满，双星福曜小星明。原尝好客称豪举，群纪论交缔旧盟。鹤曲南飞波弄影，万花灯舫祝长庚。中秋夕，西湖舟中放莲花灯，红光烛天。

赠刘晦之三叠前韵

书空八月雁行秋，兄弟君家我独不。君兄弟五人尚存三，余兄弟三人惟余存。峻望一门延世泽，椠才九府裕泉流。悬知馨德铭新室，已有文章入选楼。廿载友坡兼识颍，与君哲兄同官吴下。早从吴下刮双眸。

偕远甫小瑀万平海宁观潮因忆丁未八月与朱晓南钱塘叠雪楼看潮事感赋

观涛曩岁曲江游，朱十同登叠雪楼。今日海宁潮又到，匆匆二十八年秋。

题万平画大树

老树经秋复耐冬，真王不是大夫松。笔花忽落江郎手，回首天山几万重？

题徐慎侯史汉三国志两晋百咏题词

岂是今人表？心香契古贤。编排一百咏，上下五千年。

莫以风徽隔，而令月旦乖。徐陵一枝笔，跌宕拓吟怀。

论世惟凭史，衡人莫若诗。我寻高士传，人说外孙辞。

上溯龙门笔，终于典午朝。古人不可见，吟望首频骚。

心畲居士画册题词

茫茫殷土已无多，妆点青峰衍素波。尽说新亭风景好，宁知举目异山河。

延秋非复旧时门，文采风流几个存。不向鸥波借颜色，披图早薄赵王孙。

八月十日朱伯渊斗文兄弟陈小瑀江万平招游东西天目归后作诗纪事并呈主人兼示同游诸君子

七十八龄一老翁。万事不理心泰冲。只有看山兴尚浓。腰脚差幸不疲癃。初春邓尉探梅踪。五月岩濑江泛桐。一年容易秋又中。异乡羁旅感飘蓬。良友导游天目峰。如此灵山喜初逢。朱家兄弟二难同。豪迈均各有父风。尊公念陶、幼洪两先生与余为旧好。再传弟子吾华宗。行次随携三岁童。抱初观察有子，今抱孙矣。江郎家世五花骢。兼葭倚玉光惭鸿。万平为先兄孙婿，令祖莱生太守与余同官京职。四豪作主东道通。扶持野老策枯筇。云林和靖相追从。倪远甫由苏州林诒书自北平来会。拍肩挹袖有群公。笋舆先抵天目东。三十八乘雁行冲。黄昏直叩蕊珠濛。瀑布千尺倒垂虹。势如飞白响淙淙。压倒灵湫大小龙。诒书谓，较雁荡瀑布为胜。伊谁人力夺天功。缩我须眉入青铜。播侯于垂虹桥为余摄影。西天目山何穹宠。登览顿豁双眼蒙。狮子巨口吼声洪。西天目以狮子口为要。插天万木青芙蓉。中有大树郁郁葱。谛观不是大夫松。先皇南幸锡崇封。太平游豫思乾隆。莲花倒悬何彼秾。扶舆磅礴闲气钟。自厓而返疑路穷。再来庐面识真容。一日重踏山万重。为访石莲，一日两次登山，可谓好事。在昔谪仙才力雄。梦吟天姥逞词锋。我今踏遍足音跫。天公作美牖余瞢。雨后放晴朱霞烘。一晴三日光熊熊。高会延秋大庖充。酒浮大白烛摇红。大树轩中宴未终。寺僧乞诗香花供。我愧才小技雕虫。题廿八字补壁空。万平画大树，余题七绝一首。持谢他日碧纱笼。杨公父子清德崇。翰西暨哲嗣蔚章偕游。刘侯长城峙高墉。晦之诗笔极佳。江家小妹八分工。百平女士。与兄画笔相横纵。徐君谐谑震顽聋。卓群善谈论。卓立人群非附庸。一堂裙屐万花丛。六家仙眷乐融融。余与远甫及主人均随携眷属。明朝又走锋车篷。惜未停舆访玲珑。山在左近，昔偕散原、颂年来游。西子妆抹遥唤侬。更诣伍庙荐秋蒺。越日中秋节，赴海宁观潮。银涛白马势汹汹。射潮安得钱王弓。斯游良足慰初衷。春间已有游山之约。自信老鹤不氃氋。归去一马挟双僮。回望天目高巃嵸。

费芝云太守杏花春雨楼笔记题词二首记共四卷

一二卷述庚子旧京拳乱事三卷述随使朝鲜凭吊韩王故宫及闵妃殉国事四卷述日俄战争均不朽之作也诗以张之

一篇读竟费寻思，寒夜残檠漏点迟。兵衅开禧韩相策，乱离天宝少陵诗。北宫甲仗红灯照，东市衣冠碧血尸。我是当时焦烂客，蒙尘忍见翠华移。

金戈铁马夜深闻，悽切商声半入云。白传歌长生殿曲，李华吊古战场文。溯从萧艾三秋别，岂料人天一旦分。毕竟才高难自秘，对君笔砚我思焚。

寿杨子勤七十

刘井柯亭是旧游，横流不系秣陵舟。辞官元亮书还读，在野遗山史待修。汐社才名推独步，雪桥诗话已千秋。飞觞安得黄精酒，遥祝稀龄杜句酬。

黄莘农中丞检书看剑第二图题词

台省华资幕府勋，早时书剑重乡枌。引杯浮白寒铓起，烧烛摇红静夜分。公本凤麟希世出，我曾诗礼过庭闻。与哲嗣幼农方伯小农观察为旧识。文通武达儒生事，韩范当年况在军。

九月初七日花近楼雅集
晦之观察即席赋诗依韵酬之

时危我守危言诫，镇日金口懔三缄。神武挂冠二十载，早著卉服换朝衫。安得神运智慧剑？胸次棘荆一例芟。乱世全生岂无术，肯与群儿角矢函。择邻偶结浩然孟，问卜时访君平严。刘侯相见恨已晚，天马不羁谢勒衔。翩翩浊世佳公子，生命无须旗长镵。高门行马人争羡，别馆飞花鸟任鸽。昨者天目共游衍，锋车雷迅风帆帆。百围大木千丈瀑，芒屩踏遍东西巉。钟声似棒当头喝，云絮铺绵慰眼馋。却喜秋高天气爽，客衣不愁度梅黰。归来竹下速宾友，伶康戎涛秀籍咸。花近楼外何所有？草草移石兼栽杉。沪地无山寄幽赏，屏风六尺拥碧岩。开瓮新醅三雅酌，入帘纤月一钩嵌。上坐君非焦烂客，世家王谢洵超凡。行厨自愧乏珍味，盘登蔬笋佐蛤蝛。半酣离坐看天色，岁星失次曜抢搀。万事不关但谋醉，群饮宁用置酒监。祖生好舞非好弄，一笑为君雪谤谗。闻说阳羡好山水，筮期同挂太湖帆。忘年会须集少长，同味知不异酸咸。君歌我和笔花落，远追甫白感至诚。用昌黎句。

重阳日得之招饮江楼登高即席赋简并示坐上诸君子

才知重九是今朝，病起欣逢旧雨招。不向龙山狂落帽，还陪鲭宴醉倾瓢。白香山诗："倾瓢竹叶香。"黄花笑客容何瘦，白发催人景未凋。萸酒已无兄弟乐，朋樽差慰雁行寥。

年年获共漆园游，卓午开筵又此楼。多难万方迁客泪，长天一色暮江秋。跨虹飞瀑供新赏，一昨游天目，于跨桥上观瀑。戏马荒台望古愁。佳节宜晴更宜雨，西风送响助清讴。是日风雨。

得之出诗索和奉酬一首用元韵

石家春酒醉木渎，初春游邓尉，舟抵木渎，酌于石家饭店。五月桐江七来复。仲夏游岩濑钓台，计程约七日。客中节物又逢秋，重阳还就东篱菊。感时抚事不为欢，所喜邻翁新酿熟。朝来置酒江上楼，高会众宾先我速。承先五日折简。我从临安甫归来。游遍东西两天目。风雨催成九日诗，读竟使我意驯伏。一生当著几緉屐，更拟偕君到岳麓。即日同游衡岳。向平婚嫁何时完，子又生子老非独。论交投分亦前定，宁止一饮与一啄。茱萸兄弟罢登高，薄采黄花媚幽谷。

阳羡之游以事中止作此解嘲

欲著先鞭马不前，倚装临发忽迁延。甫过九日佳时节，已负三秋好洞天。白板迟敲龙寺月，原拟在龙池寺看月。绿蓑欠惹罨溪烟。神皋自昔推阳羡，我愧东坡未买田。

九月十七日约得之作汉上之游兼访衡岳赋简

廿载交邻分早投，今宵何幸又同舟。刘樊伉俪真仙侣，谈夫人偕行。

江汉讴思据上游。渺渺衡阳千里雁，飘飘梦泽一沙鸥。陈遵好客增惆怅，无酒偏从小妇谋。内子许夫人早逝，仅携一姬侍行。

甲戌九月薄游吴楚江行杂咏

洞天谢客辞阳羡，初拟游宜兴，观善卷、庚桑两洞，不果往。远道来题汉上襟。仙侣喜邀漆园叟，一篇秋水助清吟。与邻叟庄得之各携眷属偕行。

凫美鱼香馈远人，费侯情重比汪伦。一船灯火三更月，握别翻愁意未申。费子怡姻兄来送行，并馈鲍鱼蒸鸭等物。

平生交谊重王陵，今日扬帆过泰兴。腹痛频挥知己泪，只鸡斗酒我何曾？舟过泰兴，邑人王铁珊驾部为余同曹至好。

瓜州星火不分明，两点金焦带月迎。地下鱼龙腥梦稳，年来京口已休兵。月下过京口，望见焦山灯火，夜气萧瑟，瓜州远隔江北，星火两三，得之想像而已。

杂记无从续板桥，石头城外景萧萧。曷来怕泛秦淮棹，枕上青山送六朝。舟过金陵，余尚在梦中也。

昔年同话大观亭，一叶扁舟又此停。地下沈冯呼不起，皖公未改旧时青。安庆悼梦华、乙庵两中丞。

暮年难造谢公哀，咏絮空怜道韫才。我为看山兼看汝，危樯临别几徘徊。五侄女适桐城方氏，现居安庆，来见。

高刘专阃据淮扬，匹马拦江独数黄。天意不延明社稷，却将一死报孱王。芜湖吊黄得功将军。

英雄儿女漫评题，江水东流日落西。行客怕过灵泽庙，蟂矶月夜子规啼。蟂矶悼灵泽夫人。

舳舻衔尾任飞行，铁锁沉江不断声。楚塞无过田镇险，宁须赤壁再鏖兵。田家镇为鄂省第一要塞，余督鄂时，曾来此筹办江防。

连江楚尾接吴头，一枕黑甜稳载舟。我愧东坡老通守，无诗无酒过黄州。

渚宫风月近何如，宝善谁还读楚书？重上高楼语黄鹤，此来不为武昌鱼。

鹦鹉洲前草色离，晴川阁下雨凄其。故人大半皆黄土，何用琴台访子期。翌日大雨，汉阳晴川阁、琴台均不克往。

衡阳雁断使人愁，行色匆匆两日留。此役我非访安道，也如入剡竟回舟。衡游道阻，即日折回。

游任逍遥仗有邻，去来鸿燕果何因。九江波影三山色，行迹从知步步陈。

客来湓浦暂停船，万种愁心讬四弦。情海难填商妇恨，莲花洞是有情天。回抵浔阳，乘车游莲花洞。

挹袖何劳五老迎，篮舆舁我看山行。不须再谒匡庐面，独倚流泉听水声。庐山在望，不克游，赋此解嘲。

塔影星光落皖城，鸠兹客梦纪鸥程。吟魂何处招袁粲，丧乱初平怆友生。重过芜湖，吊袁太常昶。

迂叟能來不待招，石城正打伍胥潮。豪情更遇陈湖海，剪烛深宵话六朝。秣陵旅次，倪远甫自京口携如君来，伍渭英由沪上來，握手极欢，陈蔗青已在此，不期而遇。

黄菊丹枫四望妍，汤山秋色接长天。扬清激浊非吾事，惭对陶庐一洗泉。游汤山陶庐，中有温泉，余未能一试也。朱子诗：“客來争解衣，尘垢试一洗。”屋中楹联，即取此义。有“藉草频临一洗泉”句。

画船容与舻声柔，一水潆洄聚五洲。午梦易醒茶正熟，新霜天气菊花秋。五洲公园开菊花展览会。

摄山塔影落袈裟，饭后山僧正煮茶。触我云中乡树感，竹王城外有栖霞。山有栖霞寺，老僧以伊蒲饷客。吾黔城东亦有栖霞山。

御阶秋藓夹长槐，王气销沉景物佳。石马铜驼各无语，一樵肩荷孝陵柴。谒明太祖陵。

江南书种几人留，木末亭荒望古愁。斧钺森严惟一字，拼将齿血溅螭头。雨花台木末亭访方正学先生墓，并至古物保存所观先生御螭残石血迹，不禁悚然。

一杵钟声奠八荒，铭勋端合首徐常。三姑庙祀今犹昔，闲与残僧话夕阳。大钟亭钟为明太祖铸造，相传匠师有三女，舍身赴火，钟始铸成，迄今享祀不绝。

棋局河山枰易收，澄湖依旧水温柔。英雄毕竟输儿女，海燕双栖羡莫愁。莫愁湖。

绝壁重登燕子矶，斜阳红照旧乌衣。浮生似尔仍为客，秋老江南尚未归。燕子矶。

画里江城尺幅收，半千彩笔互千秋。我无仲举澄清略，怕上先生扫叶楼。扫叶楼眺后湖风景。

白下飙轮碾麴尘，钟声夜半返春申。平生宦迹连吴楚，劫后江山病后身。

遥夜重劳道左迎，毗陵都护更多情。宁知烟雨楼中客，重向江湖载酒行。费叔迁姻兄闻余将归，连夕在北站迎候。客岁八月，曾招游嘉兴烟雨楼。

齐眉吾羡老鸿光，谓得之伉俪。廛市声中识二苍。汉口晤周苍柏，白门遇吕苍严，极荷殷勤款待。最是随身书剑外，小星长在少微旁。

武昌秋感八首

才过蟂矶吊碧流，扁舟又泊鹄矶头。忍浇隔岸祢衡墓，愁上临江庾亮楼。下水船仍通建业，初拟浮汉入湘，游衡岳，嗣闻湘中有警，即日改临白下。异书我似得荆州。箧中携得杨龙友《洵美堂诗集》孤本，颇壮行色。曾为十桂堂中客，花木平泉感旧游。武昌节署小平泉有十桂堂，张文襄署额。

秋老江城日脚低，重重雪爪记鸿泥。郢中曲已成新咏，汉上襟还忆旧题。几树梅花仍落落，一洲芳草尚萋萋。临风莫洒羊公泪，华屋山丘理亦齐。

摇落江潭柳尚毵，感时抚事我何堪。树枝乌绕无三帀，篝火孤鸣共一谈。雄镇甫移陶士行，滔天突起左宁南。浇愁安得宜城酒，醉泛金尊莫半酣。

独倚危楼俯大荒，此闲亦是小沧桑。柯亭黄竹埋新冢，故交柯逊庵中丞早逝。栈道苍苔覆短墙。江岸甲乙丙丁四栈已倾颓。凿空休寻阅马厂。居民分住蛇山前后，今已凿通，阅马厂顿改旧观。怀人怕上抱冰堂。不须远溯金田祸，二十年来莽战场。

横江铁锁著声称，运会迁流几废兴。困兽穴中仍狡狯，各邑匪踪未靖。健儿帐下已飞腾。国变后，旧日部曲均建节各行省，并有为总统者。洪流溃决三城戍，爝火烧熸万灶灯。人事不臧天未悔，但凭地险恐难凭。

漫云作镇未堪都，荜路山林想霸图。广厦万间崇北学，轻舟一叶话东湖。劫余风月容吾辈，乱后乾坤著腐儒。垂老未谙农圃事，几人识字作田夫。周苍柏约游洪山，阅新建武汉大学堂，参观海光农圃。

大江东去转轮忙，根触当年别武昌。济变才非长将略，救偏我不负文襄。回看秋月人千里，又作春婆梦一场。无分岳云开九面，盈盈碧水隔衡湘。拟游南岳未果。

新亭举目异山河，茶冷香销可奈何。遥岸晴川前代树，隔江商女后庭歌。难留昨日忧今日，聊遣诗魔唤睡魔。且与蒙庄相对语，星星白发各无多。

京口晚泊

潮流直挟意飞腾，破浪乘风老尚能。永夜市声喧铁瓮，诘朝帆影落金陵。遥看瓜步一轮月，近瞰焦岩数点灯。斜倚危樯小延伫，隔江唤渡有人应。

九月三十日问刍同年七九揆辰小诗遥祝时甫自汉上归也

南飞一雁阻衡阳，回望崧高晋寿觞。篱有黄花秋色满，宴陪红杏少年狂。大开东阁延嘉客，水竹居有来宾馆。直把西湖作故乡。甫浣征尘章急就，迢迢双鲤寄书忙。

余行年七十八子才大令以为八十书来索诗无以应也顷知有误湖上寄诗解嘲即依韵答之并博问刍一笑

一月安能四五日，不曾学易乞加平声年。择枝已分栖鸾隐，益算何期缔鹤缘。晚节顿牵长命缕，常流仍是在山泉。庐贞吕望皆难老，苦被诗人作郑笺。来诗有“香山九老庐贞在，误作磻溪遇合年”句。

问刍函示自寿诗依韵和酬三首

水竹平分介寿筵，壶中日月瓮中天。郑公洛下耆英会，耆英会富郑公居首，时年七十九。依叟燕京款议年。庚子之难，余以留京办事大臣襄办和议，辛丑和议成，李文忠谓余曰：“予年七十九矣。”不图又预斯约，相对喟然。人表古今光史册，君富经济才，勿谓古今人不相及。诗城壁垒富吟篇。耦耕堂奏珠江曲，小妇亲调锦瑟弦。

老鹤南飞溶舞筵，菊觞犹及晚秋天。未曾信宿思三宿，忝附同年小一年。君长余一岁。雪夜剡中留后约，霞情江上寄新篇。清音山水供幽赏，不用琵琶拨四弦。

倦游我未预宾筵，孤负黄花红叶天。云水图画成旧梦，竹丝哀乐过中年。仲宣怕作登楼客，杜老空吟望岳篇。明月一床松万壑，陶琴佳处在无弦。

叠韵答子才即寄西湖刘庄并示问刍

一雁传书带夕阳，遥知湖上正临觞。人来老圃惊秋晚，湖庄正营农圃。诗敌长城走笔狂。作客我辞桃叶渡，甫自白门归。思家君忆荔支乡。锡领亦颇存奢愿，铸错先劳聚铁忙。

初十日花近楼开宴即送诰书北上

大树轩中话夕阳，上月同游天目，止宿大树轩。今宵花近置离觞。王城如海真堪隐，棋局输君未敢狂。两处牵情难入梦，一般作客欠还乡。酒筹细共更筹数，门外骊歌底事忙。

各抱葵心向太阳，还来月下醉飞觞。论交忝附三陈末，君此行为践弢庵、散原之约，皆吾宗也。玩世终推一阮狂。百代光阴原过客，廿年转徙尚他乡。蘧然愿化庄周蝶，不管双丸轣辘忙。

雨后偕徐姬江湾小观园买绿菊戏简伍渭英

桃杏嫁东风，一春看不足。次第直到秋，怡情莫如菊。我学陶潜潜，廿载遂初服。百卉不入眼，爱此秋容肃。良友锡琼英，佳色满幽谷。黄黄白白花，已足供眼福。平生嗜好奇，终朝赋采绿。绿意在何许？小观园所独。驱车江湾路，雨后喜新沐。为看晚节香，不恤泥涂辱。园丁知我意，颇讶客不俗。辨色精捡折，谐价互追逐。来时正著花，归去花压毂。沃以白云泉，适有人赠惠山泉。藏之黄金屋。会须展重阳，把酒留信宿。君家老孟光，欲买更宜速。

十月望日嘉定谒廖仲山尚书墓君时贤甥邀往宅第午酌临别赋赠不觉潸然既念逝者行自念也

双鸡斗酒平生约，展墓今朝到已迟。七步下车增腹痛，十年假馆许肩随。回思南浦销魂日，庚子拳乱，公乞病旋里，余送至车站，遂成永诀。怅触西窗剪烛时。破碎河山公不见，临风说与九原知。

城巷幽栖得地偏，名园端不羡平泉。依然门外施行马，还向山中拜杜鹃。遗像犹存鬓发皓，寝室榻已尘封，壁间画像尚存。晚香争道子孙贤。君时竹林手植菊花，庭中罗列俱遍。此来宛似西州路，独立斜阳哭逝川。

寿沈鲁青太守十月二十三日生

早梅花发佐称觥，榕树峰高溯降生。堪羡世家延世泽，却因难弟识难兄。初晤君于介弟爱苍所。围棋一局输儿辈，一门群从林立。伐木三章重友声。吴蜀连江曾饮马，归来两袖觉风清。

乌衣门巷许登堂，绿酒三升炬两行。与尔但求千日醉，惭余稍长一年强。孤山已送林君复，纶邑还思夏少康。老友介眉无别物，淋漓大笔写诗忙。

吴子鼎大令春水盟鸥图卷题词

绿波烟水太湖春，容裔中流自在身。两岸桃花应笑客，劫余尚有避秦人。

云水光中缔旧盟，君昔为余绘《水流云在图》。廿年海上看潮生。扁舟散发如招我，同泛鸥波纵棹行。

题姚菊坡学士同年画像

雁塔题名两少年，淞滨作客感华颠。苟全乱世犹存我，遗像重瞻泪泫然。

金子才乞题宋孝宗赐虞雍肃公手敕时甫至西湖谒岳庙归书感

一剑亲提采石师，书生破敌想雄姿。急流勇退缘何事？慰勉频烦写诏词。

直抵黄龙转战劳，岳王曾荷寿皇褒。如何冤狱成三字，玉案虚烦染御毫。

陆希续太守也园嘉遁图题词

一麾五马到江南，花下琴樽柳下骖。陵谷沧桑二十载，展图如共使君谈。

卦筮天山光俪鸿，齐眉偕隐两心同。当年薄宦依吴庑，记否皋桥访伯通？

爱泽民大令同年八十初度重游泮水作此祝之即寄润州

传唱胪声已不群，中原凭轼袂旋分。辛丑冬，余持漕节，奉命在中州迎銮，君同车往。醉邀京口三山月，饱看嵩高二室云。大老齿侔周尚父，秀才身是范希文。春长璧水承恩渥，天语煌煌移赠君。余壬申重游泮水，蒙赏“璧水春长”扁额，今拟移赠。

怀杨荟亭大令高邮

新诗夜到吐毫芒，一纸秦邮置驿忙。每向竹林怀二阮，兼问讯令侄遵路。早眈经学继三王。高邮王氏，一门祖孙父子，三世经学，君家世与之同。河山已破家还在，松菊犹存径未荒。作客江南望江北，杖藜他日许升堂。开岁拟作淮扬之游。

大雪日怀林诒书提学北平

佳儿佳妇候迎忙，遥想围炉劝举觞。东目看云情共远，西山踏雪兴尤狂。安排棋墅支残局，直把金台当故乡。岁晚与君遵汉腊，探梅还拟载春阳。

挽刘潋如学士写寄诒书谅同慨也

催诗饭后寺钟忙，回忆花楼累十觞。往岁花近楼宴，曾约潋如与君及瞿文慎、梁文忠、冯中丞煦、邹尚书嘉来饮酒赋诗，适闻邻寺钟声，即以饭后钟为起句，文忠诗最佳。思之怃然。筑室但随心所欲，潋如西湖坚匏别墅有随心所欲斋，自署扁额。论交直似古之狂。然藜照读符中垒，荷锸埋名讬醉乡。我守南辕君北辙，不堪闻笛感山阳。

寿高翰卿七十

少年意气已凌云，晚岁修名耳熟闻。门望何惭高有道，高常侍曾举有道科。办香遥奉范希文。平生心炙范文正公。杜陵诗史稀龄古，曹氏书仓广业勤。末世论交感存没，照人肝胆孰如君？

朱犀园读书图题词

名贤宝绘惟求旧，妙手挥毫意取新。流转江湖吾遂老，造门来访画中人。

四十年前纪旧游，白云长在水长流。结邻倘许诛茅住，尺幅生绡是蹇修。

嘉平望后二日欣逢肖雅观察八十寿辰余既以文张之矣顷承示自寿七言古体二首仍循往例赋诗奉祝

平翁八十自寿诗，矫若双龙腾大海。又似玉树珊瑚枝，交柯盘互发光彩。腊鼓声中祝揆辰，寒松骨格鹤精神。人羡安阳香晚节，我疑务观是前身。东阁梅花翁自有，折取一枝为翁寿。南飞曲奏委笛吹，却笑东坡生日已落后。湖海论交四十年，元龙豪气空萧然。冯梦华王雪澂朱古微沈子培、爱苍诸老地下长眠呼不起，翁也得天独厚乃自全其天。大耋端自甲年始，佳话更续登科记。乙年采芹、丙年折桂、丁年探杏，旧梦重重来，均属八秩以上祯祥事。科举虽停故实存，届时定有报录老吏夜打门。我亦策杖来作不速客，与君酌酒一醉江南黄叶村。传经得爱女，绕膝尽曾孙。今日遇叟话棋橘，来岁绥山桃正熟，百年期颐此预卜。

得诒书长至见怀诗仍依韵奉酬

投赠新秋雁带忙，风情不减小谟觞。彭甘泉有《小谟山馆诗集》。别来君复应无恙，老去元龙未敢狂。橘叟若逢棋换局，荔奴远寄客思乡，消寒曩日陪清宴，九九图成启一阳。

林子有移家苏州赋赠

北客南来五载赊，春申懒住又移家。贪看齐女门前月，及赏吴王苑里花。鹤市觥筹今雨集，虎山塔影夕阳斜。金阊旧是鸣驺地，羡尔登仙只自嗟。

为爱江南酒易赊，故乡荔熟不思家。复园茶树堪娱客，复园即拙政园。邓尉梅枝正著花。寄庑赁舂桥上下，寻碑踏雪路横斜。造门他日如相访，翻累厨娘办咄嗟。

肖雅寄示望雪长编真仁人之言也仍以长古答之

至后一阳生，群阴尚媒孽。不见六出花，天若屯膏泽。何叟示我诗，词工意悱恻。我爱赵衰日，君盼滕六雪。朔风不怒号，玉戏黯无色。姑将雪故实，一一预罗列。或集梁园宾，或作灞桥客。或乘子猷舟，或卧袁安宅。或耽谢女吟，或励苏卿节。或拥蓝关马，或破蔡州贼。雪境各不同，风景皆清绝。大都得雪后，纪事寻泥迹。谁于未雪时，祝丰识忧国。君也独不然，悯农意尤切。凭将一寸丹，化作万家白。我有新醅蚁，御冬香且冽。独酌不为欢，迟君火炉侧。今夜集祥霙，明朝迓车辙。过我花近楼，炰羔快餔啜。在昔聚星堂，欧苏两词伯。各赋咏雪诗，清言霏玉屑。倘续尖叉韵，斗险兴犹烈。君歌我载赓，白战不持铁。

贺费子怡移居

书剑随携不费车，一牛鸣地客移家。燕归未觉帘须误，日落依然巷日斜。所移地同一巷内。祥女问名工柳絮，即日为文郎行聘。寓公寄庑别桃花。旧寓苏州桃花坞。陆机惯住东头屋，得句呼云护碧纱。弟叔迁先一日移居。

长至日伯夔世兄招饮赋简

穷年久罢消寒会，广宴还承折简招。斗酒十千今雨集，玉梅三九故乡遥。俸缗已竭犹寻鹤，是日，肖雅书来，询问先朝百官廉俸约数。箧笋虽存早敝貂。旧制，冬至后始著貂褂。贺至两阶干羽肃，不堪回忆紫宸朝。

何肖雅平斋臆说题词

学理全将物理参，一隅甫举返夫三。语由中出边俱澈，辞未达时意已含。解晤剧怜同调少，寻常莫当老生谈。何图好弈耽吟外，五夜编书味更醰。

十一月二十五日口号

客星置酒新张宴，野老挑灯自检书。二十三年弹指过，不知今日岁将除。

子怡出示送子有移居吴下诗倦怀桃花邬旧居余亦忝官斯土乌能无怀和答一首时嘉平月朔

廿年夷市接清尘，量米如珠桂作薪。谁识洞中观弈客，俱为吴下赁春人。云龙东野诗无敌，两君均工诗。灯火西窗影共亲。腊酒喜逢新醸熟，醉醒犹是汉家春。

叠韵再示子怡

不妨减灶甑生尘，岂羡豪门蜡代薪？怀葛尚余干净土，开天同是乱离人。持筹自笑谋生拙，得剑翻如与仆亲。闻说巷南新徙宅，绮窗梅信隔年春。

再寿肖雅用弢庵太傅韵

一麾衔命出明光，峻望藤厅重选郎。饮马归来惟载鹤，拔茶往事但栽桑。十年作客收帆早，五夜耽吟和漏长。东阁梅花清澈骨，乡园忆否荔枝香。

白杨门巷识何妥，老带庄襟尚俨然。扰扰兵尘天宝世，堂堂岁月义熙年。长城拔帜诗称霸，近市沽春酒避贤。手把香花供献斝，不教成佛定成仙。

挽问刍同年杭州

魂归仍恋圣湖西，水竹居前落日低。垂死尚闻思汉腊，殁于腊前二日。孑遗胡竟失周黎。嘉招迟赴虚吟雪，春间，湖上晤君，曾订雪后重来之约。旧梦难温感咏霓。重采泮芹天亦靳，开岁乙亥，重游泮水。钓璜无复起磻溪。

沧洲台榭迹俱陈，襟酒杭州白首新。同榜五十载，近岁始于西湖相晤。尚齿同登嘉祐录，编年俱是义熙人。龙蛇未遇偏逢阨，妇孺何依未了因。后此湖山谁作主？扁舟重到倍伤神。

嘉平望前二日花近楼宴集赋柬袁伯夔世讲

高会琴樽夜未阑，玉梅花下续消寒。时交三九。曩岁有消寒会。冈陵作颂朋三寿，兼谓肖雅、襄孙。丝竹陶情感百端。漫诩聚星媲陈实，早从卧雪识袁安。瓮云细酌新醅蚁，尽醉浑忘漏点残。

即席赠襄孙观察

南极光辉应寿昌，小星三五少微旁。多栽陶令门前柳，曾见麻姑海上桑。醉月今宵邀李白，看花前度感刘郎。年来湖海豪情减，坐对长城未敢狂。

江楼宴集即席赋赠一山学川藻汀燕昌云麓诸君子皆甲戌汴闱知贡举所得士也希正和

回首梁园感不禁，手栽桃李绿成阴。至公堂上祥云现，明远楼头皓月临。一自黄金停铸榜，几人白发慨抽簪。老夫未识篷山路，门下还罗五翰林。

市楼同醉玉壶春，脉脉临觞意未申。一叟尚知遵汉腊，诸君俱是避秦人。義熙诗卷娱松菊，宝祐科名识凤麟。惭愧汴闱知贡举，劫余沦落沪江滨。

赠王少侯

十年书剑鬓霜催，阅遍昆池劫后灰。忆否及门阨陈蔡？庚子年事。却因作客重邹枚。唐诗晋帖长兼擅，短簿髯军誉共推。腊酒一尊相对饮，预传春信渡江梅。

瑞景苏同年赋谢馈岁依韵寄答

何须四壁叹萧然，旧是青铜万选钱。仕宦几人坚晚节？文场两度作同年。逢三庙市花闲集，第一功名日下传。君丙戌会试朝元。藏海天留书种子，白头吟望感华颠。

北门锁钥负维屏，输尔天山早勒铭。曾充科步多大臣。放眼饱看桑海劫，埋头还乞草堂灵。近日以杜诗消遣。书求孤本难谐价，琴到无弦转耐听。回忆宣南秋禊日，陶然高会醉江亭。

十九日肖雅招饮赋谢

玉案瓶梅发几枝，花间献斝我来迟。画灰细拨炉中火，选句先寻壁上诗。每忆旧京邀笛事，某君寿文中叙述旧京菊部事。难忘高会绕床时。竹话于短榻前。滥竽上客惭惊坐，秩秩宾筵接燕私。

寄和曹靖陶杭州

风怀皕韵未能捐，别后思量转黯然。落魄牧之原是梦，委心鲁望但随天。清门在昔盛文采，居士而今署乐全。闻道西湖访西子，扁舟载月即神仙。

馈岁简子质同年

周甲齐年白发新，德星纪里接仁邻。南闱何幸留三老，上年重宴鹿鸣，南榜尚有高君树、钮君家焕、盛君沅，今惟余及杨君小荔存。北榜居然有二人。顷得瑞景苏同年乞米书，知其健在，与缪东麟均北闱中式。腊酒醉酬司命日，是日祀灶。早梅信报渡江春。右台山生圹梅花，昨由杭寄到。苟全乱世交投分，馈岁诗成岁已陈。

望日江楼宴集一山再叠前韵见赠仍和酬二首

诗坛酒垒意难禁，帘卷淞波画阁阴。好事张为图主客，席散共摄一影。忧时杜甫感登临。千门往日争看榜，四座今朝共盍簪。各有平生期不负，却将城市作山林。

蓂荚尧阶预报春，门无桀犬詈申申。纷争蛮触成今世，尚论诗书友古人。商耈旁求严审象，汉家故事阁图麟。回天大业期公等，耄矣惟应老渭滨。

汪允中红豆集题词

万种相思一树花，寄生南国擅繁华。有情最是汪元量，文采风流说外家。

惠家亦有双红豆，诗阁天真曾赋孙。何似蟠根丞相府，从知物望重清门。

叶伯皋提学癸酉古稀双庆一山左丞为作序言云麓太史书之乞余题句序中述及辛亥国变事枨触余怀率缀短章于卷后工拙非所计也

劫烧换取古稀龄，六诏风烟眼底轻。每望京华依北斗，少微星是老人星。

欲归誓水怅无田，眉案长斋缔佛缘。回忆撤莲归院日，玉堂清望似坡仙。

藻功伟论耐寻思，妙挽江村笔一支。交到深时无浅语，不同俗子贡谀词。

我亦当年掌钥人，鲁戈莫挽日重轮。辛亥国变，君在滇南，求死得生；

余任北洋，大病不死，有愧多矣。北门一出今何世？赢得龙钟老病身。

除夕诒书寄到琼岛赏雪詩清趣可想沪上一冬无雪殊切杞忧也和答二首即步元韵

佳想何曾快雪临，寒梅窗下瘦难禁。蚁醅新釀酬残腊，雁字斜封寄远音。菊部风流迎紫禄，畹华即日赴俄。燕台日落淡黄金。坡公守岁诗堪续，遥夜裁笺写素心。

清秋天目共登临，别后相思感不禁。羡尔熊鱼得兼味，君食量极丰。惭余笙磬忝同音。笔花入梦淹腾彩，诗祭焚香岛铸金。冀北江南情不隔，遥遥沮溺两人心。

◎卷八

乙亥

自　序

右乙亥重赋鹿鸣年所得各诗，编成《鸣原八集》。鸣原之意，本为思兄而作，吾兄少石先生弃我计已八载，而我年华忽忽已八十矣。集中半皆登山临水怀人寄远之什。八月两遭期亲之丧，为生平极不幸之事。十二月忽有四代同堂之喜，又为晚岁差强意之事。哀乐无端，均在中年以后。昔人哀丝豪竹，未免有情。下走则于吟咏中寓陶写之意而已。独惜吾兄已逝，昔年逸社诸老亦觉凋谢殆尽。闲有一二存者，又复远违千里，就正无由，不禁怅然若失耳。工拙非所计，得失本自知。质之当世大雅君子，其谓之何？

丙子闰三月立夏日，庸叟自序，时年八十。

乙亥元日遣兴

城市山林得地偏，东风先上早梅颠。书红快写宜春帖，浮白还留买醉钱。巷辙频频来旧雨，炉香细细袅晴烟。义熙甲子从头溯，七十之年又九年。

和酬肖雅除夕一首

已惭夙慧识之无，老试诸艰获坦途。白发有情添种种，青毡依旧著区区。光依极北星辰近，春到江南草木苏。传语东风好抬举，席珍端不薄为儒。

再酬肖雅元旦试笔一首

运际贞元会，天留著作身。诗追唐代盛，语法晋人新。自拟陶元亮，人疑梅子真。遥知东阁里，麟笔正书春。

立春日作叠前韵

春到江南客到无，宦途今已觉迷途。寒山孤往寻残碣，沧海曾经藐具区。梅讯几人探邓尉，蒲帆忆我别姑苏。蜺旌虎节金阊梦，老卧藜床作腐儒。

有客三叠前韵

有客还询有酒无，沽春近市识前途。行厨草草开三径，警柝声声集一区。时有宵警。华烛催诗吟未就，条风送暖病先苏。东坡携妓浑闲事，莫立程门貌饰儒。

说诗四叠前韵

兴败催租一字无，初三日晨起，甫拈吟毫，而催地租人适至。恰如驽马怯征途。勉维敝帚千金业，惭对长城四战区。谁拾颔珠压元白，自熏香瓣奉欧苏。须知跋扈飞扬客，即是迂疏寡效儒。

和答云麓元旦纪事

霓裳同咏大罗天，老去都非少壮年。梅柳渡江春漏泄，骅骝开道志腾骞。甫过元日，孙辈争向学堂应考。传闻晴雪吟三岛，立春日，得诒书北平腊底《北海琼岛赏雪》诗。喜有祥风遍八埏。回忆苏台冠盖集，朝元甫罢话思贤。往岁抚吴，元日于署中思贤堂宴集宾僚。堂名思贤，是否宋牧仲汤文正署额，则不可考已。

雪夜渭英约观剧五叠前韵

烛影摇红事有无，剧演赵宋故事《贺后骂殿》。闻歌春夜雪盈途。燕京旧置升平署，曲本传自旧京南府。沪市今非特别区。戏院在租界中，若援津汉例，收回改作特别区则完善已。鲁论治平嗤赵普，秦庭痛哭惜扶苏。兄终弟及多前例，疑案千秋误宋儒。

里巷一首六叠前韵

里巷闲居一事无，立身幸不试他途。书仓罗列成环堵，学海汪洋是奥区。肯袒乡评恕瑶草，乡人某作《马瑶草办冤录》一册，昨日寄到，殊嫌多事。放宽诗格读香苏。吴兰雪《香苏山馆集》亦乾嘉时名作。沟通三教源流合，仙佛能兼不愧儒。

初五日得之观察六十晋七双寿诗以祝之

祥蓂五叶纪嘉辰，爆竹声声动四邻。活万人符仁者寿，曾任红十字会会长，全活灾黎甚众。后三日得古时春。初二立春。鸿光举案眉犹妩，江汉偕游迹已陈。客秋同作江汉之游。九老图中增一席，隔篱开瓮酒生鳞。

是日儿辈循年例祀神戏作七叠前韵

大道生财计岂无？纷纷利市各殊途。豚操预报三春赛，鸡卜喧传四面区。方回诗：“四面阛阓区。”香火灵承神降福，金银夜识气昭苏。东风不与衰翁便，苜蓿盘空悔作儒。

人日一首八叠前韵

人日题诗诗到无，寄书人已在中途。与肖雅、一山连日诗简往复。祥蓂七叶香盈砌，生菜三春绿满区。唱和篇难追甫适，短长句早谢辛苏。拟填小词未果。草堂韵事滋吾愧，花近楼中一腐儒。

博弈一首九叠前韵

列围能策万全无？黑白纷争早戒途。老向东山留别墅，赚来宣郡是名区。临冲应手输攻墨，得地出头欧让苏。从古观棋等观射，其争君子合为儒。

上灯一首十叠前韵

楼阁临江灯上无，喧阗车马塞冲途。九衢半是笙歌地，十道都成华侈区。三字见《文心雕龙》。颇忆然藜书校向，还思撤炬院归苏。儒臣恩遇先朝事，阛阓而今已薄儒。

初十日春游纪事

雪后欣逢十日晴，二分春色到芳城。行吟九曲桥边路，人语依然乐岁声。客腊市面萧索，入春仍有繁昌景象。

得意春风第一楼，卢仝七盌最风流。鸢肩火色今殊昔，怕听旁人说马周。得意楼啜茗，苦为相士所扰。

火剂珊瑚列市廛，娇孙扶我万花前。鱼龙曼衍春灯市，破费衰翁挂杖钱。

黉舍横经听鼓蕘，壬年重采泮宫芹。圜桥若遇吟梅逊，童试先询应考文。文庙前游人如蚁。壬申重游泮水曾经此地，今又来游。适肖雅以重采泮芹届期，函询故实，因促其共游。

丝管江风唤奈何，黄墟旧侣已无多。市楼一醉郫筒酒，喜有朝云伴老坡。川味酒家午饮。

慵向书中度岁华，博枭壶马寄生涯。爇香才拜刘公庙，又听潮声过伍家。午后游静安寺、刘公祠，香火极盛。夜饮伍渭英宅。

人日甫过有悼冯梦华中丞同年

人天一别感难禁，凤哕朝阳鹤在阴。丙戌廷试，公登上第，余列下考。雪碛知君曾遍踏，夔州人日踏碛，传为盛事。君在夔三载，曾有诗。草堂怅我未重临。乙酉人日，余在成都陪丁文诚公游草堂寺。酬诗在昔纷投箧，唏发而今不受簪。青史合登循吏传，矧兼文苑与儒林。

斗室晨曦万象春，底须中夜守庚申。窗前梅雪皆吾友，壁上龙蛇是寿人。昨于渭英斋壁见君手书“寿”字，笔力遒劲。栩栩梦酣庄化蝶，栖栖道阻孔嗟麟。黄垆重过先愁我，昨过君广仁里旧宅。遥望长淮隔水滨。

一山寄到廖廉能部郎和余人日诗奉酬二首仍叠前韵

夜雨联床梦已无，来诗详述与二先兄蜀中订交事。劫余同阻客中途。周正汉腊容吾辈，锦水盘江似具区。隔坐闻名虚说项，与君未谋面。无田誓水未归苏。独惭陋室荒寒甚，淡笑还期有硕儒。

欲上青天道岂无？记成入蜀识津途。文翁讲学千间厦，德裕筹边五达区。策马西行惭作赘，甲申八月，赘姻于丁文诚公成都节署。回车东下负来苏。丁未督蜀，前旌已抵重庆，旋改督湖广，中途折回，迄未莅任，有负川民之望。而今逆旅春江上，只合弦歌学鲁儒。昨游沪城文庙，钟鼓弦诵，依旧如昔。

十三日祝釐礼成恭纪

光华复旦协珍符，环献先呈益地图。不改朝廷崇北极，重看车马会东都。祥征十叶开三纪，仗拥千官共一呼。最是上元灯事近，熙春歌舞乐康衢。

元夕寄酬吴东园

长我二龄友文举，惊人四坐愧陈遵。笔花秃尽留残梦，带草翻新绚好春。垂老会逢多难日，耐寒同是后凋身。买灯莫问今宵事，手折梅花寄远人。

春夜澹远书屋观剧赠聂榕卿

霓裳高会众仙临，买夜春灯玉漏深。才见洞房飞赤棒，纵知碣馆重黄金。何人骂坐狂挝鼓，有客登城笑抚琴。澹远斋中重剪烛，江风丝管入清吟。

燕九节有怀师郑北平

腊残琼岛雪交加，客腊林诒书寄到《琼岛赏雪》诗。春到西砖隐士家。史阁诗存唐格律，厂桥书辨宋麻沙。闱场第二争看榜，君癸巳北榜南元。庙市逢三定买花。所居与土地庙相近。节候忽忽过燕九，怀人遥夜玉绳斜。

和答张文伯内翰十三叠前韵

天骥呈材近世无，依然守辙并循途。疑居上界神仙府，承示《游仙》诗。久别京师首善区。七日诗篇遥寄杜，一场春梦易醒苏。先朝议礼封章在，祖训留贻咋小儒。君为孚敬先生后裔。

春日喜晴率孙辈游半淞园夜归并至剧院观戏感赋

节已过燕九，寻春挈汝曹。云中枌社远，江上草堂高。风景今殊昔，诗情老更豪。夷居吾已厌，行迈不辞劳。

临水一亭古，烟波似圣湖。断橘人系艇，隔坐女当垆。香远梅初落，春寒柳未苏。旧题犹在壁，重认已模糊。

昔览龙华胜，联骑到此间。往岁龙华看花，与梦华、尧衢两同年曾纡途来此。故人惊草宿，独客待春还。时有好风至，惟余斜日殷。我心逐流水，转入翠微湾。

一鞭归去晚，邻寺忽闻钟。已散观棋客，还寻卖酒佣。金钱虚买夜，楚汉正交锋。舞台夜演《霸王别姬》传奇。不是隔江曲，庭花莫恼侬。

二月三日约远甫渭英作阳羡之游纵观善卷庚桑两洞之胜率赋纪游四律

为践昨秋约，昨秋有约，迄未果来。春游二客从。溪山开画本，笠屐寄吟踪。随挈朝云伴，徐姬侍行。还欣旧雨逢。远甫自京口来会。洞天许招我，谷口不曾封。

一访善卷子，目游巢许前。洞有巢许亭。螺峰还拥髻，洞口休息室有“螺峰”横额。蛟壑快乘莲。水洞可行船。坳折三湾路，船循一湾二湾三湾出，始见天日。迷茫一线天。神通狮象力，松石独苍然。均洞中石乳结成，栩栩逼真。

庚桑更奇绝，天外落珑玲。随地呈璎珞，因风动索铃。云吞石屋洞，杭州石屋洞，仅具体而微。星拱海王听。洞顶石乳刊此三字。万籁均岑寂，惟余影客形。

野驿停骖处，荒亭啜茗时。倪侯携小妇，远甫、如君、志石偕游。伍叟有佳儿，渭英世兄扔伯代为治具。才信朋尊乐，犹留雪爪思。续成霞客记，草草数行诗。

梅园看花已狼籍满地矣率赋

花开花落寻常事，翻悔春游我到迟。索笑已非前度客，残英犹恋最高枝。坐中青眼余三友，镜里朱颜又一时。客春，五家眷属同在诵豳堂摄影。老去心肠输铁石，郁怀难遣早梅知。

酬潜子太史叠寄怀师郑韵

万钟于我又何加？七步输君著作家。领解夙闻空冀野，上书幸不谪长沙。以廷试前列入馆选。家居栗里惟栽柳，春到龙华好看花。曾是玉皇香案吏，旧京北望斗横斜。

挽沈韫石

龙蛇应谶贤昆逝，贤兄冕士戊辰正月逝世。岂料春来又哭君？官罢甫营陶令宅，曲终忽唱鲍家坟。昨夕同观剧。联床有弟愁听雨，浮海孤儿泣望云。忝附柳州先友末，卅年前与尊公同官淮上。不堪交纪更交群。

连日与一山论诗感触科举停罢即步其韵

棘院沦为瓦砾埸，抡才不上至公堂。惊看燕麦园丁老，回忆龙槐举子忙。藻思速迟判枚马，才名前后说卢王。纷纷新学今殊昔，谁向燔余补缺亡？

二月五日江楼公燕赋简一山学川藻汀元鼎燕昌云麓诸友

霓裳咏罢集群仙，广燕叨陪小有天。春酒介眉三雅后，榜花过眼卅年前。梁园旧梦同为客，阳羡新归未买田。余甫游宜兴善卷、庚桑二洞归。今日琼筵渐上客，白头相对感华颠。

花朝赋酬吴东园

绝少山光绕郭青，沪渎无山。更无小队列郊坰。解官已廿载。二分甫见饶春色，五丈俄惊陨大星。适接陈弢庵太传计。池北偶谈今雨集，即夕花近楼召客，谈宴甚欢。江东遥隔暮云停。耽吟未敢酬韩偓，凄断诗成不忍听。

陶心华属题先世玉堂春富贵图

落纸丹青贵洛阳，劫余犹剩此天香。展图省识东皇意，春到君家白玉堂。
三径泉明尚未荒，料应拈笔费平章。秋花不减春花艳，更写东篱菊有黄。

再叠韵答一山

头衔合署大罗仙，小别城南尺五天。客里诗篇双袖底，夜深书味一灯前。学便边腹经储笥，墨舞江花砚作田。记否龙华桃万树？花时曾共访僧颠。十年前事。

花朝寄酬云麓三叠前韵

前身疑是蕊珠仙，家在明州雪窦天。遥夜梦回孤月上，生朝人拜百花前。诗情庋似黄山谷，画理神游沈石田。更喜狂来书草字，三杯醉后学张颠。

和酬学川四叠前韵

报我琼瑶句若仙，半由学力前由天。招邀风月来窗外，检点琴书到榻前。身在江湖思魏阙，眼看沧海变桑田。才名远绍鱼门老，醉后题诗莫放颠。

和酬燕昌五叠前韵

换骨知君抱九仙，咏霓回忆大罗天。才名岂在双丁下？胪唱喧传二甲前。失计买山聊寄庑，思归誓水怅无田。苏诗："有田不归如江水"。白头不用嗟飘泊，客里逢春笑语颠。

林次煌太史七十寿诗

绮年硕学著声称，晚节黄花应寿征。椽笔无惭名太史，楹书克绍旧中丞。春秋榜互传衣钵，余乙亥乡举，先德中丞公时以黔臬充监试司，例称师。甲辰君捷春榜，余充知贡举，承执弟子礼来谒。枚马才难计斗升。遥想稀龄开庆宴，新诗题遍剡溪藤。

陈弢庵太傅挽词

绮龄联步玉堂仙，晚拜经师直讲筵。国步棘于迁洛后，岩泉清在出山前。公幼年赋“岩泉滴久石玲珑”，诗有“清在出山前”句，识者卜为大器。三公绝席悲今日，四谏高风忆昔年。捧日心悬霄汉迥，忍看箕尾黯星躔。

龙华忆旧游赋简章一山左丞

出门何所之，九十春过半。驱车龙华道，著意寻芳甸。诸孙从我行，春服集童冠。随身携笠屐，喜挈朝云伴。十里闹市埸，饧箫声不断。一路纸鸢风，飞扬绝羁绊。岿然何代寺，灵光媲鲁殿。穆穆讲经堂，列坐杂钗弁。七层塔兀立，访碑字漫漶。万方正多难，抚时发三叹。昔偕吾子游，天朗惠风扇。一饭赞公房，蔬笋咄嗟办。皤皤雨同岁，萝华、尧衢。寺壁题诗遍。我亦率偏师，飒爽束酣战。骊珠谁夺得，大笑舌花粲。回溯十年事，使我心曲乱。几人埋黄土，几辈隔河汉。宁惟离别苦，矧乃死生判。君也适南旋，握手重相见。闭门但造句，看山未了愿。今日我来迟，桃花落片片。裙草碧无情，顿觉韶光贱。老僧四五人，貌恭意殊慢。纷纷问姓名，琐琐询乡贯。掉头不置答，暮钟起楼观。无计驻花颜，幸不隔人面。曩日寻春侣，星移物已换。慰渴茶肆间，觅醉酒垆畔。来乏旧雨偕，归尚夕阳恋。绩成纪游篇，还寄吾子看。

寿陈母王太夫人七秩

鸣蜩应节鹤添筹，蒲酒开筵晋玉瓯。南国甘棠犹蔽芾，令子卓甫作宰中州，有惠政。北堂萱草自忘忧。斑衣锦倩天孙织，骁矢壶看玉女投。今日瑶池觞寿母，百年燕翼重诒谋。

上巳日渭英子怡云松寓斋小集赋简

居夷陋室不堪铭，旧雨能来德可馨。第二名泉供茗碗，渭英新赠惠山泉水。重三禊事续兰亭。那能病后狂浮白，病起戒饮。恰好花时负踏青。棋局易销春书永，忘言相对更忘形。

越日清明喜晴偕虞琴游某氏园林儿子昌豫随侍感赋

短篱门外驻游骢，园广拓地四十亩，门前界以短篱。春在平泉草木中。人柳烟含仙掌露，樱花绿斗海棠红。羊肠径窄千盘转，雁齿桥低一水通。才听林间莺语滑，更看孔翠敞屏风。

学圃春嬉趁午晴，淞滨二十四清明。余壬子来沪。中年陶写携儿辈，乱世安宁仗友生。别墅莺花怜作客，故乡烽火未休兵。制图合署遗山句，一片伤心画不成。

子怡有咏海棠诗率和一律即步其韵

绿章乞获得春先，此意天公许见怜。每对国花怀极乐，旧京极乐寺国花堂海棠最盛，花时游人如蚁。频传番信感华颠。诗才子美偏遗稿，昔人谓少陵不作海棠诗，为不可解事。恨事渊材枉坐禅。海棠香在骨，渊材所恨，未为笃论。百叠红情娇欲语，绛云楼阁露娟娟。

清明后六日携眷入杭感赋

酒醉红明又白明，异乡上冢不胜情。暮春天气寒兼暖，逆旅光阴雨间晴。白发催人嗟老大，青山笑我负前盟。蹇驴踏遍西泠路，可奈年来髀肉生。

登南高峰

扁舟昨泊西泠桥，今日南高玉佛招。山寺珍藏玉佛数十尊。笋舆舁我不知远，振衣千仞何岧峣。旧日雏僧今长大，问客何来音哓哓。妙高楼头久延伫，数椽破屋换新寮。遥望钱江似奔马，龛赭正上午时潮。俯视西湖浓于酒，浇愁安得倾一瓢。时平不用岩斥堠，万家烟火丽城谯。旧游洄溯十年事，使我感逝心烦嚣。往岁，曾偕梦华、子修同游。镜冰留得春人影，朱颜白发两无聊。寺前共摄一影。行抵烟霞最深处，午饭又被钟声邀。归到烟霞洞午餐。

越日冒雨游北高峰沿韬光灵隐归晚赴朱斗文世兄天香楼之宴

晴日看山成习惯，冒雨登临适我愿。北高插天二千尺，积岁相思不相见。诘朝携得杨枝来，霎时灵雨齐洒遍。烟云变幻胸次宽，衣履淋漓行脚健。我来不识金银气，山寺祀财神。但乞一睹山真面。却从北岭望南峰，迷离惟觉青一片。不待山僧问姓名，壁上题诗墨花溅。羊肠下转入韬光，苦被金莲池羁绊。韬光金莲池有纯庙《和白居易诗》碑，尚存。修篁依旧青琅玕，只愁客鬓黑白换。故人别馆锁山腰，过门三步泪如霰。朱晓岚别墅在韬光下。更从灵隐叩禅关，斋堂会食僧未散。飞来峰下足盘桓，茫茫失却天一线。乘兴而来兴尽归，湖山灯火夜清晏。天香又赴朱侯招，坐中争乞新诗看。

水竹居吊刘问刍同年

耦耕堂上费凝思，絜酒随携客到迟。迎笑已无桃灼灼，缩愁惟见柳丝丝。断桥残雪虚前约，新冢斜阳怅此时。水竹平分留谰语，壁间忍看旧题诗。

荟亭以诗奉怀依韵寄答

使君庭上有悬鱼，两袖清风获遂初。官罢陶潜就荒径，兴来潘岳赋闲居。羽觞月夜邀邻叟，蓑袂烟波狎老渔。富贵浮云贫亦乐，个中真趣有谁如？

十年种柳感恒温，人世沧桑几怨恩。裴度何曾归绿野，邵平只合老青门。已无涕泪酬知己，剩有心肝奉至尊。松杏河山仍表里，长安西幸忍重论。

意有未尽再酬二律仍叠前韵

挑灯摊卷注虫鱼，回溯秋闱献艺初。《重宴鹿鸣酬唱集》，近始刊成，颇费校雠。偶到新亭巽风景，每思故国感平居。不知有汉何论魏，便拟观樵更访渔。莫道草玄供覆酱，雄文争说似相如。

平居志却饱兼温，洛下苍生旧感恩。讲艺夙闻凭夺席，谈诗时有岛敲门。白杨巷口多车辙，红杏村中醉酒尊。久客江南望江北，东京粱梦不须论。

春暮游兆丰花园

独客惜春晚，园林适大观。不知尘市远，顿觉地天宽。茶火泉流活，钟声石乳寒。红情与绿意，留住夕阳残。

何肖雅观察重游泮水以诗征和依韵酬之

策杖圜桥许再行，宫墙重倚不胜情。茂材异等崇先进，开府高文更老成。锁院浮签留故实，蒋襄平重游泮水，曾以童试浮签征诗。先朝团榜重科名。童试先发团榜。而今不用他题试，旧卷摩挲老眼明。

虎山横郭绿周遭，太守青天旧选曹。茂苑同官呼老友，泽宫造士誉英髦。秀才无愧范文正，廉吏可为孙叔敖。后我拾芹早探杏，元龙百尺气难豪。

挽高友唐

劳劳人世幻沧桑，一鹗凌霄凤翙冈。羡尔弹冠崇獬豸，敢于当道问豺狼。方期江左为霖雨，岂料关西吊夕阳。莫向雨花台下立，纸鸢风断助悲凉。

慰师郑适有京口之游

一封书寄悼亡诗，憔悴京华只益悲。销夏甫怀孙退谷，感春遽失王长离。营斋早竭郎官俸，襄锦空怜织女丝。才向焦山寻瘗鹤，临风忍读断肠词。

遥祝陈石遗八秩正庆

豪情历遍五鲭筵，老向皤溪理钓船。尚友直追千古上，识君已在卅年前。洛阳独乐成迂叟，吴郡新诗富锦篇。无分登堂称寿斝，为寻三诏访焦先。时将游焦山。

初夏镇扬之游车抵姑苏遥寄诒书翰西晦之渭英诸君京口

片刻春宵祖饯忙，朝来检点入吴装。数湾流水垂杨绿，一路南风大麦黄。记里君应临铁瓮，速邮我亦抵金阊。岿然北塔犹相识，倒影城隅带夕阳。

润州喜晤远甫

上下云龙亦夙因，白头相见更相亲。传家货殖归儿辈，绕郭江山得主人。小妇能诗工写韵，此翁罢钓早投纶。明朝共止焦岩宿，记否扁舟到富春？去夏承招游岩濑。

焦山华岩阁访德峻方丈时已退院

华岩阁上拥晴岚，来与高僧共一龛。法理仆方思顿渐，大师人共说青蓝。智光上人现充方丈，为再传弟子。为寻瘗鹤苔封碣，尚拟听鹂酒佐柑。旧日题诗犹在壁，好从茗坐接清谈。

孟夏镇扬道中纪游杂咏

买田阳羡愧无赀，京口三山入梦思。我与倪迂有成约，通宾聊作郑当时。二月曾游阳羡。

裙屐风流缅昔贤，论年我忝领群仙。同游廿余人余年最长。俊游博得无双誉，第一江山第一泉。并至中泠泉茗话。

北客南来遇林伍，东游乘兴挈杨徐。江郎共载怜吾老，安否频烦问起居？此游林诒书、伍渭英由北平来，杨翰西、蔚章、乔梓、徐卓群均同时抵润，江万平伉俪偕行，承代款洽周至。

门望朱家有二难，赁春吴庑曜偕鸾。一从天目各分手，又集京江笑语欢。朱斗文播侯兄弟同日午后到润，朱博渊自苏州来会，均客秋同游东西天目至好。

慈寿塔高拥翠屏，金山未改旧时青。衰翁腰脚今犹健，重上江天一览亭。薄暮游江天寺。

坡公留带镇山门，玉版摩挲补砌痕。可惜青权交臂失，不曾文画细评论。寺藏东坡玉带、玉版残缺，纯庙南巡，命内府工人琢玉补之。青权方丈不在山中，所藏《文待诏手绘金山寺全图》未获纵观。

客途携得好花枝，前度刘郎到未迟。把酒尊前狂醉蚁，卖鱼江上喜来鲥。八家眷侣齐集焦山，自然庵开宴共两席。刘晦之携群妓继至，特增一席。裙屐风流，何减西园雅集。

茅庵佳处合参禅，双树婆娑不计年。忝与山僧同小字，宁惟翰墨缔因缘。自然庵涤心长老以旧藏《小石上人行庵双树图》乞题。余旧字小石，可谓巧合。

传钵才知退院尊，袈裟一袭付云孙。招魂无处呼倪沈，白发萧疏尔我存。登定慧寺华岩阁，智光方丈延客，极殷。退院僧德峻老方丈出见，十七年前老友也。昔偕倪和甫、沈冕士来游，信宿寺中，今惟德峻与余尚存。

过门腹痛海西庵，忆共梁髯剪烛谈。半榻犹留书藏在，不教种子断江南。海西庵梁文忠公书藏尚存。

曩岁松寥留信宿，去年曾醉碧山头。初筵忆赴丁鸿宴，处处追寻步步愁。松寥阁碧山庵均旧游地。卅年前，丁兰生观察招饮自然庵，即今日设宴地也。兰生墓草已宿，思之怃然。

层楼榜额纵堪寻，三字犹沈海样深。不共三忠荷昭雪，可怜精卫是冤禽。自然庵内赵展如尚书题额尚存。庚子拳祸起，尚书为某相牵掣，竟罹祸甚酷，实则非其罪也。当时与余共事京兆，相得甚欢，展视手笔，不禁潸然。

蝉榻能全神与形，断碑残字点苔青。解人最是汪元量，入寺先寻瘞鹤铭。汪云松从余同往瘞鹤铭断碑处，展玩久之。

纸窗灯火隔篱笆，调水归来正煮茶。种秫尽容三十亩，旁人莫误作陶家。远甫园居拓地甚广，午后焦山归来，约余等夜饮，一座清绝。

初夏清和似晚春，瓜洲星火隔江津。老夫早厌居夷市，北道而今有主人。此行本约诸君游扬州，朱搢侯世讲已先我作主人。

缠腰骑鹤愿难酬，三十年前忆旧游。凭藉紫阳好兄弟，扁舟送我到扬州。癸卯五月，由淮入汴，曾过此。

绿篁翠柏闲丹枫，门榜依然署倚虹。主既多情宾既醉，当筵不把酒杯空。游徐氏园林，即旧日倚虹园。卓午，搢侯以盛筵款客。

杖策登堂践碧苔，平山应笑客迟来。活烹第五泉中水，舌粲莲花落茗杯。登平山堂，跨至第五泉啜茗。

妮人无过瘦西湖，仙侣同舟客不孤。一角斜阳归去晚，虹桥风景费描摹。游瘦西湖。

虫沙四镇局难支，授命犹留阁部祠。愿拜梅花斥瑶草，当年壁上我题诗。癸卯梅花岭谒史忠正墓，有诗云："愿折梅花寄高蠋，却羞瑶草是乡人。"

小惠安能遍竹西，如山铁案怕重题。刘公谅我张公怒，毁誉当年竟不齐。壬寅余持漕节，江北苦旱，扬郡奸商私运米出口。某守袒之，物议沸腾，喧传淮浦，而江左不知也。余密函新宁派员查办，某守获岩谴。未几，新宁病逝，南皮署江督，与某守有连，谓余前举为越俎多事。一笑置之。今过维扬，追溯往事，不禁怃然。

蜃气迷楼蜂聚房，蚊雷啮血鼠搬姜。云林携得行军帐，许我平分上下床。镇扬馆舍嚣隘，远甫以行军床分赠，夜眠始适。

腰围何处寻金带，远道看花岂惮劳。园叟傥贻黄芍药，诗成七步恐输曹。缺口门外约十里，有林园，芍药已开。余偕远甫往看。有金带围四枝，尚未放。林翁壁间有曹君广桢《谢赠黄芍药》诗。如承惠赠，固所愿也，特恐诗不工耳。

玲珑怪石点苔斑，绿绕沧浪水一湾。危坐相看两不厌，小金山似敬亭山。舟回过小金山，小坐时许。

绀宇红墙映绿浔，斋鱼粥鼓证禅心。天宁门外天宁寺，怅我来迟暮霭沈。薄暮偕姬人天宁寺礼佛。

芍宴居然续广陵，韩王不作愧陈升。烟花毕竟扬州好，醉月飞觞已上灯。措侯世讲重开夜宴，皖江会馆壁张《广陵芍宴图》，叙述韩公琦、王公安石、王公珪、陈公升之金带围佳兆故事。陈升断句，仿昔人用韩擒入韵例。

门外骊歌已戒途，盛筵祖饯感双朱。君家群从皆豪俊，合写西园雅集图。扬州旅次晤绍韩、似椿二君，皆斗文同宗，临行承祖饯。

返棹重经铁瓮城，金焦两点笑相迎。未登北固迟招月，欠访竹林早听莺。此游未到北固看月，亦未往南焦听莺。

驰逐飙输兴未慵，姑苏城外夜闻钟。沈郎为说天都胜，梦绕黄山六六峰。车抵苏州，诒书偕沈昆三世讲上车，极道黄山之胜，令我神往。

萍聚翻成未了因，天涯同是乱离人。大江那许划南北，朝发维扬夜戍申。

扬州杂感

萸湾西望水潆洄，待渡频烦驿使催。帆影忽移广陵树，钟声犹绕妙高台。绿杨深处连城郭，金带围前醉酒醅。天堑何能限南北，扁舟一叶过江来。不到扬州已三十三年。

心香一瓣奉欧阳，劫后平山尚有堂。望径开三饶竹柏，名泉第五试旗枪。光风在昔怀程子，落日而今吊沈郎。癸卯五月过此，程雨亭都转招饮平山堂，沈子培尚书在坐，时新授江西知府。太息故人埋宿草，衰翁何怪鬓丝苍。

瘦西湖里客浮家，容与中流计未差。桥外浮图寻舍利，五亭桥西喇嘛塔，纯庙南巡敕建。祠边高冢吊梅花。谒史忠正祠，并至梅花岭谒墓。迎銮六代空留镇，觉梦十年转自嗟。最是二分今夜月，娟娟还照玉钩斜。

依然绿水属名园，促席开樽接宴谈。四壁花枝围左右，一时竹箭美东南。明灯画舫春犹在，时甫立夏。白发朱颜我未堪。别后裁书报公等，深情千尺比桃潭。朱氏群从招饮。

徐咏绯世讲属题十一世祖见行先生六十寿诗手卷

清门文采集兰苕，城北高风望古遥。五世尚延君子泽，百年犹是故家乔。长留天地惟诗卷，付与儿孙话旧朝。我爱二徐好兄弟，兼示哲兄宣武。绍庭述祖德音昭。

谢吴东园馈食物

久甘藜藿厌肥鲜，调剂酸咸五味全。敢诩侠情比姜辣，强如吉语颂瓜绵。看山迟我携双屐，对酒输君富百篇。从此加餐须努力，毋忘齑粥秀才年。

汉阳袁荀齐阁学遗墨题词

一代科名丁未盛，中兴将帅出词林。赋才几辈工鹦鹉，此事推袁直到今。

宝墨摩挲百感并，当年无分识韩荆。余光绪戊申由川移楚，维时公早已去世。汉南一别河山改，己酉移节北洋，踰年辛亥武昌起义。不及先生际太平。

诸暨孙琼华女士丛梅独步图题词

不羡林家与榭家，亭亭只影万梅花。展图忽讶清如许，疑是前身萼绿华。

妙腕簪花女画师，寒梅知己有谁知？却嫌粉本污颜色，自写冰姿自赋诗。

说项和声翰墨鸣，钱唐许文恪公项夫人《梅花画卷》，文恪署“翰墨和鸣”款，授哲嗣仁山阁学，今藏余处。亭秋馆亦擅才名。余室许夫人为文恪胞侄女，亦有《亭秋馆梅花诗卷》。闺才占尽东西浙，始觉前贤畏后生。

四月十七日得之招饮

比邻幸不渺天涯，浮海居夷阅岁华。红芍翻阶牵客梦，甫至广陵，购金带围数枝，迄未寄到。绿杨隔院识君家。到门未许题凡鸟，文孙出见，极英秀。安步何须驾小车。尽醉今宵陪广燕．月灯双照鬓丝斜。

越冀日渭英招饮

忆共焦山访自然，高斋今夜又开筵。月随花影移窗外，风度钟声到榻边。宅邻静安寺。江晚潮来思破楚，酒酣耳热话游燕。甫自北平回。论交味在酸咸外，舌本甘留第二泉。承赠惠泉。

二十日子怡叔迁兄弟招饮坐假余宅

宅临芦荡意萧然，有客停桡进酒船。家学敬承归牧后，贤兄博学高才，克嗣尊公太史。廉泉清在出山前。哲弟膴仕归来，依然清风两袖。瞻由写韵三千牍，群纪论交五十年。今日荒斋开绮宴，承假花近楼宴客。小园花木骋余妍。

廿二日季让侄倩招饮东亚酒楼

嘉招一纸抵瑶函，兼味盘飧众口咸。食谱频添珠海错，觥船饱挂鄱阳帆。席设鄱阳厅。红霓光满灯为市，绿蚁醅新酒置监。太息谢娇今宿草，玉楼只剩燕呢喃。

廿四日镜清鹿生午岑招饮

廿年作客惯依刘，一醉能消万古愁。坐遇阿蒙先刮目，才输平子愿低头。芍栏烛跋形酬影，草阁江寒夏似秋。获预西园冠盖末，纵无文采亦风流。

廿五日鲁青招饮

昨夜清尘雨洗车，宠招今到隐侯家。徽之作客惟看竹，白也开筵正坐花。高咏不教围带减，酡颜微觉鬓丝斜。年年预醉生朝酒，千尺情潭讵有涯？

廿七日容园夜宴赋简怀仲季宣两弟并示籁清世讲

蒲桃酒冽玉杯衔，井辖留宾巷拆岩。荷院识群先识纪，往持漕节，于荷芳书院喜晤尊公，并知哲兄冕士曾充漕署幕府。竹林呼籍更呼咸。分光画壁摇红烛，问讯容园长绿杉。哲兄逝后，不到此园已七年矣。三世缔交情倍渥，只缘趣味共酸咸。

廿八日云松假坐招饮

花近楼头晋酒卮，郫筒远道寄相思。逢君八簋延宾日，触我三刀梦益时。九折阪惭尊叱驭，一潭水许白题诗。坐花且觅今宵醉，烧烛何嫌玉漏迟。

廿九日蔗青招饮新雅酒楼午集

期会年来喜乐群，逸社五日一叙。井中投辖又逢君。栏前花影开芳酌，日下风流访旧闻。诒书自北来。市集五都称大隐，楼高百尺要平分。吟囊纵少昌黎笔，还拟相从寄岳云。君湘人。

即夕肖雅平斋招饮

行厨花下为君留，不羡鲭筵说五侯。门认白杨深巷妥，阶封碧藓小山求。豪吟梅阁狂题壁，晚泊枫桥旧共舟。览揆纪龄愧安道，酒无还向子瞻谋。

五月三日七十九龄初度感赋

成仙成佛语无稽，台祝南山未敢齐。扰扰风尘留雁户，重重雪爪证鸿泥。老聃论事惟知足，靖节归途早识迷。七十九龄今已届，垂竿容我钓磻溪。

宫僚屈指几人存？尚有衣冠挂国门。忝坿公卿长一脉，敢云齿爵德三尊。原陵异代崇游侠，牛李先朝少怨恩。弁首耆英惭郑国，洛阳佳话漫重论。洛下耆英会，富郑国公居首，年七十九。

得助江山喜欲狂，扁舟昨日到维扬。羯来歇浦成流寓，曾把杭州作故乡。地乏平泉编草木，天留老眼阅沧桑。吟边渐少幽燕气，为访荆高促办装。即日北游。

云中乡树已依稀，闲道麻鞋愿更违。觅醉但沽新市酒，焚香犹检旧朝衣。记曾东府吟梧叶，孤负西山长蕨薇。一枕黑甜吾遂老，草间偷活计全非。

华筵甫启合乐大作率成一律示坐中诸亲友

榴红艾绿启芳筵，玉笛梅花五月天。计闰已过龄八十，缔交奚止客三千。重寻泥雪图云水，重宴鹿鸣提前，癸酉乡举实系乙亥。拟绘图补入《水流云在》卷中。半入江风播管弦。黄发丹忱孤睿鉴，闻歌难遣杖朝年。

寿李拔可大令六十

长留惠政遍吴江，半剪淞波系客艭。荀氏八龙推第一，薛家三凤信无双。闲从书肆寻孤本，早向诗成筑受降。桦烛摇红蒲酒绿，芳筵合谱落梅腔。

花近楼杂咏十二首

江南作客易销魂，回首延秋故国门。玉笛落梅逢五月，天涯芳草遇王孙。溥西园远来度曲。

呢喃燕子语穿花，鸽市街前夕照斜。闻说雕梁栖玳瑁，衔泥今又落谁家？陶默庵女士同来。

广陵曲罢沪江寒，大道琅琊数二难。汉上题襟曾几日，却从优孟识衣冠。王颂臣世讲音调绝似英秀。哲兄木斋太守与余鄂渚同官。

堂前十发久凝尘，戏彩当年为老亲。红烛雨行新破就，龟年乐府有传人。程君谋世讲独擅胜场，尊公子大观察为余旧好。

裙屐风流盛舞筵，风情淡远领群仙。月泉旧社云龙友，早接音尘廿载前。榕卿太守为余老友，每值淡远斋中演剧，余列上坐，已廿年矣。

毕竟狮儿有父风，孙郎叱咤霸江东。豪情我已惭湖海，一顾俄惊冀北空。孙理安、养侬、乔梓均娴音律，辱承奏艺。

正始元音世已稀，故家王谢认乌衣。当筵罢击渔阳鼓，一任旁人说是非。内阮许良臣，度曲大家。往岁，余七十初度，承演骂曹，今改演乌龙院剧。是非一语，剧中旧句也。

弓刀笑抵洞房箫，儿女英雄属谢娇。咳唾如闻灵泽语，�星火夜通潮。沈元豫女士演《甘露寺》一剧，英雄儿女，极如荼如火之观。

秋水含颦黛点螺，解人最是小菱波。闻歌子野狂邀笛，酒绿灯红唤奈何。谓张丽蓉女士。

檀板声中识凤麟，双成或恐是前身。迟迟钟鼓消良夜，天上华鬘信可人。女伶华慧麟连夕奏技，曲终天已曙矣。

梁园雪爪洛阳花，重向东京录梦华。旧日明僮今长大，有情难遣鬓丝斜。剧中诸伶，三十年前曾在汴梁节署度曲，时仅十三龄耳。

睍睆莺歌老鹤鸣，金音谱出是双声。后堂镇日调丝竹，枨触中年以后情。双声谓金少山、金碧莲两伶，皆一时之秀。

五月八日龚怀西太史招饮赋简

华筵初上月钩纤，兼味盘飧酒更添。花下厨娘才砍脍，橘中棋叟又开奁。新愁萦绕东西屋，景张太史已逝。旧梦依稀内外帘。甲辰汴试，君充同考，余知贡举。灯火清凉情话永，醉乡不觉夜厌厌。

叠韵一首

幽栖不受市尘纤，兀坐都忘漏点添。拂槛风琴生雅奏，凌波月镜启新奁。重筵置酒频投辖，小阁留香不卷帘。客里江城梅又落，惜花心事太无厌。

怀西招饮余既有诗奉简
顷诵襄孙佳什仍依韵和答

风流文采重清门，词海沿波更讨源。久厌承明惜岩助，远闻美政识刘昆。画图积翠寻金杵，席间，主人出示王麓台侍郎《南山积翠图卷》。麓台书笔世称金刚杵。烛影摇红倒玉尊。同是定山堂上客，输君令德发高言。

海宁陈匏庐侍郎金銮笔记剩稿云孙吉堂孝廉属题

宠诏新衔凤，殊荣旧著貂。海滨留一老，门第溯三朝。花气冠前绕，炉香袖底飘。玉音溢纸墨，珍重世家乔。

越翼日味莲招饮赋谢

侯鲭筵上好花枝，翠袖殷勤进酒卮。主人携妓入坐侑酒。博弈惟消长夏局，登盘喜到富春鲥。羊裘五月家风古，蜡炬三更夜宴迟。拟赋小诗酬雅意，撚吟可奈雪盈髭。

徐逸卿封翁重游泮水题词

绮岁曾充弟子员，圜桥池水尚清涟。撚须笑谢新先辈，庚蟀匆匆六十年。

浮签珍重付诸儿，团榜高名众口驰。在笥襕衫重打迭，肯忘前做秀才时？

东阁重搜秦炙稿，何肖雅本年重游泮水，试题："嗜秦人之炙。"有诗。南田合绘鲁芹图。恽子申亦然。扃门傥请他题试，还仗徐陵笔贯珠。

采芹我亦过来人，睿藻亲题璧水春。壬申重游泮水，曾荷御笔“璧水春长”之赐。传语南州徐孺子，陈蕃设榻好延宾。

十四日拔可招饮赋谢

鹤龄添算酒添筹，日前为君六秩正寿。花木平泉集胜流。四皓早偕芝岭隐，七贤半作竹林游。零缣饿隶从君好，收藏伊墨卿先生隶书极富。胜稿巢经为我搜。曾以郑子尹先生《巢经巢遗诗》见诒。何幸生朝同五月，一樽留饮互赓酬。

望日鸿英凤林招饮赋谢

裙屐风流集一堂，花间情款绮筵张。移灯屡转壶中漏，添酒还邀月下觞。志迈澄衷知学重，交深公叔已形忘。德馨斗室何云陋，翻累刘郎洒扫忙。席设刘镜清宅。

蓝云屏太史手写格言册子题词

早阐关中学，先驰冀北声。觥觥旧史氏，矻矻老儒生。健笔羞姿媚，名言作课程。数行留墨沈，道味有余清。

十七日虞琴假坐招饮赋谢

不共江头吊屈平，午日承招饮临江酒楼，未赴。还闻剥啄叩柴荆。停车载酒宾为主，刻烛催诗雨乍晴。狂笑何殊河朔饮，是非一任汝南评。眼前黑白支残局，莫使灵猧乱弈枰。

送一山北上并简师郑

草阁江深夏气清，怀人遥夜数残更。承明久厌岩东去，闲道重来杜北征。恩遇未忘归院炬，卜居犹认隔帘檠。所居屋为贡院旧址。秋来我亦思盘马，黄叶西山并辔行。

廿一日子怡假坐宴客晤诒书作此赠行

数尽更筹进酒筹，樽前红烛泪先流。一般风月饶清趣，两点金焦忆旧游。上月同游京口。洛社富文年未耄，河梁苏李句全搜。借花献佛吾增愧，形迹全忘意气酬。

华筵我早识车公，书扇人争说放翁。南曲甫聆新绮绿，东华又踏软尘红。渡头桃叶双江楫，客里梅花五月风。十日平原留不得，好诗珍重付邮筒。

廿四日榕卿招饮赋谢

玉笛频烦赋落梅，月初，花近楼宴集，闻君法曲。绮筵今日又叨陪。年华老我惭惊坐，意气逢君快举杯。江上清风人淡远，自署淡远主人。吴中旧梦客低徊。卅年前，同官吴会。移灯添酒消良夜，促席浑忘漏箭催。

廿五日云松招游吴淞阅水电厂诗以纪事

柳条弱不系游踪，老著芒鞋兴未慵。草阁江寒逢五月，贪看剪水到吴淞。

机声日夜助江声，浪吸百川猛若鲸。水塔层层通水柜，几回激浊几扬清。

指南何异识途迷，一榻茶烟日已西。揽辔澄清违素愿，却从短簿姓名题。厂中司事朱君接待极殷，出短簿乞书名。余题“揽辔澄清”四字。

情潭千尺感汪伦，倾盖论交伍子亲。远市盘飧供一饱，夜深灯火送归人。

晦日子质军门孟繁司使定夷观察公宴江楼赋谢

淞波剪取置流觞，同倚江楼接大荒。一老达尊冠湘楚，谓子质。二豪文采重苏杭。孟繁吴人，定夷浙人。未妨居市心如水，已悔谈兵鬓有霜。时局蜩螗无可说，早拼日醉酒垆旁。

六月朔日纪梦

凭藉灵犀一点通，前身合住蕊珠宫。俄传倩女临窗外，瞥见神君语帐中。桃实千年仙酿熟，兰香九畹素心同。会逢西笑开筵日，恰受南熏解愠风。

和酬杨荟亭大令

绿杨城郭渡江春，惜未秦邮访故人。但借鲤鳞通款曲，不曾尘尾接音尘。廿年作客成羁旅，两世论交缔夙因。读罢瑶篇揩倦眼，淹花迟锦簇生新。

两字平安寄速邮，一生温饱复奚求。王郎砍地谁青眼，欧九归田已白头。阅世竟成沧海别，何时同作大梁游。昔岁同官汴洛。怀人遥夜凉通枕，潮落吴江夏似秋。

寿载育周六十即寄津邸

平头甲子合编年，丁字沽边盛绮筵。乐善东平光玉牒，寿昌南极耀珠躔。人来华表询辽鹤，自向津桥拜杜鹃。移病北门虚掌钥，未随父老晋觥船。

忆接清尘踏软红，新亭风景卅年中。闲经吴市怀燕市，曾拜周公揖鲁公。投老江湖悲白发，重邀纶綍愧丹衷。上年重赋鹿鸣，叨拜御书“黄发丹忱”之赐。飞觞遥祝南山寿，爵副三尊齿德崇。

天贶后一日市楼午宴赋简坐中诸君子用月前怀西太史斋中唱酬韵

题襟犹认旧痕纤，酒晕新从颊上添。草没马蹄入赠策，秦子质同年将回湘。镜留鹤发客窥奁。席终，同摄一照。适叶鸿英自外至，亦入坐中。门缘近市频邀笛，市楼在跑马厅左近，与剧院为邻。楼为看云半卷帘。花影晴栏开午宴，醉归不待夜厌厌。

怀西适有诗来仍依韵赋答

接席清谈晷已移，酒筹拣折好花枝。银刀擘脯欢今日，靛笔抡才忆昔时。车走雷声先失箸，西餐不设箸。云含雨意正催诗。镜冰笑却娥眉影，不用黄金买画师。

六月望后聘三归自扶桑为余补祝久要不忘情义可佩即席赋谢

扶桑东去访三神，歇浦归来接锦茵。北海忽开娄尾宴，南村矧是素心人。据鞍矍铄群推马，惊坐欢呼媿说陈。樽畔闻君忧国语，泪痕合共酒痕新。

夏夜渭英招同季让放舟高桥遂至吴淞口纳凉以诗纪事

晚霞散绮碧波澄，破浪乘风老尚能。月影忽随人向背，江流直挟舰飞腾。无弦近听云璈曲，掣电遥看水塔灯。潮落吴淞容剪取，夜凉濯魄玉壶冰。

旧藏王廉州楚山清晓画卷为阮太傅小琅嬛仙馆中物今夏龚怀西太史出示王麓台司农南山积翠图卷可称双绝既归南山卷爰题句于楚山卷后即用太傅诗韵时乙亥六月计乙卯得此卷时已忽忽二十年矣

避地客春申，伏处失昏晓。无山可登览，老怀为谁好？坐观夏云奇，聊慰春色恼。四壁罗图画，不觉斗室小。敝帚只自享，安得牢愁扫。楚山忽在眼，一色晴空袅。神物落吾手，遇合岁云卯。湘碧老画师，腕底烟云绕。阮公妙题句，豪韩匪瘦岛。公时持楚节，鹦鹉拾芳草。一路饱看山，幽赏倍倾倒。仿佛逢故人，按图遇何巧。我亦之楚游，吟望患才少。蛇山落印床，晓起闻啼鸟。余戊申督楚，后公约九十载。不丁武昌乱，幸别大别早。己酉移督直隶，辛亥武昌起义。展卷须眉绿，岩岫青未了。缅昔诗画手，无事羡江表。

说呓四首

一出国门廿载余，京华断绝故人书。山中闭置陈蕃榻，不识南州孺子徐。

悬命危城献策初，宫中早识女相如。可怜才尽江郎笔，只解捕风作谤书。

鸡犬琴书共一船，前尘如梦更如烟。赐金楼上金垂尽，惭对西湖未买田。

苔阶绿褪旧时痕，陋室幽栖只杜门。举目河山风景异，悠悠毁誉更休论。

遁叟以诗见怀依韵和答

尺幅缠绵远寄诗，纵然异地喜同时。修名君早编三绝，家学吾惭计六奇。寄庑一椽聊自适，养新十驾苦难追。怀人中夜频推枕，入梦何嫌漏箭迟？

和鹿生感事

北流祸水岁相仍，南戒炎天似火蒸。望古嬴颠共刘蹶，忧时栋折又榱崩。堤防溃蚁嗟何及，牢补亡羊恐未曾。勉与蒙庄论齐物，底须斥鴳羡抟鹏？

夏夜逭暑叠前韵

绕树追凉夙好仍，晚霞散绮暮云蒸。推翻弈局棋防劫，摧陷坚城土亦崩。空谷絷维今夕永，平台召对昔年曾。扶摇未展垂天翼，闲却图南六月鹏。

汪王慧秀女士哀词赋呈允中先生兼慰邦钟世讲

繐帐风凄失女师，采薇人去泣长离。孙渊如室人王采薇有《长离阁集》。

黑头夫婿悲难遣，白发衰翁泪已垂。南郭竟违耕馌愿，西湖忍忆钓游时。闻弦我亦惊弓鸟，碧海青天入梦思。

寿子质同年七月初四日生八十三岁

乞巧先期识锦裳，使君寿考媲汾阳。晴云衡岳三公望，夜雨潇湘一梦凉。君归志甚切。已向花间图笠屐，月前宴集，共摄一影。重陪苹野谱笙簧。南天久树鹰扬续，依斗还思附末光。

七月初十日立秋得之招饮赋谢

绿树垂杨拂画楼，两家春好又逢秋。数行北烛添红泪，一夜西风感白头。惊坐闻雷先失箸，开帘看月恰如钩。尊前各抱陆沈痛，江汉滔滔忆旧游。江南北水灾极重，昨秋同作江汉之游。

沈文双松图卷题辞旧为黄琴坞先生所藏今归余

昔作上京游，获交黄叔度。谓黄再问太史，乃琴坞观察之孙、子寿方伯之子。本是同年生，云中望乡树。且兰数人物，文采重清门。示我双松卷，祖砚诒厥孙。石田一著笔，涛声鸣谡谡。衡山复继之，苍翠溢尺幅。后先六十年，成嘉两庚子。石田画成于成化庚子，衡山画成于嘉靖庚子。异代霜雪姿，岁寒皆不死。庚子我尹京，此图落厂甸。烽火逼危城，无力资藻鉴。忽忽卅六载，栖遁沪江溽。有客抱松至，濯濯老龙鳞。清风与明月，安得一钱买。典我金貂裘，不恤添旧债。卷中诸诗伯，咳唾珠玉碎。郑莫笔两枝，是我乡先辈。卷中郑子尹、莫子偲两先生题句最佳．均黔人。楚弓仍楚得，此事非偶然。黄家三世守，陈氏一经传。藏之花近楼，万壑声震瓦。何当北窗卧，梦不离松下。

孙绮芬读书图题词

诗坛开霸业，老眼识孙郎。自有天真阁，重营问字堂。笔花盎春意，带草得秋芳。遥夜烧银烛，悬知选韵忙。

秋夜梦蒿庵同年用杜甫梦李白韵

生别已吞声，死别情更恻。念我同年友，八载绝游息。宵来忽入梦，握手道相忆。欢笑若平生，人事漫推测。往岁曲江宴，簪花头尚黑。吴头楚尾间，图南各振翼。感子长别离，怜余晤空色。忝为甫白交，诗嘲饭颗得。

展乞巧日遣怀三叠前韵

年年乞巧例相仍，虔爇沈檀雾气蒸。画槛甫凭冰月涌，奇峰新敛火云崩。长生七夕环安在？遥拜双星郭亦曾。一笑填桥仗灵鹊，何须万里作飞鹏？

咏史四五叠前韵

中兴光烈汉家仍，王气楼桑瑞霭蒸。两姓难谐灵泽恨，三分甫定永安崩。能求良相谈何易，欲得佳儿恐未曾。坐论英雄虚失箸，闻雷天半作云鹏。汉昭烈帝。

千秋俎豆逮云仍，明德维馨气上蒸。双庙睢阳延庙祀，近颁祀祭岳王，与关侯同祀。长城道济慨城崩。湖壖埋骨公如在，壁上题诗我亦曾。莫谓冤沉三字狱，大名高举羡飞鹏。岳忠武王。

简鹿生六叠前韵

榜花隔岁喜因仍，丙戌、己丑，先后成进士。骏价金台夕照蒸。岭海十年甘雨遍，津沽一别乱流崩。登堂刮目君犹健，惊坐科头我亦曾。只有弹棋输半著，也如篱鷃羡程鹏。

自述七叠前韵

春闱四战北相仍，下第南旋暍暑蒸。毒雾漫江孤艇没，迅雷挟雨绝崖崩。老回蔗境甘何在？梦醒粱炊熟未曾？悔学闰生谈格律，宁知食报海秋鹏？余习制举文，笃守仁在堂，应试皆北。嗣改习汤海秋一派奇横文字，始获售。

自嘲八叠前韵

惭长惭卿世泽仍，一门差喜乂蒸蒸。苔痕上绿室原陋，邻火分红壁若崩。名酒醉能千日否？旧书读已百回曾。衣冠挂后吾何有，敢诩清操继两鹏？康熙朝名宦，同时有两陈鹏年，一任总督，一官太守，均有清名，非所敢望。

自遣九叠前韵

啸傲沧洲廿载仍，眼中衣狗暮云蒸。音传塞雁秋先到，浪拥江豚岸欲崩。池北看荷同辈尽，三十年前，与许稚筠宗丞北池子观荷，如昨日事。汉南种柳昔年曾。小窗读画销残暑，妙笔惜无王振鹏。

自慨十叠前韵

载酒江湖故态仍，晴云看杂雨云蒸。久居夷市宁初愿，坚筑诗城幸不崩。宗悫乘风聊自适，鲁阳挽日究何曾？眠鸥浴鹭皆吾侣，惭对扶摇万里鹏。

秋夜有怀何肖雅前寄读春秋销夏诗作此答之

苦忆诗人何大复，平生坦率不谐俗。草堂睡起日三竿，绳榻吟成灯一粟。少时春秋已上口，微言大义駴心目。晚年百事不关情，旧书最喜百回读。与我论交四十年，韩孟云龙互追逐。朅来海上作流人，同抱寒香媚幽谷。一日数见情匪昵，兼旬不晤意遥属。形迹脱略但率真，各保余光耀炳烛。春秋之作首遵王，乱臣贼子均慑伏。太息今日是何日？蜗角纷纷斗蛮触。与君袖手作旁观，樵柯已烂惜残局。等是东西南北人，矧逢虞夏黄农没。何当酌酒花下饮，一醉酩酊万事足。

越日肖雅和章适至仍叠韵酬之

君诗淹雅日三复，即论作吏亦非俗。美政曾栽四境桑，归装只剩一囊粟。迩来余事作诗人，平斋十卷富篇目。爨下琴材娇女弹，窗前灯影雏孙读。示我夏夜梦雪诗，灞桥驴背一鞭逐。觉来仍卧幼安床，尔音金玉出空谷。荆公咏雪造句奇，嗣响非君更谁属。《梦雪诗》述荆公咏雪奇句。平除险秽斗尖叉，不待举钵兼刻烛。冰天雪地彼一时，梦回依旧热三伏。真耶幻耶是耶非，顷刻炎凉增感触。自维才地不如君，推枰早定输赢局。白战还将寸铁持，所幸挥戈日未没。我诗倘获附君传，丛刊更续知不足。

有怀云麓编修兼寄一山检讨北平

一山北去无音息，料得西山蜡双屐。黄浦从游剩有君，每荷分光照邻壁。鼓瑟无妨点也狂，学书雅擅羲之笔。迩来移家相距遥，蓬巷依旧多车迹。沪渎无山可逭暑，云敛奇峰作寒碧。竹下松间纳晚凉，互寄新诗慰岑寂。梁园造榜曾几时，白头青眼感畴昔。一榜同年三百辈，谁夺凭席割宁席？在昔名教少完人，只今更愁书种绝。君才颇似高达夫，晚岁学杜细诗律。梧桐落叶又逢秋，难遣晦明风雨夕。何当剪烛话西窗？定有伟谈惊坐客。独悲时局等蜩螗，各有家山归不得。旧京亦非完首区，便烦寄语章岂续？但可桥头拜杜鹃，不须陌上泣铜狄。

和答肖雅

挂冠廿载幸逃名，遁世浑忘辱兴荣。偶检茶经怀陆羽，闲评诗品学钟嵘。尊前纵酒心先醉，局外观棋眼倍明。夜雨何当重剪烛，故人剩有李延平。

和答李子瑾

巷辙长留客到稀，年来世事与心违。拂尘诗壁劳红袖，昨过半淞园，壁间旧句犹存。夺锦文场赋翠衣。承和《重宴鹿鸣》诗，乙亥首场诗题为“山色朝晴翠染衣”。栗里门垂秋后柳，首阳山剩劫余薇。李侯佳句清新甚，饭颗惭余晤昨非。

八月上浣两遭期服之丧心绪恶劣几难自持渭英招游南翔各园林归后以诗记之并示同游云松世讲

大好南翔镇，星邮接沪滨。班荆承伍举，蜡屐挈汪伦。家事无从说，游踪不厌频。最怜原上草，秋更绿于春。

檀园不可见，幸有古猗存。南翔檀园，为李长蘅先生别墅，已废。其弟猗园尚存。园中枏木堂董香光题“华岩智海”四字额。十里蘼芜路，千家穲稏村。华岩苔补壁，广陌柳当门。鱼躍鸢飞趣，榭名。因之晤道根。

不系舟中住，阁名。登楼问酒家。厨娘工砍脍，邻叟惠分茶。翠柏前朝树，红薇隔院花。到来日方午，餔餟慰残牙。

葛圃门长掩，黄园径偶过。残砖留断字，曲沼长新荷。大雅久销歇，吾衰可若何？为酬良友意，破涕发高歌。

中秋后一日渭英复约同虞琴云松往吴淞口看潮感赋

南翔昨揽猗园胜，卓午吴淞正上潮。万斛愁来平不得，遣怀赖有故人邀。

轴轳衔尾势奔腾，欲折潮头总未能。白马银涛谈故实，君家祖德最崚嶒。

情潭千尺美清冷，胜友无过竹叶亭。地匪商山人四皓，夜凉同聚草堂星。

疏灯人语酒楼高，湖海元龙气失豪。游兴知君犹未足，诘朝又看广陵涛。渭英明日赴杭观潮。

儿妇姚恭人殁已旬日作此哭之

簪花小字擅钞书，七夕诗成纳币初。先室许夫人闻其《咏七夕》诗甚佳，即为福儿文定。共道痴儿有痴福，思贤堂畔结青庐。丁未八月于归，适余任江苏巡抚，即在署中思贤堂成礼。

不爱花钿只爱琴，亭秋词稿日长吟。先室著有《亭秋馆诗词稿》。慧心解得慈姑息，不惜谈棋夜漏深。

随侍南楼又北门，羹汤洗手奉晨昏。今朝获遂从姑愿，凭吊西湖月夜魂。

频年辛苦为持家，昨岁曾浮昆海槎。福慧双修偏不寿，医方药里了生涯。

儿女联翩渐长成，何期尔竟返蓉城。衰翁未觉痴聋甚，怕听雏孙唤母声。

哭子式六侄

朔南遥隔路重重，恶耗传来怕启封。我老尚存尔先逝，信知天不佑吾宗。

暂辞准浦读书庐，教胄堂开就傅初。广厦千间人第一，恂恂好学足三余。初来漕署读书，嗣入京师贵胄学堂，肄业学成，考试名列第一。

绣衣江左宦初成，岭表群雄正斗兵。恰喜省亲到珠海，护持老父出危城。辛亥九月事。

尹京我值乱离时，尔亦扶冯典度支。时局至今无可说，长安回忆是残棋。

移官最好是西湖，阁筑巢居学老逋。襟酒杭州成仕隐，梅花作伴鹤生雏。

江亭无复乐陶然，重抚流亡愧俸钱。九府泉刀通上下，燕民喜结再来缘。

池北观荷愿未尝，岂期大梦醒黄粱？老夫愧乏昌黎笔，望祭空悲十二郎。

昔年湖上哭吾昆，今哭阿咸泪眼昏。愁上心头眠不得，竹林深处为招魂。

偕诒书作匡庐之游江新舟中遇林凉生以诗见示依韵奉酬并申匡庐九日之约

才望吾甘第二流，功名君薄烂羊头。夙钦风度千营柳，同泛烟波一叶舟。坐上盘飧少兼味，客中节物最宜秋。汉阳峰顶作重九，萸酒盈樽互劝酬。

舟中简诒书

为寻九派溯江流，适有九江之行。一笑依然两白头。前度金焦同放棹，春间同游京口。今朝郭李又同舟。重提往事都如梦，已过中年易感秋。欲识庐山真面目，与君一舸载沈浮。

越日舟中即事

滚滚江流气吐吞，扁舟不系阅朝昏。寒星落落临京口，残梦忽忽过白门。樯际渐看人影乱，枕边微觉市声喧。联床剩有君和我，各检诗囊共讨论。

秣陵早发翼日暮抵九江得句简诒书叠前韵

今宵湓浦枕寒流，昨日风帆出石头。总为看山先蜡屐，岂同入剡竟回舟。琵琶嘈切声声泪，枫荻萧疏瑟瑟秋。同作浔阳江上客，乐天佳句苦难酬。

庐山旅舍简诒书

才大知君天骨张，我惭既耄遁于荒。湖山送客离湓浦，亲友同官忆洛阳。三径已非陶令宅，君山中故宅已易主。千金早薄陆生装。他年隐逸如编传，骥尾还思附末光。

感事叠前韵

国势如棋执主张？甫纾兵祸又年荒。鸟罗未必开三面，象纬何时启一阳。殷鉴有人寻覆辙，秦余无客办归装。忧时杜老伤羁旅，月出不高星有光。杜诗：“初月出不高，众星尚争光。”

九月六日由太乙村至含鄱岭途中作示诒书

石屋何年结构成，得欢喜处感劳生。过欢喜岭、劳劳亭等处。知君定向云中住，伴我同为雾里行。灌木围青妨碍路，野花绚紫不知名。由来警政通农政，对此茫茫百感并。山中无盗贼，经过种植园，设备极周。

黄家坡观瀑示诒书

同枕清流坐翠微，举头惟见白云飞。层岩势折成三叠，众壑声喧合四围。此虞大观无过瀑，到来二老已忘机。暮年不减登临兴，差幸平生愿未违。

松树林晚行有怀散原北平并简李钜庭大令

笋鞋踏遍绿苔痕，漠漠晚烟非远村。深荷拙翁扫花径，遥怜散老别松门。两三星火潮初落，八九云梦平气早吞。风义平生感师友，钜庭为先兄门下士。白衣人识李长源。

秀峰寺与诒书夜话

茶烟初歇酒初醺，恰许僧楼一席分。喜有识迷陶靖节，自惭好客孟尝君。残枰棋子从何著？上界钟声不可闻。收索枯肠才已尽，频烦健笔扫千军。

由秀峰诣归宗途中作

一榻僧房留梦痕，平明带雨入前村。才看玉峡飞双瀑，又转金轮不二门。折齿泥涂迟未达，荡胸云气已全吞。茶瓯细嗓帘泉水，安得灵师共讨源？

叠韵简诒书

同心兰臭有余醺，大好秋光惜寸分。齿长五年先愧我，才输卅里不如君。吴中诗富添新本，日下人来访旧闻。一笑寻僧非射猎，灞陵尉阻故将军。同游海会寺，为警卒所阻。

将别庐山诒书以诗见示仍叠前韵

留得鸿泥指爪痕，凭临水郭又烟村。云随蜡屐穿松径，风送吟鞭出石门。谈尘未终劳烛剪，烹鱼虽美慨钩吞。明朝又别匡君去，九派江流细溯源。

由九江至金陵舟中作

秋云薄似素罗张，塔影重重接大荒。铁锁横江连夏口，西上即武汉，去秋曾游。琵琶送客别浔阳，难禁翠袖佳人感，寻琵琶亭故址，已圮。拟著黄冠道士装。行箧随携龙友集，重来白下吊宏光。

九江重九日延支山登高赋九言诗凡九句

昨日牯牛岭上速诸友，昨在望江楼预作重阳。今朝延支山头作重九，客中节物奔逐如丸走。行囊除却诗本无所有，犹幸杖头钱在可沽酒。俯视江流九派鱼龙吼，似闻琵琶嘈切怨非偶。我欲题名高塔字如斗，乙亥九月九日某与某。

诒书提学五日之中两临白下以诗纪胜依韵酬之

芒鞋一著任游行，乘兴何劳纪日程。才过青齐看岳色，重来白下听江声。斧柯樵换棋枰局，棠棣诗兼杕杜情。余与哲兄乙亥同年，君与先兄又联秦晋婚媾。二十四年同避世，宁烦问卜访君平？

简诒书

遥夜看星夜聚草堂，朝来饱吸好山光。人如谢客携芒屐，句似天孙织锦裳。乱世亲朋惟尔在，中年丝竹总神伤。与人家国谈何易，一割铅刀喜善藏。

匡庐获晤拙翁大令属题花径景白亭率赋三截

辞官未及归陶径，选胜先营景白亭。早与匡君有成约，还从太傅拾芳馨。

庐山遥接盘山峻，好事拙翁继拙庵。除却青松红杏外，桃花围绕径三三。

四海无家一子由，知君曾侍老坡游。君籍汉阳，为先兄少石先生门下士。凭烦问询汉南柳，风景依稀似昔不？余与先兄先后宦鄂。

白下友人拟约游滁州寻丰乐亭遗址因雨不果

亭名丰乐语非虚，神往欧公作郡初。一路清流直到颍，万山秋色总环滁。甘棠正拟寻官舍，苦雨无端阻传车。客里难穷千里目，望而不见渺愁余。

游庐纪程杂诗

去年湓浦暂维舟，曾至莲花洞里游。今日拏船人又到，萧萧落木满山秋。

旧约看山已十年，朅来五老共周旋。献之未解迎桃叶，自挈清娱学马迁。林诒书学使偕游，惜如君未同来。

草堂为我剪蒿莱，妇孺相迎笑口开。带水苏杭游屐遍，此峰佳绝悔迟来。张菊生姻兄假馆，并命子妇远迓。

大好林冲旭日红，寥天一壁放晴空。大林寺在大林冲路。谁道山中锁烟雾？我来莲座阐宗风。莲社旧在东林寺，今改设大林寺中。

缓步支筇入大林，午钟初罢佛楼深。闻道大虚曾说法，汉阳绝顶发高吟。大林寺僧大虚说法。工诗，曾登汉阳峰绝顶，有诗纪事。

花木平泉绰有余，杖藜来访故人居。梧桐东府鸰原痛，不见坡仙旧日庐。诒翁旧宅小坐，对宇为先兄故宅。

警夜冰堂识旧容，清凉客舍忽相逢。残营多少衰杨柳，老向花村作酒佣。望江楼酒俯为昔年鄂署老兵。

春时红雨落缤纷，花径秋光又十分。一笑苏髯入画里，左携佛印右朝云。花径景白亭共摄一影。

邻笛凄清易断魂，土花斑剥葬王孙。十年旧事空追溯，坏壁难寻屐齿痕。旅社邻壁，为昔年门人王崧生大令土压毕命处。

遥看江流九派分，先从峰背识匡君。长天一色连秋水，三叠泉声上界闻。篮舆首至三叠泉观瀑，为五老峰背面。

劈玉飞龙句亦奇，青莲而后吐清词。东坡居士才如海，敢斥徐凝是恶诗。青玉峡在开先寺，瀑布最为奇观。

钟声远向暮天摇，一饭山僧许见招。试向飞来亭上立，行人已过箭云桥。

法幢旧是旃檀寺，甲帐新开细柳营。隔断红墙钟磬寂，不教侒佛罢谈兵。过海会寺，内有驻军，为卫士所阻。

禅机何处寻龙虎？冒雨扪碑早戒途。太息年来几兵燹，万杉寺里一杉无。万杉寺午餐。

金轮山色郁青苍，破晓瞻云到上方。佛不能言僧亦老，钟声炮火雨茫茫。晓入归宗寺，敕名瞻云寺。佛殿荒凉，殿内大钟，相传赭寇炽毁以铸炮。迄今，钟片尚埋土内，斑剥陆离，亦奇观也。

三峡桥头碧水流，澄波洗尽古今愁。鳌矶片石分明在，不见高人琴志楼。悼易实甫同年。

猿啼暝色雁呼群，客到栖贤已夕曛。画壁倦参罗汉果，维摩禅榻要平分。夜宿楼贤寺，观虎头罗汉巨幅。

云横南岭佛欢喜，西去劳劳又此亭。竹轿雨经含鄱口，鞋山遥望草青青。含鄱口俯望鞋山，欢喜岭、劳劳亭均山中胜地。

黄龙飞瀑绕灵祠，银杏秋来发几枝。涧底寒泉通一脉，下天池接上天池。

好事逋仙今又来，耦耕围内践莓苔。石亭一览云如海，不羡孤山有鹤梅。重到诒书旧宅观云海，宅今归吴氏。

寻诗周叟开花径，好客文翁晋酒瓯。我愧清凉老居士，携家来醉望江楼。周拙翁、文汝舟招饮清凉饭店望江楼。

谈经鹿洞景高风，朱陆当年有异同。黉舍尚存夫子庙，管弦零落庑西东。白鹿洞已残毁，宣尼塑像犹存。

著屐登山自在行，黄陵悬瀑势飞鸣。不知碧落高何许，但觉云烟足底生。青玉峡最上头黄陵瀑极奇绝。

陈楼百尺峙山巅，虎守松门不计年。底事掉头辞五老？手携瓢笠去游燕。过陈散原同年故宅。

双林历遍寺西东，宝相庄严塔影重。回首众山供一览，只惭未上汉阳峰。

泉明昔荷远公邀，莲社高风望古遥。三笑而今成故实，我来先问虎溪桥。东林寺闻老僧谈三笑故事。

感时预醉菊花觞，亲友无多客异乡。同上江楼愁四顾，先期一日作重阳。九月八日望江楼预登高。

极天鸟道势巑岏，捷径终南集大观。俯视千岩兼万壑，上山容易下山难。归时由牯牛岭至莲花洞，与人贪走捷径，俯视千岩万壑，骇人心目。

白发红颜共一亭，天然图画炳丹青。吴氏石亭摄影。日程作记同霞客，雾窟题诗继海宁。查初白《敬业堂·云雾窟集》，均游庐山诗。

五岳寻真愿未酬，叨陪五老亦风流。归来两袖漫云雾，惜少帘泉入茗瓯。

野寺尚留婆媳塔，穷檐不断勃溪声。半边落日低街岫，九派江流直入城。塔在九江城南。

僧寮斜倚舍身崖，王气而今未尽埋。遗像尚存云外寺，有人遥荷孝陵柴。舍身崖僧寺有明太祖遗像。

余霞散绮暮云蒸，山寺鸣钟已上灯。不与老僧同一榻，纸窗情话有亲朋。与诒书、凤高、葆诒诸君夜谈。

忽忽七日整归装，又驾扁舟下马当。已识庐山真面目，顺风奚暇送滕王？拟乘火车赴南昌，卒不果行。

茱萸同插蟹螯持，两岸青山劝举卮。客里重阳无一事，倚桅吟就九言诗。诗成江华舟中。

上都高馆五云排，白下秋山绕郭皆。舟抵金陵，寓首都旅社，极轩敞。太息夜深灯火寂，酒家无复旧秦淮。

重访汤山旧草堂，温泉浴罢客衣凉。微闻女伴私相语，不似华清第二汤。汤山试浴。

老滞归期易感秋，旧游差喜续前游。栖霞山色迎人笑，勉为高僧半日留。栖霞僧话。

丰乐亭边罢置邮，回车犹梦绕滁州。寓宁时，友人约游滁州，因病目不果往。俊游亦被天公妒，兀坐危楼送晚秋。

眼福衡量逊一筹，雁飞霜翮健凌秋。未随五洩看云去，欠往金华两洞游。余旋沪，即病目。诒书独游金华诸名胜。

重阳后五日得一山左丞慰问书奉酬一律即以代柬

习习风雨撼吾巢，慰同拳拳感素交。节过重阳慵作赋，时逢八月怕占爻。八月中两逢期亲之丧。多君好客频开社，书来，重阳日在天津水西庄结社赋诗。笑我如僧惯打包。甫自庐山归，又作西湖之游。各有初心期不负，坐看红日挂林梢。

寄怀琴初参议长春

莺飞迁乔燕换巢，十年睽别卅年交。人随去雁三千驿，卦筮飞龙九五爻。仙仗彩莲青玉佩，御炉香惹紫荷包。笼街官烛朝天去，早有钟声挂柳梢。

送诒书入杭

知君家世本居巢，湖上重来访故交。云随客履寻碑碣，田似僧衣协卦爻。玉皇山下有八卦田。君曾游，极言其盛。九里松涛千丈落，双峰秋色四围包。夜深片舸催归去，系缆垂杨月在梢。

和韵答一山天津

学承乡献景经巢，坐有箴言慎择交。病后赓诗愁检韵，时病目不及检韵，计来诗韵已卅叠矣。梦中读易觉吞爻。翰林才调群推李，京兆衔名我愧包。庚子尹京，谒包公祠，悬有“我愧包公”四字横匾，为魏公裔介手笔。恰喜小阳天气好，二分香色逗梅梢。

寿徐慎侯七十

银汉秋清受命康，七月生日。更从阳月晋霞浆。十月二日补祝。坐中一老芝颜古，膝下诸朗莱彩忙。曾侍瑶池增狡狯，会看璧水集灵长。南州仲举虚悬榻，孺子亭高补介觞。

八旬将屈东园老人预制法曲寄祝奉酬一律即以代柬

寿言何敢拟仓山，袁子才有八十寿言。与健天还更与闲。岂有才名腾日下？漫劳彩笔落云间。上海旧属松江。一场宦梦从何说，万首诗篇尚待删。深荷东园吾老友，为吟法曲驻衰颜。

寿岩味莲七十

稀龄锡羡集冠裳，早识清门世泽辰。才倚吟筇陪五老，甫游庐山归。更称寿斝展重阳。九月初十日生。论交幸托三生李，积善群推百忍张。岩濑高风犹可挹，祝厘最好钓台旁。

悼李苾园尚书

不从东市吊冤魂，戊戌六君子一案，余奉派督审，未及定谳，由刚相传旨处决。却送征车出国门。在昔红颜成老妇，如君来谒。只今黄口泣诸孙。两孙尚幼。难忘瀚海刀环梦，忍忆天宁蜡泪痕。卌世知交惟我在，一朝恩怨莫轻论。公被谴日，余送至天宁寺，连床夜话，诘朝执手而别，遂成永诀。

题诒书学使与弢庵太傅壬申合影

德望由来重八闽，却从片影见全神。何曾君复须眉老，藉识希夷面目真。余与太傅惜无一面之缘。姻娅夙闻共甥馆，枌榆近许接仕邻。独怜传说骑箕尾，羡子金刚不坏身。

季秋庐山之游菊生先期假馆并驰函寓庐子妇殷拳招待虽未止宿盛情可感赋此志谢

西风吹我牯牛旁，假馆烦君折简忙。行社欢迎劳子妇，盘飧兼味累厨娘。纵虚止宿深情负，已荷招邀故意长。差喜望江楼雅集，也陪衰叟作重阳。九月八日，山中望江楼预作重九，曾邀君子妇葛女士入坐。女士令祖与余为同年，亦三世交也。

末疾初愈简谢得之观察渭英大令

深巷频烦驻小车，渭英时来慰问。近光更喜结邻家。与得之比邻，尤叨教益。问名不愧称庄助，月来百事拂逆，获助匪浅。示俭何能说伍奢？渭英劝我凡事从俭。移孔独怜围带减，挑灯同照鬓丝斜。龙钟一老今无恙，千尺情潭敢拜嘉。

叠韵简叔迁都护

柴门镇日少停车，忽遇高轩卖酒家。身退转形心淡泊，累多不讳性豪奢。白苹江上看霞绮，碧茜窗前望斗斜。旧社月泉几人在？新醅傥熟乐宾嘉。

旧京一首三叠前韵

软红尘走碧油车，不是寻常百姓家。翠舞珠歌风渐靡，脂田粉碓俗崇奢。市楼地接东西远，庙会街通上下斜。每忆先朝隆盛日，光宣野老说乾嘉。

一山寄到索逸唐写寄水西庄重九诗一首依韵奉酬并简逸唐同正

簪菊持螯赋好诗，水西庄上集牙期。重阳高会人应健，一榜齐年贡忝知。共羡章王能结契，微嫌查厉不同时。去年曾寄什公什，欣赏何劳句未奇。

一山两叠诗字韵见寄仍依韵答之

行囊尽载纪游诗，欲问归期未有期。宫事休同鹦鹉说，客愁难遣杜鹃知。却从沽口移家日，回忆月泉结社时。纸价洛阳今已贵，长安弈局太离奇。

遁叟赋诗寄怀依韵奉酬即以代柬

行迈心忧尽入诗，域中今日是何时。商于狂楚谋原左，博浪椎秦事亦奇。扰扰风尘鹿谁获？堂堂岁月驷难追。多君早筮天山遁，愧我蕉亭梦醒迟。承索拙作《梦蕉亭笔记》。

和韵寄答一山

耆英尚齿忝居先，惭愧和衣仗范传。炬撤金莲曾送院，盘登玉版定参禅。无边风月归吟橐，大好烟波入钓船。两地月明千里共，漫云南北不同天。

忆匡庐之游叠前韵

僧楼拾级得梯先，山寺钟声夜半传。客路秋来贪看瀑，诗人老去爱逃禅。穷搜藓碣还题壁，才下篮舆又刺船。游脚不遭风雨妒，有情天是放晴天。

忆玉山旧游三叠前韵

甲科兄后弟居先，传是楼高今尚传。幸有玉山能迓客，曾陪龙女共参禅。十五年前，与冕士、次裳同登玉山观女伴礼佛事。园题半茧先寻碣，港近青阳好泊船。七宝玲珑塔拥出，定知触破几重天。

忆焦山旧游四叠前韵

卅年前已识焦先，三诏高风自昔传。大可枕江阁名留落日，也曾面壁坐枯禅。鹤铭拓罢僧扫院，乌夜啼时客到船。忆向松寥留一榻，醉眠聊遣瓮中天。昔年与冕士同宿松寥阁。

叠韵答一山

佳句聊翩快睹先，即论余事已堪传。山中黄绮尊芝皓，方外丹青爱竹禅。昨于画匣中检出蜀僧《竹禅山水画册》。君客西庄主东道，我乘北马上南船。一樽腊酒开良宴，情话难忘小有天。客腊，承在小有天酒家招饮。

忆开先寺旧游

夜钟摇梦到开先，六祖宗风得再传。迷路已成瘏马客，逢僧不话野孤禅。诗情已挂悬崖瀑，才思终输下水船。白粥黄齑供一饱，寺楼灯火晚凉天。

肖雅观察以病愈诗见示奉酬一首即以代简

君病系在脾，我病属肝目。医师劝避风，危坐不能出。闻君势颇危，中宵驰梦毂。朝得平安书，一笑震梁屋。医方鸡内金，收效何其速。我亦强珍摄，元气徐徐复。傥续耆英会，文富希高躅。折简召林沈，情话西窗烛。诒书在此，子有尚未北上。

柳愚溪遁叟遗诗题词

当年讲舍接清尘，寒夜挑灯独我亲。共道东坡能说鬼，君喜诙谐，能言鬼狐事，一坐皆倾。矧逢北海喜延宾。一为皖吏人称佛，再续黔书笔有神。国变后，归黔修省志，昔田山姜著《黔书》，张石洲续《黔书》。今日遗编重浣读，摩挲老眼泪盈巾。

钜庭由庐埠远寄兄怀什依韵奉怀

梦饮天池好驻颜，觉时满眼是庐山。遥吟谢句应成佛，同作殷遗不讳顽。二客偕来三径扫，万方多难一身闲。谪仙才调称无敌，合写新诗吓百蛮。

一樽留饮笑开颜，从古诗人爱住山。君似参军推俊逸，我非元老谢痴顽。松门望月溯洄远，花径寻碑自在闲。时届小阳春又到，携柑待听鸟绵蛮。冯道为五朝元老，自署痴顽老子。

肖雅以病起遣怀诗见示奉酬二律即用其韵

已注畏生籍，阎罗不敢收。井泉烹火活，窗月逐云流。梦得室非陋，志和家任浮。十年温旧梦，滕阁许重游。

我亦观棋客，局残枰未收。巷深留客辖，楼迥瞰江流。安得小红唱，还思大白浮。庐山曾识面，惜子不同游。

诒书昨有南翔之游云桂花盛开是我旧游地也叠韵奉简

闻到南翔集胜流，旧游枨触上心头。曾寻葛圃一卷平石，更访猗园不系舟。轩名。情甚桃潭千尺水，汪云松同游。香飘桂岭满庭秋。吾衰多病君非老，形迹想忘意气酬。

十月廿一日花近楼开筵宴客襄孙即席赋诗子怡和之余亦继作

高会愆期阅五旬，草堂今夜聚星辰。大云不出身将隐，旧雨能来意倍亲。传蜡怕闻金缕曲，是夕，坐中无歌妓。解貂先换玉壶春。明朝作客超趋吴郡，诗本随携袖底新。

感事一首叠前韵

苗格何能限七旬，近日共匪犹炽。我生乱世不逢辰。邮程杂记终须续，昨游匡山，因病目未作游记。书味寒灯独可亲。早岁诘戎崇大夏，昔作小司马，署中有刘忠宣公祠，即在祠中结诗社。片时飞梦到长春。河山松杏今无恙，太息王侯第宅新。

九月余偕诒书庐山之游文汝舟大令招饮望江楼别后赋此寄赠

我作匡庐游，把臂林君复。拄笏饱看山，镇日看不足。逆旅喜逢君，貌古言匪俗。昔营互市场，今伴樵兼牧。峨峨望江楼，买山自筑屋。佳节近重阳，肆筵诸友速。忝为上坐客，云海豁双目。盘飧有兼味，珍错集海陆。更开缸面酒，与妇谋已夙。同为羁旅人，醉饱宁非福？夜深始归去，灯火遍林麓。明年人倘健，再来缘许续。

缞蘅远寄重九贵阳东山登高诗什奉酬二律即步其韵

月泉社侣已寥寥，一鹤传书寄远皋。白下重阳曾载酒，去年九日，君在首都豁蒙楼登高。黔中今日又登高。秋吟棠舍知清节，风挟松涛作怒号。栖霞遍山皆松树，时隔卅年，不知尚存否。夙佩陈思才七步，边城坐拥兴尤豪。

久别乡山意泬寥，草堂怅未筑东皋。寄居吴庑身将隐，一蹑匡庐眼便高。遥祝使君歌寿恺，悬知赤子免寒号。九言曾赋重阳什，老去元龙气不豪。

十月二十四日朱斗文世兄招游姑苏赋简并示诒书晦之

黄发皤皤人一个，花近楼上日高卧。故人招作姑苏游，如达康庄平坎坷。金阊是我旧游地，一梦忽忽卅年过。锋车拂晓发南翔，猗园前月集宾佐。上月与渭英、云松偕遂。亭亭已有玉山迎，旧日题诗壁未破。漫山红叶解媚人，澄湖扁舟不受簸。北寺浮图压城头，万人似海蚁旋磨。主人闭门乐巷居，却扫早谢俗尘涴。授餐适馆意殷拳，酒美肉香慰寒饿。拍肩挹袖得良朋，吴郡新诗互赓和。等是东西南北人，上客吾愧陈惊坐。

即午同游虎丘归至省庐开宴

维舟七里山塘边，振衣千仞虎山巅，午晴俯视万家烟。浮屠高高插破天，我来兹山阅岁年，杖藜乃在建牙先。客中作客逢逋仙，刘郎看花今视前，朱家兄弟何翩翩。三家眷属乐陶然，小车十乘声喧阗，千人石缔生公缘。剑池活水清且涟，冷香致爽相钩连，均阁名。茗谈细品憨憨泉。夕阳留客不许还，岩城灯火角声传，归来省庐夜开筵。坐中喜见花枝妍，白发红颜强周旋，回眸一笑千觞咽。

越日木渎宴集遂揽天平灵岩之胜醉后放歌

锋车直抵木渎口，来醉石家缸面酒。主人式宴乐宾嘉，坐上惜少倪迂叟。远甫适有妻丧，未来。寻幽揽胜入天平，红叶漫山解送迎。一线天外试腰脚，病后能上一线天，亦大幸事。钵盂泉水清复清。钟声野寺遥相度，客到灵岩天欲暮。弇山仙馆已无存，蕲国丰碑屹如故。妙真上人洵可人，乞我留题墨沈新。敢冀碧纱笼败句，漫劳红袖拂轻尘。旧游曾蜡阮孚屐，此来步步踏陈迹。吴颠越蹶霸图销，百感茫茫三太息。两峰遥接势峻增，竹轿连翩十七乘。来时绝巘穷搜碣，归去重闉已上灯。主人款客意未已，金谷园中觞再举。是日两宴石家饭店。他日傥续水云图，无尽溪山入画里。

博渊招饮寓斋赋谢

朱侯两世交，父书喜能读。卜宅爱姑苏，诛茅墙自筑。拓地十亩宽，园中富花木。我承仲氏招，省庐止信宿。伯氏复多情，世有二难目。特开北海筵，折简先我速。前堂列琴书，后堂耀明烛。妇孺欢相迎，想见家之睦。我从歇浦来，结邻愿买屋。相逢为君饮，一饱万事足。

晦之以诗见赠依韵答之

刘郎示我长城句，读罢满志何踌躇。诗中妙有书卷气，想见文史足三余。词源倒吸三峡水，如驾扁舟下夔巫。君本平原贵公子，浊世翩翩今则无。千金三致弃不顾，为寻鸥梦狎江湖。铸金我欲事岛佛，胜似五台礼文殊。安得西泠同泛棹？共骑清凉居士驴。花近楼中病强起，杖藜不借奚奴扶。诵君咳唾珠玉什，令我胸次郁怀纾。好诗还须共欣赏，隔床唤醒老林逋。

金阊杂咏

我与姑苏有夙缘，画图五百谒名贤。沧浪买宅成虚愿，惜少苏家四万钱。

一枕粱炊梦已凉，客船夜半到金阊。小车经过吉由巷，不见佳人唐六娘。

堂开秀野径三三，白发重来我未堪。集句成聊工织锦，词人风雅冠江南。

红栏曲曲院重重，万个修篁万籁松。宿酒甫醒茶正熟，我来先上冠云峰。

绉瘦透兼天骨张，楼台早圮径全荒。灵岩仙馆今安在？何论区区一草堂。游汪庄，即毕氏旧园。

坐晚扪苔暮霭沈，玲珑石骨气萧森。五云拥护龙鸾笔，真趣无过狮子林。南巡曾驻跸，纯庙手题“真有趣”三字，今归贝氏。

吴苑重来驻小车，不闻商女弄筝琶。犀园待酌一樽酒，鹤市先尝七盌茶。吴苑茶罢，即赴朱犀园之招。

人来翕圃坐斜阳，即张家兄弟花园。杨柳千条拂玉塘。勉为名园留片刻，忽忽客里办归装。张园地邻车站。

常熟游兴福寺

幼读常建诗，神往破山寺。此来日过午，挈伴寻初地。寺僧笑相迎，琐琐询姓字。我已如韩康，埋名厌居肆。镇日爱看山，愿续霞客记。百年只须臾，浮生本如寄。万方正多难，一老已忘世。酒家何处有，山景谋一醉。斗文约午宴山景楼。

过三峰寺

重到三峰寺，霜林坐晚枫。有僧能识客，而我已成翁。寂照禅堂古，疏钟上界通。壁间留断句，惭愧碧纱笼。

虞山纪游诗

昔岁我入蜀，夔门扼冲要。但觉滟滪奇，剑阁惜未到。朅来虞山游，三峰作先导。行经万松林，拂水凿崖窍。一剑劈开山，干将不能造。不知此剑门，较蜀孰险要。危坐去思石，昨岁曾留照。俯视尚湖烟，澄波绿浩浩。溪山入画图，登览发吟啸。天公三日晴，冬山睡如笑。

十月廿八日晚车旋沪朱犀园午间招饮寓庐即席赋谢

嵇阮清游共竹林，幽居巷僻草堂深。当门碧柳泉明隐，老圃黄花魏国吟。厨下羹汤劳妇手，樽前人语半乡音。余本籍豫章，君家贤竹林，久居赣，均作赣语。冰清玉润驰双誉，触我题名雁塔临。令岳梅太史汝鼎为余同年，君夫人执年家子礼出谒。

十一月初八日重到杭州赋寄一山天津

重到俞楼感喟长，诂经精舍已全荒。年逾八十人师望，班领三千弟子行。一山为曲园先生高足。驴背西湖寻旧迹，鹃声北客办归装。他乡何似珂乡好？凭雁传书远寄将。

才别姑苏又入杭，上月曾游姑苏。敝裘颇耐朔风凉。颓龄慨我成衰老，肆志如君信古狂。铸铁几人据辽海，赐金有客返潇湘。谓秦子直。孤山喜晤林和靖，梅鹤奚劳远迓忙。林贻书同游。

湖上遣兴

昨宵风雨撼湖楼，有酒不饮心先醉。朝来红旭满林皋，天公似解游人意。西泠桥上我独行，湖水空明漾晴翠。南北双峰含笑迎，始觉冬山不曾睡。游遍苏堤又白隄，新诗美政二难具。我生乱世不逢辰，早辞膴仕初衣遂。直把杭州作故乡，右台生圹预安置。年年飞梦到西湖，春花秋月备延致。今岁入杭迫严冬，黑貂虽敝不忍弃。病起腰脚健如前，俊游待续水云记。瓣香虔拜岳王祠，湖上骑驴宁素志？挽日勿须鲁阳戈，夕阳在山未西坠。

楼外楼夜归

圣湖好风景，严冬如素秋。夕阳已下山，又见月当头。停车问酒家，爰登楼外楼。楼中盛灯火，倒影逐波流。逆旅集亲朋，身世感浮沤。鱼香与笋美，一醉消百忧。夜深归缓缓，怀古思悠悠。清凉老居士，昔作隄上游。未知骑驴时，百感触心不？我亦避地人，襟酒恋杭州。山水有夙好，安饱夫何求。

湖楼与诒书夜话叠前韵

湖上逢君故意长，酬诗愧我砚田荒。朝游葛岭塔千尺，夜话俞楼烛两行。梦绕家山天外想，图成笠屐客中装。千秋得失公评在，月旦欣逢许子将。君工星相术。

颇羡坡仙再守杭，愿陪居士署清凉。襟痕有酒难忘旧，笔梦无花未敢狂。只爱名山思入剡，遥闻迁客早还湘。长安似弈君休问，残局何烦著子忙。

过五峰草堂有怀琴初长春并以自感

五云深处草为堂，园主未归三迳荒。只剩黄花坚晚节，独怜翠竹不成行。临风寄捂摇清梦，何日明农辨急装。我已尸官惭政拙，山茶手植为谁忙？陈彦升有拙政园，迄未能享山林之乐。

游花坞志感叠游姑苏韵

万绿丛中竹万个，一茅庵里一僧卧。花坞寻花不见花，夹道修篁山径坷。我从北山扫墓来，九原安得起坡过。此来为孟兄上冢，兼为亡侄卜宅。荒村酒家何处有？不用立监设史佐。移情岂必丝与竹？山水清音自入破。斜风细雨壮行色，两夫奔我任倾簸。途逢樵者问山名，岈有人家置水磨。探幽喜获曲径通，脱俗幸免纤尘涴。白云堆庵名烹活火泉，乃裹糇粮我不饿。客中携得小蛮偕，偶赋小诗亦解和。老僧傥朝峨嵋归，为我庵中留一坐。坞中茅庵卅余处，主僧朝峨嵋未归。

右台上冢志感

绿篁夹道间青槐，绕墓梅花尚未间。泉下羹汤儿妇事，蒙媳姚恭人新逝。老夫何日赋归来？

独游城隍山

凤山高阁启云窗，右瞰西湖左瞰江。茶肆新烹炉火活，经楼遥听寺钟摐。白苏堤在人安往？龛赭潮来兴未降。说饼甫终还问卜，廿年影事若奔泷。

杭州早发戏简诒书

才不及君三十里，自维腰脚未输君。凤山突兀龙山峻，留住斜阳饱看云。此行独游龙井，并登城隍山，君未偕往。

诒书即日北归赋此赠行

棋局长安屡换枰，临歧脉脉不胜情。放翁论事悲南渡，杜老忧时赋北征。拄笏西山人去远，吟诗东阁梦难成。何肖雅新逝。春来莫忘探梅约，石壁同寻旧日名。三年前，同游邓尉，曾在石壁摩崖题名。

挽何肖雅观察

圣湖归甫卸征骖，寝室哭君意未堪。早有文章驰冀北，久官吏部。

犹留惠泽遍江南。凄霜邻笛先愁听，吟雪官梅未忍探。两试重逢君不待，科场佳话向谁谈？已届丙子，丁丑重逢乡会试，竟不及待。

刿章惊起汉公卿，江左苍生不放行。劫后诗篇陶靖节节，坐中老友李延平。卧游君自有丘壑，居市入犹识姓名。从此黄垆觞罢举，招魂月夜数残更。

十一月二十四日喜抱曾孙赋诗志幸

子又生孙绕膝前，老夫八秩预开筵。喜伊初试啼声日，值我重逢乡举年。光绪乙亥余膺乡荐。汉腊一门犹世守，楹书四代有人传。呱呱堕地平为福，敢冀功名到集贤？与明吴直方集贤大学士同日生，见《宋濂集》。

才备安车迓老逋，是日，诒书北行。午间祖饯江楼，以车迎至。闻之，为余狂喜，交挚极感。俄闻举室尽欢呼。灯花昨夜窗前兆，汤饼今朝市上沽。诒书临行，谓以祖筵改作汤饼会。但祝一生免灾难，可能三岁识之无。裁诗聊志重闱喜，不羡真灵位业图。

是日午间为诒书祖饯即席赋赠

久聚难为别，江楼进酒将。厨娘烹秃肺，公子笑无肠。正兴酒楼鱼蟹最美。南浦销魂黯，西山踏雪忙。春游何处好？三十六峰黄。

长至感怀

贺至千门拥百僚，不堪回忆紫宸朝。尊前试酌新醅蚁，笥里犹存旧赐貂。犀角喜看婴笋茁，曾孙行义冬至前四日生。龙鳞幸不老松凋。闭关本是前王制，瀛海而今激怒潮。

谢得之馈鹿肉

割肉霜刀带雪腥，席珍颁到梦蕉亭。不须上药关茸紫，回忆重围猎火青。食异马肝休误指，烂嗤羊胃莫相形。已供一饱还谋醉，乞酒邻家更学伶。即夕，得之宅公宴。

腊月初六日为新历除日
感赋用长至日即事韵

崇班叨窃厕宫僚，才退何堪赋早朝。锡命曾骑西苑马，出身早谢翰林貂。夕阳未落心犹壮，旧雨欣逢鬓半凋。晚岁汉家犹守腊，海天残夜上心潮。

腊八日喜鹿生过谈

红炉待雪意如何，时有雪意。旧雨能来已不多。笔健早知诗俊逸，身闲聊付弈销磨。香花礼佛知传戒，腊鼓催年感逝波。熬粥先朝崇八日，内官颁赐出雍和。

费子怡袁伯夔和余喜抱曾孙诗依韵酬之时沪上学子请愿甚亟

浣诵新诗几席前，如同雄辩忽惊筵。重孙入抱惭英物，一老含饴忆昔年。乙卯长孙南英生。文伟才名为世重，简斋诗法有家传。充间聊博添丁喜，奖借何修得二贤。

索地纷纷似索逋，举幡太学任狂呼。欢颜虚负万千厦，首难回思七二沽。庚戌，天津学生请愿，电约各省罢课，经晓谕，始各宁息。域外尚余安土否？国中可谓有人无？闭门不问兴亡事，合写戏婴家庆图。

三叠韵酬子才

佳句惊投卧榻前，喜将汤饼代离筵。来诗有“饯别似开汤饼宴”句。诵君雅奏千行牍，慰我龙钟八秩年。一客归装河北远，诒书甫回北平。三家诗派岭南传。六经注脚宁为病，君适患足疾。不觉先贤畏后贤。

诗债穷年了宿逋，江城腊鼓竞传呼。书寻孤本重谋梓，近得杨龙友《山水移洵美堂》各集，孤本也。即以付梓。酒是家藏不待沽。乐共陶公数晨夕，偶同庄叟说因无。安排待雪三三径，时有雪意。便续消寒九九图。

十一日庄园公宴为襄孙伯夔预祝率赋

华筵明烛影周遮，腊鼓迎宾式宴嘉。尚䌹堂称旧史氏，小仓山是古文家。素心喜结南村契，夜饮浑忘北斗斜。恰好生朝近三九，绮窗新发玉梅花。

一山左丞津门来书开岁作十老会以诗见寄依韵和答

地分南朔等流人，石火光阴劫火身。子美适逢开宝世，泉明本是葛怀民。数逾九老称真率，诗绍三唐喜绝尘。岁晚海天同守腊，青旗又转汉家春。

遥祝远甫七十晋六寿即寄润州不及踵贺殊歉然也十二月二十一日生

南飞曲奏鹤横空，甫寿坡公又寿公。后东坡二日生。病起定知腰脚健，交深都为性情同。元精斗宿罗胸次，爽气金焦在眼中。遥想华堂开盛宴，江天日照醉颜红。

补祝任瑾存大令五十寿即寄天津

日长松寿启祯苻，五十工诗似达夫。遥企宾筵开北海，尚留官梦落东湖。前任直隶东明县尹，曾开濬小东湖。杜陵作客仍忧国，栗里辞官早识途。门钥久抛吾老矣，飞觞计日到丁沽。

东坡生日子才用余喜抱曾孙诗韵赋诗索和四叠韵答之

七集琳琅列案前，余藏旧刻《东坡七集》，极精美。三杯腊酒荐芳筵。试从琼海投荒日，洄溯眉山诞降年。春梦一场诗案在，大名千古党碑传。愿为孟博生无忝，门内端资滂母贤。

苏堤岁岁了诗逋，每岁到西湖，必有诗。恍听先生拍掌呼。文似退之必已出，名齐永叔不须沽。金莲往事人归去，赤壁重来客有无。拟奏鹤南飞一曲，更摩笠屐绘新图。

腊月廿四日曾孙行义弥月之喜薄治汤饼敬谢琼瑶溯洄前韵录简坐中诸君子

戏婴弥月制新图，三九梅花信到无。甫过三九。腊鼓声随银漏永，春醪价待玉壶沽。勋名位业吾何有？愚鲁聪明客任呼。今日喜开汤饼宴，飞觞遥醉老林逋。初生日，适于江楼为诒书祖饯，今在北平。

锦堂式宴集宾贤，祖砚留诒四世传。杜老七歌天宝日，泉明三径义熙年。晬盘戈印先堆案，压岁金钱喜列筵。敢拟汉家咸得宠，寒门守腊尚如前。伯高学使和诗，以陈咸得宠为例，蒙何敢望？

岁不尽三日子怡招饮天然酒楼赋简

小楼近市挂斜阳，入坐先闻腊酒香。却羡鱼羹怀宋嫂，偶谈鸭面累吴娘。渭英言昆山鸭面美，即席试尝之。人来竹下山王老，春在壶中日月长。岁晚沧江忘作客，一生爱好是年芳。

岁不尽前一日云松馈渝酒赋谢

曲车捆载自巴东，馈岁犹存古处风。怅触三刀违益部，往岁奉命督川，迄未履任。恍如万里寄郫筒。情深奚止潭千尺，户小何堪酒一中。饯腊更开元日宴，黄封初启醉筵红。

除夕渭英赠梅花

雪后寻梅怅绝尘，打门忽有送花人。怜渠檐下横斜影，慰我窗前老病身。香色转供青玉案，品题合共碧螺春。拜嘉愧乏琼瑶报，勉赋新诗岁已陈。

附:《五十三参楼吟草》

自 序

乙亥季秋，游匡庐归，忽患目疾，医者戒看书、作字。适通家章一山左丞寄诗存问，勉和数首。镇日闭目危坐，绝无聊赖，惟赋诗排遣。病中怕检韵本，得叠韵诗五十三首，末首有“五十三参罢，钟催月上楼”二语，爰署为《五十三参楼吟草》。朋好函索者多，苦于抄录，爰付排印。诗虽不工，积日郁怀借以少纾，亦养目善法。世有议吾好事者，付之轩渠可也。

乙亥仲冬庸叟自序于花近楼，时年七十有九。

一山左丞以诗见怀依韵寄答

许我刮双目，让君出一头。新诗寄到否，昨寄一诗。旧地重来不？沽口前朝镇，君现居天津，为余旧治。浔阳客舍秋。今年作重九，江舰最高楼。重九日，余在九江舟中。

水西庄上月，照白几人头。绿酒盈樽未，黄花插帽不？回肠千里梦，过眼卅年秋。山色湖光里，何时共一楼？

再简一山

检讨如朱十，何须作状头。才难同榜少，书著等身不？玉蛛金鳌梦，银鱼紫蟹秋。书生谈战略，镇海有高楼。

北门怀掌管，烂额复焦头。邪僻滋吾惧，迁流羡子不？挽戈酬落日，揩眼望延秋。往事凭谁说？期君共倚楼。

赠诰书学使十首叠前韵

柳庄谈相法，黄气上眉头。庚子四月，同向赛柳庄谈相，谓君必得试差。锁院重相见，阅岁重见于汴学使署。河梁再到不？君卸学篆后，踰年，复来豫相访。顺风滕阁序，谪宦秣陵秋。一出彭城道，先辞燕子楼。

访找鹃桥路，罡风正打头。径因延客扫，国尚有人不？南部党争局，北门多事秋。君归吾病矣，百尺卧高楼。

歇浦同为客，笙箫坐两头。醉容千日否？读恨十年不？北道得贤主，君移家旧京，与弢庵太傅同居。西山赏素秋。旧京盛歌舞，重到广和楼。

君诗如小谢，能令我低头。樊素书来未？如君未南来。放翁貌似不？自云貌似放翁。前身疑是佛，清节自为秋。留作平原饮，江边有酒楼。

江上草堂古，天涯两白头。后游能续否？前梦已醒不？雁断三行影，昔年与君暨冕士三家兄弟，同在淞园醉重阳，今惟余两人存。螯肥九月秋。病来感离索，愁上剪江楼。楼在半淞园。

悼亡值丙岁，唁我凤山头。桂子飘香晚，内子许夫人殁于八月。梅花挈伴不？是年十月，偕畹华来杭。通宾千里驿，感事廿年秋。欢坠宜重拾，迟君花近楼。

庐峰曾买宅，亭翼屋东头。山色飞来未？江声涌到不？久分眉案影，孤复耦园秋。一入吴刚手，全非旧日楼。

少小耽棋局，纵横列案头。局防一著错，猧乱满盘不？此事宜长夏，伊谁似弈秋？何如忘得失，买醉酒家楼。

世好成婚媾，鸳鸯喜并头。最怜兄子少，能事舅姑不？儿女中年累，淇泉远道秋？兰闺劝妇职，可忆旧妆楼。

钱塘江上客，一线望潮头。返驾成吾懒，回舟羡子不？黄山期访道，龙洞喜寻秋。莫忆巢居阁，还来花近楼。龙洞在金华。

子有至自八闽相聚旬日即送其客天津叠前韵

讱庵健吟脚，曾到黄山头。霞客记成否？文殊礼罢不？百千亿佛偈，三十六峰秋。傥过慈光寺，袈裟列满楼。慈光寺中有明郑贵妃礼佛袈裟。

七年长作客，重到三山头。栗里还家好，泷冈表墓不？荔枝邻社宴，榕树故园秋。若论马江事，斜阳古戍楼。

赠我闽中物，累累列案头。味逾蜀酱美，香压浙茶不？去里仍为客，看山直到秋。明朝骊又唱，极目北门楼。

藏海数人物，如君亦白头。屋惟乌鸟集，桥有杜鹃不？敢以居夷日，而忘在莒秋。病中作重九，记否上红楼？辛亥重九，病中强起，与诸君子在津署红楼议事。时滦州事甚棘。

奉怀肖雅叠前韵

才信幽栖乐，短墙茅盖头。客中留客好，天外有天不？闽菜馆小有天、中有天，均佳。君宴客必在此。席帽登科日，宫袍拜命秋。重重温旧梦，庭桂杏花楼。丙子、丁丑联捷，开年重遇盛典。

三山云过眼，一叟雪盈头。王粲思家苦，韩康居市不？袖中剩诗本，皮里富阳秋。书寄逢阳月，春风又满楼。

平斋吾老友，危坐但科头。室有兰馨否，人如菊淡不？七年吴郡守，一卧沪江秋。诗既吟东阁，文当入选楼。

无长物斋客，书乱叠床头。粱梦全醒未，芝颜似昔不？避秦无汉魏，销夏有春秋。读《春秋》销夏，曾见之诗。深巷多车辙，惭余百尺楼。

渭英大令来谈玉山之胜触我前游并及上月南翔吴淞游宴等事叠前韵

伍翁真好事，直到玉山头。蜡屐携家去，凫羹上市不？昆山鸭面极佳。顾祠延百祀，归墓互千秋。太息清门望，难寻传是楼。

玉山我曾到，弹指十年头。鼎羡三徐峙，徐氏一门，兄弟鼎甲。魂招二沈不？昔岁，冕士、次裳偕游，今皆逝世。香车红粉随，是日，为李平书大令生辰，沪上各名妓专车往祝。锦港白苹秋。地接青阳港。前度刘郎在，而今懒下楼。

漪园几时有？竹挺万竿头。寿石屹相向，扁舟稳系不？园中多怪石，有轩楹，名不系舟。鹤松聊寄梦，蝉柳易鸣秋。曾作客中客，惜无楼外楼。

莫将刀剪水，江上看潮头。天许阴晴半，图成主客不？竹丝中岁感，星斗满庭秋。归去休嫌晚，疏镫话酒楼。

云麓太史以房师怀西太史属题吴陆两文节手迹卷并谢赠惠泉诗见示奉答二首叠前韵

双忠诗罢读，悲愤上心头。邦是前朝旧，歌留正气不？裹尸赤壁战，喋血晋祠秋。太史观风者，笔悬修凤楼。

范和有衣钵，洛水溯源头。撒炬人归矣，煎茶试竣不？名埋居市日，泉忆在山秋。傥预竹炉会，同登云起楼。楼在惠山。

简子怡观察叠前韵

联珠是仁里，寄庑巷西头。户启看星便，墙低得月不？劫余昔祠火，梦醒白门秋。兄弟有真乐，怡怡共萼楼。

廿年长作客，萍泛沪江头。过眼观棋倦，浇胸借酒不？佳儿苏氏过，中妇杜家秋。我病劳存问，疏灯话小楼。

纪事叠前韵

昔建两河节，黑缸古渡头。洛城人去否？梁苑客来不？逐鹿中原路，骑龙太室秋。二曾祠尚在，极目瓣香楼。

法听生公说，居然石点头。曲园犹在否？茂苑有人不？莲荡曾消夏，枫桥又送秋。催科惭政拙，怕上见山楼。拙政园中有见山楼。

江汉滔滔日，建瓴居上头。移官挥手去，代将得人不？屹立三城戍，兴亡八月秋。重来寻劫火，风月渺南楼。

忆我重阳日，扬铃下石头。酒家何处有？客梦忆醒不？湖口千年镇，蟂矶万木秋。布帆喜无恙，直送豁蒙楼。

南屏太史远贻玉照奉酬二律叠前韵

海上望明月，思君合举头。才如湘北隽，顺治朝，李相国天馥亦授检讨职，才名极著。书到岭南不？东观谈经日，西台吊古秋。曾官岩州守。

最钦风度好，极目曲江楼。

诒我新图像，霜花压满头。金宜阆仙铸，扇画放翁不？丹荔樽前影，芙蓉镜里秋。须眉怜老丑，扫叶倚高楼。寄答小影一方，系摄于首都扫叶楼芙蓉花下。

冬夜寄怀远甫老友京口叠前韵

三间迂叟宅，榻设屋东头。笠屐留图否？金焦揽胜不？书传霜信晚，笔扫露华秋。墙矮看山便，开轩懒上楼。

与君千里隔，明月正当头。岩濑经年别，天池入梦不？松凉人健夏，弦断客悲秋。携得蛮和素，春风又满楼。

感事叠前韵

烹羊天不雨，孔仅亦焦头。银汉无声矣，铜山已倒不？珠沈沧海日，纸贵洛阳秋。欲作黄标客，难居白玉楼。

睦邻悔失策，索到太师头。怨李中朝有，亡彭预兆不？党争南部事，牍背北监秋。谁解怜夫婿？含愁上翠楼。

偏师本东指，谈笑倒戈头。此责伊谁负，其人似舅不？重来孝陵卫，一卧泰山秋。大树飘零尽，何论延庆楼。

是翁殊矍铄，顾盼据鞍头。三晋分瓜易，五台证果不？月明牛渚夜，云锁雁门秋。往事付长笛，商声满戍楼。

九月晦日子式侄遗榇抵沪翼日入杭适余在病中不克抚棺一恸感赋四律叠前韵

一棺归尔骨，万矢集吾头。每慨征衣薄，能为廉吏不？疏灯申浦路，素旐圣湖秋。何处招魂好？酒家虹月楼。

事余如事父，每见拜床头。面已经年别，来愁远道不？淞滨邀笛夜，淮浦读书秋。曾侍山阳宴，簪花共此楼。

旌题红卍字，到岸即回头。豪气全销歇，长斋应悔不？烟寒桃叶渡，风撼竹林秋。弟妹天涯隔，先辞花萼楼。

未肯人间住，幡然竟掉头。饮难疏受召，棋罢谢公不？寂寂停云舍，柩暂厝停云山庄。萧萧落木秋。南屏钟唱晚，魂梦越僧楼。

赠榕卿叠前韵

卅载同僚友，惟君尚黑头。交怜知己少，曲得解人不？撅笛才消夏，持筹又送秋。君筦银行事，朝夕鲜暇。泉流遍夷市，蜃气幻成楼。

绿绮一弹指，黄娇两瓮头。枰推任猧乱，床绕得庐不？礼佛朝云伴，联吟夜雨秋。今年重九节，曾否上江楼？九日，余在九江，未预诸公盛会。

鲁青太守七十有八揆辰小诗祝之叠前韵

幽栖夷市隔，花木出墙头。挂杖知钱有，夺标得采不？双旌导五马，一日如三秋。介寿无他物，题诗八咏楼。

煖老无红袖，怜君亦白头。咸钦三戟望，曾活万人不？宦游三省，皆有政声。茇舍思亲日，联床忆弟秋。称觥儿辈事，扶上酒家楼。

挽仇徕之同年金陵叠前韵

初堂丝竹夜，华月正当头。十年前事。歇浦重相见，仓园尚忆不？高言惊四座，遗训炳千秋。临殁，遗嘱极达观。愧乏生刍寄，招魂扫叶楼。

和曹缥蘅贵阳东山九日登高诗后却寄叠前韵

东皋吟望久，觅句苦搔头。玉带留山否，白衣送酒不？南司祠部月，君前官礼部。西徼筑城秋。铁柱怀前烈，还登甲秀楼。

游玉佛寺叠前韵

蒲团礼玉佛，曾记十年头。香火随时有，法论再转不？戒坛莲拥坐，别院竹鸣秋。五十三参罢，钟催月上楼。